本书由
中央高校建设世界一流大学（学科）
和特色发展引导专项资金
资助

中南财经政法大学"双一流"建设文库

全|球|治|理|系|列|

民法典编纂中的国际私法立法问题研究

黄志慧 著

长江出版传媒
湖北人民出版社

图书在版编目(CIP)数据

民法典编纂中的国际私法立法问题研究/黄志慧著. — 武汉：湖北人民出版社，2021.7

ISBN 978-7-216-09858-8

Ⅰ.①民… Ⅱ.①黄… Ⅲ.①民法—关系—国际私法—立法—研究—中国 Ⅳ.①D923.04②D997

中国版本图书馆CIP数据核字(2020)第029794号

责任编辑：施先稳
封面设计：陈宇琰
　　　　　张　弦
责任校对：范承勇
责任印制：肖迎军

民法典编纂中的国际私法立法问题研究
MINFADIAN BIANZUAN ZHONG DE GUOJI SIFA LIFA WENTI YANJIU

黄志慧　著

出版发行:湖北人民出版社	地址:武汉市雄楚大道268号
印刷:武汉科源印刷设计有限公司	邮编:430070
开本:787毫米×1092毫米　1/16	印张:18
字数:302千字	插页:2
版次:2021年7月第1版	印次:2021年7月第1次印刷
书号:ISBN 978-7-216-09858-8	定价:78.00元

本社网址：http://www.hbpp.com.cn
本社旗舰店：http://hbrmcbs.tmall.com
读者服务部电话：027-87679656
投诉举报电话：027-87679757
（图书如出现印装质量问题，由本社负责调换）

总 序

"中南财经政法大学'双一流'建设文库"是中南财经政法大学组织出版的系列学术图书,是学校"双一流"建设的特色项目和重要学术成果的展现。

中南财经政法大学源起于1948年以邓小平为第一书记的中共中央中原局在挺进中原、解放全中国的革命烽烟中创建的中原大学。1953年,以中原大学财经学院、政法学院为基础,荟萃中南地区多所高等院校的财经、政法系科与学术精英,成立中南财经学院和中南政法学院。之后学校历经湖北大学、湖北财经专科学校、湖北财经学院、复建中南政法学院、中南财经大学的发展时期。2000年5月26日,同根同源的中南财经大学与中南政法学院合并组建"中南财经政法大学",成为一所财经、政法"强强联合"的人文社科类高校。2005年,学校入选国家"211工程"重点建设高校;2011年,学校入选国家"985工程优势学科创新平台"项目重点建设高校;2017年,学校入选世界一流大学和一流学科(简称"双一流")建设高校。70年来,中南财经政法大学与新中国同呼吸、共命运,奋勇投身于中华民族从自强独立走向民主富强的复兴征程,参与缔造了新中国高等财经、政法教育从创立到繁荣的学科历史。

"板凳要坐十年冷,文章不写一句空。"作为一所传承红色基因的人文社科大学,中南财经政法大学将范文澜和潘梓年等前贤们坚守的马克思主义革命学风和严谨务实的学术品格内化为学术文化基因。学校继承优良学术传统,深入推进师德师风建设,改革完善人才引育机制,营造风清气正的学术氛围,为人才辈出提供良好的学术环境。入选"双一流"建设高校,是党和国家对学校70年办学历史、办学成就和办学特色的充分认可。"中南大"人不忘初心、牢记使命,以立德树人为根本,以"中国特色、世界一流"为核心,坚持内涵发展,"双一流"建设取得显著进步:学科体系不断健全,人才体系初步成型,师资队伍不断壮大,研究水平和创新能力不断提高,现代大学治理体系不断完善,国际交流合作优化升级,综合实力和核心竞争力显著提升,为在2048年建校百年时,实现主干学科跻身世界一流学科行列的发展愿景打下了坚实根基。

习近平总书记指出:"当代中国正经历着我国历史上最为广泛而深刻的社会变革,也正在进行着人类历史上最为宏大而独特的实践创新。……这是一个需要理论而且一定能够产生理论的时代,这是一个需要思想而且一定能够产生思想的时代。"①坚持和发展中国特色社会主义,统筹推进"五位一体"总体布局和协调推进"四个全面"战略布局,实现"两个一百年"奋斗目标、实现中华民族伟大复兴的中国梦,需要构建中国特色哲学社会科学体系。市场经济就是法治经济,法学和经济学是哲学社会科学的重要支撑学科,是新时代构建中国特色哲学社会科学体系的着力点、着重点。法学与经济学交叉融合成为哲学社会科学创新发展的重要动力,也为塑造中国学术自主性提供了重大机遇。学校坚持财经政法融通的办学定位和学科学术发展战略,"双一流"建设以来,以"法与经济学科群"为引领,以构建中国特色法学和经济学学科、学术、话语体系为己任,立足新时代中国特色社会主义伟大实践,发掘中国传统经济思想、法律文化智慧,提炼中国经济发展与法治实践经验,推动马克思主义法学和经济学中国化、现代化、国际化,产出了一批高质量的研究成果,"中南财经政法大学'双一流'建设文库"即为其中部分学术成果的展现。

文库首批遴选、出版两百余册专著,以区域发展、长江经济带、"一带一路"、创新治理、中国经济发展、贸易冲突、全球治理、数字经济、文化传承、生态文明等十个主题系列呈现,通过问题导向、概念共享,探寻中华文明生生不息的内在复杂性与合理性,阐释新时代中国经济、法治成就与自信,展望人类命运共同体构建过程中所呈现的新生态体系,为解决全球经济、法治问题提供创新性思路和方案,进一步促进财经政法融合发展、范式更新。本文库的著者有德高望重的学科开拓者、奠基人,有风华正茂的学术带头人和领军人物,亦有崭露头角的青年一代,老中青学者秉持家国情怀、述学立论、建言献策,彰显"中南大"经世济民的学术底蕴和薪火相传的人才体系。放眼未来、走向世界,我们正以习近平新时代中国特色社会主义思想为指导,砥砺前行,凝心聚力推进"双一流"加快建设、特色建设、高质量建设,开创"中南学派",以中国理论、中国实践引领法学和经济学研究的国际前沿,为世界经济发展、法治建设做出卓越贡献。为此,我们将积极回应社会发展出现的新问题、新趋势,不断推出新的主题系列,以增强文库的开放性和丰富性。

"中南财经政法大学'双一流'建设文库"的出版工作是一个系统工程,它的推进得到相关学院和出版单位的鼎力支持,学者们精益求精、数易其稿,付出极大辛劳。在此,我们向所有作者以及参与编纂出版工作的同志们致以诚挚的谢意!

因时间所囿,不妥之处还恳请广大读者和同行包涵、指正!

中南财经政法大学校长

---

① 习近平:《在哲学社会科学工作座谈会上的讲话》,2016年5月17日。

目 录

导 论

第一章　民法典编纂运动中的国际私法立法模式
第一节　"附属型"：民法典中的国际私法编　　28
第二节　"通则型"：配合民法典实施的国际私法单行法　　60
第三节　"法典型"：脱离民法典的国际私法典　　82

第二章　国际私法立法模式选取的基本经验与理论争议
第一节　基本经验　　94
第二节　理论争议　　107
第三节　民法典编纂下国际私法立法模式的选取　　119

第三章　国际私法与民法的关系
第一节　国际私法与民法的关联　　138
第二节　国际私法与民法的差异　　146
第三节　国际私法与民法的沟通　　160

第四章　国际私法典编纂的基本问题
第一节　立法理念问题　　170
第二节　价值取向问题　　181
第三节　立法范围问题　　195
第四节　体系结构问题　　204

第五章　民法典的编纂与我国国际私法立法

第一节　我国国际私法立法附属于民法典的弊端	214
第二节　我国国际私法立法脱离民法典的可行性	224
第三节　我国国际私法既有法源及其整合	235
第四节　我国国际私法法典化的法律意义	242

结　论

参考文献	267
后　记	282

导 论

一、研究缘由

自德国法学巨擘萨维尼的"法律关系本座说"提出之后,民法实体法与国际私法之间的紧密关系得到确认。作为一种以法律关系空间分配为思路解决涉外民事法律冲突的基本方法,"法律关系本座说"大大推动了欧洲国家国际私法成文立法的发展,对当时和后世国际私法的理论与实践产生了深远影响。自"法律关系本座说"之后,成文国际私法开始较为系统地规定在民法典之中。

自此之后,成文国际私法规范附属于一国民法典成为国际私法立法的一种重要样式。应该说,国际私法立法附属于民法典的立法模式,既印证了国际私法与民法实体法内在的紧密联系,也反映了国际私法立法的局限性和依附性。然而,20世纪50年代之后,国际私法立法脱离民法典并采取独立的法典化立法模式,在欧洲大陆国家得到积极响应,这种趋势也影响了世界其他国家和地区的国际私法立法。自此,一国国际私法立法摆脱民法典并采取独立法典模式成为一种重要的立法范式。

半个多世纪以来,国际私法成文立法取得了令人瞩目的进展。全球范围内大规模的国际私法成文化运动,催生了为数众多的国际私法法典、国际私法条约乃至国际私法示范法。包括一些普通法系国家内具有大陆法传统的地区,甚至是仍恪守普通法传统的地区,亦出现了较为系统的国际私法成文立法。[①] 这种现象不仅反映了当今不少国家和地区的立法者对国际私法立法进行编纂的信心,也揭示出国际私法本身在理论知识、实践经验和立法技术等方面的巨大发展。越来越得到广泛接受的观点是,起源于学说并高度依赖判例的国际私法,亦可以通过系统编纂实现成文法典的目标。

因此,考察不同国家和地区典型国际私法立法的发展和变革,既能提炼具体立法实践中的基本经验和理论共识,也可以为研究我国国际私法立法问题提供丰富的比较法上的参考资料。

就我国国际私法立法而言,在2010年《涉外民事关系法律适用法》(以下简称《法律适用法》)颁布之前,除1986年《民法通则》、1992年《海商法》、

---

① 例如,普通法系国家成文法地区的1991年《路易斯安那州1991年第923号法令》、1994年《魁北克民法典》第十编(国际私法);普通法系国家判例法地区的2001年《俄勒冈州有关合同准据法的法案》、2009年《俄勒冈州侵权和其他非合同请求权冲突法》。

1995年《民用航空法》和1995年《票据法》等立法中关于涉外民商事关系法律适用问题的专章专篇之规定外,《民事诉讼法》在涉外民事诉讼编也对含有涉外因素的民事程序问题作出了规定。此外,其他有关外国人民事法律地位规范、涉外民事管辖权规范、国际民事司法协助规范和外国民商事判决和涉外商事仲裁裁决的承认与执行规范,散见于其他单行法及相关司法解释中。与此同时,我国先后加入了《关于向国外送达民事或商事司法文书和司法外文书公约》《关于从国外调取民事或商事证据的公约》等统一国际私法条约,与其他国家签订了有关国际民事司法协助的双边条约。这些均构成了我国国际私法的法源。应该说,我国在上述领域中关于国际私法的立法条款和司法解释已达相当数量,且其分布在宪法、法律、行政法规和司法解释等不同效力等级的法律渊源之中。[①]

就此意义而言,我国国际私法已经构建了相关的法律规则体系。但是,目前这种分散立法的现状所存在的协调性、系统性、逻辑性等问题,已经广受国际私法理论及实务界的批判。正因如此,如何提炼已积累的较为成熟的实践经验,并在此基础上采取何种立法模式系统地编纂现有国际私法规范,无疑成为我国国际私法学术研究的重要课题。

作为我国规范涉外民事关系法律适用问题的基本法,尽管《法律适用法》的颁布在我国国际私法立法史上具有里程碑意义[②],但伴随着该法的问世,不仅产生了该法与其他法律的关系及该法自身的缺憾等诸多现实问题,也必然引发《法律适用法》与我国民法典编纂的关系问题。对于上述问题,仍需要国际私法学界在理论上给予回答。

值得关注的是,在我国民法典的编纂工作中,国际私法立法与民法典的关系问题已经得到立法机关的回应。

2017年3月15日,第十二届全国人民代表大会第五次会议审议并表决通过了《民法总则》,标志着我国民法典编纂工作第一阶段的任务已经完成。在民法典的编纂过程中,无疑会触及同属民事法律范畴的国际私法规范的安置问题。详言之,到底是将包括《法律适用法》在内的调整涉外民商事关系的相关法律编纂于民法典中,还是采纳中国国际私法学会建议的《中华人民共和国国际私法示范法》的模式,制定出一部自成体系、内容完备的国际私法单行法或法典?

---

① 刘晓红:《中国国际私法立法四十年:制度、理念与方向》,《法学》2018年第10期。
② 肖永平:《中国国际私法立法的里程碑》,《法学论坛》2011年第2期。

在民法典的编纂过程中，该问题无疑是需要立法机关予以明确的。

对此问题，全国人人常委会法制工作委员会于 2018 年 3 月 15 日公布的《中华人民共和国民法典各分编（草案）》（征求意见稿）似乎给出了答案。从该征求意见稿来看，涉外民事关系法律适用编并未被纳入民法典草案之中。这似乎表明，我国立法机关倾向于国际私法立法（涉外民事关系法律适用规则体系）不进入未来的民法典。

2018 年 8 月 27 日，我国民法典编纂工作正式迈出第二步。民法典各分编提请十三届全国人大常委会第五次会议审议。就相关内容来看，民法典草案的分编共六编 1034 条。顺序为物权编、合同编、人格权编、婚姻家庭编、继承编、侵权责任编。对于为何此次没有设立涉外民事关系法律适用编，全国人大常委会法工委主任沈春耀指出，"关于是否设立涉外民事关系法律适用编，经研究认为，涉外民事关系法律适用规则的概念体系、规范内容与民法典虽有一定联系，但二者性质不同，在法律的调整范围、立法目标、具体规则等方面存在较大差异，民法典不宜设立涉外民事关系法律适用编。涉外民事关系法律适用的问题，由现行涉外民事关系法律适用法调整"[①]。2020 年 5 月 28 日，十三届全国人大会议表决通过的《中华人民共和国民法典》最终将涉外民事关系法律适用编排除在外。

由此可见，我国立法机关已经将包括《法律适用法》在内的国际私法立法排除在民法典的编纂工作之外。这也表明，我国立法机关倾向于将国际私法立法（涉外民事关系法律适用规则体系）脱离于民法典的编纂，从而为未来独立的国际私法法典的诞生保留了想象的空间。

对于上述决策的妥当性，需要我国国际私法学界从理论与实践层面提供阐述的依据。应该说，伴随着对外开放基本国策的持续推进、"一带一路"倡议的逐步落实，以及构建人类命运共同体倡议的稳步推进，既需要我国积极参与国际民商事秩序的构建，同时也对我国涉外民事法律体系和涉外民事司法制度和环境提出更高要求。在此意义上，我国国际私法立法规则和体系的完善成为健全我国法律体系和司法环境的重要内容。事实上，一国民事法律体系应由处理纯粹国内民事关系的民法实体法和调整涉外民事关系的国际私法构成。在民法典的编纂中，采取何种妥当的立法模式并完善我国国际私法立法，不仅有助于

---

① 法制网："全国人大常委会法工委回应民法典分编结构安排情况"，http://www.legaldaily.com.cn/index/content/2018-08/27/content_7629177.htm，2019 年 8 月 27 日最后访问。

发展和完善中国特色社会主义法律体系，也有利于我国参与对外民商事交往和全球民商事秩序的构建。

值得注意的是，为适应经济全球化的要求，当今各国纷纷改革和完善本国涉外法律体系和司法制度。这种做法除了有助于促进本国涉外经济和贸易的发展，还能够提升和完善本国的法律服务市场，促进本国作为国际商事争议解决中心的建设。① 就我国而言，近年来以中国国际经济贸易仲裁委员会为代表的商事仲裁机构在国际商事仲裁领域取得了巨大成绩。此外，在海事争议的解决方面，以中国海事仲裁委员会为代表的海事仲裁机构取得了长足发展。我国已经成为世界上受理海事案件数量最多的国家，所受理案件的当事人遍布世界70多个国家，每年有大量外国当事人自愿选择到我国海事法院进行相关诉讼。中国已经成为亚太地区海事司法中心之一。②

然而，与之形成明显对比的是，迄今为止，我国并未对涉外民事诉讼制度（包括涉外海事诉讼制度）进行根本性的变革。显然，这种立法现状与我国作为世界第二大经济体和世界最大的货物贸易国的现实，以及作为一个秉持对外开放理念的大国之身份并不契合。③ 应该说，我国作为当今世界上举足轻重的经济体和贸易国，不仅应在经济建设方面走在世界前列，也要在法制建设方面为人类社会及世界其他国家和地区提供中国方案、贡献中国智慧，并在全球的法治版图中占据更具影响的重要地位。这种法治软实力的提升，不仅是对我国综合国力（尤其是软实力）的提升，在维护我国的国际形象上也具有重要作用，还有助于我国全面深化依法治国举措和参与全球治理工作的落实，并最终扩展中华法文化在世界范围内的影响力。而包括中国国际私法立法在内的涉外民事立法体系的完善，是实现上述目标的必要内容之一。

基于以上，从比较法的角度考察民法典编纂中的国际私法立法问题，不仅有助于厘清国际私法与民法的关系，同时对于理解我国国际私法立法的特殊性

---

① 例如，突出当事人利益的保护、设立专门的商事法院、注关民事诉讼的国际化和全球化因素等等。其目的是，进一步强化国际民事诉讼中当事人的利益，注重保护当事人的程序利益，并提高法院处理涉外民商事争议的能力和效率。Frédérique Ferrand, The French Approach to the Globalisation and Harmonisation of Civil Procedure, in X. E. Kramer & C. H. van Rhee（eds），Civil Litigation in a Globalising World, The Hague：Springer, 2012, pp.355-358.
② 张文广：《"一带一路"倡议背景下的国际海事司法中心建设》，《国际法研究》2017年第5期。
③ 西方诸国之所以如此强化其国内司法制度的优越性，直接目的是吸引更多的国际商事合同的当事人到自己的法院诉讼，并提升本国在商业版图中的地位和全球竞争力。何其生：《构建具有国际竞争力的国际民事诉讼制度》，《法制与社会发展》2015年第5期。

及完善我国国际私法立法,也具有重要理论意义和实践价值。

二、研究综述

(一) 国内研究

长期以来,我国国际私法立法一直是学术界关注的热点问题,学者们也从不同角度关注和研究我国国际私法立法理念、立法原则、立法规则、立法模式、立法体系等诸多问题。近年来,伴随我国民法典编纂工作的启动,特别是《民法总则》的颁布和民法典分编草案提交审议,国际私法立法与民法典的关系再度成为国际私法学者关注的焦点问题。

1. 从域外国际私法立法对我国的启示之视角,论证我国国际私法立法问题

如刘仁山教授发表的《韩国与朝鲜国际私法立法对我国的借鉴与启示》一文认为,韩朝两国新近颁行的国际私法立法,无论在总体构架上,还是在总则以及分则对相关法律冲突问题的规定上,均有其独特性。在有关公共秩序的保留、特定领域的法律适用问题、属人法连结点的选择、"最密切联系原则"的地位,以及国际私法立法的模式等问题上,韩朝两国国际私法立法均有值得我国借鉴和关注之处。[1]

再如徐崇利教授发表的《规则与方法——欧美国际私法立法政策的比较及其对我国的启示》一文认为,欧洲传统国际私法与美国现代冲突法在立法政策上的差异,主要源于二者对法律冲突的性质以及解决法律冲突所要实现目标的分歧。晚近,两大国际私法体系在可能的限度内兼容对方的立法政策,推动了整个国际私法立法的合理化进程。我国国际私法以传统的冲突规则为主体,在有限的范围内吸纳了美国现代冲突法的理论和方法,这种立法政策的基本取向是正确的,但在今后立法中仍需拓宽最密切联系原则和选择性冲突规则的适用范围。[2]

又如邓朝晖博士、肖永平教授发表的《魁北克国际私法立法述评——兼论其对中国国际私法立法之借鉴》一文认为,魁北克现行国际私法立法重视"魁

---

[1] 刘仁山:《韩国与朝鲜国际私法立法对我国的借鉴与启示》,《暨南学报(哲学社会科学版)》2008年第4期。
[2] 徐崇利:《规则与方法——欧美国际私法立法政策的比较及其对我国的启示》,《法商研究》2001年第2期。

北克传统、经济利益和社会利益以及全球性国际私法的统一化运动",魁北克立法者严谨务实的立法态度、结构严谨的立法体例和省际法律冲突等同于国际法律冲突的立法规定对中国国际私法立法有一定启示与借鉴意义。①

再如许庆坤教授发表的《美国侵权冲突法立法的最新进展及其对我国的启示》一文基于美国俄勒冈州《涉外侵权和其他非合同请求法律适用法》的立法经验指出,我国国际私法立法应由国际私法专家民主参与、明确适用法院地法的情形、"方法"与"规则"应有机结合、法律选择规则应进一步细化以及法律选择方法应具体可行。②

又如田洪鋆教授发表的《俄罗斯国际私法立法之"变"与"不变"——兼论对我国国际私法立法思路的启示》一文基于俄罗斯国际私法立法的"变"与"不变",认为我国国际私法应不断推进立法但并不过分依赖法典、选择适当的完善方式但不加剧立法的分散化、提升法律规范的精细度但不破坏现有法律框架、吸收最新研究成果但并不颠覆法律传统。③

2. 从全球化以及市场经济需求和妥当解决国际民商事争议的角度,论证我国国际私法立法问题

如韩德培教授、肖永平教授发表的《市场经济的建立与国际私法立法的重构》一文认为,国际私法在建立社会主义市场经济中具有重要作用,重构我国的国际私法立法是市场经济的内在要求。重构国际私法立法的基本思路包括:更新观念,实现立法观念的科学化。改进领导,实现立法程序的民主化。增加投入,实现立法手段的现代化。脱离民法,实现立法体例的法典化。大胆引进,实现立法内容的国际化。④

再如黄世席教授、魏增产教授发表的《全球化时代中国国际私法立法若干问题之探讨》一文认为,全球化时代已经形成,全球化时代的国际私法有一系

---

① 邓朝晖、肖永平:《魁北克国际私法立法述评——兼论其对中国国际私法立法之借鉴》,《河南省政法管理干部学院学报》2004年第6期。
② 许庆坤:《美国侵权冲突法立法的最新进展及其对我国的启示》,《法学评论》2011年第4期。
③ 田洪鋆:《俄罗斯国际私法立法之"变"与"不变"——兼论对我国国际私法立法思路的启示》,《当代法学》2018年第1期。此外,还有顾海波、赵凯在《东北亚论坛》2007年第4期发表的《对俄罗斯国际私法立法的评价及借鉴》一文认为,苏联解体后,俄罗斯根据对外民事交往的形势和需求,构建了新的国际私法体系。与苏联相比,俄罗斯国际私法在立法形式上并没有重大突破,但在立法内容上,调整范围大为拓宽、意思自治原则应用的领域也更为广阔、最密切联系原则成为准据法确定的基本原则、诸多冲突规范均有实质性的改变。俄罗斯新的国际私法立法,对与其立法背景大体相同或相似的当前中国国际私法立法具有重要的借鉴意义。
④ 韩德培、肖永平:《市场经济的建立与国际私法立法的重构》,《法学评论》1994年第5期。

列新的发展趋势。全球化时代中国国际私法立法也应在保持中国特色的基础上顺应国际趋势，加强成义化立法，增强其灵活性和适当性，体现社会本位，以促进国际民商事关系的发展。①

又如丁伟教授发表的《世纪之交中国国际私法立法回顾与展望》一文认为，中国现行的国际私法根植于计划经济的土壤，与时代的发展和我国改革开放的要求相距甚远。在世纪之交及中国即将加入WTO之际，中国国际私法的变革面临历史性机遇。鉴于中国国际私法的特点，及其存在的种种弊端，中国国际私法的立法亟待完善。②

再如孙尚鸿教授发表的《国际私法的逻辑体系与立法定位》一文认为，国际私法逻辑框架体系的形成与发展，产生于涉外民事关系日益发展而引起的对相关立法管辖权问题的考察探究，以及对国际法律冲突予以协调解决的需求之中。从更深层次分析而言，国际私法所担负的协调功能与方法论价值目标的实现，以场所化分析逻辑基点之管辖权的确定为切入点，融合跨国民商事争议解决中的相关冲突规则和程序性事项，在场所化分析的过程中，实现跨国争议案件与特定法域及相关法律规则的有机结合，最终达致争议解决结果的确定性和既判力效果。由此为确保国际私法逻辑框架体系的完整性，制定管辖权、法律适用以及送达与判决的承认与执行等程序性事项为一体的国际私法典，是构建当代社会合理法律体系的最佳选择。③

3. 从构建完备的国际私法立法体系与立法理念、立法价值等角度，研究我国国际私法立法问题

如肖永平教授发表的《中国国际私法立法体系初探》一文在梳理国际私法的立法体系与学说体系的基础上，提出了确立国际私法立法体系法典化、系统化和实用化的基本原则，并进一步对中国国际私法立法体系进行了设计。④

再如邢钢教授发表的《中国国际私法立法的设计思路及其评析》一文认为，

---

① 黄世席、魏增产：《全球化时代中国国际私法立法若干问题之探讨》，《内蒙古大学学报（人文社会科学版）》2002年第4期。
② 丁伟：《世纪之交中国国际私法立法回顾与展望》，《政法论坛》2001年第3期。
③ 孙尚鸿：《国际私法的逻辑体系与立法定位》，《法学评论》2019年第2期。
④ 肖永平：《中国国际私法立法体系初探》，《法学评论》1995年第5期。此外，肖永平教授在《中国法学》1994年第5期发表的《价值取向与中国冲突法立法》一文中认为，我国在制定冲突法的过程中，应着重考虑的价值取向有：对外政策的实现、国际经济新秩序的建立、司法任务的简单化、判决结果的可预见性和一致性、具体案件的公正性。而且，在这些价值取向中，没有一项是至高无上的，它们的相对重要性总是随着案件的不同而发生变化。

改革开放以来,涉外民商事交往促进了中国国际私法的发展。改革开放之初制定的规范涉外民商事活动的《民法通则》第八章,已难以应对改革开放所带来的民商事法律关系的变革。我国应当制定法律适用法,在理论上坚持萨维尼的"法律关系本座说",并对传统规范体系予以修正与补充,在原则上秉承私人利益保护原则,在价值规范上对国际私法进行定位,在立法规范选取上注重内容导向,以构建中国国际私法立法体系。①

又如刘想树教授发表的《中国国际私法立法问题论略》一文认为,中国国际私法立法问题涉及相互关联的四个向度。在立法理念层面,我国国际私法立法应采取公平优先、兼顾效率的方略。在立法技术层面,应当注意国际私法立法的逻辑周延性和体系的系统性。在立法形式层面,宜采用管辖权、法律选择和司法协助三大内容的综合性法典形式。在立法内容层面,则须响应当代涉外民事交往的复杂化、专业化、网络化和契约化等发展趋势,在内容构造和设定上反映出本时代的精神。②

再如刘晓红教授发表的《中国国际私法立法四十年:制度、理念与方向》一文认为,兼容并蓄、平衡协调的立法理念也在实现我国国际私法对域外经验和域内实践有机结合的同时,推动了我国国际私法理论与实践的双轨共进。面向未来,在构建人类命运共同体思想的指导下,中国国际私法更应乘势而为、稳中求进,在立足我国国情的基础上谋求新的发展。因此,制定一部立足中国、面向世界、独立成典的国际私法典是我国国际私法立法的应然方向和崇高目标。③

又如丁伟教授发表的《论中国国际私法立法体系的和谐发展制定——〈涉外民事关系法律适用法〉引发的几点思考》一文认为,法典化具有确定性、稳定性、内在逻辑性和和谐性等优点,追随世界立法潮流,致力于中国国际私法的法典化是中国国际私法学界的崇高目标,制定《法律适用法》只是我国国际私法立法的阶段性目标,最终应该制定中国国际私法典,使之成为中国特色社会主义

---

① 邢钢:《中国国际私法立法的设计思路及其评析》,《法学论坛》2009 年第 2 期。此外,邢钢教授在《政法论坛》2005 年第 5 期发表的《国际私法的法典化进程》一文中认为,当我国正在紧锣密鼓地起草和制定国际私法典时,借鉴先进的立法经验是必要的。总结已有的立法经验,在国际私法的立法过程中,需要把握好一些最为基本、最为重要的问题,其中,辨析传统与现代理论的发展趋向、坚持保护私人利益原则和实现法律适用的确定性、稳定性和可预测性、协调冲突正义和实质正义等对立价值、选取使用管辖权选择规则与内容或结果为导向的法律规则和如何保证法律选择争议的正当解决就是一些核心内容,这最终决定了立法的基本体系和具体内容。
② 刘想树:《中国国际私法立法问题论略》,《河北法学》2009 年第 4 期。
③ 刘晓红:《中国国际私法立法四十年:制度、理念与方向》,《法学》2018 年第 10 期。

法律体系中的支撑性法律。①

4. 从民法典编纂与国际私法立法的关系的角度，研究我国国际私法立法问题

如刘仁山教授发表的《中国国际私法立法应独立于民法典的编纂》一文认为，将国际私法作为单独编纳入民法典，既会直接影响民法典的内在体系，也会影响民法典本身的效力。中国国际私法立法的法典化并不存在立法技术上的障碍，民法学界也基本形成民法典的编纂不应涉及国际私法立法问题之共识。作为保障对外开放秩序的基础性法律，中国国际私法立法走独立的法典化道路，也是提升中国国际形象的重要举措。独立而完备的国际私法法典，同样也是一个民族、一个国家法文化的象征。②

又如刘仁山教授发表的《〈民法总则〉对〈法律适用法〉的回应与启示》一文认为，《民法总则》在正确处理其与《法律适用法》关系的同时，也对《法律适用法》作了相应回应。这种回应，既反映出民法与国际私法功能及概念的差异性及民法典本身体系协调的需要，也反映出国际私法立法仍待完善。无论是从民法典体系本身的协调而言，还是从国际私法的特殊性与重要功能来看，二者在立法形式上保持各自独立性是必要的。③

再如丁伟教授发表的《论民法典编纂对我国国际私法立法的影响》一文认为，民法典的编纂工作揭开了我国优化民事法律体系的序幕，同时也对中国国际私法的法典化进程产生了积极影响。中国国际私法学界在立法舞台上扮演更加积极的角色，以更加积极有为的姿态，进一步推动国际私法法典化的进程，共同催生一部体现时代特征、中国特色的国际私法典。④

又如徐伟功教授发表的《中国国际私法的立法形式的选择》一文认为，无论从各国国际私法立法的历史发展来看，还是从我国目前国际私法立法的现状来看，我国国际私法的立法都应该选择法典形式。对其体系结构的选择应该采取总分结构，总则主要是关于国际私法基本原则的规定，分则不仅包括法律适用规则，也应包括国际民事程序方面的规则。⑤

---

① 丁伟：《论中国国际私法立法体系的和谐发展制定——〈涉外民事关系法律适用法〉引发的几点思考》，《东方法学》2009年第4期。
② 刘仁山：《中国国际私法立法应独立于民法典的编纂》，《法制日报》2015年5月6日第010版。
③ 刘仁山：《〈民法总则〉对〈法律适用法〉的回应与启示》，《政法论坛》2019年第1期。
④ 丁伟：《论民法典编纂对我国国际私法立法的影响》，《暨南学报（哲学社会科学版）》2015年第9期。
⑤ 徐伟功：《中国国际私法的立法形式的选择》，《法学》2009年第1期。

再如徐伟功教授发表的《中国国际私法立法模式的探讨——从我国民法草案第九编谈起》一文认为，我国国际私法立法无论从各国国际私法立法的历史发展来看，还是从我国目前国际私法立法的现状来看，不宜以一章或一编的形式规定在民法典里。中国国际私法学会制定的《中华人民共和国国际私法示范法》为我国制定国际私法典提供了一个范本。①

又如宋晓教授发表的《国际私法与民法典的分与合》一文认为，以单边主义方法为基础的国际私法与民法或民法典并无实质联系，但近现代成文国际私法多以多边主义方法为基础，与民法或民法典之间存在深层联系。民法典为成文国际私法提供了法律关系的概念体系，民事法律关系的本质属性为构建具体冲突规范提供了正当化依据。部分国家据此将国际私法或置于民法典总则中，或置于民法典分则中，或置于民法典施行法中。但国际私法在诸多方面需要超越民法典体系，而且在价值判断方面较之民法典更为开放，更易融合外部的宪法、公法和国际法的价值判断。国际私法作为环绕民法典的民事特别法，是国际私法在法律体系中的最佳位置。我国涉外民事关系法律适用法应发展成民商合一的涉外法律适用的单行立法。为了保持国际私法和民法典的有机联系，不宜制定融法律适用、管辖权、判决的承认与执行等于一体的综合国际私法法典。②

以上不难看出，尽管学者均赞同对我国国际私法立法全面进行完善，但至少在我国国际私法立法与民法典的关系上基本形成了两种对立观点：

一部分学者认为，国际私法与民法实体法既存在紧密联系也有显著差异，在法律体系中可以成为环绕民法典的民事特别法。因此，我国涉外民事关系法律适用法应进一步完善成为一部综合性的解决涉外民商事关系法律通用问题的单行法。为了保持国际私法和民法典的有机联系，为确保国际私法与民法的紧密关系，不宜制定内容涵盖法律适用规则和涉外程序法规则的综合国际私法法典。

另一些学者则主张，将包括涉外民事关系法律适用法在内的国际私法立法规定在民法典中存在诸多弊端，既影响民法典自身的逻辑体系，也不便于国际私法立法的实施。制定出具有中国特色的、继承人类现代文明成果的、富有精气神的独立的国际私法法典，既是保障对外开放秩序的基础性法律制度构建的

---

① 徐伟功：《中国国际私法立法模式的探讨——从我国民法草案第九编谈起》，《河南师范大学学报（哲学社会科学版）》2003年第4期。
② 宋晓：《国际私法与民法典的分与合》，《法学研究》2007年第1期。

需要，也是提升中国国际形象的重要举措。我国国际私法立法应该走独立于民法典编纂的独立的法典化道路。

在国际私法立法问题上，学界对于相关具体问题的分歧主要如下：

一是在理论基础上，应以萨维尼所构建的多边主义方法设计相关冲突规范，还是尽可能融合美国国际私法革命诞生的单边主义方法以实现特定利益和贯彻特定政策。

二是在立法理念上，是平等看待法院地法与外国法，以及国内利益与国际协调利益，进而秉持普遍主义国际私法的立场，还是赋予法院地法和国内利益以优先性，从而遵循特殊主义国际私法的要求。

三是在立法模式上，是在选法规则的基础上整合国际民事诉讼规则等程序法规范进而走独立的国际私法法典化道路，还是仅将调整涉外民事关系法律适用的选法规则进行系统化进而作为民法典的一编。

四是在体系结构上，即便我国国际私法立法采取独立法典模式，是采取瑞士《关于国际私法的联邦法》的结构，还是采取意大利《国际私法制度改革法》的结构，抑或采取土耳其《关于国际私法与国际民事诉讼程序法的第5718号法令》的结构。

上述问题的回答，不仅需要从我国国际私法理论和实践的既有资源中提取经验和智慧，也需要从比较法上对域外国际私法立法实践中吸取可供参考的做法和方案。

（二）国外研究

关于民法典编纂中国际私法立法问题，国外学者较少从此视角进行研究。但是，对于国际私法立法的系统化和编纂体例，一直是各国国际私法学者研究的热点问题之一。

1. 国别国际私法立法的编纂问题研究

如阿尔巴尼亚马林巴莱蒂大学法学院的 A. Gugu Bushati 发表的《阿尔巴尼亚2011年国际私法》（The Albanian Private International Law of 2011）一文，对阿尔巴尼亚2011年国际私法立法进行了较为系统和全面的梳理。该文认为，新的阿尔巴尼亚国际私法立法是吸收了意大利、德国、比利时以及罗马尼亚和斯洛文尼亚等国国际私法立法的成果，并受到欧盟《罗马条例Ⅰ》和《罗马条例Ⅱ》的影响。2011年国际私法立法相较之前的国际私法立法取得显著进步，不仅引入了新的国际私法规则，也对原有原则进行了完善。①

再如乌克兰基辅国立大学国际关系研究所的 A. Dogvert 教授发表的《乌克兰国际私法的编纂》（Codification of Private International Law in Ukraine）一文指出，2005 年乌克兰国际私法立法对之前分散在民法典、民事诉讼法典及家庭法典中的国际私法规范进行了系统编纂，形成了乌克兰历史上第一部独立的国际私法法典。该法典涵盖国际私法一般规定、冲突规范以及国际民事管辖权与外国判决的承认与执行规范等国际民事程序法规范。2005 年国际私法立法实现了乌克兰国际私法立法的现代化。②

类似的研究包括对秘鲁③、荷兰④、土耳其⑤、意大利⑥、魁北克⑦、路易斯安那⑧、马其顿⑨、瑞士⑩、比利时⑪、保加利亚⑫等国家和地区国际私法立法的系统考察。上述研究至少共同揭示了如下现象：一是 20 世纪后半叶以来，世界范围内的国际私法立法现代化的趋势日趋明显；二是一国国际私法立法在变革的过程中，无论是在立法模式上，还是在规则和制度的构建上，均会参考和借鉴域外国际私法立法的经验；三是一国之所以对其国际私法立法进行系统编纂，大多基于原有规定不适应涉外民事关系发展的需要，以及原有国际私法立法过于分散而产

---

① A. Gugu Bushati, "The Albanian Private International Law of 2011", Yearbook of Private International Law（15, 2013-2014）, pp. 509-528.
② A. Dogvert, "Codification of Private International Law in Ukraine", Yearbook of Private International Law（7, 2005）, pp. 131-159.
③ Alejandro M. Garro, "Codification of Conflicts Law in the New Peruvian Civil Code of 1984", International Legal Materials（24, 1985）, pp. 997-1014.
④ K. Boele-Woelki & D. van Iterson, "The Dutch Private International Law Codification: Principles, Objectives and Opportunities", Electronic Journal of Comparative Law（14, 2010）, pp. 1-31.
⑤ G. Tekinalp, "The 2007 Turkish Code Concerning Private International Law and International Civil Procedure", Yearbook of Private International Law（9, 2007）, pp. 313-341.
⑥ Andrea Bonomi, "The Italian Statute on Private International Law", Int'l. J. Legal Info.（27, 1999）, p. 247.
⑦ Jeffey A. Talpis, "The Civil Law Heritage in the Transformation of Québec Private International Law", Law. Libr. J.（84, 1992）, p. 184.
⑧ Symeon C. Symeonides, "The Conflicts Book of the Louisiana Civil Code: Civilian, American, or Original?", Tul. L. Rev.（83, 2009）, p. 1041.
⑨ T. Deskoski, "The New Macedonian Private International Law Act of 2007", Yearbook of Private International Law（10, 2008）, pp. 441-458.
⑩ Symeon C. Symeonides, "The New Swiss Conflicts Codification: An Introduction", Am. J. Comp. L.（37, 1988）, pp. 187-246.
⑪ Aude Roselyne Fiorini, "The Codification of Private International Law: The Belgian Experience", International and Comparative Law Quarterly（54, 2005）, pp. 499-519.
⑫ C. Jessel-Holst, "The Bulgarian Private International Code of 2005", Yearbook of Private International Law（9, 2007）, pp. 375-385.

生适用不便的问题。

2. 一国国际私法立法对其他国家和地区国际私法立法编纂的影响的比较法角度，研究国际私法立法的编纂问题

如瑞士日内瓦大学法学院的 Thomas Kadner Graziano 发表的《欧洲国际私法的编纂：瑞士国际私法立法——综合性欧洲国际私法条例的范本？》（Codifying European Private International Law : The Swiss Private International Law Act – A Model for a Comprehensive European Private International Law Regulation ?）一文认为，拥有 225 条并涵盖管辖权、国际民事程序、准据法及外国判决承认与执行规则的瑞士《关于国际私法的联邦法》是当今世界最为完整的国际私法立法，代表了综合性国际私法典的典范。相对于国际私法规范分布于不同的单行法中的立法模式，国际私法典具备较大优势。特别是，避免了管辖权规则与准据法规则的分离，提升了法律的确定性，并有利于国际私法规则的适用。基于此，作者建议欧盟应制定一个综合性的国际私法条例。[①]

再如加拿大蒙特利尔大学法学院 J. Talpis 教授和 G. Goldstein 教授发表的《瑞士国际私法对魁北克 1994 年国际私法典的影响》（The Influence of Swiss Law on Quebec's 1994 Codification of Private International Law）一文认为，魁北克民法典中国际私法编继承和发展了瑞士国际私法立法。应该说，瑞士立法对魁北克国际私法立法影响深远。瑞士国际私法立法的影响使得魁北克成为国际私法立法的先进法域。[②]

类似的研究成果还包括瑞士国际私法立法对意大利国际私法典编纂的影响[③]、海牙国际私法会议对瑞士国际私法立法的影响[④]、混合法系地区国际私法立

[①] Thomas Kadner Graziano, "Codifying European Private International Law : The Swiss Private International Law Act : A Model for a Comprehensive European Private International Law Regulation ?", Journal of Private International Law（11, 2015）, pp. 585-606.

[②] J. Talpis & G. Goldstein, "The Influence of Swiss Law on Quebec's 1994 Codification of Private International Law", Yearbook of Private International Law（11, 2009）, pp. 339-374.

[③] Andrea Bonomi, "Influence of Swiss Private International Law on the Italian Codification", Int'l J. Legal Info.（30, 2002）, p. 246.

[④] Alfred E. von Overbeck, "The Hague Conference and Swiss Private International Law", Netherlands International Law Review（40, 1993）, pp. 93-106.

法对欧洲国际私法立法编纂的影响①等。上述研究成果从比较法的角度,考察一国国际私法立法对另一国(地区)国际私法立法、统一国际私法条约对国内国际私法、不同法系国家和地区之间国际私法立法的影响问题。上述研究至少印证了一国国际私法立法必须重视对域外立法经验的汲取。

3. 超国家的国际私法法典的编纂问题

如 Marcin Czepelak 发表的《我们是否需要一部欧洲国际私法典?》(Would We Like to Have a European Code of Private International Law ?)一文认为,在《阿姆斯特丹条约》生效之后,欧盟委员会开始准备创建统一国际私法立法。其适用范围并未给国内立法留下多少空间。从实践意义上而言,欧盟离创建共同的国际私法体系的目标并不遥远。现今正是开启欧洲国际私法典编纂的最好时机。②

再如 James E. Ritch 发表的《美洲国家国际私法的编纂》(Codification of the Private International Law of the American Countries)一文认为,伴随不同国家在经济、社会和文化等方面的交流,由此产生的法律冲突需要得到解决。鉴于不同国家拥有自己独立的冲突法体系,为提升法律的确定性,不同国际私法体系之间的合作尤为重要。美洲国家组织可以作为实现这种法律协调的机制。若对《布斯塔曼特法典》进行修订,需要从海牙国际私法条约及美国国际私法示范法中吸取经验。美洲国家组织甚至可以考虑编纂一部国际私法典的可能性,也应该资助相关研究成果的发表和出版。③

其他类似研究成果包括欧盟在民商事司法合作领域中亟待实现国际私法的法典化④、国际私法条约与欧盟国际私法统一化⑤等。上述研究成果表明,当今国

---

① Aude Fiorini, "The Codification of Private International law in Europe - Could the Community Learn from the Experience of Mixed Jurisdictions", Tulane European and Civil Law Forum (23, 2008), pp. 89-110.
② Marcin Czepelak, "Would We Like to Have a European Code of Private International Law ?", European Review of Private Law (18, 2010), pp. 705-728.
③ James E. Ritch, "Codification of the Private International Law of the American Countries", Inter-Am. L. Rev. (7, 1965), pp. 395-396.
④ D. Wiedemann, Convergence and Divergence in the EU's Judicial Cooperation in Civil Matters : Pleading for a Consolidation through a Uniform European Conflict's Codification, Max Planck Private Law Research Paper No 15/14, Hamburg, 2015 ; James E. Ritch, "Codification of the Private International Law of the American Countries", Inter-Am. L. Rev. (7, 1965), pp. 395-396.
⑤ Pedro A. De Miguel Asensio, International Conventions and European Instruments of Private International Law : Interrelation and Codification, Frankfurt am Main : Peter Lang, 2011.

际私法立法的编纂早已超越一国国际私法立法的层面,统一的多边国际私法条约的编纂已经成为当前国际私法立法的重要内容,并对国内国际私法立法的编纂产生了深刻影响。

4. 综合性研究国际私法法典编纂中的基本问题

如美国威拉米特大学法学院的 Symeon C. Symeonides 教授 2014 年出版的《全球国际私法的编纂:一个国际比较的视角》(Codifying Choice of Law around the World: An International Comparative Analysis) 一书认为,在国际私法立法活动方面,最近 50 年是最多产的时期。在此期间,全球见证了 86 个国家和地区出台了 91 部冲突法法典和 4 部冲突法草案,15 部欧盟条例以及 86 个国际公约、条例和类似文件。全球国际私法立法活动日趋频繁的现象,明确回答了国际私法是否适合法典编纂这一古老的问题。特别是,从复杂的西欧国际私法立法和欧共体《罗马公约》,再到东欧和亚洲国家和地区的国际私法立法,在一定程度均不可避免地存在效仿、借鉴和移植的现象。这一时期的国际私法立法不仅数量多,而且与以往国际私法立法相比,存在显著差异。晚近国际私法立法更为全面、复杂、灵活、实用、多元化和兼收并蓄。而且,晚近国际私法立法还为国际私法的一些根本性问题、冲突关系和两难困境给出了新的、在某些方面甚至是惊喜的答案。新近国际私法立法在方法论或哲学上已经不具有纯洁性。如果要试图定义当代国际私法立法的主要特征,那就是折中主义,或至少是方法论和哲学上的多元主义。①

再如 V. Kysil 发表的《国际私法编纂的现代趋势》(Modern Trends in the Codification of Private International Law) 一文认为,对 20 世纪后半叶国际私法典编纂的考察表明,晚近国际私法典不仅包括选法规范,也包括国际民事程序法规范。国际私法法典化有其优势和特点,从不同时期民法典中国际私法立法的形式来看,20 世纪后半叶国际私法立法采取独立的法典形式成为显著趋势。②

---

① Symeon C. Symeonides, Codifying Choice of Law around the World: An International Comparative Analysis, Oxford: Oxford University Press, 2014.
② V. Kysil, "Modern Trends in the Codification of Private International Law", Law of Ukraine (2, 2014), pp. 89-104.

类似的研究包括国际私法法典化的现状与问题①、晚近国际私法的编纂②、国际私法典的改进③等。上述研究成果集中于国际私法典的编纂问题,既包括仅涵盖法律选择规范的涉外民事关系法律适用法的编纂,也包括囊括法律选择规范和国际民事诉讼规范的综合性国际私法典的编纂。这些研究成果揭示了当今国际私法典的编纂得到越来越多的国家和地区的接受和实践,也证明了当代国际私法在理论基础和立法技术等方面均取得重大进展,国际私法典的编纂取得了显著进展。

就前述梳理而言,国外关于国际私法立法与国际和法典编纂方面的研究主要集中在如下方面:

一是深入剖析不同国家和地区将国际私法立法是否纳入民法典的内在原因。对于附属于民法典、单行立法及独立的综合性法典三种国际私法立法模式的形成从历史的视角进行了深入考察。④

二是对全球范围内国际私法的成文化进行了系统研究。特别关注了成文国际私法立法如何处理确定性与灵活性的关系、法院地利益与国际一致性目标的协调、冲突正义与实质正义的融合、单边主义与多边主义的折中等问题。⑤上述国际私法的价值取向问题,作为国际私法立法的基本问题受到高度关注。

三是集中关注了系统化、综合性的国际私法典对于高效解决涉外民商事争议的重要意义。尤其是,对于融合管辖权规范、法律适用规范和判决承认与执行规范的综合性国际私法典,在实现国际私法规则体系整合以及提升涉外民商事争议解决效率方面的功能,关注较为集中。⑥

---

① Francois Rigaux, "Codification of Private International Law: Pros and Cons", La. L. Rev. (60, 2000), p. 1321; Fritz von Schwind, "Problems of Codification of Private International Law", International and Comparative Law Quarterly (17, 1968), pp. 428-442.
② Symeon C. Symeonides, Recent Codifications of Private International Law, Leiden: Martinus Nijhoff Publishers, 2011.
③ N. Rakhmonkulova, "Issues of Improving the Legal Documents' Codification of the Private International Law", The Advanced Science Journal (4, 2015), pp.96-98.
④ Francois Rigaux, "Codification of Private International Law: Pros and Cons", La. L. Rev. (60, 2000), p. 1321; Alejandro M. Garro, "Unification and Harmonization of Private Law in Latin America", Am. J. Comp. L. (40, 1992), pp. 587-588.
⑤ Symeon C. Symeonides, Codifying Choice of Law around the World: An International Comparative Analysis, Oxford: Oxford University Press, 2014.
⑥ Alfred E. von Overbeck, "The Hague Conference and Swiss Private International Law", Netherlands International Law Review (40, 1993), pp. 93-106; Andrea Bonomi, "Influence of Swiss Private International Law on the Italian Codification", Int'l J. Legal Info. (30, 2002), p. 246.

(三）关于国内外研究的评价

基于国内外研究现状的考察表明，关于民法典编纂中的国际私法立法问题之研究成果主要聚焦于国际私法自身规则和体系的编纂，对于国际私法立法与民法典的编纂的关联性的研究则主要呈现在国内研究之中。在民法典编纂中的国际私法立法问题上，如下方面值得进一步关注：

其一，国内现有研究成果缺乏对域外国际私法立法经验的深入和系统性的考察，而国外现有研究成果又极少系统关注中国国际私法立法问题，更不会研究中国民法典编纂中的国际私法立法问题。基于此，选题研究可以在关注域外经验的基础上，结合我国民法典编纂的实际情况，进一步深入研究我国国际私法立法问题。

其二，国内外现有研究成果对于如何实现我国既有国际私法法源的整合问题，缺乏系统和深入关注。无论采取何种立法模式，我国国际私法立法必然要面临既有的国际私法法源的整合问题。尤其是，立法者需要对改革开放以来的我国国际私法立法和司法实践经验进行提炼和总结，并对在此过程中形成的国际私法法源进行系统梳理和整合。

其三，国内外现有研究成果缺乏从我国法律文化意义的视角认识国际私法立法的重要意义。从理论与实践而言，国际私法立法既是一国涉外民事法治环境的集中体现，也是一国民事法律体系和法律文化的重要构成部分，更是一国全面深化依法治国的重要内容及参与全球治理的重要途径。在全球国际私法立法法典化浪潮持续推进的背景下，凸显中国国际私法立法的民族文化特色并增强其竞争力时，发掘和吸收中华民族"不患寡患不均""礼运大同"等传统文化精髓，并用以指导中国国际私法的立法实践，无疑具有重要意义。

三、研究方案

（一）主要研究内容

伴随民法典编纂工作的启动和开展，立法者再度面临国际私法立法与民法典的关系问题。为在理论上厘清国际私法与民法实体法的关系，进而在实践上正确处理民法典编纂中国际私法立法模式的选取问题，选题主要研究如下方面的内容：

第一，民法典编纂运动中的国际私法立法。从立法史来看，成文国际私法立法伴随着民法典的编纂而出现。尽管这种现象揭示了民法与国际私法之间的紧密关联，但在此过程中不同国家和地区的国际私法立法在民法典中又呈现出不同的立法模式，即所谓"总则型""分则型""附属型"和"独立型"等区分和差异。对此现象，应该从立法传统、现实背景、理论认知等多维度，考察民法典编纂运动中国际私法立法模式的选取问题。

第二，国际私法立法模式选取中的基本经验与理论争议。不同国家和地区具有代表性的国际私法立法的实践具有比较法上的参考价值。对于不同国家和地区关于国际私法立法模式的选择，存在若干共通性的基本经验值得提炼，同时也有一些理论争议有待平息。在明确上述问题的基础上，能够更为深入和理性地认识民法典编纂中民法实体法与国际私法的关系，并正确看待民法典的编纂与国际私法立法模式的选取之间的内在关联。

第三，国际私法法典化的基本问题。作为一国国际私法立法体系化和成熟化的标志，国际私法典的编纂在一国法制史上具有重要意义。在国际私法典的编纂中，应重点关注如下问题：一是立法理念问题，如何秉持开放思维看待法院地法与外国法、国内利益与国际协调目标的复杂交错关系，有待深入考察；二是立法范围问题，基于多重因素之考量，特别是国际私法本身高度的实践性，如何基于高效和公正解决涉外民事争议之需明确一国国际私法的立法范围，亟待明确；三是国际私法立法的立法理念与价值取向问题，即对国际私法立法保守与开放、公平与效率的立法理念予以明确，对冲突正义与实质正义、确定性与灵活性等立法价值之间的冲突与平衡进行厘清；四是体系结构问题，在明确国际私法立法范围的前提下，如何具体构建一国国际私法立法的体系结构，既需兼顾法典的形式理性，也需考虑法典实施的便利性，也是国际私法编纂中的重要问题之一。

第四，民法与国际私法的关联与差异。为从根本上认识民法典编纂中国际私法立法问题，需要明确民法实体法与国际私法的关联。一般而言，民法实体法可以作为国际私法上的准据法与识别体系，而国际私法则可以作为协调多元实体私法体系的机制。同时，民法实体法与国际私法在理论基础与方法论、法律关系概念体系与价值判断方面均存在显著差异。而且，从一国民事法律体系的完整性构成来看，民法实体法与国际私法存在沟通的渠道。上述问题，均需要在理念和实践层面做更进一步的考察。

第五，民法典的编纂与中国国际私法立法。在我国启动民法典编纂工作且颁布《民法总则》的背景下，应重点研究我国国际私法立法附属于民法立法的传统以及由此可能产生的弊端。在我国《民法典》明确将涉外民事关系法律适用规范排除在外的情况下，进一步考察我国国际私法立法走脱离民法典的独立法典化道路的可行性。在此过程中，应重点研究和关注我国既有国际私法法源的整合问题。就理论层面而言，仍应重点关注我国国际私法法典化的法律文化意义。

（二）研究的重难点

1. 重点问题

对于民法典编纂中国际私法立法问题的研究，尤其是我国国际私法立法模式的选择，应重点研究如下问题：

第一，国际私法与民法典的理论关联性。从历史上看，罗马法是现今许多国家法律体系的基础，民法也起源于罗马法。欧洲大陆法系国家及南美洲不少国家的法律体系均与罗马法存在密切联系。而国际私法则源于中世纪罗马法复兴时代注释法学派对罗马法的理论阐释和演绎。自法则区别说之后，国际私法的立法与民法之间的关系日趋紧密。特别是萨维尼的"法律关系本座说"确定了民法与国际私法之间的紧密关联。但依据诸如"法则区别说""政府利益分析说"等国际私法学说所建立的国际私法体系与民法的关联性则存在疑问。因此，对于国际私法与民法的理论关联性值得重点研究。

第二，民法典与国际私法立法的体系协调问题。深入研究一国民法典编纂下国际私法立法问题，毫无疑问需要关注民法典与国际私法立法的体系协调问题，特别是不同立法模式下国际私法立法与民法典的体系兼容问题。在该问题上，应重点研究民法典与国际私法立法中法律关系的概念体系的差异性、民商分立与合一对相应法律规则设计的影响等问题。在一般层面上对国际私法与民法典的体系兼容问题进行重点考察，不仅能够进一步揭示国际私法与民法在功能上的差异性，也有助于更为深入地认识国际私法在民法典中的立法样式。

第三，民法典编纂下中国国际私法的法典化问题。在厘清国际私法与民法实体法之间关系的情况下，重点考察国际私法立法依附于民法典存在的诸多弊端。在国际私法立法技术和理论认识并不存在障碍的前提下，应重点考察我国国际私法典编纂中的基本问题以及现有国际私法法源的整合问题，并在此基础上讨论国际私法法典化的可行性。同时，还应从法律文化的弘扬、法律体系的健全、全球治理的参与和依法治国等方面多角度、多层面重点探讨我国国际私法法典化的法律价值和意义。

2. 难点问题

第一，民法典中国际私法立法样式的内在成因。在现今各国法律体系中，国际私法和民法典之间存在多种联系的模式。不同联系的模式既受到纯粹理论的影响，也受制于一国民法典立法或国际私法立法的时代条件和特殊国情。置于民法典总则、置于民法典分则、置于民法典的附属立法、独立国际私法典等国际私法的不同立法样式，需要从法律传统、理论认知、现实需要等多方面对其内在成因进行深入剖析，绝非易事。

第二，国际私法立法与民法典在价值判断上的差异性。作为调整一国民事关系规则的结构化和体系化安排，民法典在价值判断上并不具有强烈色彩，尤其是其本身并不直接考虑本国法与外国法、本国利益与外国利益等问题。这种价值判断与传统的以多边主义方法为基础构建的国际私法立法的价值中立性是契合的。而当代国际私法无论是在规则的构建上，还是在具体的适用过程中，均需要融入宪法和人权法价值乃至国际法的因素。对于现代国际私法立法与民法典在价值判断上的差异性进行协调，无疑亦是较为困难的问题。

第三，国际私法立法法典化中的基本问题。任何体系化、综合性的国际私法典的编纂，既要顾及法典应有的形式理性和逻辑性，也要考虑法典具体实施的内在自洽和便利性。在国际私法典的编纂上需要考虑一系列相互关联的重大疑难问题。包括立法理念、立法范围、价值取向、体系结构等颇具争议的问题，均需从理论层面深入回答。

（三）研究的方法与思路

1. 研究方法

第一，理论分析方法。理论分析方法需要具备较强的抽象思维能力和前瞻性的理论视野，但对于选题而言，该方法有助于深刻把握国际私法立法与民法典编纂的关系问题。

民法典编纂中国际私法立法问题的研究，既涉及民法典编纂中一系列理论问题，也涉及民法典与国际私法立法的关系问题。对于其中所涉及的民法实体法与国际私法的一致性与差异性、民法典与国际私法立法的体系协调及价值判断、国际私法法典化的理论价值与意义及国际私法典编纂中的基本问题，均需要运用抽象思维进行概括性说理，并从理论高度提炼国际私法与民法实体法的内在关联性和差异性。

第二，比较研究方法。运用该研究方法有两大优势：一是避免完全以本国法律制度的思维和视野去观察民法典编纂中的国际私法立法问题；二是对通过比较获得的研究结果进行批判性的再评价，从而使得关于民法典编纂中国际私法立法模式的选取的研究结论更为准确。

国际私法立法与民法典的关系问题，不同国家和地区的实践呈现出不同的结论。对于此种客观现象，要求研究者从比较法的视野，对不同国家和地区国际私法立法和民法典编纂实践背后的成因进行深刻揭示。以此为依据，可以有效提炼民法典编纂中国际私法立法不同样式之选取的共通性基本经验，并反思其中存在的理论争议。在此基础上，才能更为准确和有力地解释民法典的编纂与国际私法立法模式选取的关系问题。

第三，价值分析方法。在法学研究上，价值分析方法不仅能够对法律体系、制度和规则进行价值评价，也能够发挥其在价值判断方面的独特功能。运用价值分析方法时，不仅应对选题研究对象进行价值评价，还需要立足于中国立场对之进行价值判断。

民法典编纂中的国际私法立法问题，涉及诸多价值判断的问题，包括法院地法与外国法的优先性问题、国内利益与国际协调目标的关系、单边主义与多边主义的对立、冲突正义与实体正义的对立、确定性与灵活性的平衡、公平与效率的取舍、保守与开放的选择等诸多涉及价值判断的问题。对于上述问题的回答，仍需借助价值分析方法剖析其中涉及的利益冲突与协调。

2. 研究思路

选题以民法典编纂运动中的国际私法立法为研究起点，深入考察民法典编纂与国际私法立法之间的关系，并借此为我国民法典编纂中的国际私法立法提供理论指导。总体而言，选题主要遵循如下研究思路展开：

第一，基于比较法的视野考察民法典编纂运动中的国际私法立法，揭示不同国家与地区国际私法立法模式选取的多样性之客观现象。对此现象的深入分析，有助于揭示国际私法立法与民法典之间的关联性。在此基础上，进一步提出选题研究的中心问题，即民法典的编纂与国际私法立法之间的关系问题。

第二，提炼不同国家和地区国际私法立法模式选取中的基本经验与理论争议，并进一步回答一国国际私法法典化的基本问题。在提炼不同国家和地区民法典编纂运动中的国际私法立法模式选取的共通性基本经验，并回答相关理论争议的前提下，明确国际私法法典化的若干基本问题。这是对选题所提出问题的一般性回答。

第三，厘清民法实体法与国际私法之间的关联性、差异性和沟通路径。通过民法典编纂运动中的国际私法立法问题，可以揭示民法实体法与国际私法之间既存在紧密联系，也存在显著差异。而且，两者也存在沟通的路径。对于两者之间关系的多维度理解，有助于更深入理解一国民法典编纂中国际私法立法模式选取之成因。

第四，梳理和分析一国国际私法法典编纂的基本问题。在明确国际私法与民法实体法关系的基础上，应进一步明确国际私法典编纂中的基本问题，包括立法理念、价值取向、立法范围、体系结构等问题。对上述问题的分析和考察有助于厘清一国国际私法典编纂的理论性和基础性问题。

第五，考察民法典的编纂与中国国际私法立法模式的选取问题。我国民法典的编纂过程中涉及以《法律适用法》为核心的国际私法立法的定位问题。该法应作为民法典的一编，抑或与《民事诉讼法》中涉外编及其他单行法中的法律适用规范进行整合形成脱离民法典的独立国际私法典，仍有必要进一步予以明确。在明确前述问题的基础上，可以为我国在民法典的编纂工作中如何处理国际私法立法提供理论阐释和实践依据。此种结论，对于民法典的编纂中国际私法立法模式的选取具有重要的实践价值。

四、研究价值

（一）实践价值

第一，妥善处理包括涉外民事法律适用规则在内的国际私法立法与民法典的衔接与协调问题。民法典在一国民事立法体系中居于中心地位。作为同属一国民事法律体系的重要构成部分，包括涉外民事法律适用规则在内的国际私法立法，如何与民法典进行协调和衔接，正是一国民法典编纂过程中亟须解决的重大实践问题。

第二，重新认识民事法律体系的构成，并在此基础上完善我国国际私法立法。

从一国调整民事关系的法律规范之构成来看,理应由调整纯国内因素构成的民事关系的民事法律规则体系和调整具有涉外因素民事关系的涉外民事法律规则体系构成。就一国民事关系的妥当调整之需要而言,一国的民法实体法和国际私法立法应是相辅相成、缺一不可的。在此认识之下,研究民法典编纂中的国际私法立法问题无疑具有重大现实意义。

(二)理论价值

第一,厘清民法实体法与国际私法之间的关系。成文国际私法立法难以脱离民法所建立的法律关系之概念体系,但也并不能因此否认国际私法与民法之间的显著差异。国际私法作为协调多元私法体系的工具,通过划定一国民法立法的地域效力范围以化解不同国家之间实体私法的法律冲突,为各国民法的互换性创设了实施路径。从该角度而言,一国国际私法立法必须考虑与该国民法典的体系兼容问题。同时,一国民法典亦需对该国国际私法立法进行适当回应。上述问题的研究,均有助于在理论上明确国际私法与民法的关系。

第二,提炼主要代表性国家和地区民法典编纂中国际私法立法模式选取的基本经验。鉴于国际私法与民法实体法的紧密关系,不少国家和地区或在民法典编纂中规定国际私法规范,或在民法典之外规定国际私法立法。对此种种不同立法实践的研究,有助于从比较法的角度提炼不同国家和地区国际私法立法模式选取的基本经验。

五、可能的创新性

从国内外现有研究以及选题拟进行的研究来看,选题可能存在的创新性如下:

第一,在理论上回答国际私法与民法实体法在实践上的关系。在该问题上,现有研究成果偏重于对国际私法与民法的差异性方面的揭示,而对国际私法与民法之间内在关联性的论述不够深入。尽管分属两个不同的法律部门,民法实体法与国际私法在理论基础、调整对象、方法论及价值判断等方面存在显著差异,但民法与国际私法之间也存在紧密联系。在理论上,民法实体法可以作为国际私法规范所指引的准据法并作为识别的体系依据,而国际私法则通过划定民法实体法的地域效力范围解决不同国家实体私法之间的法律冲突，并作为协调多元私法体系并存的有效途径。在实践上，民法与国际私法的关系则需要从健全一国民事法律体系、各国实体私法的互换性、保护私人利益等角度予以阐释。

第二，在实践上为国际私法在一国民法典的立法呈现提供理论依据。现有研究成果既有对一国民法典中国际私法的立法样式从法律文化、历史传统及本国国情等因素的影响方面的分析，也有从民法实体法与国际私法在体系协调、价值判断、功能互补方面的差异性与一致性方面的考察。但在综合上述两种视角进行权衡并形成相应结论上，尚未有系统性研究成果。应该说，只有从上述两大方面综合进行深入剖析，才能为一国国际私法立法模式的选取提供更有说服力的解释依据。国际私法立法在形式上如何安置，在民法典编纂过程中尤其需要在理论上提供解释依据。

第三，揭示国际私法法典化的重要实践价值与法律文化意义。现有研究成果在很大程度上割裂了国际私法与民法典在解决民事争议方面的内在关联性。一国完整的民事法律体系应由解决纯粹国内民事争议的民法典和解决涉外民事争议的国际私法立法构成。在具体涉外民事争议的解决上，一国民法典与国际私法典往往需要协同合作。就高效解决涉外民事争议而言，国际私法法典所具有的功能和发挥的作用是其他法律无法替代的。国际私法法典不仅是一国完善民事法律体系，推进依法治国的必然要求，也是一国参与全球治理，构建国际民商事秩序并提升本国国际形象的重要举措。以"和而不同""礼运大同""不患寡而患不均"等中国传统文化，构建和诠释具有中国特色的国际私法理论和中国烙印的国际私法典，具有重要的法律文化意义。

第一章
民法典编纂运动中的国际私法立法模式

国际私法最初表现为学说法，是以"法律科学"的学说形态表现出来的。直到 18 世纪，由于国家间经济贸易和人员往来增多，产生了制定国际私法规则加以规范的需要，有关国际私法立法的规定置于一国民法典之中。伴随着国际民事交往的深化及随之产生的涉外民事关系的多样性和复杂化，国际私法规范也随之增加。一国民法典中国际私法立法呈现出不同的立法样式，包括民法典中国际私法编的"附属型"国际私法立法及配合民法典实施的"通则型"国际私法立法。晚近以来，脱离民法典独立的"法典型"国际私法立法成为一种重要立法范式，并引起学术界的广泛关注和讨论。应该说，独立的国际私法典成为一国国际私法立法的重要范式之一，也是当今国际私法立法现代化的重要表现。

第一节　"附属型"：民法典中的国际私法编

国际私法的立法规定进入民法典源于欧洲大陆法系国家的实践。18 世纪以前，除万民法之外，欧洲大陆出现过一些调整涉外民事关系的法律规定，但这些规定未产生较大影响。18 世纪末 19 世纪初，法则区别说对欧洲国际私法的发展发挥了重要的推动作用，同时也促进了欧洲成文立法的产生和形成。在欧洲，最早含有冲突规范的国内立法是 1756 年的《巴伐利亚法典》和 1794 年的《普鲁士法典》。这两部法典首次接受了法则区别说的一些观点。前述两部法典是欧洲历史上首次明文规定冲突规范的法典，在国际私法立法史上占有一定地位。但是，上述法典毕竟是处于没落阶段的封建王国的立法产物，无论在内容范围还是立法技术上，相关冲突规范既不够成熟也不成体系。①

在国际私法的立法编纂上，上述法典只是初步的尝试。真正对后来国际私法立法具有重要影响的，应是直接继承了法则区别说的成果，并对冲突规范规定得相对比较完整的《法国民法典》，特别是该法典第 3 条概括规定了自巴托鲁

---

① 刘仁山主编：《国际私法》，中国法制出版社 2019 年版。

斯以来确定的人法与物法的原则，使国际私法的立法进入了新的阶段。[①] 但总体而言，《法国民法典》中国际私法的规定仍然数量有限，不成体系。当今，民法典中较为系统和集中规定国际私法规则的立法实践主要有两种代表性的做法：一是如秘鲁和魁北克将管辖权、法律适用和判决的承认与执行规范作为独立一编纳入民法典；二是如越南与路易斯安那州民法典中调整涉外民事关系的涉外民事关系法律适用编。

一、秘鲁

在秘鲁的法制史上，民法典的编纂在政治和社会生活中占据非常重要的地位，民法在秘鲁也被誉为仅次于宪法的一个法律部门。但就秘鲁国际私法而言，其与民法典的真正联系源于1984年颁布的秘鲁民法典。在1984年民法典中，国际私法规范以"国际私法编"的形式被置于民法典第十编，内容涵盖管辖权、冲突规则以及法院判决与仲裁裁决的承认与执行规范。仅就相关国际私法规范观之，1984年民法典与秘鲁历史上颁布施行过的1852年民法典和1936年民法典存在显著差异。表现为，后两部民法典并未系统性地规定冲突规则，遑论相对全面的涵盖涉外民事程序规则的有关国际私法规范构成的单独一编。

秘鲁1852年民法典如同19世纪大多数国家所制定的民法典一样，深受1804年法国民法典的影响。因为在此时期，除法国民法典之外，各国并无其他有影响力的民法立法蓝本予以借鉴。但是，由于西班牙殖民时期的统治，秘鲁1852年民法典中也掺杂了西班牙民法立法的影响。另外，教会法和罗马法中一

[①] 1804年《法国民法典》的问世，在国际私法的发展史上具有重大意义，主要表现在以下三个方面：第一，国际私法调整领域的扩大。《法国民法典》颁布之前，法则区别说主要是处理一国内部各地区之间的法律冲突，而颁布《法国民法典》之时已经建立了统一的政权，各地方的法律得到统一，尚待解决的只是内外国的法律冲突问题。因此，《法国民法典》规定的冲突原则，是真正国际意义上的国际私法。第二，本国法主义的诞生。《法国民法典》颁布之前，欧洲各国还处于混战时期，各国也还未建立起稳定的政治统治，主权国家和自然人国籍的概念还未确立，因此，整个法则区别说时期所适用的属人法实际上就是居民的住所地法。而《法国民法典》颁布后，属人法的含义进一步趋于合理完善，法律规定无论居住在国外的法国人，还是居住在法国境内的外国人，其身份能力一律适用当事人的国籍国法，本国法主义由此在立法上得以确立。第三，成文的国际私法规范的确立。以往的国际私法冲突规则一般反映在学说理论或者惯法中，而《法国民法典》明确地规定了成文的国际私法的冲突法规则，为后来各国成文的国际私法的大量出现树立了典范。可以说，国际私法由学说法发展到制定法是一个质的飞跃。

些法律原则在该民法典中也有所体现。① 这在一定程度上解释了为何这一时期的秘鲁民法典中并未形成相对完备的国际私法规范，而只包含了零星的冲突规则。

随着时间的推移，社会经济环境的变迁，秘鲁国内社会对1852年民法典进行修改的呼声日益增高，并促成了1936年民法典的出台。但不可否认的是，最终出台的1936年民法典仍然深受1852年民法典和法国民法典的影响。同时，经济和社会的发展，以及其他国家的民法典也对1936年民法典的内容和结构产生了明显影响。② 在这一时期，由于德国1896年民法典、瑞士1911年民法典以及巴西1917年民法典都成功移植外国立法并被颁布实施，这就大大扩展了秘鲁立法者在民法典编纂问题上的视野，使得其目光不再局限于先前的法国民法典。③ 这也导致法国民法典的影响在1936年秘鲁民法典中并不占据主导地位。

秘鲁1936年民法典可谓是一部具备全球视野的民法典，其规定的很多条款与民法领域的一般概念保持了一致。④ 但问题在于，无论是先前的法国民法典，或是其后在一定程度上受法国民法典影响的、代表当时相对现代化民法立法水准的德国民法典、瑞士民法典以及拉美本土的巴西民法典，均无法给1936年秘鲁民法典提供如何制定相对完善国际私法规范的经验和启示。另外，从该法典自1921年开始着手起草到1936年最终出台的这一时期，正值美洲国家间国际私法统一化运动如火如荼地开展⑤，这也使得秘鲁立法机关在民法典之外专门制定有关法律适用的单行国际私法立法的意愿大为降低。实际上，秘鲁一直是美洲国家间统一国际私法运动的积极倡导者和参加者。

1965年，秘鲁再度掀起了修改民法典的热潮。应该看到，尽管1936年民法典在秘鲁实施良好，但自该民法典颁布以来，秘鲁社会、政治、文化和经济的变迁，使得对1936年民法典进行全面修订的需求也日益凸显。另外，由于1936年民法典中的一些规定与1980年生效的秘鲁宪法相抵触，这也使得对1936年秘鲁民法典进行修改的呼声日趋高涨。在上述背景下，秘鲁于1984年

---

① Felipe Osterling Parodi, "Reports Draft Civil Code of Peru", Law. Am. (14, 1982-1983), p. 593.
② Felipe Osterling Parodi, "Reports Draft Civil Code of Peru", Law. Am. (14, 1982-1983), p. 594.
③ 正如学者所指出的，秘鲁的立法常常未经过充分的研究以及缺乏充分的信息。很多情况下，立法工作常常借助于可获取的外国的立法先例。Dale Beck Furnish, "Court and Statute Law in Peru", Am. J. Comp. L. (28, 1980), p. 490.
④ Felipe Osterling Parodi, "Reports Draft Civil Code of Peru", Law. Am. (14, 1982-1983), p. 594.
⑤ 在这一时期，著名的1928年《布斯塔曼特法典》(Bustamante Code)即是这种国际私法统一化运动的代表性作品，而且秘鲁最终也是15个签署国中未对该公约提出任何保留的国家。Kurt H. Nadelmann, "The Need for Revision of Bustamante Code on Private International Law", Am. J. Int'l L. (65, 1971), pp. 782-783.

通过了新的民法典，用以取代 1936 年民法典。

应该说，经济、科技的迅速发展对秘鲁对外交往，尤其是涉外民商事关系的发展影响深远，并迫切需要与之相适应的国际私法立法对此类关系予以调整。具体如下：

其一，在经济方面，秘鲁在 1948 年重新确立了开放的出口导向型增长模式，这个周期一直持续到 20 世纪 70 年代中期。在这一历史时期，外国对秘鲁的投资呈现高速增长的状态，同时秘鲁国内产品的出口在种类上出现多样化态势，在数量上也到达增长高峰。与此同时，秘鲁也在进行着工业化的尝试，而且这一时期秘鲁工业投资的 80% 以上都属于外国公司。[①] 伴随着对外经济交流的繁荣、人员流动日趋频繁，秘鲁经济和民事关系的涉外因素都大大增强。显然，这一时期外向型经济的高速发展，使得秘鲁意识到加强其涉外民事和经济法制建设的必要性。这可被视为秘鲁推动其国际私法立法现代化的重要经济驱动因素。

其二，在科技方面，现代科学技术的长足发展和进步，为秘鲁涉外民事交往注入新的活力。20 世纪 50 年代，以原子能、电子计算机和空间技术的发展和利用为标志的新技术革命赋予涉外民事关系新的内涵。全新的涉外民事关系主体、客体和内容都在丰富着涉外民事立法和司法实践，如联合企业和跨国公司、跨国环境污染问题，特别是以国际技术为代表的无形客体的大量出现。[②] 在此影响下，秘鲁 1984 年民法典中国际私法编对涉外知识产权的法律适用问题作出规定。涉外知识产权法律适用规则的出现，可被视为科技因素对涉外民事关系的规范提出的新要求所进行的回应。

值得注意的是，在国际私法的国际条约方面，此时期内美洲国际私法统一化运动遭遇重挫，使得秘鲁立法者不得不将其主要精力投入到完善本国国际私法立法方面。正如学者所指出的，早期拉美地区国际私法统一化运动，一方面受挫于各国对国家主权坚持沙文主义的立场[③]；另一方面则受制所制定的相关统一公约的内容过于宽泛，严重忽视各国对国家利益的诉求。自 1975 年以来，美

---

① 韩琦：《秘鲁现代化迟缓原因探析》，《世界历史》2003 年第 4 期。
② 刘仁山：《再论国际私法的对象与方法——基于技术革命的影响所形成的认识》，载韩德培等主编：《中国国际私法与比较法年刊》第三卷，法律出版社 2000 年版。
③ Alejandro M. Garro, Unification and Harmonization of Private Law in Latin America, Am. J. Comp. L. (40, 1992), pp. 587-588.

洲国家间组织（OAS）下的美洲国家间司法委员会所开展的范围相对狭窄的国际私法统一化运动，已举行了四次有关国际私法统一化的特别会议，并有 21 个美洲国家间有关冲突法和司法合作的公约被采纳。但正如学者指出的，后期美洲国际私法统一化运动不太可能取得较大的成就。[①] 事实上，拉美地区国家的国际私法立法的差异甚大，加之美洲国际私法统一化运动受挫，进一步加剧了各国在对外民事交往中产生的法律冲突。[②] 在此情势下，秘鲁最终选择国内立法对国际私法问题进行相对系统和全面的规定，无疑是明智之举。

1984 年秘鲁民法典中国际私法编的相关规定，相较此前的国际私法立法，的确开创了一种全新的模式。不可否认，一国经济和社会环境的变迁是导致对国际私法立法进行革新的重要原因。但同样不可忽视的是，一国国际私法学者的理论认知对国际私法立法的重要影响。尤其是，需要深入思考国际私法应如何更好地实现其保障和繁荣对外民事交往的功能。

从法律传统和文化方面而言，秘鲁属于典型的民法法系国家，在实践中热衷于制定成文法，法官也只是严格遵守成文法规则而不越雷池半步。[③] 在民法法系传统的拉美国家中，民法典具有特殊的意义。正因如此，民法典在秘鲁法律体系中的地位仅次于宪法。事实上，民法典所调整的是一些基础性的法律关系，如人身关系、家庭关系、民事主体的意思自治、财产、合同等。另外，拉美地区学者认为民法典还应涵盖一些重要的主题，包括法的基本原则和国际私法规则。[④] 由此可见，包括秘鲁在内的拉美国家普遍地将国际私法视为民法的重要组成部分。这也印证了为何早期乃至当今的一些拉美国家的民法典中，大多都包

[①] 纳德尔曼教授认为其原因如下：一是美洲国家间司法委员会并非是关于国际私法立法的专门化机构；二是该组织被赋予的任务之一是修订布斯塔曼特法典以便使其获得更大的接受，另一个任务是保证拉美国家与美国之间国际私法的一致性程度更高，而这两项工作是联系起来的；三是该组织的成员国并不是完成上述两项工作最恰当的选择，美国的作用并没有得到充分发挥；四是该组织的工作大多是自行其是，未能与法律专家建立紧密的联系；五是该组织选择的方法过于狭隘，忽视了美洲地区很多有价值的法律文件；六是由于受制于宪法因素，美国不太可能对这种法律统一化运动投入过多的精力；七是法律统一化的任务事实上也超出了该组织的能力范围；八是该组织作为一个官方机构，其所开展之工作在官方层面上并不成熟。Kurt H. Nadelmann, "Inter-American Cooperation in the Field of Conflict of Laws", Inter-Am. L. Rev. (1, 1959), pp. 142-145.

[②] James E. Ritch, "Codification of the Private International Law of the American Countries", Inter-Am. L. Rev. (7, 1965), p. 396.

[③] Dale Beck Furnish, "Court and Statute Law in Peru", Am. J. Comp. L. (28, 1980), p. 487.

[④] Felipe Osterling Parodi, "Reports Draft Civil Code of Peru", Law. Am. (14, 1982-1983), p. 593.

含着零散的国际私法规则。①

　　将国际私法规范纳入民法典，在拉美地区似乎是一种相当普遍的立法模式。究其原因，在一定程度上固然与早期法国民法典在拉美地区的巨大影响有关，但更为重要的缘由则是国际私法的独立性并未被充分地认识，突出表现在国际私法规范至少在形式上仍与民法联系在一起。② 在这一问题上，秘鲁 1984 年民法典显然是采取了一种折中的方法。该民法典对于国际私法问题所进行的立法改革的新颖性之一是，国际私法规范被合并规定在民法典第十编，而不像先前民法典那样将国际私法规范置于总则部分，并与实体法规则混杂在一起。

　　因而，相对其他拉美国家的国际私法立法，尽管 1984 年秘鲁民法典中国际私法编的立法模式代表了一种进步，但仍旧难以洗清国际私法依附于民法的嫌疑。这也导致这种立法模式存在很大的弊端：一是民法典内部逻辑体系上存在障碍，民法典总则作为民法典的公因式，难以提炼出规范国际私法编的一般规则。而且，鉴于涉外民事关系的概念体系要宽于纯粹国内民事关系的概念体系，故在运用国际私法规定解决涉外民事争议时，不免需要在民法典规定的范围之外去寻求法律依据，这显然与编纂一部完整的、实用性高的民法典的初衷相悖。二是民法典中国际私法编的规定尽管范围可以有所扩展，但是在具体规则的设计上只能是通则性的规定，而难以对冲突规则进行细化，这一点在 1984 年秘鲁民法典中表现得尤为明显。这种宽泛的冲突规范显然并不符合当今为实现特定政策、利益和目的而构建细化的冲突规则之要求。

　　关于秘鲁国际私法立法模式的另一个重要的问题是，民法典中国际私法编所涵盖的规范内容是出于何种考虑。值得注意的是，在秘鲁 1984 年民法典之后，美国路易斯安那州 1991 年民法典第四编规定的也是国际私法规范，不过在内容上只包括法律适用规范。显然，路易斯安那州民法典所涵盖国际私法规范的范围明显小于秘鲁民法典的国际私法编。而 10 年之后制定的魁北克 1994 年民法典第十编（国际私法编）再现了秘鲁国际私法的立法模式和内容安排。以上至少揭示了一国（地区）民法典中国际私法编的规范内容存在不同实践。

---

① 最为典型的例证即古巴，该国仍然坚持国际私法属于民法不可分割的组成部分的传统观点。巴拉圭和墨西哥等拉美国家也沿用了 19 世纪初法国民法典的立法模式，将国际私法的规则包含在民法典的总则中，这种立法模式也被美国路易斯安那州所采用。
② G. P. 尔拉·阿兰盖伦：《美洲国际私法的晚近发展》，熊大胜、刘卫翔译，《外国法译评》1993 年第 3 期。

事实上，秘鲁 1984 年民法典中国际私法编所规定规范内容的依据，在理论上根源于学者对国际私法范围的认识，在实践上受美洲国际私法统一化运动的影响，尤其是 1928 年《布斯塔曼特法典》（Bustamante Code）的影响是不可忽视的。

首先，在国际私法理论上，拉美地区通常用"国际私法"（private international law）而非"冲突法"（conflict of laws）这一术语。而在国际私法的界定和国际私法的规范范围上，拉美地区继承了罗马法遗产并认为，解决法律冲突的冲突规范仅是国际私法的一部分而非全部。拉美地区学者普遍认为国际私法应包括国籍、外国人地位、法律冲突和司法管辖权的冲突。[①] 因而，这种理论认识可以解释为何 1984 年秘鲁民法典中的国际私法编并不像路易斯安那州民法典的国际私法编那般，仅涵盖法律适用规范。

其次，在立法实践上，拉美地区一直有着深厚的国际私法统一化运动的传统。在国际私法统一化的进程中，虽然经历过最初理想宏大、无所不包的综合性公约，再到相对务实的范围狭窄的专门性公约的转折，但在拉美地区国际私法的统一化进程中，秘鲁对国际私法统一化运动的热忱始终未曾减退，而且一直是这种统一化运动积极的倡导者、推动者和参与者。1875 年也正是秘鲁政府召集了拉丁美洲地区法学家在利马（Lima）组成一个小组，讨论拉丁美洲社会是否存在一个协调一致的理念来实现统一的私法法典化的目标。[②] 而"利马会议"上讨论的问题主要包括五个方面：(1) 立法的统一化；(2) 解决法律冲突的原则；(3) 外国人的地位；(4) 判决的执行；(5) 引渡。[③] 而且，秘鲁参加了所有拉美地区国际私法公约的制定，并签署或批准了相关所有国际私法公约。在很多公约的签署或批准时，秘鲁大多选择不作任何保留以免公约的实际效果大打折扣。拉美地区国际私法统一化进程也表明，美洲国家所制定的一系列国际私法公约在

---

① James E. Ritch, "Codification of the Private International Law of the American Countries", Inter-Am. L. Rev. (7, 1965), pp. 395-396.
② R. David, "The International Unification of Private Law", in Volume II, Chapter 5, International Encycepedia of Comparative Law 149 (1969).
③ James E. Ritch, "Codification of the Private International Law of the American Countries", Inter-Am. L. Rev. (7, 1965), p. 397.

内容上基本涵盖了管辖权、法律适用、国际民事诉讼以及国际商事仲裁等问题。①

尤为值得注意的是，1928年《布斯塔曼特法典》对秘鲁国际私法立法模式选取的影响亦不可忽视。尽管《布斯塔曼特法典》未能真正统一美洲地区的国际私法立法，但其贡献也是有目共睹的。事实上，主张对《布斯塔曼特法典》进行修订以便得到更多国家接受的呼声一直存在②，而且，美洲国家间司法委员会也曾经出台过一份关于修订《布斯塔曼特法典》的可行性报告。③ 早在1928年《布斯塔曼特法典》在古巴哈瓦那通过之时，秘鲁就是最终批准该法典的15个国家之一，而且秘鲁未对该法典提出任何保留。④ 其后，在将修订《布斯塔曼特法典》作为其工作任务之一的美洲国家间司法委员会中，秘鲁是该委员会的9个成员之一。⑤

20世纪中期，尽管美洲在法律统一化运动方面将其重点放在《布斯塔曼特法典》的修订，以便促成更多美洲国家毫无保留地接受该法典，但这种努力的方向显然很难取得预期成果。事实上，美洲地区并没有权威的机构和足够的能力来完成美洲国际私法的统一化。原因如下：

首先，美洲国际私法的统一化运动忽视了一些重要的基础性理论问题。包括美洲国家在国际私法统一化问题上达成哪些共识、国际私法在美洲国家的实际地位如何、国际私法法典化或统一化是否必要、国际私法法典化或统一化是否可行。

其次，有些国家如美国的法律传统和文化本身就是反对成文法典的。统一国际私法条约，尤其是范围广泛的综合性国际私法条约的编纂目标在这些国家

---

① 在美洲早期的国际私法统一化运动中，代表性公约如1878年《关于建立国际私法统一规则的条约》，其内容涉及属人法、法律能力、婚姻、继承、国际管辖权、外国判决执行；在后期推行范围相对狭窄的统一化公约中，其内容涉及汇票、支票的冲突法、国际商事仲裁、域外取证、律师权利的域外运用、自然人住所、国际私法的一般规则、外国法的信息和证明、预防性规则的执行、外国判决和仲裁裁决的执行、未成年人收养的冲突法、国际私法中人的权利和行为能力、外国判决的域外效力的管辖权问题等。
② Kurt H. Nadelmann, "The Need for Revision of the Bustamante Code on Private International Law", Am. J. Int'l L. (65, 1971), p. 782.
③ Kurt H. Nadelmann, "The Question of Revision of the Bustamante Code", Am. J. Int'l L. (57, 1963), p. 384.
④ 批准布斯塔曼特法典的15个国家是玻利维亚、巴西、智利、哥斯达黎加、古巴、多米尼加、厄瓜多尔、萨尔瓦多、危地马拉、海地、洪都拉斯、尼加拉瓜、巴拿马、秘鲁和委内瑞拉。参加会议但并未批准法典的6个国家包括墨西哥、阿根廷、乌拉圭、巴拉圭、哥伦比亚以及美国。对法典提出保留的6个国家分别是玻利维亚、哥斯达黎加、智利、厄瓜多尔、萨尔瓦多和委内瑞拉。该保留主要是法典的规定只在不与国内法相冲突的情况下，才能得到适用。Kurt H. Nadelmann, "The Need for Revision of the Bustamante Code on Private International Law", Am. J. Int'l L. (65, 1971), pp. 782-783.
⑤ 该组织的成员国包括巴西、智利、秘鲁、哥伦比亚、阿根廷、墨西哥、委内瑞拉、多米尼加和美国。

和地区很难被接受。

最后，一些国家如墨西哥在国际私法领域采取强烈的属地主义立场，使得其协调与其他国家的立场颇为不易。更为重要的是，一些学者认为，鉴于各国均有调整涉外民事关系的国内国际私法立法，缺乏统一的国际私法条约并不会严重影响各国之间的民事交往，也不会损害各国之间经济和贸易的往来。这也意味着超国家的统一国际私法条约的编纂对美洲国家的吸引力不大。

事实上，已有拉丁美洲国际私法学者提出，应该放弃修订《布斯塔曼特法典》，转而从该法典中吸取经验用以完善国内国际私法立法。① 从20世纪中期后秘鲁对其国际私法立法的改革来看，该国可谓是这种建议的忠实践行者。

1928年《布斯塔曼特法典》试图囊括所有的国际私法问题，该法典共427条，包括国际民法、国际商法、国际刑法和国际诉讼法四编。就国际私法规范而言，不仅涉及法律适用规范，也包括国际程序法规范。仅就国际民法编的设计来看，主要依照人、财产、债的顺序依次展开。② 而1984年秘鲁民法典中国际私法编有关法律适用规范的内容安排与《布斯塔曼特法典》存在高度的一致性。1984年秘鲁民法典中的法律适用规范共计34条，是整个第十编的核心部分。除了有关法律适用的一般规则之外，其按照民事主体（自然人、法人）、婚姻家庭（婚姻、夫妻关系、父母子女关系、准正、收养）、财产（物权、共有财产、知识产权）、债（合同之债、非合同之债）、时效、继承依次展开。③ 不难看出，该国际私法编大致上也是按照人、财产和债的顺序排列。所不同的是，1984年秘鲁民法典的国际私法编增加了有关知识产权的规定，这也是对技术的跨国交往日益增多而在国际私法立法上所进行的回应，尽管其规定得相当粗陋。④

---

① James E. Ritch, "Codification of the Private International Law of the American Countries", Inter-Am. L. Rev. (7, 1965), pp. 415-417.
② 《布斯塔曼特法典》国际民法编的具体设计如下：第一篇标题为"人"，其内容包括国籍和入籍、住所、民法上人格的产生、消灭和效力、结婚和离婚、父子关系、亲属间的扶养、亲权、收养、失踪、监护、浪费、"监护的解除和成年"、"民事登记"；第二篇为"财产"，其内容包括财产的类别、所有权、共有财产、占有、使用收益权、使用权和居住权、地役权、财产权登记簿；第三篇为"取得的各种方法"，其内容包括赠与、一般继承、遗嘱、遗产继承；第四篇为"债务和契约"，其内容包括一般债务、一般契约、关于婚姻财产的契约、买卖、债权让予和互换、租赁、年金、合伙、借贷、寄托、赌博性契约、和解和仲裁、保证、质权、抵押权和孳息抵押权、准契约、同时存在的债务和优先清偿债务以及时效。
③ 有关秘鲁1984年民法典国际私法具体的规定，参阅 Alejandro M. Garro, "Introductory Note on the Codification of Conflicts Law in the New Peruvian Civil Code of 1984", I. L. M. (24, 1985), pp. 1002-1014.
④ 1984年秘鲁民法典第2093条规定，知识产权方面的物权，其存在及效力，适用国际条约及专门法律，如后者不适用，则适用此类物权登记地法律。承认及行使此类权利的条件，由本地法规定。

总体而言，1984 年秘鲁民法典最终将管辖权规范和判决（仲裁裁决）的承认与执行规范也纳入到国际私法编，一方面是受到《布斯塔曼特法典》所采取的冲突规范与程序法规范一并规定的做法之启发，另一方面则是由于国际私法编有关法律适用规范仍然十分粗略，这就在国际私法立法上留下各种空白，①因而，在司法实践中需要法院予以填补，并且法院被期望在履行这一职责时力图实现国际私法的目的，特别是判决的国际一致，这在拉美地区被认为十分重要。②基于此，秘鲁国际私法立法对管辖权规范、判决的承认和执行规范与法律选择规范一并进行规定显得尤为必要。

由上可知，秘鲁 1984 年国际私法立法采取纳入民法典的立法模式，一方面是受早期一些欧陆民法典，尤其是法国民法典的影响；另一方面也是拉美地区学者普遍将国际私法视为民法当然组成部分的结果。而秘鲁 1984 年民法典中的国际私法立法最终将管辖权规范、法律适用规范以及判决（仲裁裁决）的承认与执行规范一并规定在国际私法编中，既与学者对国际私法范围的认识有关，也与拉美地区国际私法统一化的立法实践有着紧密的关系，尤其是 1928 年《布斯塔曼特法典》的影响是不可忽视的。

二、魁北克

魁北克是加拿大一个具有成文法传统的地区，魁北克的法律制度起源于法国。但就其国际私法的孕育而言，则明显存在受普通法影响的痕迹。1991 年魁北克民法典生效之前，魁北克适用的是 1886 年民法典。后者的起草主要参考和借鉴了 1804 年法国民法典，由前言和四编内容构成。③1886 年民法典并未对国际私法规则进行集中编纂，而是参考 1804 年法国民法典，仅在第 6 至第 8 条和第 135 条对国际私法规则进行了概括规定。由于 1866 年民法典在很多方面不适

---

① 不可否认的是，1984 年秘鲁民法典中的法律选择规范依然是为了保证确定性和可预见性的传统的选法制度。而且其中一些条款的规定显然过于简单。例如该法典第 2085 条就简单规定，子女的准正适用其住所地法。该规定的不周延之处就在于，当子女为取得自己的住所之时，应如何决定子女准正的准据法。
② G. P. 尔拉·阿兰盖伦：《美洲国际私法的晚近发展》，熊大胜、刘卫翔译，《外国法译评》1993 年第 3 期。
③ 第一编为关于人和家庭的法律，第二编为关于财产、所有权及其变更的法律，第三编为关于财产权的取得及行使的法律，第四编为商法。共计 2615 条。

应国际经贸活动的日益频繁，加之加拿大省级法律冲突屡见不鲜，1866年民法典中的国际私法规则并不能满足魁北克社会经济发展的需要。①

魁北克1991年民法典经过大幅修改后于1994年生效实施。该民法典第十卷"国际私法编"较为系统地规定了国际私法规范，共计93条。第一篇为总则，对有关识别、反致、区际法律冲突与人际法律冲突、公共秩序保留、强制规则、例外条款等事项作了一般性规定。第二篇为冲突规则，分别对人法、物法、债法和程序法进行了具体规定。第三篇为魁北克当局的国际管辖权，规定了魁北克法院有关省际和国际私法案件管辖权规则和制度。第四篇为外国判决的承认与执行和外国当局的管辖权，对在魁北克承认和执行外国判决的条件及外国法院管辖权的确定作出规定。可见，在立法体例上，魁北克民法典中的国际私法编分为总则、冲突规则、管辖权和外国判决的承认与执行四个部分。而且，在保留大陆法传统的同时，在相关国际私法规则的构建上，既借鉴了海牙国际私法会议等国际造法机构的立法实践，也吸收了普通法的国际私法原则和规则。②

据加拿大学者的研究，关于魁北克国际私法的历史发展，大致可划分为如下三个阶段：③

第一阶段（1866—1970年）的魁北克国际私法立法既不完备，也不科学。受法国国际私法立法的影响（即法国民法典中的国际私法规定），只有一些不完善的冲突规则规定在1866年魁北克民法典之中。尽管当时魁北克法院在其早期判例中受到民法法系国家国际私法的相关实践之影响，但是魁北克法院的相关实践表明，在相当长的时期内，魁北克法院普遍漠视民法法系国家的国际私法方法，而遵循英国普通法判例规则及学者对魁北克民法典的解读。④尽管加拿大

---

① 邓朝晖、肖永平：《魁北克国际私法立法述评——兼论其对中国国际私法立法之借鉴》，《河南省政法管理干部学院学报》2004年第6期。
② 例如，魁北克民法典中的国际私法编参考了1956年《抚养儿童义务法律适用公约》、1961年《未成年人保护的管辖权和法律适用公约》和《遗嘱处分方式法律适用公约》、1973年《产品责任法律适用公约》、1978年《代理法律适用公约》和《夫妻财产制法律适用公约》、1985年《关于信托准据法的公约》和《关于国际货物买卖公约》等。在连结点上采用了最密切联系原则，惯常居所地法成为重要的属人法。
③ Jeffey A. Talpis, The Civil Law Heritage in the Transformation of Québec Private International Law, Law. Libr. J.（84，1992），pp.178-183.
④ 其原因如下：一是国际私法被认为是公法的分支或国际公法，这就要求通行的解决之道；二是英国普通法曾经也将继续是魁北克商法的主要渊源；三是直到19世纪末，魁北克法院的绝大多数法官是英国人，导致遵循先例的普通法传统；四是"住所"代替了法国法中的"国籍"；五是最高法院倾向于在可能的情况下，统一加拿大各省的国际私法。Jeffey A. Talpis,"The Civil Law Heritage in the Transformation of Québec Private International Law", Law. Libr. J.（84，1992），pp.178-179.

最高法院试图在民法而不是国际私法领域实现统一化,但最高法院的法官中几乎没有民法法系国家实践的坚定支持者。这种态度表现在国际私法领域,则是在 1930 年 O'Connor v. Wray 案中,加拿大最高法院最终推导并适用了普通法的侵权冲突规则。①

对此,学者的态度是:魁北克国际私法构成了国际私法的一个特殊体系。它有着自身的起源和传统。它与 18 世纪法国的法则区别学派联系紧密。加拿大法院不能将外国的冲突规则引入并适用,而忽视既存规则以及在魁北克冲突法体系下已经发展起来的特定规则。② 然而,正是在这一时期内,英国普通法的一些国际私法规则融入魁北克国际私法。③

另外,值得注意的是,这一时期魁北克法院司法本地化的趋势非常明显,80% 的案件基本上都适用了魁北克的法律。虽然民法法系国家传统国际私法上的一般制度(如识别、反致、外国法的查明、公共秩序保留等)促使法院追求"归家趋势"(homeward trend),但是在魁北克几乎没有民法法系国家国际私法传统特征的反映。④ 总之,至少在 19 世纪 60 年代以前,魁北克并不存在自身独创的国际私法理论。

第二阶段(1970 年至 20 世纪 80 年代)是魁北克本土国际私法学说诞生的时期。魁北克学者的著作开始对司法实践偏离民法法系传统的做法提出尖锐的批评。魁北克国际私法学术界普遍认为,应对外国法的适用采取一种开放的态度。这一时期魁北克法院的判例也昭示着魁北克国际私法处于变革时期。在 Palmer v. Mulligan 一案中,法官借助民法法系国家的实践扩大了夫妻财产制的类型,而这种方法在此前曾被很多魁北克法官拒绝适用。⑤

总体而言,魁北克法院在这一时期内能够正常地适用外国法,而不像此前那般极度偏好法院地法。在统一国际私法条约的适用之外,这一阶段魁北克法院司法实践的一大特点是,运用民法法系的方法开启国际私法的国际主义。但

---

① 1930 S. C. R. 231.
② Paul-André Crépeau, "De la Responsabilité Civile Extra-Contractuelle en Droit International Privé Québecois", Can. B. Rev.(39, 1961), pp. 9-11.
③ 如"住所"这一连接点在冲突规则中的广泛运用;英国侵权规则在魁北克得到接受并运用;外国法被当作事实对待;接受普通法的代理法律适用规则;家庭法上的许多问题适用普通法的法院地规则。
④ Jeffey A. Talpis, "The Civil Law Heritage in the Transformation of Québec Private International Law", Law. Libr. J.(84, 1992), p. 180.
⑤ 1985 R. D. J. 247.

正如学者所指出的，由于缺乏国际私法完整的结构体系以及对一般问题的解决方法，这一时期魁北克国际私法只是站在"起航的港口"。①

第三阶段则集中表现在 1988 年国际私法编草案的起草。1977 年，魁北克民法典修订小组准备了一个国际私法典草案，该国际私法典草案的起草委员会主席是加拿大国际私法权威卡斯特尔（J.-G.Castel）教授。在草案解释报告中，卡斯特尔教授明确指出，起草委员会的意图是准备一部既深具民法传统，又对外国法抱以开放态度的国际私法典。既要考虑魁北克的历史传统和经济、社会利益，又要考虑各国在国际私法国际统一化方面所做的努力。②

1988 年国际私法编草案在起草的过程中，充分运用了比较法方法，吸收了 1978 年海牙《夫妻财产制法律适用公约》和 1980 年欧共体《关于合同之债的准据法公约》（《罗马公约》）的规定。除了间接地受这些公约蕴含的民法法系传统实践的影响之外，当时一些欧洲民法法系国家的国际私法典也发挥了重要的启示作用。尤其是，瑞士 1987 年《关于国际私法的联邦法》的影响深远。当然，起草者也没有忽视魁北克身处北美的现实。在魁北克 1977 年的国际私法草案中，普通法规则也成为某些国际私法规则的渊源。至于在方法论上，魁北克国际私法规则追求完整性的同时，也需要实现国际私法规则的简约性。而在国际私法立法的风格和术语上，民法传统似乎更占优势。③

就该国际私法草案的内容而言，则包括管辖权规范、法律选择规范和外国判决承认与执行规范。魁北克学者认为，民法典应有一般原则下的某种确定的风格，因而不应过于要求规则的精细。从这种理念出发，魁北克 1988 年国际私法编草案与民法法系方法的精神吻合。因此，这个"法典中的法典"（code within a code）具备独特的民法风格，并且以之作为标志。④ 事实胜于雄辩，最后通过的魁北克民法典中的国际私法编只是在 1988 年国际私法编草案的基础上经过若干修改后被最终通过。新立法与 1988 年国际私法编草案一样，民法法

---

① Jeffey A. Talpis, "The Civil Law Heritage in the Transformation of Québec Private International Law", Law. Libr. J. (84, 1992), p. 183.
② Jeffey A. Talpis, "The Civil Law Heritage in the Transformation of Québec Private International Law", Law. Libr. J. (84, 1992), p. 183.
③ Jeffey A. Talpis, "The Civil Law Heritage in the Transformation of Québec Private International Law", Law. Libr. J. (84, 1992), p. 184.
④ Jeffey A. Talpis, "The Civil Law Heritage in the Transformation of Québec Private International Law", Law. Libr. J. (84, 1992), pp. 185-186.

系国家国际私法立法风格占据主导地位,且吸收了民法法系国家的国际私法渊源。

出上可知,魁北克国际私法的发展经历了由普通法传统占据司法实践的舞台,再到偏离普通法传统转向民法法系传统,最终到民法法系传统取得统治地位的历史过程。就魁北克国际私法立法模式来看,采取附属民法典的专篇专章式,但从结构上看,该国际私法编既有总则,又有分则,而分则既包括冲突规则,也包括管辖权规则和外国判决承认与执行规则。因此,该国际私法编实际上已超出了民法典的范畴,可以被视为一部虽然规定在民法典中但相对独立的国际私法典。

令人生疑的是,这种独特的国际私法立法模式为何能在魁北克取得成功?或许这种独特的立法模式,可以归结到魁北克独特的国际私法孕育史和魁北克人对民法典的认识论。

首先,魁北克将国际私法立法纳入到民法典中的做法,在一定程度上体现了对民法法系国家国际私法立法传统的回归。

魁北克的法律制度起源于大陆法系的代表国家法国。被英国征服后,魁北克的公法逐渐英国化,但在民商法方面仍然保留较多法国民法的传统和特征。对于国际私法而言,在19世纪七八十年代间,学者们就开始反思魁北克过于依赖普通法的实践,并意识到明确的成文国际私法规则对于解决相关法律冲突问题的重要性和必要性。

在这一过程中,魁北克人一直希望保持其民法法系传统:一方面,这种做法的目的在于,确保魁北克民法典内在的价值和方法来实现民法体系的完整性;另一方面,则是魁北克人将民法法系传统视为一种先辈的遗产而必须加以继承。尤为重要的是,魁北克人认为在魁北克确保法国法系的遗风,既是一种义务也是一种责任。这种法律传统,与语言和文化一并构成了魁北克"独特的社会"。[1]

因此,不难看出,魁北克将国际私法立法纳入民法典的立法模式,法国法传统,尤其是法国民法典的影响不可忽视。

其次,魁北克国际私法编涵盖的规范内容远超法国民法典的规定,则与魁北克早期独特的国际私法史及其对民法典功能的认识密切相关。

---

[1] Jeffey A. Talpis, "The Civil Law Heritage in the Transformation of Québec Private International Law", Law. Libr. J. (84, 1992), p. 188.

一方面，之所以将管辖权规范和外国判决承认与执行规范作为国际私法的有机组成部分，并与法律选择规范一道在民法典中独立成编，显然是与魁北克早期深受英国普通法的影响有关。英国国际私法理论认为，国际私法主要是由管辖权规范、冲突规范以及判决承认与执行规范三部分构成。[1] 在这个问题上，显然魁北克没有遵循作为民法法系代表国家法国的国际私法理论。[2] 事实上，魁北克的地位也决定了其不可能在国际私法中规定国籍规范。

另一方面，这种独特的立法模式也与魁北克人对民法典功能的认识息息相关。魁北克 1991 年民法典作为一个整体"是一项社会工程——是对未来的投影"[3]，相应的，《魁北克民法典》中的国际私法编通过其规则、方法以及对司法的信任，与民法典的其他部分一样反映魁北克社会。这种认识无疑是正确和必要的，因为民法典中的国际私法编仍然是"国内法"，其必须反映魁北克民法典其他部分所遵循的哲学。[4] 在此意义上，魁北克民法典中的国际私法编必须反映并凸显民法典的社会功能，并为这种功能的实现而服务。

实际上，魁北克民法典第五编将"证据"也独立成编，这与民法法系国家将证据视为一种程序法问题的一般认识也有差异。正如有学者指出的，魁北克民法典反映的是一个"混合的世界"。[5] 因此，将管辖权规范和判决承认与执行规范纳入民法典对于魁北克这个独特的法域而言，并不奇怪。正因如此，魁北克国际私法以魁北克多元化文化为根基，兼采大陆法与普通法之长，在立法中吸收与借鉴了两者的经验，力图在一部法律中实现相互的融合与平衡。[6]

---

[1] Dicey, Morris & Collins, The Conflict of Laws, London: Sweet & Maxwell, 14th ed., 2006, p. 4.
[2] 法国学者认为国际私法主要由国籍规范、外国人民事法律地位规范、冲突规范和国际民商事案件管辖权规范（包括国际民事诉讼和仲裁程序以及对外国法院判决和仲裁机构裁决的承认与执行规范在内的私法协助规范）。[法] 亨利·巴蒂福、保罗·拉加德：《国际私法总论》，陈洪武等译，中国对外翻译出版公司 1989 年版。
[3] J. L. Beaudoin, Discours Prononcé à l'occasion des Journées Maximilien-caron, in ENJEUX ET VALEURS D'UN CODE CIVIL MODERNE 220（1991）.
[4] Jeffey A. Talpis, "The Civil Law Heritage in the Transformation of Québec Private International Law", Law. Libr. J.（84, 1992), p. 187.
[5] 徐国栋：《〈魁北克民法典〉的世界》，《中外法学》2005 年第 3 期。
[6] 郑佳宁、[加] 金艺海：《加拿大魁北克国际私法评析——兼论中国〈涉外民事关系法律适用法〉之完善》，《比较法研究》2015 年第 4 期。

三、越南

一国法律的变革总是与社会经济的发展变迁紧密关联的。自1945年越南宣布独立至1986年开始经济改革计划以前，越南基本上施行的是计划的战争经济，行政法令成为调整民事关系的主要手段。随着1986年越南开始经济改革计划，到1990年外国投资的效果逐渐显现，面向市场的经济改革政策也逐渐明朗，这些实质性的发展给越南民法典的起草制订工作提供了强劲的推动力。经过十年的努力，1995年越南国会颁布了其历史上第一部社会主义民法典，并决定该法典于1996年7月1日正式生效实施。

1995年民法典的编纂工作完全由越南司法部会同本国法学家完成，没有外国专家直接参与起草。但是，越南司法部邀请了包括法国、德国、日本和俄罗斯在内的一些国家的法律专家举办了多次学术研讨会，吸收外国有关起草和编纂民法典的经验。① 值得注意的是，在准备起草民法典的过程中，起草委员会所进行的一系列准备工作中就包括编译一些国家的民法典，其中就包括俄罗斯和一些东欧国家的民法典，如1994年俄罗斯民法典、1964年捷克斯洛伐克民法典、1959年匈牙利民法典和1975年德意志民主共和国民法典。此外，还包括我国1986年《民法通则》等。

1995年越南民法典共计838条，除序言外，分为七编，依次为总则、财产与所有权、债与民事合同、继承、土地使用权的转让、智慧产权与技术转让和涉外民事关系。该法典在结构上与俄罗斯民法典颇为相似。考虑到越南曾经是"经济互助委员会"（The Council for Mutual Economic Assistance）的成员②，与俄罗斯有着密切的政治和文化联系（越南法律学者中具有苏联留学背景的最多），故而1995年越南民法典大体上是以俄罗斯民法典为蓝本制定的。③

1995年越南民法典有关国际私法规定的涉外民事关系法律适用编共13条。④

---

① 吴远负：《在守成与变革之间的越南民法典》，载越南法律研究所网站：http://vietlaw.cn/doc/wz/wz-10.html. 2019年5月8日最后访问。
② "经济互助委员会"简称"经互会"，是由苏联组织建立的一个由社会主义国家组成的政治经济合作组织。经互会是一个相当于欧洲经济共同体的社会主义阵营的经济共同体，总部设在莫斯科，是继承莫洛托夫计划后的经济合作计划。1991年6月28日，该组织在布达佩斯正式宣布解散。
③ 1994年《俄罗斯联邦民法典》的基本结构为总则、物权、债法总则、债法分则、著作权和发明权、继承权、国际私法规则七编。
④ 1995年越南民法典关于国际私法的规定依据的是1995年《越南民法典》中文本（吴尚芝译、中国法制出版社2002年版的《越南民法典》），而2005年修订后的《越南民法典》中国际私法的规定则是依据非官方英文文本的《越南民法典》。

在涉外民事关系的法律适用原则上，越南民法典的规定表现出追求适用越南法律的倾向，如承认反致、外国人在越南从事民事活动时，其民事权利能力和民事行为能力依越南法律（第831、832条）等。

1995年越南民法典为民事关系的调整开辟了新的法律通道，也为改革和发展经济，完善社会管理体制，保护个人、组织、国家和公共利益做出了贡献。但经过十年的实践，1995年越南民法典也暴露出许多不足。[①] 为此，2005年6月14日，越南第十一届国会第七次会议通过了修改的民法典。

由于对1995年民法典作了大量的修改和补充，故可将2005年越南民法典视为一部全新的民法典。新民法典包含七编36章共计777条，自2006年1月1日起生效。2005年民法典条款数量少于1995年民法典（838条），原因主要有二：一是将一些行政管理性质的规定从民法典中剔除，回归民法典私法的属性；二是一些内容已经归入民事特别法而脱离民法典，如关于土地使用权移转的规定归入《土地法》，关于智慧所有权的规定归入《智慧所有权法》。

2005年越南民法典第七编是关于国际私法（第758条至第777条）的规定，共计20条，其内容包括：涉外因素的民事关系（第758条），越南社会主义共和国民法、条约、外国法和国际习惯的适用（第759条），无国籍人或多重国籍的外国国民的法律适用之基础（第760条），外国人民事权利能力（第761条），外国人民事行为能力（第762条），无行为能力或丧失行为能力或限制性行为能力的确定（第763条），失踪人或死亡人的确定（第764条），外国法人的民事权利能力（第765条），财产所有权（第766条），涉外法定继承（第767条），遗嘱继承（第768条），民事合同（第769条），民事合同的形式（第770条），不会面缔结的民事合同（第771条），单方民事交易（第772条），合同外损失的赔偿（第773条），涉外因素的著作权（第774条），涉外因素的工业产权和

[①] 这些缺点表现在以下几个方面：(1) 在法律体系中，民法典不被当作调整平等关系民事主体之间各种社会关系的基本法律。多年的立法和司法实践表明，现行划分各个法律部门的方法，不只在法学教育和研究方面，而且在制定法方面损害了法律的系统性，法律之间相互重复、相互矛盾的现象大量存在；(2) 民法典中的一些规定已经与实际不相符合。随着科学技术的发展和改革的推进，民事交易的一些原理发生了改变，民法典中的一些规定显得过时；(3) 跟其他许多法律文本一样，民法典中的许多规定其含义模糊不清或不充足，泛泛而论如同宣言而不具规范性，使其适用性大受影响；(4) 民法典中一些规定属于行政关系，如办理户籍的手续。涉及户籍的有关人身权是应当规定在民法典中，但为了保证民法典的稳定性，有关户籍的行政手续不应当规定在民法典中；(5) 一些新颁布的民事法律与民法典中的有关规定相矛盾；(6) 在与国际经济融合的新形势下，民法典中一些规定与国际条约和国际惯例不相适应。[越南] 阮通晓：《2005年版越南民法典介绍》，载越南法律研究所网站：http://www.vietlaw.cn/doc/fl/fl-3.html，2019年5月8日最后访问。

植物品种权（第775条），涉外因素的技术转让（第776条），限制诉讼的法律（第777条）。相较1995年越南民法典关于国际私法的规定，2005年越南民法典中国际私法编的规定发生了比较明显的变化，主要表现在以下六个方面。

第一，2005年民法典第758条基本继承了1995年民法典第826条关于确定涉外民事关系的各种依据的规定，即主体依据、法律依据、法律关系对象依据。但2005年民法典对相关问题规定得更为清晰。①

第二，关于外国人民事法律能力问题，2005年民法典规定个人的民事法律能力依其国籍国法律确定，改变了其先前适用越南法的狭隘做法。

第三，关于财产所有权，2005年民法典规定：在越南的民用飞机和海船的所有权的确定，应当依照越南社会主义共和国的民用航空法律和航海法律的规定。这是为了明确此两类财产的特殊性质，同时应符合越南《民用航空法》和《航海法》规定的法律适用原则。

第四，关于继承问题，1995年民法典没有对涉外法定继承和遗嘱继承作任何规定，2005年民法典有两个条文涉及这个问题。原则上，遗产的法定继承应依被继承人死亡时的国籍国法律。但依照国际惯例，不动产的继承应依照不动产所在地国家的法律。关于无人继承遗产的处理，新民法典区别两种情形：不动产归不动产所在地国家所有，动产归被继承人国籍所属国家所有。这也是越南参加的各种国际私法互助协定所确认的解决方案。关于遗嘱继承，新民法典规定立遗嘱能力、遗嘱变更或撤销依立遗嘱人的国籍国法律，遗嘱形式依遗嘱成立地法律。

第五，在合同方面，为了与国际贸易合同订立方式的发展相适应，2005年民法典规定了当事人不会面订立合同的规则，在此情形，"合同成立地的确定适用要约方住所地国家的法律；合同成立时间的确定适用要约方所属国家的法律"。

第六，关于涉外民事关系的起诉时效，2005年民法典规定适用涉外民事关系准据法所属国家的法律。②

---

① 较旧民法典的规定，这种明确性表现在两个方面：一是关于涉外民事关系的主体，新民法典规定至少一方当事人是外国的机关、组织或个人，或定居国外的越南人。而前民法典只是笼统地规定为外国人、外国法人；二是关于发生涉外民事关系的法律根据，新民法典增加规定了主体为越南公民或组织，但他们之间的民事关系发生在国外，或民事关系根据外国法律而发生、变更或终止，或涉及民事关系的财产在国外的情形。
② 以上国际私法规则，可以参见［越南］阮通晓：《2005年版越南民法典介绍》，载越南法律研究所网站：http://www.vietlaw.cn/doc/fl/fl-3.html，2019年5月8日访问。

2015年，越南完成了对2005年民法典的修订工作，确定了越南民法的八大基本原则。但是，就立法体例和主要内容而言，该民法典中国际私法编并无实质性发展和变革。[①]

由上可知，不论是1995年民法典，还是修订后的2005年及2015年民法典，越南立法机关始终将有关国际私法的规定纳入到民法典，并且在内容上只包括法律选择规范，而不包括管辖权规范和判决承认与执行规范。另外，在法律选择规范的制定上，也显得比较粗略，甚至没有规定诸如识别等法律选择的一般规则。这显然是一个国家国际私法立法不成熟和不完善的表现。对于越南国际私法的这种立法模式，可以从如下两个方面予以思考：

一是将国际私法立法纳入民法典的立法模式，固然与越南受民法法系立法传统的影响有关，也与越南将民法典作为发展对外经济的现代化工具的明确意图密不可分。

从法制史的角度来看，古代越南法深受中国法的影响。但在1884年后，越南沦为法国的被保护国后，其法律体系和制度日益脱离中国法的影响，而法国法则得到推行。法国把越南分为北圻、中圻和南圻三个部分，各自实行不同的统治制度。在法律上，在三个区域适用三部不同的民法典：1831年的《北圻民法》、1836年的《中圻民法》和1883年的《南圻简要法典》。而且，越南同印度支那的其他国家一样，可能曾适用一部"法联邦民法典"（Code Civil de L'Union Francaise）。这些法典的内容基本上是宗主国法国民法典的翻版。1940年9月，日本占领越南，直到1945年日本投降。此后法国卷土重来，直至1945年9月2日越南民主共和国成立，越南决定在统一适用于全国的新法颁布之前，暂时维持三圻现有法律的效力。

1950年，越南颁布法令，允许不与新法原则冲突的旧法继续适用。而所有的旧法，到1959年才全部被废除。1976年7月2日，越南成为一个统一的社会主义国家。统一后的越南，与苏联建立了密切联系，在各方面都向苏联学习，

[①] 根据2013年越南宪法及越共中央决议，2015年民法典增加民事权利成立、行使及保护的基本原则。个人和法人可自由、自愿地成立、行使或终止有关民事权利或义务，但不得违反民法典规定的基本原则。2015年民法典为有关机关保护民事权利提供了更为全面保护，创设了特定的机制。与民事权利相关的违法行为或纠纷可以通过法庭或仲裁解决。此外，新民法典认可变性手术的合法性，越南立法机关采取了与国际通行实践相一致的做法，被誉为民事立法一大进步。参见中华人民共和国驻越南社会主义共和国大使馆经济商务参赞处网站：http://vn.mofcom.gov.cn/article/jmxw/201701/20170102501386.shtml，2019年5月8日最后访问。

这其中自然也包括了法律。1986 年越南共产党的"六大",确定把各项工作的重点转移到经济建设上来,在"六大"之后,越南颁布了大量的法律法规。就这些法律法规的名称来看,显然受到了中国的影响。①

由此可见,越南的法律发展史尤为复杂,但是可以肯定的是,在越南建立社会主义性质的政权,并开展经济建设的革新后,其立法多受苏联和中国的影响。

而在越南 2005 年民法典具体的编纂和修订过程中,越南立法机关广泛地寻求国际组织、外国政府、民间组织和个人的法律援助。如联合国开发计划署曾经就制定了"加强越南的法律能力"(Strengthening the Legal Capacity in Vietnam)的计划。此外,越南还与加拿大、澳大利亚等国家的科研院所开展合作,进行相关法律项目的研究。值得注意的是,根据越南司法部与瑞典于默奥大学(Umea University)法律系之间签订的"加强越南法律制定与实施"(Strengthening Law Making and Law Implementation in Vietnam)的 2003 年年度计划,越南在 2003 年 9 月派遣 6 名民法专家开展为期两周的中国之行,与中国法学家进行对话,了解中国在经济转型时期的立法经验。②

需要指出的是,在越南 1995 年和 2005 年民法典制定和修改过程中,日本的法律援助显得尤为突出和重要。③ 日本的法律援助机构从 1994 年就开始向越南司法部提供人员培训,而且在起草 1995 年民法典时提供建议。④ 其中,日本名古屋大学的森岛昭夫教授的作用尤为突出。1992 年,森岛昭夫教授代表名古屋大学法学院访问河内,同当地的一家国家研究机构订立交换计划协议。森岛昭夫教授被引荐给越南司法部长,从而了解到民法典起草工作中存在的困难。森岛昭夫教授回到日本后,向日本政府传递了越南司法部的信息。日本外务省要求森岛昭夫教授访问越南并讲授日本民法典。从 1993 年起,森岛昭夫教授

---

① 徐国栋:《东欧剧变后苏联集团国家的民法典和民商立法——法律史、民商法典的结构、土地所有权和国有企业问题》,载梁慧星主编:《民商法论丛》第 14 卷,法律出版社 1999 年版。
② Strengthening Law Making and Law Implementation in Vietnam: Annual Plan of Operation 2003 [EB/OL]. available at: http://www.jus.umu.se/Vietnam/pdf/PoO-2003.pdf,2019 年 5 月 8 日最后访问。
③ 日本向越南提供法律援助的机构有日本国际合作组织(Japan's International Cooperation Agency, JICA)、法务省(The Ministry of Justice)以及国际民商法律中心基金(The International Civil and Commercial Law Center Foundation, ICCLCF)。日本国际合作组织是具体负责实施日本外务省官方发展援助(ODA)计划的机构之一。日本法务省下属的国际合作部是负责向发展中国家特别是亚洲国家提供法律援助的官方机构。
④ Rose, Carol V, "New" Law Development Movement in the post-Cold War era: A Vietnam case study, Law & Society Review, 1998. available at: http://findarticles.com/p/articles/mi_qa3757/is_199801/ai_n8781211/pg_2/?tag=content;col1,2019 年 5 月 8 日最后访问。

先后四次访问越南，同越南政府官员讨论民法典第 4、第 8、第 12 草案。森岛昭夫教授向越南方面提供了源于西方的日本民法典和相关法律概念，并将日本民法典的条义同对应的法国、德国和其他国家的法律进行了对比。① 此后，越南 2005 年民法典的修订工作，日本国际合作组织（Japan's International Cooperation Agency，JICA）也起到了非常大的作用。

但从 1995 年越南民法典最终的结构来看，国际私法是作为独立的一编纳入民法典，而并没有采取日本国际私法单行立法的模式，这是一个非常有趣的现象。但也应该注意到，尽管日本为越南民法典的制定和修改提供了很大的援助，但是自始至终并没有日本法律专家直接参与到越南民法典的制定工作中。另外，就越南民法典起草委员会所参考的民法立法所属国家的民法典资料来看，大多是将国际私法规定纳入民法典立法模式的国家。② 这其中就包括了历史上对越南法影响深远的法国民法典，以及与越南同为社会主义国家，并且在该时期内社会经济制度较为相似的中国的《民法通则》。

值得一提的是，在参考外国民法典的同时，越南民法典起草委员会相当重视历史上越南本土施行过的民事法律制度。突出表现在，该起草委员会组织专家对越南有史以来的民事法律制度进行了详尽调查，重点研究了 1883 年南圻民法典、1931 年北圻民法典、1936 年中圻民法典，甚至对越南南方伪政权颁布的《1972 年民事法》也进行了认真而详尽的研究。③ 而这前三部民法典，基本上是法国民法典的翻版，加之越南本身在历史上就深受法国法的影响，越南立法机关最终选择将国际私法纳入民法典的立法模式就不难理解。

从最终颁布的越南 1995 年民法典的结构来看，基本与 1961 年《苏联和各加盟共和国民事立法纲要》的结构相同。由此可见，苏联民事法方面立法结构的影响不仅及于独联体国家，而且也及于一个曾与苏联具有密切联系的亚洲国家。

总之，在民法典的编纂中，对国际私法立法模式的选取，越南除了考虑自身的法国法系传统外，也受到了当时同处于社会主义阵营的国家，尤其是苏联

---

① JICA-Evaluation-Core support for important policies, available at: http://www.jica.go.jp/english/evaluation/project/term/as/archives/14-1-03.html，2019 年 5 月 8 日最后访问。
② 委员会组织专家翻译了法国民法典、德国民法典、日本民法典、加拿大民法典、泰国民法典以及苏东国家的民法典如俄罗斯民法典、捷克民法典、匈牙利民法典、民主德国民法典，另外还有中国《民法通则》等，并在此基础上进行研究。
③ 米良：《越南民法典的历史沿革及其特点》，《学术探索》2008 年第 5 期。

和中国的影响。

还应当提到的是，越南国际私法立法模式的选取，与越南将民法典作为实现社会变革的现代化工具的意图密不可分。特别是，经过经济改革，越南经济逐步实现高速发展，成为全球的一个新兴经济体。自越共"六大"以来，加强法制建设成为"六大"革新路线的一部分。此后，越南颁布了一系列法律法规，初步形成了完备的法律体系。从这些法律调整的对象来看，绝大多数是为经济建设服务的。①

然而，在这一系列的立法中，调整民事关系的立法只有1990年8月30日的《继承法》和《劳动合同法》、1991年4月29日的《民事合同法》等，这种民事关系领域立法的分散性和不全面性一直延续到1995年越南民法典制定之前。该民法典的颁布被视为是越南法制进程中的一个重大事件。越南立法机关将民法典作为市场经济的基本法，这既是对改革和发展成果的总结和确认，又是对未来经济社会秩序的建构。因而，在这个意义上而言，越南民法典实际上是实现社会变革的工具。②

然而，社会生活是复杂的多面体，对应的革新亦是全方位的，涵盖经济、政治、思想、文化等诸多领域。对于越南这样一个经济处在快速增长，融入国际社会程度不断深化的国家，更是如此。反映在民法典上，其所调整的对象不仅是单纯的国内民事关系，而且也要将含有涉外因素的民事关系纳入进来。毕竟，民法典是对民事关系进行调整的一项社会性综合工程，缺少对涉外民事关系的调整也是不完整的。

值得称赞的是，越南在接受外国法律援助的同时，也注意结合自身国情。在接受外国法律援助的过程中，越南有意限制外国法律顾问潜在的文化和政治影响，用一个越南律师的话说就是：越南从不固守一种外国法律模式，而是试图各取所长。这是源于越南长期的斗争和预防外部入侵的历史经验。越南在创造自己的国家和法律制度方面有着悠久的历史，其不可能采用单一的外国模式。③

二是从越南民法典的内容来看，国际私法规定的涉外民事关系的范围与民

---

① 关于越南在东欧剧变前后立法的清单，参见徐中起主编：《越南法研究》，云南大学出版社1997年版。
② 吴远负：《在守成与变革之间的越南民法典》，《清华法律评论》第三辑，清华大学出版社2000年版。
③ Carol V. Rose，"New" Law Development Movement in the post-Cold War era：A Vietnam case study，Law & Society Review，1998. available at：http：//findarticles.com/p/articles/mi_qa3757/is_199801/ai_n8781211/pg_2/？tag=content；col1，2019年5月8日最后访问。

法典实体法的规定高度吻合，具体表现如下：

其一，有关商事关系的法律选择规范并未纳入民法典的国际私法编。越南在民法典之外还有商事基本法——商法典①。在2006年颁布的新的商法典中，商法的调整范围更广，商事活动被定义为一切以盈利为目的的活动，包括商品交易、（商事）服务、投资、贸易促进以及其他以盈利为目的的活动。此外，越南还颁布了《公司法》《海商法》《保险法》等作为商事特别法独立存在。由于越南采取"民商分离"的模式，在民法典中并没有规定相应的商事实体法规范。相应的，民法典中的国际私法编也没有对涉外商事关系的法律适用规范作出规定。如2005年越南民法典第776条第4款规定：在越南的民用飞机和海船的所有权的确定，应当依照越南社会主义共和国的民用航空法律和航海法律的规定。可见，为与民法实体法规定的民事关系的范围一致，凡属涉外商事关系的，民法典国际私法编不作规定。

其二，在民事关系的界定上，越南民法典中国际私法编规定的法律适用规范所调整的涉外民事关系基本上与民法典实体法相对应。从民法典规定的内容来看，一方面，并没有将婚姻家庭法纳入民法典，这也是社会主义国家民事立法的一个普遍现象，这种做法也有其深厚的理论背景。②因此，民法典中的国际私法编并未规定婚姻家庭关系的法律适用问题；另一方面，有关知识产权的规定作为独立的一编纳入到民法典中，这种做法也是深受苏联民法立法传统的影响。1961年《苏联和各加盟共和国民事立法纲要》规定了著作权、发现权和发明权等知识产权。类似的，1964年的《苏俄民法典》第四编即是关于著作权的规定。苏联解体后，从苏联独立出来的国家和一些东欧国家仍然保留了这种立法传统。③相应的，2005年越南民法典在国际私法编（第774条至第776条）规定了涉外因素的著作权、工业产权和植物品种以及技术转让的法律适用问题。

另外，越南民法典实体法中规定的"财产与所有权""债与民事合同"等问

---

① 该《商法典》颁布于1997年5月10日，后随着经济逐步融入国际市场，越南于2005年6月14日颁布了新的《商法典》以取代1997年旧商法，新商法已于2006年1月1日起生效。
② 关于民法，社会主义国家民法学者所熟知的经典作家的著名论述是："民法准则只是以法律形式表现了社会的经济生活条件。"（《马克思恩格斯选集》第四卷，人民出版社1995年版。）因此，调整财产关系的民法和调整婚姻关系的婚姻法是格格不入的。
③ 如白俄罗斯民法典（1994年修订）第四编、土库曼斯坦民法典（1999年生效）第四编都是关于著作权的规定；另外一种模式是将整个知识产权编入民法典，如吉尔吉斯民法典（1997年修订）第五编、格鲁吉亚民法典（1997年生效）第四编、亚美尼亚民法典（1999年生效）第十编、乌克兰民法典（2004年生效）第四编均为"知识产权"。

题在涉外因素民事关系编都有或多或少的反映。由此可见,越南民法典中国际私法编规定的涉外民事关系,与民法典实体法规定的国内民事关系具有高度的一致性。① 如果将越南 2005 年民法典视为实体法和国际私法两个部分,可以惊奇地发现国际私法调整的对象与实体法的区别,无非是在民事关系上增加了涉外因素而已。因此,在越南民法典的这种结构体系下,将管辖权规范和判决承认与执行规范纳入民法典显然是不合适的。

总之,越南民法典中的国际私法立法模式的确立,既与其受苏联和中国等国国际私法立法实践的影响有关,也与越南对其民法典的功能和定位的认知存在密切关系。

四、路易斯安那州

美国路易斯安那州的法律沿革,与其作为殖民地几度易主的复杂历史紧密相连。在法国殖民期间,路易斯安那适用法国法,即首先适用法国的法令,其次是法国国王的敕令,再次是巴黎的习惯法。

1762 年,法国将路易斯安那的密西西比河流域以西的地区及新奥尔良城转让给西班牙以后,西班牙总督在该地区引入了西班牙的法律,但也并未完全消除法国法对当地居民的影响。1800 年路易斯安那重归法国,但是直到 1803 年 11 月 30 日,法国才得以真正开始取得路易斯安那的最高权力。由于任期过于短暂,法国派任路易斯安那的总督并没有足够的时间建立新的法律体系和司法体制。在法制建设方面,其所做的唯一工作就是宣布废除西班牙的奴隶制立法,并且重新引进了法国法。

1803 年 12 月 20 日,美国从法国手中购得路易斯安那后②,美国派驻路易斯安那的总督克莱伯(Claiborne)上任后所签发的第一项命令,就是确认当时在

---

① 再如,《越南民法典》中没有"物权"概念,这一特点亦是采纳苏联民法学说和立法例的结果,即认为所有权以外的其他物权是私有制度下的特有现象,而在社会主义国家,由于社会主义公有制特别是土地国家所有,也就不存在所有权以外的其他物权。依此观点,越南在法律上只承认所有权。所以相应的在涉外因素民事关系编也没有"物权"的法律适用问题,而以"财产所有权"代替。
② 1803 年,法国统治者拿破仑将整个路易斯安那领地以每英亩 4 美分的低价卖给美国,史称"路易斯安那购地案"(Louisiana Purchase)。此后,美国政府从路易斯安那领地中先后划分出 15 个州。1812 年 4 月 30 日,路易斯安那州成为美国第 18 个州。

路易斯安那适用的法国法继续生效。然而克莱伯是虔诚的普通法信徒，他认为路易斯安那也应该移植普通法。之所以在美国购入路易斯安那的初期宣布法国法继续有效，实乃权宜之计。克莱伯认为，一旦路易斯安那的社会秩序稳定下来，那么引入普通法的工作则非常容易。然而事与愿违，随后引入普通法的尝试遭到了路易斯安那当地居民的强烈反对。在这一过程中，反对派领袖爱德华·利文斯顿（Edward Livingston）为路易斯安那保留民法法系传统起到重要作用。①

1806 年 6 月 7 日，路易斯安那议会决定起草一部适用于本地区的民法典，并指示起草人要根据本地区现行的民事法律起草这部民法典。1808 年 3 月 31 日，路易斯安那议会最终通过了起草人提出的草案，并将其冠名为"奥尔良地区现行民法汇编"②，现今学界多将其称为"路易斯安那 1808 年民法典"。由于该民法典当时被冠以"法律汇编"的名称，因此，有人认为它不是一部严格意义上的民法典。然而，事实胜于雄辩，但凡看过它的人都认为它确实就是一部民法典。③

路易斯安那 1808 年民法典分为序编和三个正编，内容具体为：第一编"人"，第二编"财产以及所有权的各种改定"，第三编"取得所有权的各种方式"。在篇章结构上，该民法典与法国民法典完全一致。从法条的内容上看，该民法典总共有 2160 个条文，其中，有 1516 条与法国民法典相同，有 321 条来自于法国的其他法律和民法学说，剩下的条款则多数与西班牙法律有关。④ 而关于国际私法的条款有两处，分别为民法典的第 9 条和第 10 条。第 9 条规定，本法无差别地适用于领土内的居民；外国人如居住或者其财产在领土内，也应受本法支配。⑤ 第 10 条规定，行为的形式和效力以及书面文件，受该缔结地或实施地法律和习惯的支配。⑥

---

① 正是由于利文斯顿的不懈努力，1805 年成立的由民选代表和委任人员共同组成的立法机构，在 1806 年举行的会议中宣布，路易斯安那适用罗马法和西班牙民法，而且此前适用于路易斯安那的法令继续生效。A. N. Yiannopoulos, Civil Law System: Louisiana and Comparative Law, A casebook, Texts, Cases and Materials, 2nd Edition, Louisiana: Claitor's Publishing Division, Baton Rouge, 1999, pp. 62-63.
② A Digest of the Civil Laws Now in Force in the Territory of Orleans, with Alterations and Amendments Adapted to Its Present System of Government, available at: http://www.law.lsu.edu/index.cfm? geaux=digestof1808. default, 2018 年 8 月 8 日最后访问。
③ 徐国栋：《〈法国民法典〉模式的传播与变形小史》，《法学家》2004 年第 2 期。
④ Tate, "The Splendid Mystery of the Civil Code of Louisiana", La. L. Rev. (3, 1974), p. 1, p. 8.
⑤ Art. 9. The law is obligatory upon all inhabitants of the territory indiscriminately; the foreigner, whilst residing there, and his property within its limits, are subject to it.
⑥ Art. 10. The form and force of acts and written instruments, depend upon the laws and usages of the places where they are passed or executed.

总体而言，路易斯安那 1808 年民法典中规定的国际私法条文涵盖内容较少，而且用语晦涩，缺乏明确性。

其后，路易斯安那 1808 年民法典分别于 1825 年、1870 年、1948 年进行了修订，但基本上保留原有法典的体系结构，只是对法典进行了局部修改。这是因为在具有民法传统的国家和地区，法典体系结构和风格一经形成并长期实施以后，要完全予以改变，殊为不易。从法国、德国、日本等主要民法法系传统的国家之经验来看，都是采取局部修改的方式使本国民法典适应社会发展的客观需要，故路易斯安那法学会也将注意力集中在民法典局部的修改上。① 表现在国际私法上，路易斯安那 1808 年民法典第 9 条在 1825 年民法典中没有变化，第 10 条则新增加了两款，其内容是有关在一州作出的司法行为的效力，以及其在另一州发生效力的问题。

除 1808 年路易斯安那第一部民法典中关于国际私法的规定外，1870 年民法典关于国际私法规定的第 14 条和第 15 条，是对 1808 年民法典第 9 条和第 10 条的继承。直至 19 世纪 70 年代晚期，第 9 条和第 10 条在 1870 年民法典中一直保持其条款编号以及内容。此后，这两个条款被重新编码，分别调整为第 14 条和第 15 条。并且，第 15 条新增来自民法典其他部分的三款内容，涉及夫妻财产制、财产和诉讼时效。

尽管 1870 年民法典第 14 条和第 15 条晦涩难懂，但却是美洲地区第一个有关法律选择问题的成文法规则。这两个规则就其字面含义可以追溯到 1808 年民法典草案中的两个条款。甚至就其内容而言，可以从西班牙《七法编》（Siete Partidas）中包含的两个原则中找到根源。但是，1808 年民法典的两个条款非常简单，并过度强调属地原则，这也是其紧跟当时大陆法系国家国际私法立法的潮流所致。② 值得注意的是，其宗主国法国的民法典并没有采取这种保守的做法，而是对属地主义进行了适当的限制。③ 从以上也可看出，与美国其他州所不同的是，路易斯安那州在国际私法立法上一直有着深厚的成文法传统。

由于路易斯安那州民法典中上述国际私法规则的制定，是在 19 世纪早期

---

① 由嵘：《〈路易斯安那民法典〉简论》，《比较法研究》1991 年第 4 期。
② Symeon C. Symeonides, "Louisiana Conflicts Law: Two Surprises", La. L. Rev. (54, 1994), p. 498.
③ 一是对属地原则采取了相对狭窄的表述，仅限于"**警察法和公共安全**"以及位于法国的不动产；二是与属地原则相反，涉及人的地位和能力时采用属人主义。Symeon C. Symeonides, "The Conflicts Book of the Louisiana Civil Code: Civilian, American, or Original？", Tul. L. Rev. (83, 2009), pp. 1043-1044.

法律冲突类型相对简单、数量稀少的时代，并且吸收了中世纪早期的法律渊源，没有进行立法上的更新以及理论上的重新调整，故该规定已逐渐成为路易斯安那州国际私法进步的障碍。另外，这些条款只包含了国际私法问题的一部分而非全部。更为明显的是，这些条款（或其解释）并没有涵盖法律冲突最为频繁发生的侵权领域。尽管上述第9条可以解释为在路易斯安那州领域内发生的所有侵权行为均要求适用路易斯安那州的法律，而且，这种解释也是与法国法院对法国民法典第3条的解释相吻合的，但是，这种做法同时也助长了具备单边主义倾向的法院地法规则的发展。路易斯安那州法院对单纯州内和跨州侵权都适用本地法规则，但是这种做法的根源并不是民法典第9条的规定，而是受普通法国际私法理论的影响。①

路易斯安那州在国际私法领域对本地法规则的抛弃源于美国声势浩大的国际私法革命，具体而言是在1973年由于受姊妹州国际私法司法实践影响的结果。这一时期由于美国国际私法革命的巨大推动力，跨州侵权案件中的侵权行为地规则逐渐被抛弃。在这一年，美国有21个州抛弃本地法规则。② 对路易斯安那州而言，这种转变突出表现在路易斯安那州最高法院审理的 Jagers v. Royal Indemnity Co. 一案（以下简称"Jagers案"）。该案涉及发生在密西西比州的交通事故，驾驶人致使其作为乘客的母亲受伤，驾驶人与其母亲的住所均在路易斯安那州，诉讼在路易斯安那州被提起。与路易斯安那州不同的是，密西西比州存在亲属间的豁免规则。法院认为，禁止母亲对儿子及其保险人提起诉讼，会导致路易斯安那州确保受害者得到赔偿的政策受到严重损害。③

该案中，路易斯安那州最高法院既抛弃了民法典中冲突规则的属地主义，也抛弃了普通法传统的侵权行为地规则。④ 路易斯安那州最高法院认为，密西西比州适用豁免规则并无任何利益，因为该规则制定的目的是保护密西西比州家庭的安宁，而本案并不涉及密西西比州的家庭。密西西比州保护家庭的政策并

---

① Symeon C. Symeonides, "The Conflicts Book of the Louisiana Civil Code: Civilian, American, or Original?" Tul. L. Rev. (83, 2009), p. 1045.
② 这种做法也是公正和适当的，一方面因为与姊妹州法律保持一致在侵权领域比其他领域更为迫切；另一方面是因为这种转变在美国州际冲突的丰富实践内，相对于中庸的法国国际冲突经验中，更容易达成。See Symeon C. Symeonides, The American Choice-of-Law Revolution: Past, Present and Future, Hague Academy of International Law, 2006, p.40.
③ Jagers v. Royal Indem. Co., 276 So. 2d 309, 309 (La.1973).
④ Jagers v. Royal Indem. Co., 276 So. 2d 309, 311-313 (La.1973).

不会因为其禁止亲属间提起诉讼的豁免规则没有得到适用而受损。① 相反，如果路易斯安那州的法律得不到适用，则受害人的损害无法得到赔偿，不符合侵权法上填补损害的一般原则。

尽管"Jagers 案"在路易斯安那州冲突法现代化的正确方向上迈出了必要的一步，但却不是足够充分的一步。不仅因为该案只涉及侵权法律冲突而未涉及国际私法其他领域的法律冲突，而且即使在跨州侵权领域中，其也限于"虚假冲突（false conflict）"，对于"真实冲突"（true conflict）和"无利益冲突"（unprovided-for）案件则未能提供解决之道。下级法院对这一空白地带的实践则充斥着不一致性。② 如此一来，案件结果极大的不确定性就进一步凸显了对路易斯安那州国际私法中的成文法规则和判例法规则进行变革的必要性。路易斯安那州法学会作出修订民法典中有关国际私法规定的决定，正是对这种迫切需求的一种适时回应。

由上可见，在 1984 年路易斯安那州开始编纂一部完善的国际私法典以前，其国际私法立法的内容非常单薄，除民法典外，国际私法规则分散在其他的法律和法规之中。与美国其他州国际私法规则的显著不同之处在于，路易斯安那州有关国际私法规则是以成文法的形式反映出来的。

路易斯安那州新的国际私法立法的起草工作始于 1984 年 12 月，在 1988 年完成，由美国国际私法和比较法学者西蒙尼德斯（Symeon C. Symeonides）教授担任报告人。立法草案于 1990 年和 1991 年两度提交路易斯安那州立法机关审议，最后经对草案中有关产品责任的规定进行了一处修改，草案最终被路易斯安那州众议院和参议院一致通过，即《路易斯安那州 1991 年第 923 号法令》（以下简称第 932 号法令，于 1992 年 1 月 1 日起生效）。

第 923 号法令共 36 个条文，原计划用于取代 1870 年民法典第 14 条和第 15 条，并置于该法典的同一位置。但如此一来，就需要对民法典的有关条文进行重新编号，而这些原有的条文已经被大量的案例和引证目录所援用，重新编号的成本过大。因而，路易斯安那州法学会决定提请有关机关重新进行条文编排，并最终将第 923 号法令中的第 15 条至第 49 条编为民法典第 3115 条至 3549 条，

---

① Jagers v. Royal Indem. Co., 276 So. 2d 309, 312 (La. 1973).
② Symeon C. Symeonides, "Louisiana's New Law of Choice of Law for Tort Conflicts: An Exegesis", Tul. L. Rev. (66, 1992), pp. 682-684.

作为民法典新设的第四编"法律冲突",置于民法典的结尾部分,而该法令的第1条则作为民法典的第 14 条。

新民法典关于国际私法的第四编规定的条文数量,比先前民法典中的规定大为增加,但却比新近欧洲国际私法典条文的数量少了很多。原因之一是,相对简短的第四编只包括了法律选择规范,而没有涵盖管辖权规范和判决承认与执行规范,后两个部分规定在路易斯安那州的其他法律(如《民事诉讼法典》)以及联邦法律中;另一个原因是,即使在法律选择领域,第四编是与其他分散在路易斯安那州法律中的一些冲突规则共存,而不是对其进行取代。这些规则分散在包括《保险法典》《商法典》《消费者信贷或消费者保护法》《动产租赁法》《证据法典》,甚至《民法典》本身之中。① 第 923 号法令第 1 条(即民法典第 14 条)开宗明义地规定,本法只有除本州法律另有明确规定外才得以适用。这样就确保了上述各项法规中有关的冲突规则的继续存续,并赋予了那些规则优先于第 923 号法令的效力。②

不难看出,经过改革后的路易斯安那州国际私法立法采取了并入民法典的立法模式。而且,在内容上也只包括法律选择规范,而不包括管辖权规范和判决承认与执行规范。显然这种立法模式的选取和路易斯安那州悠久的民法法系传统,尤其是法国法的影响有关。但是,同时也应注意到,对于一个被普通法地区包围的"孤岛",路易斯安那州的语言和文化的独立意识也不如加拿大的魁北克那么明显,英美法思想已经通过各种途径对其产生了潜移默化的影响。因此,路易斯安那州的法律制度具有典型的"混合性"。有人形象地将其比喻为"嫁给普通法家族的法兰西家族的成员",在国际私法领域也不例外。③

基于以上,对于路易斯安那州国际私法立法模式的选取,存在以下方面的认识:

一是国际私法立法作为单独的一编纳入路易斯安那州民法典,是对民法法系国家国际私法立法传统坚持的结果。

第四编的起草深受民法法系传统风格的影响,但这种民法风格并非来自于

---

① Symeon C. Symeonides, "The Conflicts Book of the Louisiana Civil Code: Civilian, American, or Original?", Tul. L. Rev. (83, 2009), pp. 1048-1049.
② 杜涛:《美国路易斯安那州国际私法改革介评》,《法制与社会发展》2002 年第 5 期。
③ 杜涛:《国际私法的现代化进程:中外国际私法改革比较研究》,上海人民出版社 2007 年版。

路易斯安那 1808 年民法典或法国民法典，而是受欧洲国家和超国家的现代国际私法典或条约的影响。如瑞士 1987 年《关于国际私法的联邦法》和欧共体 1980 年《罗马公约》。欧洲古老法典如法国民法典，尽管有着简洁、严谨、高雅的优点，但在国际私法条款的规定上，同样存在条文数量过少和规定不够准确的缺点。更为重要的是，即使这些条款非常准确，但仍不足以解决两个世纪后频繁和复杂得多的涉外民事法律冲突问题。在第四编的内容方面，草案报告人异常细致地考虑到了民法法系国家国际私法典的做法，并且准备了一份长达 328 页的"资料来源书"，其范围包括外国国际私法成文立法，也包括美国其他州司法实践的具体情况。①

而在第 923 号法令制定的过程中，路易斯安那州本就是将其作为一项独立的立法工作，并非与民法典的修订工作密不可分。换言之，路易斯安那州第 923 号法令并非就是该州民法典结构体系不可分割的一部分。实际上，在第 923 号法令并入民法典前，该法令本身就是一个独立的关于国际私法问题的单行立法。因此，表面上该法令是被纳入民法典，但事实上并非如此。美国学者也认识到了这一点，如第 923 号法令的报告人西蒙尼德斯教授对于该法令的条文进行重新编号后纳入民法典的做法表示强烈的反对。原因在于，这种安排与民法法系国家的立法传统相悖。②

民法法系国家一般将国际私法条款规定在民法典的总则或开编而不是末尾。路易斯安那先前的民法典亦是将国际私法规则置于民法典的总则，内容涵盖法律渊源、解释、实施的时间和空间范围。而现今这种在民法典中创立新的一编的做法则是对法典建筑风格和"三编制"（即《法学阶梯》人、物、诉三编制的架构）划分的严重违背，而这种"三编制"的划分可追溯至公元 161 年罗马法学家盖尤斯（Gaius）的研究。这并不是说，"三编制"的民法典结构安排就是完美的，但是其悠久的历史就足可以证明其正确性，草率地在民法典中附加国际私法编并不是保持古老结构的最佳方式。③

因此，在西蒙尼德斯教授看来，路易斯安那州将国际私法规定单独成编纳

---

① Symeon C. Symeonides, A Source-Book for the Revision of Louisiana Law of Conflicts of Laws（1984）.
② Symeon C. Symeonides, The Conflids Book of the Louisiana civil code: Civilian, American, or Original, Tul. L. Rev.（83, 2009）, pp.1048-1049.
③ Symeon C. Symeonides, "Louisiana's New Law of Choice of Law for Tort Conflicts: An Exegesis", Tul. L. Rev.（66, 1992）, p. 686.

入民法典末尾的立法实践并不科学。这样看来，第923号法令其实完全可以从民法典中分离出来，作为一部独立的单行国际私法立法。

二是路易斯安那州民法典的国际私法编仅规定法律选择规范，一方面是基于对相对成熟的法律选择理论进行立法上的总结，以实现亟须的案件结果的可预见性和确定性；另一方面也与法律选择规范在美国基本上为州法而非联邦法的性质有关。

报告人在起草第923号法令的过程中吸收了许多美国国际私法实践的经验。由于美国本土数量庞大的国际私法案件（包括州际案件），造就了美国这一巨大的国际私法实验室。美国关于法律选择问题的经验远比欧洲丰富。据统计，2007年美国联邦法院和州法院处理有关冲突法案件超过4000件。[①]欧洲方面相应的数据虽不可知，但可以推算美国一年处理的冲突法案件的数量，欧洲大概需要10年才能达到。[②]因此，美国拥有独特的优势保持旧的合理的假定和原则，并对新思想进行实验。路易斯安那州第923号法令在侵权、合同、夫妻财产制、继承、不动产等很多领域都有美国国际私法革命影响的痕迹。[③]

与此同时，报告人在其起草的第923号法令的每一条文后附带了一个比较法的附录，包含了其他法域相应的适当国际私法规则。可以说，路易斯安那州民法典第四编是一个名副其实的运用比较法方法的产物，在确定性和灵活性的平衡上，第四编所运用的立法技术实现了较好结果。这也被报告人视为是路易斯安那州国际私法立法不同于普通法系和大陆法系道路的第三条道路的重要体现。[④]

如前所述，路易斯安那州认识到对其国际私法进行改革的初衷是，先前民法典中关于法律选择问题的规定过于简单、抽象，而在美国国际私法革命后的司法实践中，下级法院运用的法律选择方法并不一致，导致案件审理的结果各

---

① Symeon C. Symeonides, "Choice of Law in the American Courts in 2007: Twenty-First Annual Survey", Am. J. Comp. L. (56, 2008), p. 245.
② Symeon C. Symeonides, "The Conflicts Book of the Louisiana Civil Code: Civilian, American, or Original?", Tul. L. Rev. (83, 2009), p. 1056.
③ Symeon C. Symeonides, "The Conflicts Book of the Louisiana Civil Code: Civilian, American, or Original?", Tul. L. Rev. (83, 2009), pp. 1055-1057.
④ 这些立法技术包括选择性冲突规则、连结点的软化、例外条款、规则与方法的融合、分割方法等。Symeon C. Symeonides, "The Conflicts Book of the Louisiana Civil Code: Civilian, American, or Original?", Tul. L. Rev. (83, 2009), pp. 1058-1070.

不相同，判决的确定性和可预见性遭遇极大挑战。而经过美国国际私法革命的洗礼，美国在法律选择领域的理论和方法日趋成熟，同时在比较法意义上亦有欧洲相关经验予以借鉴。因而，路易斯安那州将其国际私法的编纂工作集中在法律选择领域是一种较为稳妥的选择。

另一方面，在美国的联邦体制下，法律选择问题主要属于各州立法权限的范围。美国是私法不统一的联邦制国家，拥有联邦和州的双层司法体系，各州适用自己的冲突法，美国只在海商、保险法律领域内存在少量的联邦国际私法规则。而管辖权主要是受联邦的宪法和制定法调整，各州的制定法则处于次要的地位。在姊妹州之间判决承认与执行问题上，联邦法同样占据着主导地位。[①] 至于外国判决承认和执行问题，美国法学会已经致力于起草相关的文件。[②] 而且，关于外国判决的承认与执行问题，也包含在《第三次对外关系法重述》[③]和《统一外国金钱判决承认法》[④]之中。

1991 年路易斯安那州民法典第四编自其生效以来，历经 1999 年和 2005 年两次修订。[⑤] 而关于第四编在司法实践中的运行状况，有学者对其进行了专门研究。博尔歇斯（Borchers）教授比较第四编制定前后的法院判决发现：在第四编制定以前，下级法院判决被推翻的概率接近 50%，法院判决结果可预见性的概率如同抛硬币一般。相反，在第四编制定以后，判决被推翻的概率下降到了 25%。[⑥] 博尔歇斯教授由此认为，这些充满希望和建设性的结果说明综合性的国际私法典能够产生显著的利益。并且得出结论：路易斯安那州民法典第四编已经显著提升了路易斯安那州国际私法案件结果的可预见性。[⑦]

---

① Symeon C. Symeonides："A New Conflict Restatement: Why Not？"，Journal of Private International Law（5，2009），pp. 383-424.
② American Law Institute，Recognition and Enforcement of Foreign Judgments: Analysis and Proposed Federal Statute，Philadelphia，ALI Pubs，2006.
③ American Law Institute, Restatement (Third) of the Foreign Relations Law of the United States §§ 481-486 (St. Paul, Minn. ALI Pubs. 1987).
④ Uniform Foreign Money Judgments Recognition Act of 1962，Revised in 2005.
⑤ 1999 年的修订在 3250 条下增加一款，以防止承认在路易斯安那以外缔结的同性婚姻。See Act No. 890, 1999 La. Acts 2503 (adding a second paragraph to article 3520). 2005 年的修订在 3549 条下增加一款，以保证在某些案件中，外国的有关诉讼驳回性或禁止性法规的强制适用。See Act No. 213, 2005, La. Acts 1491 (adding a third paragraph to article 3549).
⑥ Patrick J. Borchers, "Louisiana's Conflicts Codification: Some Empirical Observations Regarding Decisional Predictability"，La. L. Rev.（60，2000），pp. 1068-1069.
⑦ Patrick J. Borchers, "Louisiana's Conflicts Codification: Some Empirical Observations Regarding Decisional Predictability"，La. L. Rev.（60，2000），pp. 1062-1068.

尽管博尔歇斯教授的研究并没有更新，但是西蒙尼德斯教授认为，从其每年发表的美国冲突法年度述评中的研究可以肯定，这种可预见性还在持续增强。①尤其是在侵权领域，路易斯安那州民法典第四编第 3544 条规定的共同住所原则不仅在美国得到普遍接受，而且在第四编制定后颁布的九部欧洲国际私法典，均直接或间接地吸收了该原则。②

以上表明，通过对国际私法规则的编纂，路易斯安那州并没有脱离美国国际私法的主流理论与实践，而是处于领跑者的位置。

1991 年路易斯安那州民法典关于国际私法立法的第四编不能被轻易地归入民法法系或是普通法系阵营，可以说该编的规定具备原创性。这种情况也是路易斯安那州隶属混合法域的特性之使然，其国际私法立法保留和借鉴了两大法系的传统，但不能简单地将第四编视为两大法系的混合物。路易斯安那州国际私法立法一方面打破了普通法地区没有集中的成文国际私法的先例，另一方面在国际私法的确定性和灵活性上达到了一个新的高度。在很多重要的方面，第四编开创了在民法法系和普通法法系之间的第三条道路。③

总之，路易斯安那州 1991 年民法典中的国际私法编对大陆法传统的国际私法作了新的发展，并在此基础上建起了新的大厦，其原材料大都是英美式的，而其建筑风格和技术则带有大陆法系的深深烙印。

第二节 "通则型"：配合民法典实施的国际私法单行法

以德国和日本为代表的国家的国际私法立法将法律适用规范相对系统地规

---

① Symeon C. Symeonides, "The Conflicts Book of the Louisiana Civil Code: Civilian, American, or Original？", Tul. L. Rev. (83, 2009), p. 1078.
② 这些国家和国际组织是罗马尼亚（1992）、英格兰（1995）、意大利（1995）、德国（1999）、荷兰（2001）、爱沙尼亚（2002）、比利时（2004）、土耳其（2007）、欧盟（2007 年《罗马条例Ⅱ》）。
③ Symeon C. Symeonides, "The Conflicts Book of the Louisiana Civil Code: Civilian, American, or Original？", Tul. L. Rev. (83, 2009), p. 1054.

定在独立于本国民法典的单行立法之中。这种立法模式在不少国家和地区得到接受[1]。总体而言，此种立法模式能够对法律适用规范进行较为全面和系统的规定，但亦存在其局限性。我国《法律适用法》亦属这种国际私法立法模式的践行者。

一、德国

德国作为大陆法系的代表性国家，不仅在世界法治版图中占据重要地位，也对其他国家的法律制度和法治文化产生了重要影响，并成为大陆法系"德国支派"的核心国家。在国际私法方面，德国是世界上第一个全面、系统地规定国际私法条款的国家。1896年颁布的《民法典施行法》（1900年施行）曾代表了当时国际私法国内立法的最高成就。[2]

在德国《民法典施行法》颁布之前，德意志地区的一些法典中规定了若干国际私法规则。包括1756年的巴伐利亚民法典、1794年的普鲁士普通邦法、1865年的萨克森民法典等。这些法典中的国际私法规则大多采用了"法则区别说"的理论成果，并在立法形式上较为分散，条文数量亦较为有限。

在德国于1871年实现政治上的统一之后，要求制定统一民法典的呼声日益增长。1874年德国联邦议会选举产生的立法委员会决定，由巴登司法部的格普哈德（Gebhard）承担国际私法在内的总论部分的起草工作。1879年民法典草案总则中的国际私法立法（第5条至第40条）得以完成。1887年9月，立法委员会对上述国际私法立法草案进行审议并在此基础上形成国际私法立法的第二草案。在内容上，除涉外民事关系法律适用的一般制度，该草案规定了法人、物权、侵权行为和其他法定之债的冲突规则。总体而言，该草案主要采用了双边冲突规范。[3]

值得注意的是，德国外交部于1887年9月30日给立法委员会的信中明确反对将国际私法立法法典化，并要求司法部采取相应的措施。德国首相俾斯麦

---

[1] 如德国1896年《民法典施行法》、1898年日本《法例》、奥地利1978年《关于国际私法的联邦法》、我国大陆地区《涉外民事关系法律适用法》。
[2] 邹国勇：《德国国际私法渊源的新发展》，《时代法学》2007年第1期。
[3] 杜涛：《德国1896年国际私法立法小议》，《德国研究》2004年第2期。

认为，关于国际私法的规定不应纳入一部法典之中，而应听凭国际私法不断发展。将国际私法问题规定在一部德国法典之中并永受其约束，从政治角度来看是值得怀疑的。① 鉴于此，立法委员会决定将国际私法立法从民法典的总则中单列出来，并建议将其作为民法典独立的第六编"法律规范的地域冲突"。

新的民法典草案于 1887 年 1 月 5 日提交德国联邦议会，但是最终议会所公布的民法典草案并未囊括国际私法规则。原因在于，德国外交部向司法部提出，国际私法是国际法而不能在民法典中加以规定。但是，德国司法部认为，从功能上看，国际私法是各国国内法律制度的一部分。同时也存在紧迫的需要对国际私法进行立法。而且，德国在对外政策上可能受到国际私法立法限制的弊端，可以通过保留条款（如报复条款）得以解决。②

尽管俾斯麦和德国外交部均反对针对国际私法问题进行立法，但立法委员会认为，国际私法仅是对国内私法在国际关系中的解释和应用的规范，其应是各国国内法律制度的一部分。因此，将国际私法作为立法对象是一国的权力。果不其然，德国民法典草案公布后，社会公众普遍对民法典草案没有国际私法的规定表达质疑。有鉴于此，1890 年 12 月 4 日，德国联邦议会决定再次组建一个新的立法委员会对民法典草案进行审议。在新的委员会中，格普哈德再次成为其成员，并继续负责民法典的总论部分。新的民法典草案同样将国际私法立法置于其第六章（第 2361 条至第 2390 条）。

德国外交部于 1891 年 3 月 31 日再度认为，即便国际私法不仅是国际法，其也是国际法和私法的一个"交界领域"。德国帝国的国际关系要求对该领域的立法保持审慎态度。而且，由于国际交往处于不断变化和发展之中，国际私法立法只有在与其他国家订立双边条约的基础上才能得到圆满的解决，而对国际私法进行国内立法可能阻碍这种条约的达成。而且，对于以诸如报复条款的方式保护德国对外政策之建议，德国外交部认为这种做法不符合国际交往的惯例。德国外交部长认为，如果德国民法典中规定保护条款会使得德国在与其他国家进行缔结条约的谈判中处于不利地位。尽管如此，德国司法部仍然认为，有必要将国际私法立法纳入德国民法典，且该问题应交由德国联邦议会决定。

立法委员会于 1895 年 3 月对国际私法立法进行审议时，德国外交部仍然主

---

① 杜涛：《德国 1896 年国际私法立法小议》，《德国研究》2004 年第 2 期。
② 同上。

张德国民法典不应规定国际私法立法，尤其是考虑到海牙国际私法会议正在进行的统一国际私法立法运动。在此情势下，德国司法部则认为，可以考虑将国际私法问题规定在一部特别的立法之中。

尽管德国帝国司法部与外交部在国际私法立法应否纳入民法典的观点问题上存在尖锐对立，但新的委员会还是在 1895 年 3 月通过了新的国际私法草案。新草案在内容上大体与"格普哈德草案"相同。由于双方观点仍坚持不下，1895 年德国帝国外交部、司法部以及德国联邦司法委员会的代表进行临时谈判。新的委员会在审议民法典草案之后，于 1895 年 10 月 22 日将新修订的民法典草案交给联邦议会。新民法典由六编组成，第六编是国际私法规范。德国联邦议会司法委员会最终决定将规定国际私法规范的第六编从民法典中分离出来，纳入施行法之中。①

然而，普鲁士政府决定介入国际私法的立法问题。而且，正是由于争议颇大，德国最终决定先行成立一个国际私法委员会，为施行法的起草进行工作。在新成立的国际私法委员会中，在前述国际私法草案的起草中发挥重要作用的格普哈德被排除在外。国际私法委员会认为，"格普哈德草案"规定的国际私法规范调整的范围过于广泛，且牵涉诸多利益冲突。为避免上述问题，应在立法中只对德国的法律效力范围进行规定，且无需进行过于全面的立法，并恪守国际私法为国内法而非国际法的立场。

有鉴于此，国际私法委员会抛弃了"格普哈德草案"并起草了一部新的草案。该草案被视为是对德国帝国外交部和前述两个立法委员会的观点进行了妥协，并将先前草案中的多边法律选择规范全部转化为单边法律选择规范，即只规定德国法律的地域效力范围。原因是，双边或多边法律选择规范不符合国际法的基本原则，也与每一文明国家的公共秩序所赖以建立基础相悖。而且，双边或多边法律选择规范规定外国法律的地域效力范围在实践中无法实施。例如，德国法官在适用法国法律规范时根本不会适用外国法律中关于确定该规范的地域效力范围的规定。此外，采用单边冲突规范的方式也不会给德国与其他国家的判决产生约束，与德国外交部认为国际私法属于国际法的观点亦不矛盾。②

国际私法委员会于 1895 年审议国际私法草案，并于同年 12 月 26 日提交

---

① 杜涛：《德国 1896 年国际私法立法小议》，《德国研究》2004 年第 2 期。
② 杜涛：《德国 1896 年国际私法立法小议》，《德国研究》2004 年第 2 期。

帝国总理、普鲁士政府及其总理。普鲁士政府于12月29日决定将民法典第六编删除，并将国际私法立法纳入《民法典施行法》。根据普鲁士政府的建议，国际私法草案被提交联邦议会批准。德国联邦议会最终于1896年1月23日将其作为《民法典施行法》第6条至第30条予以通过。后帝国总理将之提交帝国议院最终对国际私法部分进行了少许修改。1896年7月1日，德国民法典和民法典施行法通过，随后德国联邦议会对之予以批准。新法自1900年1月1日起生效。

由上可见，德国国际私法的立法历经曲折，甚为不易。受到诸多政治因素和利益纠葛的影响，原先草案中的双边法律选择规范被单边法律选择规范取代，关于法人、债权和物权的规定亦被取消。这也是为何1896年德国《民法典施行法》自诞生之日起就饱受批评的原因。直至1986年德国国际私法的立法改革，才使得德国国际私法立法重新树立多边主义立场。

20世纪末德国国际私法再度掀起立法改革。这主要是由于随着经济社会的不断发展，《民法典施行法》的规定已愈来愈不适应涉外民事关系调整的需要，20世纪中叶以来，要求对国际私法进行改革的呼声日趋高涨。尤其是，1971年德国联邦宪法法院在著名的"西班牙人案"中指出，即便西班牙法律禁止西班牙人与离异的德国人缔结婚姻，且西班牙法律适用于西班牙公民并不违反德国法律的公共政策，但德国法院有义务支持德国公民依据德国基本法所享有的宪法性权利。自该案之后，德国民事法院开始依据德国联邦宪法法院的裁判规则，适用宪法中规定的基本权利审查国际私法问题的妥当性。可以说，"西班牙人案"加速了德国国际私法的改革进程，并对意大利、西班牙等国家的相关立法和司法实践产生了积极影响。[①]

1980年，德国联邦司法部委托德国学者提供了一份改革《民法典施行法》的立法草案。该草案于1986年7月通过后正式向社会公布，名为《重新规定国际私法的法律》（1896年9月1日起施行）。尽管该法对《民法典施行法》进行了较为全面的修订，但公司、法人、非合同之债以及物权仍然是立法空白。[②] 正因如此，针对其中较为重要的非合同之债和物权领域，1999年5月德国公布了《关

[①] 黄志慧：《人权保护对欧盟国际私法的影响》，法律出版社2018年版。
[②] 改革后的《民法典施行法》第一编第二章规定了相应的冲突规范。其中第一节为总则性规定，包括国际私法的定义、国际法条约的效力、物之所在地法的适用、反致和转致、国籍法和公共秩序等内容；第二节为自然人和法律行为的准据法；第三节为家庭法；第四节为继承法；第五节为债法。

于非合同之债和物权的国际私法的法律》，并将之并入《民法典施行法》。此外，德国还在1993年、1997年、2000年和2001年对《民法典施行法》中有关亲子关系、消费者合同的冲突规范进行了局部修订。对于涉外法人、代理等领域的法律适用问题，依然适用习惯法和判例法。①

此外，对于有关民商事案件的国际管辖权规范、外国判决承认与执行规范等国际民事诉讼程序规范，主要规定在德国《民事诉讼法典》。值得注意的是，德国国际私法学界对国际私法的范围存在不同理解。德国国际私法学界的通说认为，国际私法就是法律适用法或法律选择法，即国际私法是指从多个国家的法律中援引其中一国的法律，并将它适用于具体涉外民事关系的法律规范的总称。还有学者认为，国际私法应分为狭义和广义国际私法。狭义国际私法仅是指私法领域的冲突法，是涉外私法的一个分支，是对各国法律的实质适用范围进行界定的法律。广义国际私法是调整具有涉外因素的私法关系的一切法律，包括冲突法、外国人法中的私法规范、内国法中调整涉外案件的私法规范以及国际统一实体法。② 因此，从广义国际私法的角度来看，《民法典施行法》也仅规定了德国国际私法规范的一部分而非全部。

为了回应欧共体1980年《关于合同之债法律适用的公约》（《罗马公约》），德国对合同之债的冲突规则进行了修改。1998年，德国对非合同之债和知识产权问题的国际私法规则首次进行了全面的编纂。但是，迄今为止，德国并没有一部法典被直接称为国际私法典或类似称谓。德国国际私法的立法规定集中在《民法典施行法》。而且，伴随着欧盟国际私法的冲击和影响，在德国，反法典化的思想也随之高涨。特别是，在立法实践上，《罗马条例Ⅰ》和《罗马条例Ⅱ》迫使德国撤销了关于合同之债的国际私法规则，并缩小了非合同之债国际私法规则的适用范围。

可以看到，20世纪末德国国际私法的立法改革，并未如同瑞士等其他欧洲国家那般制定一部体系完整、内容全面的综合性国际私法典，而是在保留《民法典施行法》既有规定的情况下（如人的行为能力、法律行为的方式等）进行相对谨慎的修法工作。与此同时，对于法人的行为能力和财产所有权的问题，仍付之阙如。而且，此次立法改革仍然保留了法律选择规范与国际民事诉讼程

---

① 邹国勇：《德国国际私法渊源的新发展》，《时代法学》2007年第1期。
② 邹国勇：《德国国际私法渊源的新发展》，《时代法学》2007年第1期。

序规范分别加以规定的立法传统，即国际民事管辖权规范和外国判决承认与执行规范仍然置于德国《民事诉讼法典》之中。就此意义而言，德国国际私法立法并未形成一部独立的、系统和完整的国际私法典。基于以上原因，也有学者认为，德国国际私法的立法改革是保守和不彻底的，真正的实质性的东西并不很多。①

德国国际私法学者认为，任何外国国际私法典的编纂对德国国际私法法典化哪怕在某一方面都没有显著影响，更不用说决定性或支配性的影响。在德国国际私法立法的任何一部分的渊源中都无法找到主要的比较研究的痕迹。主要原因在于，德国国际私法立法大多经历了有组织的咨询过程。在此类咨询过程中，德国国际私法立法委员应德国联邦司法部的要求，提前为即将开始的国际私法立法提交合理的建议或报告。在德国，立法者和国际私法学者之间始终存在持续的对话。②

总体而言，德国国际私法采取脱离民法典的单行法立法模式，一方面源于德国理论界对国际私法自身性质的理论认识，另一方面也是德国立法者并未明显受到先前将国际私法立法纳入民法典立法模式的影响之结果。

二、日本

日本的国际私法，是在明治时期继承西欧法律的基础上发展起来的。日本1887年10月制定的旧法例草案，是在法国民法典的基础上参照比利时国际私法草案而形成的。而且，旧法例草案也吸收了意大利民法典中关于国际私法的规则，并附加了范围相当广泛的比较法的研究。③ 但是，该草案与日本旧民法典一样，并未付诸实施。

日本1898年《法例》的颁布，源于明治维新后日本打开国门，走向世界。对外民事交往的迅速发展也催生了大量的涉外民事纠纷，制定专门的国际私法

---

① 王晓晔：《联邦德国国际私法的现状与改革》，《法律学习与研究》1988年第1期。
② ［德］彼得·曼科沃斯基：《20世纪60年代以来的德国国际私法法典化》，http://www.360doc.com/document/17/0510/10/363181_652639957.shtml，2019年7月13日最后访问。
③ 陈小云等：《日本国际私法发展历程研究》，《大连海事大学学报（社会科学版）》，第24页。

立法成为现实需求。日本 1898 年《法例》是根据旧法例修改的，以穗积陈重、山田三良为中心，日本学者经过对当时的各国法、诸条约中的国际私法规范进行比较研究，并在此基础上起草了《法例》。应该说，日本《法例》是在德国国际私法的影响下完成的，具有较高的立法水平。特别是，1898 年《法例》并非是单纯地继承德国法，而是以被欧美列强接纳为目标，并接受当时已经立法化的欧美最为发达的法理，因而得到了欧美等国的积极评价。①

需要指出的是，《法例》的制定也是缘于日本试图修改不平等条约而需要配备相应国内法，因此，日本制定规范涉外民事关系的专门立法迫在眉睫。应该说，《法例》的颁布，标志着日本国际私法形成了较为完备的立法体系，促进了日本国际私法的实践和发展。尽管如此，1898 年《法例》由于其制定的年代，存在诸多局限性：

一是在婚姻的效力、夫妻财产制、父母子女关系等冲突规则上，仍存在体现封建特权的性别歧视问题。即在相关冲突规则的构建上，诸如父亲的国籍或丈夫的国籍等体现父权和夫权的连结点得到采纳。尤其是，此类冲突规则不仅使日本本国的女性的合法权益难以得到平等保护，也造成在日本定居的拥有外国国籍的女性的合法权益遭遇不利保护。这既与日本宪法的精神不符，也违背国际私法发展的潮流。

二是在离婚、收养、非婚生子女的认领、继承等冲突规则的设计上，均采用单一连结点，使得相应冲突规则过于僵化而缺乏必要的灵活性。此类冲突规范也不利于在准据法的选择上实现个案公正的目标，既脱离相关实体法的价值导向，也不符合国际私法实质正义的要求。

三是在债权和物权等与社会生活联系较为紧密的领域的冲突规则，未能反映国际私法发展的趋势，相关冲突规范的设计仍然过于僵化。在合同和侵权之债领域并未采纳意思自治和最密切联系原则，这种基于地域性连结点构建的冲突规范在债法领域显然是不合时宜的。

正是由于上述原因，日本《法例》在颁布后经过了多次修订。② 这些立法改革主要表现在如下方面：一是在属人法的连结点上，在国籍之外增加了惯常居

---

① 陈小云等：《日本国际私法发展历程研究》，《大连海事大学学报（社会科学版）》，第 24 页。
② 1898 年后，基于与日本民法典的协调和回应国际立法需要，《法例》曾经过五次小的修订和一次大的修订。岑雅衍：《日本国际私法的新发展——1898 年《法例》修正案述评》，《宁波大学学报（人文科学版）》1993 年第六卷第 2 期。

所和居住地；二是在婚姻的效力、夫妻财产制、离婚、父母子女关系等问题上，采用了选择性冲突规范的立法技术，大大软化了冲突规范，为立法注入了更多的灵活性；三是在婚生子女、非婚生子女的认领、准正、扶养等问题上，体现了有利保护儿童利益和弱者的原则，回应了相关实体法发展的要求。

应该说，这些改革不仅吸收了国际私法立法技术发展的成果，也回应了相关领域实体法政策的发展趋势，在一定程度上为日本国际私法立法注入了现代化的元素。因此，有学者认为，即便从世界范围上看，日本1898年的《法例》也是全球国际私法立法史上光辉的一页，对国际私法的理论和实践具有重要意义。修订后的《法例》反映了国际私法发展方向和最新研究成果，它不仅是日本国内立法的一大进步，而且也是世界国际私法发展的一个组成部分。[①]

然而，《法例》毕竟是100多年前的产物，尽管其在此后经历过修订，但远不足以应对日本涉外民事关系发展的需要。这也使得对《法例》进行全面的修订极为必要。例如，日本法院在适用《法例》中关于合同和侵权行为的冲突规范时，出现了重新解释而赋予新意的做法以及并非直接适用《法例》的现象。这表明《法例》的规定已经不能适应时代的发展，不了解日本的相关案例和学说，而只看《法例》条文是很难掌握日本国际私法的全貌的。[②] 再如，《法例》所制定的时代用语为片假名、文言体，与当今日本立法口语化、平假名化的趋势不符。此外，晚近国际私法立法的现代化浪潮兴起，欧洲、亚洲、美洲的诸多国家纷纷对其国际私法立法进行改革，这种发展趋势也在很大程度上促成了日本对《法例》进行变革的动机。

在上述情势下，日本内阁于2001年决定对《法例》进行修改。2003年，法制审议会设置国际私法分会开始了案文的起草工作，并于2005年3月正式提出了《关于国际私法现代化的纲要中期试案》。在公开向社会征求意见的基础上，国际私法分会于2005年7月通过了《关于国际私法现代化的纲要》。2006年4月和6月，日本国会参议院和众议院分别通过了新的国际私法草案，2006年《法律适用通则法》（以下简称《通则法》）得以出台。

作为《法例》的延续，《通则法》仍沿袭《法例》的原有体例，并没有采取大刀阔斧式的推倒重来的做法。在内容上，《通则法》没有对《法例》所有规定

[①] 岑雅衍：《日本国际私法的新发展——1898年《法例》修正案述评》，《宁波大学学报（人文科学版）》1993年第六卷第2期。
[②] 李旺：《关于日本新国际私法的立法——日本〈法律适用通则法〉介评》，《环球法律评论》2007年第5期。

进行修改,《法例》的部分内容,如结婚、夫妻财产制、离婚、继承、遗嘱等,由于之前已先后进行过修订,因此其内容得以继续保留。与《法例》有所不同的是,《通则法》在结构上采取划分章节的做法。①《通则法》主要包括三个部分,即第一章"总则"、第二章"法律通则"和第三章"准据法通则",共43条。另外,《通则法》还有一个"附则",主要就该法的施行、过渡措施、时际冲突以及民法等相关法律的修改等作了规定。

总体而言,日本《通则法》在相关冲突规则的构建上,一方面吸收了《法例》实施以来所积累的实践经验,另一方面也借鉴了诸如德国、奥地利、意大利、比利时等国家的国际私法立法改革成果及海牙国际私法条约的规定。正如学者指出的,《通则法》达到了相当的立法水平,这一方面得益于《法例》施行一百余年以来,日本在国际私法司法实践中积累的丰富经验;另一方面得益于理论界与实务界人士在酝酿这次国际私法改革中的良性互动,包括客观、正直的学术批评和科学、严谨的专业研讨。②

由此可见,《通则法》尽管在内容上实现了国际私法的现代化,但在立法模式上仍然延续了《法例》的体系。《通则法》除了在极少数例外情况下(如失踪宣告和后见)规定了管辖权规范,仅规定了法律适用规范。

从日本国际私法的历史变迁来看,从20世纪40年代开始,日本先后多次对《法例》进行修改,直至新近通过的《通则法》,日本国际私法一直遵循《法例》的立法体系,这体现了一国国际私法深厚的立法传统。《法例》这一立法模式的确立,不得不追溯日本国际私法在明治时期追随西欧国家,尤其是受德国国际私法理论和立法实践的影响极为深刻。这主要体现在两个方面:

一是《法例》的立法模式与起草者的理论认识密切相关。

起草《法例》的核心人物穗积陈重、山田三良均曾留学德国,其中穗积陈重还是1896年正式施行的日本民法典三人起草委员会的委员长。山田三良教授曾留学德国、法国、美国等国,尤其在德国和法国学习的时间较长,故其国际私法思想深受大陆法系国家的国际私法理论之影响。③值得注意的是,日本民法

---

① 向在胜:《日本国际私法现代化的最新进展——从〈法例〉到〈法律适用通则法〉》,《时代法学》2009年第1期。
② 陈卫佐:《日本国际私法的最新改革》,《法律适用》2009年第2期。
③ 这种影响明显地体现在对旧《法例》进行修订时,他以德国法为范本,在帮助起草委员会穗积陈重起草《法例修订案》时,很多立法内容都是参照德国国际私法学者的学说理论与立法实践。张广杰:《日本国际私法学说演进历程探寻——基于历史维度的考察》,《西南交通大学学报(社会科学版)》2018年第2期。

典最终采取了德国潘德克顿体系。而在该体系下，国际私法规范显然并未进入民法典。

日本之所以抛弃法国民法典的立法模式，则是为了在将来修改家族法中的"亲族"和"继承"，避免民法整体体系的混乱。① 而1896年的德国民法典则是将国际私法立法排除在民法典之外的。② 这也在一个侧面说明了为何日本最终未将国际私法纳入民法典之中。而关于国际私法范围的认识上，作为"日本国际私法鼻祖"，《法例》起草人之一的山田三良的观点非常明确："国际私法者，可一言以蔽之曰：规定可以适用于涉外的法律关系之法律规则也。"③ 山田三良进一步认为，国际私法的研究范围主要包括三个方面，即私法之抵触问题、外国人之地位与国籍。④ 显然，在山田三良看来，国际民事诉讼法规范并不在国际私法的范围之内。

在国际私法的范围问题上，山田三良的观点与传统德国法学理论稍有不同，除了法律冲突问题，还涉及国籍的取得和丧失问题、外国人在私法上的地位等，这种认识的形成也许是受到法国国际私法理论和学说的影响。⑤ 无论如何，日本《法例》仅包括了法律选择规范，而没有涉及管辖权规范和判决承认与执行规范，很大性质上受到学者理论认识的影响。

二是其时日本国际私法理论也是导致国际私法立法剥离民法典的重要原因。

一方面，学者认为法律选择规范是公法规范。如山田三良认为：国际私法就其形式之意义而言，亦为公法。而那些谓国际私法之实质为私法者，其间不无语弊存焉。称国际私法为"私法"者，解为关于私法适用之法则之意。⑥ 一国民法典所规定的为典型私法规范，国际私法的公法性质使得其不宜纳入民法典内。

另一方面，《法例》中调整的问题有的属于民法典的体系内，有的属于其他法律的规定，从民法典的体系和逻辑来看，国际私法与民法典在体系协调上仍

---

① [日]石井紫郎：《日本民法典的制定史》，朱芒译，《北大法律评论》2001年第4卷第1辑。
② 关于德国在制定民法典的过程中最终将国际私法排除在外的经过和原因，可以参见杜涛：《德国国际私法立法的历史发展》，载梁慧星主编：《民商法论丛》2002年第25卷，金桥文化出版（香港）有限公司版。
③ [日]山田三良：《国际私法》，李倬译，陈柳裕点校，中国政法大学出版社2003年版。
④ [日]山田三良：《国际私法》，李倬译，陈柳裕点校，中国政法大学出版社2003年版。
⑤ 张广杰：《日本国际私法学说演进历程探寻——基于历史维度的考察》，《西南交通大学学报（社会科学版）》2018年第2期。
⑥ [日]山田三良著，李倬译，陈柳裕点校：《国际私法》，中国政法大学出版社2003年版。

存在较大问题。如《法例》中有关"本国法"(第 28 条)、"住所地法"(第 29 条)、"常居所地法"(第 30 条)、"人际法"(第 31 条)、"反致"(第 32 条)的规定等。从逻辑上而言,一国民法典总则显然难以为上述法律规范提供一般性指导规则或原则。

应该说,日本国际私法虽受到德国国际私法学说的影响,但是其发展并未囿于此。无论在理论研究上还是在法律实践中,日本对德国、英美及其他国家的国际私法都是采取有辨别吸收的态度,并力图有所发展,以实现其国际私法在国家与国际之间的协同发展,进而构建较为完备的国际私法体系。

事实上日本模式也不尽科学,虽然两大法系在国际私法的范围问题上从未达成一致,但国际民商事管辖权规范、法律适用规范以及外国判决承认与执行规范是国际私法的核心规范。这也是普通法系国家和大陆法系国家在国际私法范围问题上的共识。究其根本,则在于这三个部分构成一国处理涉外民事争议的必然的逻辑体系。① 事实上,将管辖权规范、法律选择规范和判决承认与执行规范一并规定在一部独立的国际私法典,也是国际私法立法为涉外民商事司法实践服务的内在要求,是国际私法本身高度应用性的使然。

正因如此,日本国会于 2011 年 5 月 2 日公布了关于涉外民事诉讼管辖权问题的新立法——《关于民事诉讼法典和民事中间救济法部分修正法》(2012 年 4 月 1 日生效),一改其先前主要依赖判例决定日本法院的涉外民事诉讼管辖权问题的做法。② 该法较为系统地规定了日本法院行使涉外民事诉讼管辖权的依据,并将被并入日本现行《民事诉讼法典》。③ 尽管日本关于涉外民事诉讼法的变革并未与《通则法》整合成为一部综合性的国际私法典,但至少表明日本立法者认识到,涉外民事管辖权规则与调整纯粹国内民事案件的民事管辖权规则的差

---

① 正如英国学者切希尔和诺斯所认为的:"国际私法是在处理涉外案件时判定:第一,法院在什么条件下对案件具有管辖权;第二,应适用哪国法律来确定各类案件的当事人的权利义务;第三,在什么条件下可以承认外国判决,以及在什么条件下外国判决所赋予的权利可以在英国得到执行。"Cheshire, North & Fawcett, Cheshire & North's Private International Law, Butterworths London, 1992, 12th ed., pp. 7-8.
② 日本 1890 年的《民事诉讼法典》自颁布后历经多次修订,现行的 1996 年《民事诉讼法典》并未规定涉外民事管辖权问题。在司法实践中,日本法院的涉外民事管辖权问题长期以来依据判例法确定。
③ 该法涉及的涉外民事诉讼管辖权规则主要如下:(1)基于被告住所地的一般管辖权;(2)基于合同侵权等债的特别管辖权;(3)基于消费和合同和雇佣关系的特别管辖权;(4)专属管辖权;(5)合并诉讼的管辖权;(6)协议管辖权;(7)给予当事人的服从而产生的管辖权;(8)特殊情势原则;(9)外国法院专属管辖案件排除适用的规定;(10)确定管辖权的证据和时间;(11)日本法院对中间救济的管辖权;(12)有关反诉的管辖权。甘勇:《日本涉外民事管辖权立法的新发展及其启示——兼评中国 2012 年〈民事诉讼法〉的相关规定》,《时代法学》2017 年第 4 期。

异性，也印证了涉外民事管辖权规则作为配合法律适用规范实施的法律规范在解决涉外民事争议方面的重要性。

总之，尽管日本并未制定融合涉外民事管辖权规范、法律适用规范和判决承认与执行规范的综合性国际私法典，但至少日本立法者已经明确认识到，应强化法律选择规范之外国际私法规范的立法。

三、中国

从我国国际私法的立法史来看，一般认为对《永徽律》中《名例律》的"化外人相犯条"进行注释的《唐律疏议》最早阐释了我国历史上的冲突规范。唐律关于化外人的规定，不仅是我国历史上最早的国际私法规则，而且在同时期的世界范围内也绝无仅有，体现了《唐律疏议》高超的立法技术和高度的概括性。但是，当时并没有国家主权的观念，内外的观念也并非现代意义上的内国与外国，化外人并不等同于外国人。换言之，前述"化外人条款"主要不是规定国与国之间法律的效力范围，而是调整与中华文化有差异的异族人民的法律适用问题。[①] 因此，《唐律疏议》的注释，只是我国冲突法理论的最早形态。这些见解比较原始，并且不成体系，因此不是现代意义上的国际私法。[②]

这种把属人法原则置于一定地域的法律规定，一直沿用至宋代。在调整我国古代封建社会经济繁荣时期的涉外关系方面，发挥了重要作用。明清以降，由于统治者推行闭关锁国的政策，法律绝对属地主义的思想得到接受，我国在此领域的立法逐渐强调法律的严格属地性，国际私法丧失其发展的土壤。而且，这种做法成为日后西方列强在我国领域内攫取治外法权的重要原因之一。

我国第一部系统的现代意义上的国际私法立法当属北洋政府时期的《法律适用条例》。受西方法律制度的影响以及废除治外法权运动的需要，北洋政府于1918年8月颁布了《法律适用条例》。该法共七章，27条，内容包括总则、关于人之法律、关于亲族之法律、关于继承之法律、关于财产之法律、关于法律行为之方式之法律和附则。该法是我国历史上第一部国际私法单行法，与同期

[①] 苏钦：《唐明律"化外人"条辨析——兼论中国古代各民族法律文化的冲突和融合》，《法学研究》1996年第5期。
[②] 刘仁山主编：《国际私法》，中国法制出版社2019年版。

资本主义国家的国际私法单行法规相比，是条文最多、内容最详尽的立法之一。

《法律适用条例》以萨维尼的"法律关系本座说"为理论基础，并试图平等对待内外国法的适用。从《法律适用条例》中的主要规定看，尽管其在原则、内容、体系等方面客观上脱离了众多不平等条约严重侵蚀我国司法主权的实际，但在文字的表述上，还是坚持在国家主权的基础上平等地适用内外国的法律。而且，该法内容比较丰富，体系也较为完整。然而，受限于时代背景，这部法律只是一纸空文。北洋政府期望通过立法改革举措废除治外法权的目标并未实现，西方列强仍坚持法律的平等适用只存在于西方文明国家之间。①这种国家之间不平等性和列强的沙文主义立场对我国的司法主权为害甚深。

国民政府建都南京后，于1927年8月12日令暂准援用1918年的《法律适用条例》。国民党当局退守台湾地区之后依然继续沿用，并从1953年起经过多次修改。这部法律没有产生多少积极的影响，仅有的价值是它是我国历史上第一部较为系统、详尽规定涉外民事关系法律适用规则的成文法典。

中华人民共和国建立之后，废除了包括《法律适用条例》在内的国民党政府的《六法全书》，开始建立社会主义的法律体系。党的十一届三中全会确定了进行经济改革、发展外向型经济、实行对外开放的基本国策，从此，我国开始积极致力于调整涉外民事经济关系的立法工作，制定的国际私法规范的种类和涉及的领域不断扩大，取得了前所未有的立法成就。2010年《法律适用法》的颁布更是中国国际私法立法的里程碑，集中体现了中国国际私法立法的现代化。

（一）立法原因

经过两轮的审议工作之后②，第十一届全国人大常委会第十七次会议于2010年10月28日表决通过了《法律适用法》，该法已于2011年4月1日起施行。《法律适用法》明确了涉外民事关系的法律适用规则，为涉外民事争议的解决及当事人合法权益的维护提供了法律依据。尽管该法与众人所期盼的一部独立、完

---

① 如英国国际私法学家威斯特莱克（Westlake）认为："像土耳其和中国这样的国家，他们的观念和方法如此迥异于我们，以至于根本无法在他们和我们之间建立一套国际私法制度，从而赋予他们的法律和判决以效力，因为国际私法制度作为一项一般规则，只适用于基督教国家之间。" J. Westlake, A Treatise on Private International Law, 7th ed., London: Sweet & Maxwell Ltd., 1925, p. 51. 转引自杜涛、肖永平：《全球化时代的中国民法典：属地主义之超越》，《法制与社会发展》2017年第3期。
② 涉外民事关系法律适用法草案的初次审议是在2002年12月召开的九届全国人大常委会第三十一次会议上，当时的草案是作为民法草案中的一编提请审议。第二次审议是在2010年8月召开的十一届全国人大常委会第十六次会议。

备的国际私法典的理想尚有距离，但从我国此前从未集中对国际私法立法进行系统编纂的角度而言，《法律适用法》的颁布无疑具有重大意义。① 相对我国以往的国际私法立法而言，《法律适用法》以实现我国国际私法立法的现代化为目的，基本实现我国涉外民事关系法律适用领域冲突规则相对系统性的目标。

作为当代全球国际私法立法革新和现代化浪潮的构成部分，我国《法律适用法》的颁布存在如下原因：

第一，我国国际私法既有法源的诸多问题。

在《法律适用法》颁布之前，相关涉外民事法律适用规范存在着诸多局限②，具体表现在：一是冲突规则的不全面。如《民法通则》仅含有7条调整涉外民事关系较为有限的冲突规则，而其他领域的民商事法律关系仍欠缺相应的制定法上的冲突规则；③ 二是冲突规则的不完整。如《民法通则》第147条有关结婚法律适用的规定，在冲突规则的范围上不够周延；④ 三是冲突规则的不协调。如1985年《继承法》第36条和1986年《民法通则》第149条关于动产继承的冲突规则，何者应居于优先地位尚存疑问；⑤ 四是司法解释的不适位。我国规定国际私法规范的相关司法解释，无论是在数量上，还是在规则的具体内容上，均存在超越国际私法立法的现象。特别是，一些司法解释中的规定甚至产生背离原有立法基本精神之疑虑。⑥

---

① 国际私法国内立法形式经历了一个从分散到集中、逐步脱离民法的漫长过程，颁布单行的法规或制定比较完备的法典是国际私法发展的一个明显的趋势。因此在某种意义上，国际私法单行法规的形式具有法典的特质，可以将单行法规作为国际私法典的初级阶段。徐伟功：《中国国际私法典体系结构初探》，《法商研究》2005年第2期。
② 学者指出我国现行的有关国际私法适用的法律规定存在"不系统、不全面、不具体、不明确、不科学"五大问题。黄进：《弥补涉外民事关系法律适用法的五大缺陷》，《中国社会科学报》2009年7月1日B8法学版。尤其值得说明的是，我国的国际私法立法以《民法通则》为核心，但同时既有国务院、中央政府各职能部门为实施全国人大及其常委会制定的国际私法规范而制定的有关行政法规，也有最高人民法院对有关国际私法规范所作的司法解释和批复。过于分散的立法，与当前世界各国国际私法立法法典化或单行法规的趋势相悖。
③ 如我国国际私法立法长期以来缺乏诸如反致、识别、先决问题等国际私法一般性问题的规定。而在具体法律适用领域，对于诸如保险、信托、代理、法人的民事能力、不当得利、无因管理、公司、破产、产品责任、技术转让、知识产权以及法律的时际冲突、区际冲突等问题亦未明确规定，遑论一些新型的商事、海事法律关系的国际私法规则。特别是，伴随现代科技产生的与互联网、代孕、大数据等有关的纠纷中出现的法律冲突问题的解决，更是付之阙如。
④ 该冲突规范的范围仅涉及中国公民与外国人在中国境内结婚、中国公民与外国人在中国境外结婚的情形，而未涉及外国人与外国人在中国境内结婚、中国公民与中国公民在中国境外结婚、外国人与外国人在中国境内或境外结婚等其他含有涉外因素的结婚的情形。
⑤ 韩德培主编：《国际私法问题专论》，武汉大学出版社2004年版。
⑥ 如《最高人民法院关于审理涉外民事或商事合同纠纷案件法律适用若干问题的规定》对一些特定合同适用中国法的规定，构成了对《民法通则》第145条和《合同法》第126条所体现的当事人意思自治原则的重大限制。陈卫佐：《涉外民事法律适用法的立法思考》，《清华法学》2010年第3期。

第二，我国国际私法显著的知识积累。

从我国国际私法发展的历史进程而言，在改革开放基本国策的引领下，伴随涉外民事关系的持续发展和对外民事交往的深入推进，我国所提出的"一带一路"倡议的落实以及推进构建人类命运共同体倡议的实施，我国在国际私法的理论研究、国内立法和司法实践以及参与双边和多边国际私法造法活动取得了丰硕成果。值得注意的是，除了关注国际私法的基本理论、外国国际私法、比较国际私法和国际私法条约的理论与实践等诸问题之外，我国国际私法学界对于中国国际私法立法和司法实践问题一直保持高度的研究热忱。晚近以来，我国国际私法研究很大一部分是围绕我国国际私法立法和司法实践展开，并形成了较为系统的研究成果。[①] 值得一提的是，中国国际私法学会集中集体智慧起草的《示范法》展现了中国国际私法学人相当程度的理论水准，被不少学者视为未来我国国际私法立法努力的方向。经过改革开放 40 余年来的发展，可以说中国国际私法的知识积累足以为我国国际私法立法的系统编纂提供理论、方法和技术。

第三，我国民事法律体系的健全。

现代法治理论和实践要求，一国的国内关系和对外关系均应纳入法律的调整和规范之下。这也意味着一个国家的法律体系必然是由调整国内关系的国内法体系和调整对外关系的对外关系法体系共同构成。从世界范围看，国际社会的法律体系与各国国内法律体系是相辅相成和相互渗透的。而一个国家的对外关系法，既是该国法律体系的当然组成部分，也是联系该国国内法体系与国际法体系的纽带。[②] 以涉外民事关系为调整对象的国际私法是中国对外关系法的重要构成部分，我国国际私法这一部门法也应是中国特色社会主义法律体系的重要组成部分。同时，中国特色社会主义法律体系是动态的、开放的、发展的，需要与时俱进，需要适应客观条件的发展变化不断加以完善。[③] 因此，改革和发展我国国际私法立法，既是全面深化依法治国举措的当然构成部分，也是健全中国社会主义法律体系的必然要求。

---

① 最为典型的研究成果是，中国国际私法学会会长黄进教授所领导的团队首倡并坚持对我国国际私法的司法实践所进行的系统研究。相关研究可以参阅每年刊登在《中国国际私法与比较法年刊》上的（年度）中国国际私法司法实践述评。
② 刘仁山：《中国对外关系法是中国法律体系的重要组成部分》，《法制与社会发展》2009 年第 6 期。
③ 信春鹰：《形成并完善中国特色社会主义法律体系》，《人民日报》2009 年 3 月 12 日第 10 版。

（二）主要规则与制度

《法律适用法》的内容分为"一般规定""民事主体""婚姻家庭""继承""物权""债权""知识产权"和"附则"共八章，共计 52 条。该法确立的主要规则和制度如下。

1. 一般规定

第一，调整对象问题。

《法律适用法》将"涉外民事关系"作为该法的调整对象，但却并未对"涉外民事关系"的内涵进行界定。对民事关系的"涉外性"的认定，最高人民法院在 2012 年颁布的《法律适用法司法解释（一）》第 1 条进行了明确。① 但就涉外"民事关系"的界定而言，仅就该法分则规定的内容来看，并未包括涉外商事关系，因而有关涉外商事关系法律适用的规定，仍依据《海商法》《票据法》《民用航空法》等其他法律的相关规定。可见，《法律适用法》对涉外民事关系的规范范围并非所谓的"广义上的涉外民事关系"。② 这似乎表明在国际私法领域，至少在涉外民商事关系的法律适用问题上，我国接受了"民商分立"的立法模式。

第二，基本原则问题。

就最密切联系原则而言，《法律适用法》既没有像奥地利国际私法立法那般将之上升为法律适用的基本原则③，也没有像瑞士国际私法立法那样将最密切联系原则作为法律适用的例外条款④，而是将该原则作为法律适用的一项补充性原则⑤。同时，将最密切联系原则用以解决多法域情形准据法的确定（第 6 条）、国籍的积极冲突（第 19 条），或者作为信托（第 17 条）、有价证券（第 39 条）、

---

① 《法律适用法》第 2 条规定："涉外民事关系适用的法律，依照本法确定。"《法律适用法司法解释（一）》第 1 条规定，民事关系具有下列情形之一的，人民法院可以认定为涉外民事关系：（一）当事人一方或双方是外国公民、外国法人或者其他组织、无国籍人；（二）当事人一方或双方的经常居所地在中华人民共和国领域外；（三）标的物在中华人民共和国领域外；（四）产生、变更或者消灭民事关系的法律事实发生在中华人民共和国领域外；（五）可以认定为涉外民事关系的其他情形。
② 所谓"广义的民事关系"是指既包括涉外物权关系、涉外知识产权关系、涉外债权关系、涉外婚姻家庭关系和涉外继承关系，也包括涉外公司关系、涉外票据关系、涉外海商事关系、涉外保险关系、涉外破产关系和涉外劳务关系等，因而应称为涉外民商事关系（civil and commercial legal relationship involving foreign elements）或国际民商事关系（international civil and commercial legal relationship）。刘仁山主编：《国际私法》，中国法制出版社 2019 年版。
③ 1978 年奥地利《关于国际私法的联邦法》第 1 条第 1 款规定：与外国有联结的事实，在私法上，依照与该事实有最强联系的法律体系判定。
④ 1987 年瑞士《关于国际私法的联邦法》第 15 条第 1 款规定：如果根据所有情况，案件显然与本法所指引的法律仅有较松散的联系，而与另一法律却有更为密切得多的联系，则本法所指引的法律例外地不予以适用。
⑤ 《法律适用法》第 2 条第 2 款规定：本法或者其他法律对涉外民事关系的法律适用没有规定的，适用与该涉外民事关系有最密切联系的法律。

合同（第 41 条）问题上相关冲突规范选择性或补充性的连结点。

关于意思自治原则，《法律适用法》在"一般规定"中明确规定了意思自治原则，虽然这只是一种宣示性条款，但它将意思自治原则规定在总则中，体现了立法理念的开放性。① 此外，除了传统的合同领域外（第 41 条、第 42 条），在分则规定的动产物权（第 37 条）、运输中的动产物权（第 38 条）、侵权（第 44 条）、产品责任（第 45 条）、无因管理与不当得利（第 47 条）、婚姻家庭（第 24 条、第 26 条）、知识产权（第 49 条、第 50 条）、代理（第 16 条）、信托（第 17 条）、仲裁（第 18 条）等诸多领域，均准许当事人协议选择准据法。意思自治之所以得到立法充分的采纳，究其根本，在于赋予当事人自治权利最有利于保护私人利益，也有助于实现法律适用的确定性目标。此外，为便利意思自治原则的适用，《法律适用法司法解释（一）》对该原则予以进一步明确。②

关于弱者保护原则，《法律适用法》仅在"婚姻家庭"一章中的父母子女关系（第 25 条）、扶养（第 29 条）、监护（第 30 条）三个条文中明确地体现了弱者保护原则。在特殊合同及特殊侵权领域，对于消费者和受害人的倾向性保护亦有所体现。③ 此外，弱者保护原则在《法律适用法》的"一般规定"中则付之阙如，并无任何条文明确提及保护弱者之基本要求。

第三，法律适用的一般性问题。

通常情况下，法律适用过程中要考虑的一般性问题主要有识别、反致、法律规避、外国法查明以及公共秩序保留等问题。④

关于识别，各国学者提出了诸多不同的理论和学说⑤，《法律适用法》直接规定识别（定性）依法院地法⑥。尽管这种做法具有简单、易于操作的优点，但也有其无法克服的缺陷，如当法院地法中无类似外国法中特有的概念时，则无法用法院地法进行识别。对此问题，实际上可由法官在司法实践中对法院地法予

---

① 《法律适用法》第 3 条规定：当事人依照法律规定可以明示选择涉外民事关系适用的法律。
② 《法律适用法司法解释（一）》第 6 条对当事人只能依法进行明示选法进行了限定；第 7 条对当事人选择与争议无实际联系法律作为争议准据法的做法予以认可；第 8 条对当事人选择和变更选择准据法的时间予以明确，并对当事人特殊的默示选法予以认可；第 9 条对特定情形下，当事人援引未对我国生效的国际条约的做法予以承认。
③ 严格而言，主要体现在《法律适用法》第 42 条关于消费者合同的冲突规范、第 45 条关于产品责任的冲突规范。
④ 刘仁山主编：《国际私法》，中国法制出版社 2010 年版。
⑤ 关于识别的依据问题，在理论上有"法院地法识别说""准据法识别说""分析法学和比较法说""个案识别说""折中说""二级识别说""功能识别说"等。韩德培主编：《国际私法》，高等教育出版社、北京大学出版社 2007 年版。
⑥ 《法律适用法》第 8 条规定：涉外民事关系的定性，适用法院地法律。

以宽泛理解，在必要情形下将之扩展到相关外国法（即采"新法院地法说"）。

关于反致，无论是在国际私法理论上，还是立法实践中，各国的立场存在很大分歧。①《法律适用法》对于反致的态度是一概拒绝。② 该规定似乎更重视法律适用的明确性与简便性，这与我国学界的一般认识有所不同。③ 但是，由于《法律适用法》在属人法的连结点主要采用了经常居所，而且在当今国际私法越发凸显个案正义的要求，使得一致性目标的重要性在很大程度上被弱化。加之反致制度本身存在的诸多争议，故而对其采取完全否定的态度亦存在合理性。

关于公共秩序保留，就立法标准而言，《法律适用法》采取了当今各国通行的"客观说"；就立法方式而言，采用直接限制方式；在适用范围方面，可以排除适用的法律仅包括本法援引适用的外国法，而排除了国际惯例，这更为科学。在公共秩序的称谓上，对"社会公共利益"这一表述仍有学者提出明确的反对意见。④ 在外国法基于公共秩序保留制度被排除适用后，《法律适用法》明确规定应以中国法代替。

在外国法查明问题上，对于外国法的性质问题，从《法律适用法》的规定来看，应该还是坚持了"法律说"，将外国法的查明责任主要分配给法院、行政机关和仲裁机构。⑤ 其实，在外国法的查明中，最重要的是如何分配外国法的证明责任。该法将查明责任更多地分配给了法院和其他有关机构。在外国法查明过程中，如果采用一切可能的办法仍不能查明外国法的内容时，《法律适用法》规定直接适用中国法。此外，《法律适用法司法解释（一）》还对外国法查明制度的实施问题进一步进行了明确。⑥

---

① 理论上的分歧集中在关于尊重国家主权问题、关于判决结果一致性问题、关于法律体系分割的问题、关于合理性和稳定性问题等。同样在立法实践方面，一些国家虽接受反致，但在接受的程度上有所不同：一些国家只接受反致，而不接受转致；一些国家既接受反致，也接受转致；还有些国家只限在特定民事关系中接受反致或转致。另一些国家则完全拒绝反致。刘仁山主编：《国际私法》，中国法制出版社2010年版。
②《法律适用法》第9条规定：涉外民事关系适用的外国法律，不包括该国的法律适用法。
③《示范法》第8条规定：本法规定应适用的法律，是指现行有效的民商事实体法律，不包括冲突规范，但本法另有规定的除外。在民事身份领域，外国冲突规范对中华人民共和国法律的反致应予接受。中国国际私法学会：《中华人民共和国国际私法示范法》，法律出版社2000年版。事实上，由于国籍主义与住所地主义的冲突缓和、弹性选法规则的选用以及合理性得到前所未有的强调，不再一味强调本国法，使得反致的生存空间愈来愈小。
④ 李双元：《再论起草我国涉外民事关系法律适用法的几个问题》，《时代法学》2010年第4期。
⑤《法律适用法》第10条规定：涉外民事关系适用的外国法律，由人民法院、仲裁机构或者行政机关查明。当事人选择适用外国法律的，应当提供该国法律。不能查明外国法律或者该国法律没有规定的，适用中华人民共和国法律。
⑥《法律适用法司法解释（一）》第17条对外国法的查明途径以及外国法无法查明的认定进行了明确；第18条对外国法内容的质证和辩论以及外国法内容的理解与适用存在异议时的处理做出了规定。

此外,《法律适用法》创新性地以"经常居所"为主要连结点。① 在有关民事主体、债权、婚姻家庭以及继承的冲突规则中均采用了"经常居所"作为连结点。《法律适用法》对"国籍"这一连结点,主要以"共同国籍"或"一方当事人的国籍"的形式规定在"婚姻家庭"一章中。

2. 具体规则

应该说,《法律适用法》在具体领域相关冲突规则的构建上初步实现了系统化的基本目标。主要表现为:一是替补了先前空白,对于《法律适用法》颁布之前并未规定的诸多问题首次规定了相应的冲突规范②;二是完善了先前规定,对于先前已有之不完善的冲突规范,《法律适用法》进行了较为系统的变革和完善③;三是借鉴了域外经验,对于构建之冲突规范,《法律适用法》充分运用比较法方法,参考和借鉴其他国家和相关国际组织的立法经验。④

(三) 评价与分析

《法律适用法》是我国国际私法立法的里程碑,代表我国在法律选择领域基

---

① 以往的规定尚看不出我国现行冲突规则以哪一个连结点(住所、惯常居所或国籍)作为确定准据法时的主要连结点。本法规定的"经常居所"这一连结点的称谓与国际通行的"惯常住所"有所差异,但在含义上应是一致的。当然,"经常居所"的含义还有待于有关机关颁布的司法解释进行界定。

② 例如,在民事主体领域,如自然人的民事权利能力(第11条)、宣告失踪和宣告死亡(第13条)、法人的民事权利能力和民事行为能力(第14条)、人格权的内容(第15条)、国籍的积极冲突和消极冲突(第19条);在婚姻家庭领域,如夫妻人身、财产关系(第23条、24条)、父母子女人身、财产关系(第25条)、监护(第30条);在继承领域,如遗嘱的方式、效力(第32、33条)、遗产管理等事项(第34条)、无人继承遗产的归属(第35条);在物权领域,如一般动产物权(第37条)、运输中的动产物权(第38条)、有价证券(第39条)、权利质权(第40条);在债权领域,如消费者合同(第42条)、劳动合同(第43条)、产品责任(第45条)、人格权侵权(第46条)、不当得利与无因管理(第47条);有关知识产权的规定(第48条至第50条)。另外,《法律适用法》还对代理(第16条)、信托(第17条)、仲裁协议(第18条)等问题作出了规定。

③ 例如,《法律适用法》的分则在婚姻家庭、继承、债权等领域完善了以往立法的规定。如在婚姻家庭领域,《法律适用法》第21条和第22条将结婚区分为实质要件和形式要件,分别适用法律。对于实质要件,运用有序选择性冲突规范的立法技术,增强法律适用的灵活性。对于形式要件,则采用无序选择性冲突规范的方法,尽量使其成立,符合当今国际私法立法关于形式要件法律适用的趋势。再如第26、27条区分了协议离婚和诉讼离婚的法律适用,对于协议离婚而言,显然采取了更加灵活的法律适用规则,引进了意思自治原则,同时还在该原则之外,规定了若干可供选择的规则,充分体现了"有利离婚的法律说"(Favour Divortii)的影响。第29条规定扶养的法律适用,与以往的立法相比,更加明确了弱者保护原则。在继承领域,第31条规定的法定继承则彻底平息了《继承法》第36条和《民法通则》第149条关于动产继承法律适用上的矛盾。在债权领域,第44条关于侵权责任的规定,则首次在我国一般侵权法律适用领域引进了意思自治原则,反映了我国在侵权领域法律适用规则的最新发展。

④ 例如,关于产品责任的规定就吸收2007年7月11日欧洲议会和欧盟理事会《关于非合同义务法律适用的864/2007号规则》(《罗马条例Ⅱ》)第5条的规定,关于夫妻人身关系和财产关系的规定借鉴了1987年奥地利《关于国际私法的联邦法》第18、19条的规定,关于一般侵权责任的规定吸收了德国《民法典施行法》第40条的规定,等等。另外,《法律适用法》对《示范法》的借鉴也较为明显。

本实现了国际私法立法的现代化，主要表现如下：

第一，开放的立法理念。《法律适用法》开篇第 1 条就阐明了立法的宗旨和目标，①即强调公平合理，重视对私人利益的保护。《法律适用法》第 1 条的规定虽然是一种宣示性规定，但在立法理念上确是一个显著进步。要有效实现对私人利益的保护，在法律适用上就必须赋予内外国法平等的地位：一方面，《法律适用法》在冲突规范类型的选取多为双边冲突规范，体现了法律适用上内外国法平等的基本立场；另一方面，《法律适用法》严格限制单边主义的立场，将适用法院地法的情形降低到最低程度。②

第二，现代化的冲突规则。《法律适用法》实现了我国冲突规范立法的现代化，主要表现如下：一是作为美国国际私法革命代表性理论成果的最密切联系原则在该法的"总则"和"分则"中均得到采纳③；二是当代国际私法中广为接受的意思自治原则在该法中得到前所未有的关注和适用④；三是反映国际私法实质正义价值取向的弱者保护原则在该法中得到适度承认⑤；四是在确定性和灵活性达成了适当平衡反映了国际私法立法编纂经验成熟；⑥五是作为强力维护特定利益

---

① 《法律适用法》第 1 条规定：为了明确涉外民事关系的法律适用，合理解决涉外民事争议，维护当事人的合法权益，制定本法。
② 严格而言，《法律适用法》并无明确的单边冲突规范，依据该法指向法院地法的情形仅包括该法第 5 条规定的公共秩序保留条款、第 10 条第 2 款规定的在外国法律不能查明的情形。
③ 在《法律适用法》"一般规定"中明确了最密切联系原则的补缺地位的同时，在民事主体、合同之债、物权之有价证券问题上均规定了最密切联系原则的适用。
④ 在《法律适用法》"一般规定"中明确规定了意思自治原则。分则中，除了传统的合同领域外，在委托代理、信托、夫妻财产关系、运输中的动产物权、一般侵权责任与知识产权侵权责任、不当得利与无因管理、知识产权的转让和许可使用等领域，均准许当事人协议选择准据法。
⑤ 《法律适用法》明确地规定弱者保护原则主要是在婚姻家庭领域，具体是"父母子女关系""扶养""监护"。此外，对于消费者合同规定的"消费者经常居所地法律"、劳动合同规定的"劳动者工作地法律"、产品责任和人格权侵权规定的"被侵权人经常居所地法律"是否体现了有利弱者原则，则还需考量。
⑥ 在《法律适用法》中主要表现在两个方面：一方面采用多种方法实现法律选择的灵活性。如分布广泛的含有选择性连结点的冲突规范（第 21 条至第 26 条、第 29 条、第 30 条、第 32 条、第 47 条等）、大量含有弹性连结点的冲突规范（第 16 条第 2 款、第 17 条、第 18 条、第 19 条、第 37 条、第 38 条、第 39 条、第 41 条、第 49 条等）、含有例外条款的冲突规范（第 12 条、第 14 条、第 16 条第 1 款、第 42 条、第 44 条、第 45 条、第 50 条等）。此外，《法律适用法》在"一般规定"中还规定了"最密切联系原则"作为法律适用的补充性原则，以实现法律适用的灵活性；另一方面，《法律适用法》主要是以具体冲突规则为基本要素构建的法律适用体系，同时也规定了若干传统硬性管辖权选择规则（第 27 条、第 34 条、第 36 条、第 48 条等）。而且，《法律适用法》并没有将"最密切联系原则"作为法律适用的一般原则，在最大程度上确保了法律适用的确定性。

和政策的一项重要制度，强制性规则在该法中也得以明确规定①。

第三，科学的立法技术。在立法结构上，《法律适用法》采用学理体的编纂体例。学理体之法典一般将法典分为总则、分则和附则三部分，这也是现代各国编纂法典通用的一种体例。大体而言，《法律适用法》的立法结构采取了"总则—分则—附则"的学理体模式。②在《法律适用法》分则部分的安排上，大体遵循了"先人后物"的观念，从而彰显了立法"人本主义"的基本精神。

仅就我国《法律适用法》的立法模式而言，在某种程度上与1918年《法律适用条例》③相似，两者均只规定了法律选择规范，而不包括管辖权规范和判决承认与执行规范。在全面深化依法治国的时代背景下，我国国际私法立法与民法典的编纂之间的关系如何，值得我们进一步思考。

就我国最高立法机关的立场来看，似乎是倾向于将包括《法律适用法》在内的国际私法立法不作为独立一编纳入民法典。例如，在《民法总则》于2017年3月15日颁布后，我国民法典编纂第一阶段的工作任务已经完成。2018年3月15日由全国人大常委会法制工作委员会公布了《中华人民共和国民法典各分编（草案）》（征求意见稿）。从该征求意见稿来看，涉外民事关系法律适用编并未进入我国民法典草案。这似乎表明在立法形式上，我国最高立法机关倾向于将国际私法立法排除在民法典之外。

实际上，在2018年8月27日提请十三届全国人大常委会第五次会议审议

---

① 我国究竟哪些法律属于"直接适用的法"还有待于明确。在日本法上，有学者指出，日本的"介入规范"包括卡特尔法、外汇法、劳动标准法、工会法、最低劳动工资法、因工事故保险法、利息限制法、承租人保护法以及关于消费者保护的特别法。Vgl dazu Nishitan, Die Reform des internationalen Privatrechts in Japan, in : IPRax 2007, S. 555. 转引自陈卫佐：《涉外民事法律适用法的立法思考》，《清华法学》2010年第3期。此外，我国2012年《法律适用法司法解释（一）》第10条对强制性规则的界定进行了明确规定，以避免人民法院在实施强制性规则的制度时有失偏颇。
② 当然，由于各国对国际私法的性质、范围以及调整对象的认识不同，因而制定国际私法典所采取的体系结构也不一致。关于国际私法的立法模式大概有三种：一是仅规定冲突规范内容的总分体系结构，如1978年奥地利关于国际私法的联邦法；二是规定冲突规范与诉讼规范的总分体系结构，如1964年捷克斯洛伐克《国际私法及国际民事诉讼法》（现今仍分别施行于捷克共和国和斯洛伐克共和国）、1982年《土耳其国际私法和国际民事诉讼程序法》（土耳其议会于2007年通过了新的《关于国际私法和国际民事程序法的第5718号法律》，自2007年12月12日起施行）；三是每部分全部按照管辖权、法律适用、判决的承认与执行并行规定的总分体系结构。瑞士1987年《关于国际私法的联邦法》，2004年比利时《国际私法典》在很大程度上也借鉴了瑞士的做法。徐伟功：《中国国际私法典体系结构初探》，《法商研究》2005年第2期。
③ 北洋军阀政府时期，受改良派维新变法主张以及当时国际环境的影响，北洋政府于1918年颁布了《法律适用条例》。该法共七章27条，内容包括总则、关于人之法律、关于亲族之法律、关于继承之法律、关于财产之法律、关于法律行为之方式之法律和附则等部分。后国民政府于1927年8月12日令暂准援用1918年的《法律适用条例》。后在我国台湾地区依然继续沿用，并从1953年起经过多次修改。陈荣传：《国际私法的新面貌——鸟瞰2011年〈涉外民事法律适用法〉》，《2010年海峡两岸国际私法学术研讨会论文集》。

的民法典各分编表明，《法律适用法》并未成为我国民法典的分编之一，这也说明立法者最终认识到涉外民事关系法律适用规则的概念体系、规范内容与民法典虽有一定联系，但二者性质不同，在法律的调整范围、立法目标、具体规则等方面存在较大差异，民法典不宜设立国际私法法律适用编。这种观点也得到全国人大常委会法工委负责人的确认。①2020 年 5 月 28 日十三届全国人大三次会议通过的《中华人民共和国民法典》最终将国际私法规范排除在外。

应该说，在民法典编纂中立法者对包括涉外民事关系法律适用规范在内的国际私法立法的认识是清晰的，也在很大程度上明确了国际私法与民法之间的内在联系和基本界限。但是，对于我国将国际私法立法脱离民法典的决策，既有必要对其妥当性提供理论和实践上的依据，也需要对未来以何种立法模式安置国际私法规范的问题作出明确回答，并揭示和论证其中的理由和依据。

第三节 "法典型"：脱离民法典的国际私法典

作为当今国际私法立法的重要范式之一，独立的综合性国际私法典在晚近国际私法立法实践中得到相当程度的关注。这种立法模式以其规则和制度体系的系统化、协调性和实用性为显著优点。在法典型国际私法立法中，以瑞士《关于国际私法的联邦法》的影响最大。包括意大利等国的国际私法立法深受瑞士立法的影响。正如学者指出的，在欧洲国家国际私法典的编纂中，晚近最引人瞩目的事件即瑞士 1987 年《关于国际私法的联邦法》以及意大利 1995 年《国际私法制度改革法》的制定。②

---

① 法制网："全国人大常委会法工委回应民法典分编结构安排情况"，http://www.legaldaily.com.cn/index/content/2018-08/27/content_7629177.htm，2019 年 7 月 27 日最后访问。
② Francois Rigaux, "Codification of Private International Law: Pros and Cons", La. L. Rev. (60, 2000), p. 1321.

一、瑞士

1987年12月17日瑞士联邦议会通过的《关于国际私法的联邦法》，是继德国1986年国际私法立法改革后在国际私法立法领域具有重大影响的国际私法典。这部法典的颁布，既与瑞士调整涉外民事关系的需要直接相关，也是瑞士国际私法理论研究成果积淀的体现，在很大程度上反映了瑞士立法者高超的国际私法典的编纂技术。

20世纪70年代以来，作为一个在高端制造业、金融和银行业、旅游和服务业等领域具有重要影响的国家，瑞士面对的国际民商事法律冲突问题骤然增加，瑞士法院也面临层出不穷的涉及国际私法问题的案件。在这一时期内，大量的外国劳工以及随之产生的跨国家庭法问题、旅居在外国的瑞士公民以及在瑞士居住的外国公民的数量相当庞大、对外贸易的显著增长及其复杂性和丰富程度的提高、国际旅游业的迅猛发展并由此对个人产生的风险、跨国公司业务的增长及活动的频繁，使得国际民商事法律关系对于作为许多国际组织的总部所在地国家、人口的15%以上为外国人的瑞士来说显得格外重要，也使得瑞士亟须一套成熟、完善的国际私法制度加以调整。[①]

在国际私法典编纂之前，瑞士国际私法是一个形式分散、内容庞杂的规则总体，其中既有制定法规则，又有判例法规则和条约规则。制定法中最主要的是一部颁布于1891年的《关于有住所或居所者民法关系的联邦法》，其适用范围狭窄、条文数量不足的缺点，很难适应日益增长的国际民商事交往的需要。主要表现在如下三个方面：

首先，作为私法领域的立法，《关于有住所或居所者民法关系的联邦法》主要适用于州际法律冲突，而不适用于国际法律冲突；其次，该法只适用于人身法、亲属法和继承法等有限领域的问题，完全没有涉及财产权、一般债权债务及契约、侵权行为及商业组织的法律冲突问题，也没有包括执行外国判决问题和识别、反致、公共秩序等所谓国际私法一般性问题方面的规定；最后，该法规定的国际私法规范在范围上也不完整，以至于瑞士立法机关经常需要制定一些专门领

---

① F. Vischer, "Drafting National Legislation on Conflict of Laws: The Swiss Experience", L. & Contemp. Prob. (41, 1977), pp. 131-132.

域中国际私法规则，特别是在债法和商法方面。①

另外，虽然瑞士于 1912 年实现了私法的统一，各州之间在私法方面的歧义已不复存在，但包括州际和国际民事管辖权冲突以及外国判决的州际和国际承认与执行问题，仍然是各州的事项。除联邦宪法和其他一些联邦法律中有若干相关规定外，上述事项仍受各州民事诉讼法典的支配。

不难看出，瑞士国际私法立法规定的极端分散性也给正确适用国际私法规则，以及解决具有跨国界因素的民商事案件带来诸多不便。正如学者所指出的，这些国际私法规定是如此分散于瑞士法律的不同领域，以致连内行人都常常很难找到它们，更不必说正确适用了。② 因此对于瑞士而言，无论是从相关法律适用的便捷性考量，还是从解决涉外民事争议的实际需求出发，对国际私法立法进行全面编纂就显得尤为必要。

瑞士国际私法的法典化进程始于 1973 年，瑞士联邦司法部成立了一个以维舍尔（Vischer）为主席，贝奇勒（Baechler）和沃尔肯（Volken）为副主席的特别委员会。该特别委员会随后被进一步分为六个小组，这些小组囊括了瑞士最杰出的国际私法学者。五年之后，该特别委员会出台了其起草的草案，被称为"专家稿"，于 1987 年提交给瑞士联邦委员会。随后，一个由特别委员会主席和秘书准备的更为详尽的立法基本稿，也被称为"最终报告"，在 1987 年也提交给瑞士联邦委员会。

基于民主立法原则，该专家草案随后被公布并供公众讨论。征求意见的对象不仅包括瑞士国内外的国际私法学者，也包括瑞士的政党、职业团体、其他一些市民组织以及联邦政府。在上述基础上，该草案第二稿得以形成，其后被瑞士联邦委员会于 1982 年 11 月提交给瑞士联邦议会。1982 年草案同时也附带了一个"主题思想"，这不仅对于最终立法草案的说明尤为必要，同时也是具有较高价值的立法历史资料。

经过在瑞士联邦议会两院长时间激烈的讨论，该草案最终于 1987 年 12 月 17 日通过。随后进行的"特许的公民投票"（facultative referendum）表明，此次瑞士国际私法典的编纂得到普遍好评。在瑞士国际私法法典的起草过程中，

---

① S. McCaffrey, "The Swiss Draft Conflicts Law", Am. J. Comp. L. (28, 1980), pp. 237-239.
② 此前瑞士国际私法规则主要有 1891 年《关于有住所或居所者民法关系的联邦法》、其他联邦制定法中的国际私法规则、判例法中的国际私法规则、国际私法条约中的国际私法规则。陈卫佐：《瑞士国际私法法典研究》，法律出版社 1998 年版。

学者也发表了相当丰富的关于国际私法立法的学术评论。① 尽管这些研究成果大部分是针对 1978 年草案和 1982 年草案的，但并不会影响这些学术成果的价值，因为最终为立法机关通过的国际私法典的案文相较之前的两个立法草案，并没有发生任何根本性的变化。

经过 15 年的起草并在被交付表决通过后，瑞士《关于国际私法的联邦法》于 1989 年 1 月 1 日开始生效。对于该法立法草案的第一稿，作为"建筑师"的维舍尔教授也疑惑于该草案能否减少六个世纪以来国际私法立法所遭遇的挫折。对此问题，维舍尔教授自己的回答也非常务实和谦卑：瑞士国际私法立法肯定不会给目前仍处在争议中的国际私法问题带来确定的解决之道。② 而美国学者西蒙尼德斯教授则认为，不论维舍尔教授的回答是过于谦虚或只是过度降低期望，这些都是次要的。尽管国际私法学者在国际私法立法编纂方面的挫败感可能永远不会减少，但瑞士立法已经比其他任何国际私法立法对于经常出现和难以解决的国际私法问题，提供了更为接近理性和富有想象力的解决办法。瑞士的立法经验很快会向世人表明，该国际私法典将是欧洲国家中制定得最好的法典。③ 实际上，包括西蒙尼德斯教授在内的不少学者均认为，瑞士 1987 年国际私法立法代表了欧洲大陆国家国际私法法典化的最高成就。

瑞士《关于国际私法的联邦法》高水准的体现之一是，该法有 200 多个条文，就涵盖的内容来看，该法典是目前全球综合性程度最高的国际私法典。截至目前，只有《布斯塔曼特法典》条文的数目超过瑞士国际私法典，但《布斯塔曼特法典》规范的对象不限于国际私法问题。而且，瑞士国际私法立法的成就不在于其条文的数量，而在于其规定的内容。瑞士国际私法典是欧洲第一部超越传统实体法和程序法划分的法典，并且将理论上被视为相互关联的三个议题，即管辖权规范、法律适用规范及判决（仲裁裁决）承认与执行规范规定在同一个法律之中的法典。

---

① 这些学术研究所使用的语言主要是法文和德文以及欧洲的其他一些语言，英文的学术评论和研究较少。根据瑞士比较法研究院的统计，上述有关瑞士新立法的研究成果大约有 100 篇。Symeon C. Symeonides, "The New Swiss Conflicts Codification: An Introduction", Am. J. Comp. L. (37, 1988), pp. 190-191.
② F. Vischer, "Drafting National Legislation: The Swiss Experience", L. & Contemp. Prob. (41, 1977), p. 131, p. 144.
③ Symeon C. Symeonides, "The New Swiss Conflicts Codification: An Introduction", Am. J. Comp. L. (37, 1988), p. 187.

瑞士国际私法立法中制定的冲突规范，融合了民法法系国家的立法传统以及瑞士风格的精确性，并且吸纳了大西洋彼岸现代国际私法理论的优点。美国观察者会发现瑞士国际私法规则特别有趣，因为瑞士立法明显受到美国国际私法理论的影响。这种影响表现在，对美国理论折中式的吸收，而且这种借鉴也得到了瑞士官方的明确承认。① 瑞士国际私法立法也极具启示意义地证明，只要精心准备并起草相关法律规则和制度，一国国际私法立法可以是法律进步和演化的手段而非障碍。这也证明了一国可以借助成文国际私法立法在法律的确定性与灵活性、一致性与个案公正性、冲突正义和实质正义的对立中达成较好平衡，尽管实现这种平衡并非易事。

讨论民法典编纂背景下的国际私法立法问题，有必要对瑞士国际私法典与瑞士民法典中规定的民事关系的对应性予以考察。

与国际私法典一样，1911年瑞士民法典的起草基本上也是民法学者杰出的个人作品。② 从瑞士民法典的内容和结构来看，除序编和终编外，依次是人法、亲属法、继承法、物权法、债法。③ 在债法编又包括了总则、各种契约关系、公司与合作社、商业登记、商号和商业账簿、有价证券。另外，有关债法的规定条文数量众多，在民法典中大有尾大不掉之势。这是因为在此之前瑞士已经独立制定了一部《债务关系法》，且施行已久，反映良好。为了保持债法的连续性和稳定性，法典的起草人并没有破坏《债务关系法》的体系。④

由此可见，瑞士民法典采取了民商合一的立法模式。而且就瑞士民法典包含的内容而言，远超法国、德国各自民法典与商法典之和。⑤ 除了实体法规定外，瑞士民法典也规定了举证责任和诉讼程序。这都显现出了瑞士民法典不同于法国民法典和德国民法典的特殊之处。瑞士民法典彰显了瑞士的民族精神——瑞士国民希望其社会生活的方方面面得到法律尽可能全面的调整和规制。因而，

---

① F. Vischer, "Drafting National Legislation: The Swiss Experience", L. & Contemp. Prob. (41, 1977), p. 145.
② 关于法学家欧根·胡贝尔（Eugen Hubel））起草瑞士民法典的具体经过以及其发挥的巨大作用，可以参见谢怀栻：《大陆国家民法典研究》，《外国法评译》1995年第2期。
③《瑞士民法典》，殷生根译，艾棠校，法律出版社1987年版。
④ 1881年制定的《债务关系法》作为第5编被纳入民法典，但一直保持其相对独立性，该编条文编码单独记数。
⑤ 瑞士民法典以6编2000余条的容量，除包含了德国民法典与德国商法典规定的事项外，还包含了其他国家一些单行法所规定的事项，例如法国的《有限责任公司法》《股份法》《票据法》《区分所有法》和《不动产登记法》等。除此之外，瑞士民法典还包含了有关劳动法的内容、有关户籍法的内容、关于合作社的规定、关于债券的规定等。谢怀栻：《大陆国家民法典研究》，《外国法评译》1995年第2期。

瑞士民法典在内容的安排上推崇全面性和广泛性，在规则的设计上追求细化和精确性。

而瑞士 1987 年国际私法典内容上依次涵盖了如下十个方面：自然人、婚姻法、亲子关系、监护和其他保护措施、继承、物权、知识产权、债权、公司、破产与清偿协议和国际仲裁。从两者在规定的主题上之对应性来看，瑞士国际私法典中规定的涉外民事关系与瑞士民法典涵盖的民事关系的范围一致性程度较高。不可否认的是，瑞士民法典中追求内容的全面性和规则的精确性的民族精神，同样体现在国际私法典的构建之中。特别是，瑞士国际私法典中规定的民事关系的类型更为广泛，如对知识产权和破产国际私法问题的规定等。

瑞士国际私法典还将有关国际商事仲裁的问题一并纳入。这也说明了国际私法所调整的涉外民事关系并非所谓的在国内民事关系的基础上添加涉外因素，而是具有自身独立的更为丰富的内涵。简言之，国际私法的调整对象——"涉外民事关系"具有相对的独立性。这也说明，在国际私法立法纳入民法典的立法模式下，试图将民事实体法调整的国内民事关系简单地复制到国际私法立法中是不切实际的，也不符合涉外民事关系所具有的特殊的独立属性。

瑞士 1987 年国际私法立法的另一个重要的问题，即是将管辖权规范、判决（仲裁裁决）承认与执行规范与法律适用规范一并纳入国际私法典之中。尽管有些学者对这一做法是否明智表示过怀疑，但是在专家委员会中，对于将三者一并规定于瑞士国际私法典却并无不同意见。①

瑞士的做法可以说是深受美国国际私法理论的影响。瑞士国际私法典的主要起草人和领导者——维舍尔教授长期跟踪研究美国国际私法革命及其之后的理论和实践进展。而美国国际私法理论一向将管辖权规范、法律适用规范和判决承认与执行规范视为是国际私法的当然构成部分。美国国际私法革命后诞生的 1971 年《第二次冲突法重述》可以视为是美国国际私法典（尽管该重述并不具法律约束力）。而从该重述的内容来看，管辖权规范、法律适用规范及判决承认与执行规范仍然是其主要组成部分。

显然，瑞士国际私法典至少在规范范围上借鉴了美国国际私法理论，只是瑞士立法在结构安排上更加具备自己的特色，集中体现在瑞士国际私法典并非

---

① S. McCaffrey, "The Swiss Draft Conflicts Law", Am. J. Comp. L. (28, 1980), pp. 240-241.

对这三者的每一方面都设一独立的部分，而是按不同的实质问题，在每一专题下分别就管辖权、法律选择和外国判决承认与执行问题规定独立的规则。

有学者认为，瑞士立法的这种结构的主要优点在于，根据法官日常处理涉外民商事案件的工作习惯，为法院进行司法管辖与法律适用提供一个有机联系的桥梁，方便法官对案件的审理。法官对任何一个涉外案件可以根据它的内容，先在 11 个分则章节中寻找有关处理各种具体案件的法律规定，在没有具体规定的情况下，法官才倾向于依总则规定选择一个能够处理案件的法律条款。这种三分制结构的特点还在于，立法者以实用主义作为出发点，一意追求法律为实践服务的目标，一改过去注重立法上的理论色彩，设置了间接管辖权与直接管辖权不一致和司法管辖权与法律适用相异的法律制度。前者，它首先通过直接管辖权来处理瑞士涉外民商事案件，只是在直接管辖权无法行使的情况下，再通过承认和执行外国判决的间接管辖权途径来处理涉外民商事案件。后者，它主张瑞士法院在行使司法管辖权时应恪守瑞士冲突规则实施最有资格适用于该案的准据法，而不要求准据法的适用应与司法管辖权相对应。①

应该说，瑞士国际私法的立法设计，一方面是受瑞士立法所一贯追求的全面性和精确性的历史传统之影响，另一方面也是瑞士立法者出于国际私法典在司法实践中实施的便利性之考量，因为在瑞士这一深具民法法系传统的国家中，法官更多的是法律的适用者和解释者，而非造法者。② 而且，瑞士国际私法典在很大程度上是学者的学术作品之呈现，因而该法典在风格上有着浓厚的学术气息。以维舍尔教授对美国国际私法的精通，尤其是其对国际私法革命后美国国际私法的研究来看，维舍尔教授将自己对美国《第二次冲突法重述》的研究成果，应用于瑞士 1987 年国际私法典的编纂之中也就不难理解了。③

因此，除实用性的考量之外，考虑到瑞士国际私法典的领导者对于外国国际私法，尤其是美国国际私法的熟稔，也就不难理解为何瑞士立法最终将管辖权规范、法律适用规范及判决（裁决）的承认与执行规范一并纳入国际私法典中。

---

① 王勇亮：《对瑞士国际私法的评介》，《贵州省政法管理干部学院学报》1990 年第 2 期。
② S. McCaffrey, "The Swiss Draft Conflicts Law", Am. J. Comp. L. (28, 1980), p. 235.
③ 许庆坤：《美国冲突法理论嬗变的法理——从法律形式主义到法律现实主义》，商务印书馆 2009 年版，第 3～4 页。

二、意大利

20世纪末到21世纪初，英国、德国、荷兰等欧洲国家均相继对其国际私法进行了局部的改革。如主要涉及侵权规则的1995年英国《国际私法杂项规定》的颁布、德国《民法典施行法》先后被1986年的《关于改革国际私法的法律》和1999年的《关于非合同之债和物权的国际私法的法律》的改革及荷兰2001年《关于侵权行为领域的法律冲突的法律》和2002年《解决亲子关系方面的法律冲突的法律》的出台等。这些国际私法立法的变革是20世纪中叶以后国际私法现代化浪潮的重要体现和构成部分。值得注意的是，这些国家国际私法的立法改革都或多或少地受到了瑞士法典的影响。[1]

从欧洲国家国际私法立法的晚近发展来看，1995年意大利国际私法的立法改革，在当今世界各国国际私法立法现代化的背景下相对是一个重大的变革——完整的法典化。而且，意大利国际私法典的编纂同样深刻地受到瑞士国际私法典编纂的影响。

众所周知，意大利半岛不仅是罗马法的起源地，也是真正意义上国际私法理论的发源地。但是，早期意大利国际私法并无成文立法而仍处于学说法时代。直到18世纪，意大利资本主义经济开始崛起，时任司法部长的意大利法学家孟西尼以其国家主义和民族主义理念再一次推动了国际私法的发展。在他的影响下，意大利制定了一些冲突法规则，并使意大利国际私法规范得以于1865年以制定法的形式编纂在第一部意大利民法典中，从而使意大利成为最早采用成文国际私法立法的国家之一。[2]

"二战"后，意大利经济迅速恢复和发展，并成为西欧重要的发达国家。伴随着意大利对外民商事交往的需要，对意大利国际私法立法进行系统的编纂尤为必要。这种编纂工作是在被称为"意大利新国际私法之父"的维塔（Vitta）教授的领导下进行的。在维塔教授逝世七年之后，意大利于1995年正式颁布施行了新的国际私法典——《关于改革意大利国际私法制度的第218号法律》（意大利《国际私法制度改革法》）。

---

[1] Andrea Bonomi, "Influence of Swiss Private International Law on the Italian Codification", Int'l J. Legal Info. (30, 2002), p.247.
[2] 耿勇：《意大利新国际私法管辖权规则初探》，《政法论坛》2003年第3期。

在 1995 年前，意大利国际私法的规定散见于《民法典》《民事诉讼法典》以及《航运法典》等单独立法中，这种分散的立法方式导致意大利的国际私法规则很不系统。而且，原有的国际私法规则一方面面临着与 1948 年意大利宪法的协调问题，另一方面也必须兼顾意大利参加和缔结的相关国际私法国际条约。1995 年 5 月 31 日，意大利正式公布《国际私法制度改革法》，该法规有关国际民事管辖权规范和法律适用规范的部分（第 1 条至第 63 条）于 1995 年 9 月 1 日起生效，而关于外国判决承认与执行规范的第 64 条至第 71 条则于 1996 年 12 月 31 日起生效。从结构和内容上看，该法分为如下五编：总则、意大利法院的管辖权、法律适用、外国判决和法律文书的效力、过渡条款与最后条款，全文共计 11 章 74 条。

尽管意大利《国际私法制度改革法》的规定在很多重要的问题上与瑞士国际私法立法有所差异，但与其他欧洲国家的国际私法立法相比，仍更多地受到瑞士立法模式的直接影响。而且，这种影响尤其体现在国际私法的规范范围问题上。

与瑞士一样，现今意大利对国际私法范围问题建立在一种宽泛理解的基础上，并主张除法律选择规范之外，国际私法应当包括管辖权规范和判决的承认与执行规范。原因是，这两者与法律选择规范紧密相连。正如意大利学者所指出的，必须认识到管辖权规范、判决承认与执行规范和法律选择规范是紧密联系在一起的。如果针对某一特定问题不能确定意大利法院拥有管辖权，则依据意大利法律选择规范确定准据法是没有任何意义的。事实上，如果某一诉讼在外国法院被提起，该国法院会适用本国的法律适用规范。而且，该国的法律适用规范常常与意大利法律适用规范不一致，这就会导致针对特定争议适用不同的准据法，从而在实体法上产生不同的判决。在此情况下，决定外国判决能否在意大利得到承认和执行就显得尤为重要。因此，将管辖权规范、法律选择规范和判决承认与执行规范统一规定在一个独立的法典中是一个很好的选择。①

在 1995 年以前，意大利有关国际民事程序的问题单独规定在 1942 年《民事诉讼法典》。这与早期很多大陆法系国家的做法一致，即成文国际私法立法一般将法律选择规范与国际民事程序法规范分别规定在不同的法律之中。这种相

---

① Andrea Bonomi, "The Italian Statute on Private International Law", Int'l. J. Legal Info. (27, 1999), p. 248.

对分散的立法模式，尽管在国际私法典编纂的工作和任务上较为简便，但容易导致国际私法立法的不系统和不完整，也割裂了法律适用规范与国际民事程序法规范之间的内在联系。应该说，将法律选择规范与国际民事程序法规范一并规定在一部国际私法立法中，不仅强化了国际私法规则之间的协调，克服了分散立法模式导致的弊端，而且改变了意大利传统国际私法轻视国际民事诉讼程序的倾向。①

不可否认的是，意大利将国际民事诉讼程序规范与法律适用规范一起纳入其国际私法典的做法，是直接受到了瑞士立法模式的启发。②当然瑞士亦非将国际民事诉讼法纳入本国国际私法典的首创者，1982年的南斯拉夫国际私法立法即将国际民事程序法纳入到本国的国际私法典中。该国际私法典至今仍在南斯拉夫地区实施。后来这种立法模式被介绍给了斯洛文利亚，并于1999年出台了斯洛文尼亚《国际私法和诉讼法典》。

事实上，熟悉瑞士民法典的人并不会对瑞士国际私法的立法模式感到惊奇，瑞士立法模式的独特性在于，国际私法典所具有的广泛性和精确性的特征。这种特征可被视为是包含在国际私法典的调整对象中的一般哲学表达，追求法律规则最大程度上的细化。而且，这种哲学根植于萨维尼称之为"民族精神"（Volksgeist）的这一概念之中。不可否认的是，瑞士人存在一种倾向，即希望社会生活被很好地调整。但是，人们会疑惑这种移植如何可能发生在意大利身上——毕竟"规制主义"在意大利的土壤中很难渗透，但确实发生了，只是结果不同。③这种结果的差异性是显而易见的，相较瑞士立法模式，1995年意大利国际私法立法既不完整也不精确。某些重要的事项，如对仲裁和破产的国际私法问题没有作出规定。另外，在很多冲突规则的细化方面，意大利国际私法立法也远逊于瑞士立法。

1995年意大利国际私法改革一反其先前分散的立法模式，转而走独立的国际私法法典化道路，是直接受到瑞士国际私法立法模式的启发。但不可否认的是，意大利立法者对瑞士国际私法立法模式的借鉴更多地体现在，将以往规定在《民

---

① 耿勇：《意大利新国际私法管辖权规则初探》，《政法论坛》2003年第3期。
② Andrea Bonomi, "Influence of Swiss Private International Law on the Italian Codification", Int'l J. Legal Info. (30, 2002), pp. 247-248.
③ Andrea Bonomi, "Influence of Swiss Private International Law on the Italian Codification", Int'l J. Legal Info. (30, 2002), p. 249.

事诉讼法典》中的国际民事程序法规范纳入到国际私法典。

同时,在具体的内容和立法技术上则较多地考虑自身的实际情况。特别是,意大利作为欧盟成员国,在欧盟国际私法统一化的背景下,其本国的国际私法立法有必要考虑欧盟统一国际私法立法的影响。正如学者所指出的,在欧盟的框架下,可以预见在接下来的时期内,讨论的重大议题不再是国家间国际私法立法的相互影响,而是欧盟国际私法对各国国际私法体系的影响。[①] 而瑞士并非欧盟成员国,显然就不存在这个问题。

基于以上原因,意大利国际私法典的编纂并未全盘继受瑞士立法模式。总体而言,1995年意大利国际私法改革中所展现的理性和经验,确实值得引起我国立法者的思考和借鉴。

---

① Andrea Bonomi, "Influence of Swiss Private International Law on the Italian Codification", Int'l J. Legal Info. (30, 2002), p. 246.

第二章
国际私法立法模式选取的基本经验与理论争议

从国际私法的立法史来看，以法国民法典为代表，早期国际私法立法大多作为民法典的一部分，而且通常位于民法典的总则部分。近半个多世纪以来，国际私法立法即便规定在一国民法典中，也是作为民法典独立的一编并一般处于民法典的尾端。同时，脱离民法典采取独立形式的国际私法立法成为一种重要的立法范式。此外，在立法范围上，国际私法立法不仅包括法律适用规范，也涵盖管辖权规范与判决承认与执行规范。而且，将三者一并规定在一国国际私法法典中的立法模式在20世纪后半叶至今越发受到推崇。

作为体系化国际私法立法的后来者，我国应对当代国际私法立法变革过程中形成的基本经验和产生的理论争议问题进行深入考察。就当今一些国家和地区国际私法立法编纂的实践来看，对域外国际私法立法予以借鉴成为一个相当普遍的现象。尽管不同国家和地区国际私法立法模式的选取受到诸多因素的影响，但对于各国在立法实践中形成的基本经验，值得学习。对于其中涉及的理论争议，有待平息。上述问题的进一步明确，对于包括我国在内的一国国际私法立法模式的选取具有重要的理论参考价值。

第一节　基本经验

基于前述三种具有代表性的国际私法立法模式的考察可以看出，一国国际私法立法模式的选取，一方面固然深受其法律传统的影响，另一方面也应认识到从国际私法发展的实际情况来看，一国对其国际私法立法模式一般会随着涉外民事法律关系的发展变化而作适时的调整。正因如此，在一国国际私法立法所涵盖的范围问题上，一方面要立足于国际私法这一调整涉外民商事关系的部门法的传统及其本身所固有的特色，另一方面又必须兼顾涉外民事法律关系发展的现实。① 就一国国际私法立法模式选取的实践而言，可以从中获得一些值得

---

① 刘仁山：《关于国际私法对象与方法问题的再认识》，载韩德培等主编：《中国国际私法与比较法年刊》第三卷，法律出版社2000年版。

借鉴的基本经验。

一、立法回应

法律的发展和变革，往往与社会、经济及科学技术的发展密切相关。一国涉外民商事交流的发展，必然对该国包括立法模式在内的国际私法立法问题提出新的要求。

早期国际私法立法所调整的涉外民事关系主要包括自然人的能力、合同、婚姻家庭、财产继承等民事关系。对于国际货物买卖与运输、保险、信贷与支付、票据、破产、知识产权等涉外商事关系的关注不多。从前述对国际私法立法模式进行最为显著改革的秘鲁和瑞士等国来看，一国国际私法立法不仅应扩展其调整对象，而且应对相关国际私法规则的体系性和协调性予以完善，以便对涉外民商事交流的发展予以适当回应。

前述1984年秘鲁民法典一改其1936年民法典中国际私法立法分散规定的立法模式，在很大程度上亦是出于规范不断增多和丰富的涉外民事关系的现实需要。从涉外民事关系的发展而言，对国际私法规则进行集中规定的需求主要表现在两方面：一是秘鲁当时开放的出口导向型增长模式的确立及工业化的启动。从20世纪中期开始，秘鲁国内产品出口的种类多样化，在数量上也到达增长高峰。这一时期秘鲁工业投资的80%以上都来自于外国公司。[①] 伴随着对外经济交流的繁荣、人员流动日趋频繁，秘鲁经济和民事关系的涉外因素都大大增强，这使得秘鲁意识到加强其涉外民商事法制建设的必要性。二是科学技术的长足发展和进步，给秘鲁涉外民事交往注入新的活力，由之产生的涉外知识产权关系也需要有专门的规则予以调整。即秘鲁需要对20世纪以来科学技术的发展在国际私法立法上进行回应。[②]

同样，对于采独立的法典化立法模式的瑞士而言，在很大程度上也是源于涉外民商事关系发展的客观要求。20世纪70年代以来，瑞士面对的国际民商

[①] 韩琦：《秘鲁现代化迟缓原因探析》，《世界历史》2003年第4期。
[②] 1984年秘鲁民法典第2093条规定：知识产权方面的物权，其存在及效力，适用国际条约及专门法律，如后者不适用，则适用此类物权登记地法律。承认及行使此类权利的条件，由本地法规定。

事法律冲突和管辖权冲突的事件骤然增加，审理涉及法律冲突的案件几乎成了瑞士法官每天要完成的任务。① 而在全面法典编纂之前，瑞士国际私法立法是一个形式分散、内容庞杂的规则总体。在法律选择问题上，其中既有制定法规则，又有判例法规则和条约规则。特别是，其时成文立法适用范围狭窄、条文规定不足，难以适应国际民商事交往的需要。同时，在国际民事程序问题上，包括州际和国际管辖权冲突以及判决的州际和国际承认与执行，仍然是各州的事项，除瑞士联邦宪法和其他一些联邦法律中有一些这方面的规定外，仍受各州民事诉讼法典的支配。国际私法规定的极端分散性也给正确适用国际私法规则以解决具有跨国因素的民商事案件带来诸多不便。正如学者指出的，这些国际私法规定是如此分散于瑞士法律的不同领域，以致连内行人都常常很难找到它们，更不必说正确适用了。② 因此对于瑞士而言，全面编纂国际私法规则就显得尤为必要。

前述《魁北克民法典》国际私法编的起草背景也是如此。由于1866年《魁北克民法典》在某些方面保留了法国大革命前的习惯法，很多方面不适合魁北克的社会状况。特别是，"二战"结束后，全球经济的复苏和国际经济贸易活动的日益频繁，地处美加交界处的魁北克的涉外民商事活动急剧增加。另一方面，作为联邦制国家，加拿大各省或区的民商法各不相同，致使省际法律冲突屡见不鲜，包括国际私法规则在内的1866年民法典已远远不能满足魁北克社会与经济发展的需要。③ 这也正是魁北克最终选择对其国际私法规范进行集中编纂的重要原因之一。

值得注意的是，以日本为代表的国家未对既有国际私法立法模式进行变革，但仍基于回应涉外民事关系调整的需要，对其国际私法制度和规则体系进行了发展和完善。尽管日本2007年《通则法》并未根本变革1898年《法例》的立法模式，但仍在很大程度上对相关国际私法制度和规则体系进行了相应完善，并得到了一些学者的积极评价。日本法务省民事局参事官室在《国际私法现代化要纲中间草案补充说明》中的论述，也印证了一国国际私法立法需要对社会

---

① Frank Vischer, "Drafting National Legislation on Conflict of Laws: The Swiss Experience", Law and Contemporary Problems (41, 1977), pp. 131-132.
② 参见陈卫佐：《瑞士国际私法法典研究》，法律出版社1998年版。
③ 邓朝晖、肖永平：《魁北克国际私法立法述评——兼论其对中国国际私法立法之借鉴》，《河南省政法管理干部学院学报》2004年第6期。

关系的变迁进行适时的回应的观点。

作为对《法例》进行全面修订的产物，《通则法》的制定主要有两个背景：首先，《法例》是 100 多年前的产物，已不能适应日本涉外民商事关系发展的需要。《法例》自 1898 年施行以来，曾先后经过若干次修改，但这些修改都是局部修补而非全面修订。然而，在《法例》制定之后的 100 多年间，社会经济形势已然发生了显著变化，交通工具和通信技术飞速发展，人、物和信息的跨国移动大量增加，国际贸易的内容更为复杂和多样化，以财产法律关系为基础的国际纷争亦日益增多。因此，在日本国内，要求对《法例》进行全面修订的呼声日涨，并最终促成了《通则法》的颁布。① 不难看出，日本之所以对《法例》中的规则和制度进行现代化，同样是基于适应涉外民事关系发展和调整的需要。

此外，前述所考察的越南、意大利以及我国等国对本国国际私法立法，要么变革立法模式对其国际私法制度和规则进行体系化的编纂，要么在延续原有立法体例的同时，对其国际私法制度和规则体系进行深度完善并实现本国国际私法立法的现代化目标。应该说，上述国家对本国国际私法立法进行变革和完善的一个相同的重要原因在于，国内原有国际私法立法不能应对涉外民事关系规范和调整的需要。特别是，一国发展对外贸易和经济的需要、人员跨境流动的日趋频繁及科技的显著进步，极大地发展和丰富了涉外民事关系的形式和内容，也使得不同国家对其国际私法立法进行体系化完善的需求显得尤为迫切。

总之，在当今经济全球化和区域经济一体化的大背景下，一国国际私法立法需要顺应人员、技术、资金、货物和服务频繁跨国流动的客观现实，并在国际私法的立法模式、制度及规则体系方面予以适当回应。

二、理论认知

不可否认，一国经济社会发展的现实需要是导致该国国际私法立法模式变革的重要原因，但同样不可忽视的是，一国国际私法学者的理论认知所发挥的极端重要作用。尤其是，各国国际私法立法的编纂通常需要借助国际私法学者

---

① 日本法务省民事局参事官室：《国际私法现代化要纲中间草案补充说》，载日本法务省网站：www.moj.go.jp/PUBLIC/MINJI57/refer02.pdf.2007-08-25，2019 年 8 月 8 日最后访问。

的智慧，以至于前述一些国家和地区（如瑞士、路易斯安那、日本、意大利等）在改革其国际私法立法的过程中，几乎完全采纳了立法者选任的国际私法专家所提出的立法草案。

实际上，国际私法具有深厚的比较法色彩，是沟通本国法与外国法的桥梁。在一国国际私法立法问题上，无论是对域外法学理论知识与体系的引进，还是对外国的立法和司法实践经验的汲取，都有赖于国际私法学者所发挥的建设性乃至主导作用。这也表明对一国国际私法立法问题的考察，必须对国际私法学者的相关理论认知的重要影响予以考量。而且，从比较法上看，在不同国家和地区国际私法立法的编纂中，立法者对域外国际私法立法实践予以参考和借鉴已成普遍现象。在此过程中，同样需要高度仰赖一国国际私法学者的研究和贡献。

前述秘鲁国际私法立法尽管受法国民法典的影响，将国际私法规则规定在民法典中，但在国际私法的界定和具体内容上，拉美地区则继承了罗马法遗产并认为，解决法律冲突的法律适用规范仅仅是国际私法的一部分而非全部。即国际私法应包括国籍、外国人地位、法律冲突和司法管辖权的冲突。[①] 秘鲁学术界在国际私法范围问题上的认知，不仅国际私法学者的观点如此，而且一些民法学者亦持同样立场。[②] 国际私法学者理论上的认知对秘鲁国际私法立法的决定性影响直接表现为，秘鲁民法典中的国际私法编规定的内容不限于法律适用规范，而囊括了管辖权规范和外国判决承认与执行规范。

魁北克1866年民法典并未对有关国际私法规则进行专编或专章式集中规定，而是参照1804年法国民法典的立法模式对相关国际私法问题进行了简要概括的规定（主要是第6条至第8条及第136条）。此外，1965年魁北克《民事诉讼法典》中也含有部分国际私法规则（第60条至第70条、第73条至第75条及第136条至第137条）。这些规定深受法国法的影响。[③] 值得注意的是，魁北克1994年民法典中国际私法编的起草工作是在加拿大国际私法权威卡斯特尔教授的领导下进行的。以卡斯特尔教授为首的起草委员会于1977年提出了一份国际私法草案。在该草案的基础上，1991年12月18日，加拿大魁北克国民议

---

① James E. Ritch, "Codification of the Private International Law of the American Countries", Inter-Am. L. Rev. (7, 1965), pp. 395-396.
② Alejandro Miguel Garro, "Codification of Conflicts Law in the New Peruvian Civil Code", International Legal Materials (24, 1985), p. 1002.
③ 杜涛：《国际私法的现代化进程：中外国际私法改革比较研究》，上海人民出版社2007年版。

会通过了包含该草案的《魁北克民法典》。卡斯特尔教授关于国际私法范围的认识显然会对魁北克国际私法草案的内容产生直接影响。最终通过的民法典中国际私法编涵盖的内容，基本上与卡斯特尔教授关于国际私法范围的认识一致。①

日本之所以追随德国 1896 年《民法典施行法》，采取单行法的立法模式，也与学者的理论认识直接相关。起草《法例》的核心人物穗积陈重、山田三良均曾经留学德国，并主张日本民法典应采取德国潘德克顿体系而非法国民法典的模式②，这也从一个侧面说明了为何日本最终未将国际私法纳入民法典之中。与此同时，在国际私法范围的认识上，山田三良的观点非常明确："国际私法者，可一言以蔽之曰：规定可以适用于涉外的法律关系之法律规则也。"③ 这种观点反映到《法例》中就是其仅包括了法律选择规范，而没有涉及管辖权规范和判决承认与执行规范。此外，当时日本国际私法理论也是导致国际私法立法剥离民法典的重要原因之一。一方面，学术界认为法律选择规范是公法规范，④ 因此，国际私法的公法性质使得其不宜纳入民法典内；另一方面，学术界主张《法例》中调整的问题有的属于民法典的体系内，有的属于其他法律的规定。从民法典的体系和逻辑来看，国际私法中的一些规定不宜在民法典中进行规定。⑤

瑞士国际私法立法一改其先前分散模式，转而采取独立法典化模式也与学者的理论认知存在直接关系。瑞士国际私法典的领导者和主要起草人维舍尔教授长期跟踪研究美国冲突法革命及其后续进展。而美国国际私法理论一向将管辖权规范、法律适用规范和判决承认与执行规范一并视为是国际私法的当然构成部分。这也直接影响了瑞士国际私法典涵盖的规范范围，瑞士最终选择将管辖权规范、法律适用规范及判决（仲裁裁决）承认与执行规范一并纳入国际私

---

① 卡斯特尔教授认为："冲突法是每个省或区（包括联邦法在内）的法律分支。它用以确定因与一个以上的法域相联系而具有一个或多个涉外因素的案件应由哪一法域的法院审理，并确定有关争议应依据哪一法域的法律来裁决的法律规范。"J.-G.Castel, Introduction to Conflict of Laws, Toronto：Butterworths, 2nd ed., 1986, pp.3-4. 但在国际私法的范围问题上，卡斯特尔又认为，加拿大国际私法主要涉及：（1）法院（包括加拿大国内法院和外国法院）对涉外民事案件的管辖权；（2）承认和执行外国判决的条件；（3）住所和居所；（4）法律选择。J.- G. Castel, Canadian Conflict of Laws, Toronto：Butterworths, 3rd ed., 1994, p.4.
② [日] 石井紫郎著，朱芒译：《日本民法典的制定史》，《北大法律评论》2001 年第 4 卷第 1 辑。
③ [日] 山田三良著，李倬译，陈柳裕点校：《国际私法》，中国政法大学出版社 2003 年版。
④ 如山田三良认为：国际私法就其形式之意义而言，亦为公法。而那些谓国际私法之实质为私法者，其间不无语弊存焉。称国际私法为"私法"者，解为关于私法适用之法则之意。[日] 山田三良，李倬译，陈柳裕点校：《国际私法》，中国政法大学出版社 2003 年版。
⑤ 如《法例》中有关"本国法"（第 28 条）、"住所地法"（第 29 条）、"常居所地法"（第 30 条）、"人际法"（第 31 条）和"反致"（第 32 条）的规定从逻辑上而言，显然不宜由民法典作出规定。

法典中。当然，瑞士国际私法典在结构的安排上更加具备自己的特色。[①] 应该说，瑞士国际私法的立法设计，一方面是受瑞士立法所一贯追求精确性的历史传统的影响；另一方面也是立法者出于法典在司法实践中运用便利的考虑，因为瑞士作为民法法系国家，其法官更多的是法律的适用者和解释者，而非造法者。[②] 总体而言，在风格上，瑞士国际私法典在很大程度上是学者学术作品的呈现。[③]

意大利作为现代国际私法的发源地，有着悠久历史。但在1995年以前，意大利采取的仍然是分散的立法模式，导致意大利的国际私法规则既不系统，亦不全面。因此，长期以来，意大利一直在为制定一部详尽的国际私法立法而努力。早在"二战"后，意大利著名法学家维塔教授便首倡对意大利国际私法立法进行改革，但直到1982年11月13日，他才受到司法部正式委托，负责起草一部国际私法立法草案。1984年，在全国公证员协会举行的一次会议上以"意大利的国际私法改革问题"为题对1968年的建议案进行了讨论。1985年3月8日，司法部组成一个国际私法改革委员会，该委员会于1989年10月26日完成了包括解释在内的国际私法新法规草案，并予以公开出版。司法部对草案进行了稍微修改，在1993年4月29日以政府立法建议的形式提交上议院审议。上议院对该立法建议作了少量修改后于1994年9月20日正式表决通过。[④] 可见，意大利国际私法的改革既要完成冲突规范的进化，又要统一国际民事诉讼法。尽管维塔教授在有生之年并未亲眼见证1995年意大利国际私法典的颁布，但是其对于该法典的贡献和决定性影响是毋庸置疑的。正因如此，维塔教授也被称为"意大利新国际私法之父"。[⑤] 显然，在这种立法理念的影响下，意大利采取了国际私法典的立法模式，并将其规范范围包括管辖权规范、法律选择规范和判决承认与执行规范。

前述表明，国际私法学者在一国国际私法立法的编纂中发挥了不可替代的

---

① 集中体现在法典不是对这三者的每一方面都设一独立的部分，而是按不同的实质问题，在每一专题下分别就管辖权、法律选择和外国判决的承认与执行规定独立的规则。
② S. McCaffrey, "The Swiss Draft Conflicts Law", Am. J. Comp. L. (28, 1980), p. 235.
③ 瑞士联邦司法部成立了一个以维舍尔为主席以及贝奇勒（Baechler）和沃尔肯（Volken）为副主席的特别委员会。该特别委员会随后被进一步分为六个小组并涵盖了瑞士最为杰出的国际私法学者。五年之后，委员会出台了其起草的草案，被称为"专家稿"，其于1987年被提交给联邦委员会。
④ 与原有国际私法规则相比，立法者主要希望本次改革能达到以下目的：(1) 在国际婚姻、家庭法中采用无性别歧视的连结点；(2) 对冲突规则进行完善和补充；(3) 对国际私法的总则性问题作出规定；(4) 对国际民事诉讼法作出统一的规定。杜涛：《国际私法的现代化进程：中外国际私法改革比较研究》，上海人民出版社2007年版。
⑤ 耿勇：《意大利新国际私法管辖权规则初探》，《政法论坛》2003年第3期。

重要作用，其在很大程度上影响和塑造了一国国际私法立法的模式乃至制度和规则体系。在一国国际私法立法模式的选取问题上，国际私法学者的理论认知所起作用不可忽视。这也意味着一国国际私法立法必须充分征求和吸收国际私法学者的有益观点和认知。在涉及一国国际私法立法重大变革的问题上，尤其如此。

三、域外经验

从真正意义上国际私法学说的产生与传播来看，各种学说之间的传承和影响是国际私法发展史上相当普遍的现象。作为学说法的"法则区别说"起源于13世纪意大利北部，16世纪传入法国，其影响了欧洲大陆国家国际私法的理论与实践，并在随后长达五个世纪的时期里一直占统治地位。[①] 而荷兰的"国际礼让说"后来为美国法学家斯托雷（Story）所继承发扬，并为19世纪英国学者戴赛（Dicey）因袭，成为英美国际私法的理论来源。[②] 德国法学家萨维尼的"法律关系本座说"大大推动了欧洲大陆国家成文国际私法立法的发展，对当时和后世产生了巨大的影响。20世纪以来，盛行在各国国际私法立法和司法实践之中的"最强联系说"及"重力中心说"和"最密切联系说"等法律选择理论的思想渊源都可追溯至"法律关系本座说"。20世纪中叶，美国国际私法革命产生的新理论和新方法在合同、侵权等领域对欧洲国际私法产生了深远影响。[③]

由此可见，一国借鉴和吸收另一国国际私法理论和学说，是国际私法学术史上重要而客观的现象。而且，不仅诸多国际私法理论和学说的跨国传承与影响的现象屡见不鲜，一国国际私法立法实践借鉴和吸收域外经验和成果亦是常

[①] 刘仁山主编：《国际私法》，中国法制出版社2019年版。
[②] 例如，有学者认为斯托雷的理论基石来自于欧洲学者的著作，集中表现为斯托雷在其著作中总结的冲突法原则几乎就是"胡伯三原则"的翻版。许庆坤：《论美国传统冲突法的本土化及其对中国的启示》，《山东大学学报（哲学社会科学版）》2007年第3期。再如，《第一次冲突法重述》的报告人比尔（Beal）教授继承了英国学者戴赛（Dicey）的既得权理论，将美国传统国际私法的形式主义和概念主义推向巅峰。
[③] 例如，欧洲学者认为，美国的判例法传统发展出冲突规则范围更小、更具体，也更为详尽。甚至进一步预言欧美冲突法的差异会不断缩小。欧洲冲突法经过一段时间的发展，其不准确、过于宽泛的冲突规则最终会被更为严格的、目的导向的冲突规范所取代。在这个过程中借鉴美国冲突法中法院的判例是一个有效的途径。E. Vitta, "The Impact in Europe of American 'Conflicts Revolution'", Am. J. Comp. L. (30, 1982), pp. 14-18.

态。实际上，从国际私法立法史来看，不同国家立法实践的发展历程不断印证了一个基本判断：无论是国际私法的理论研究或是立法实践，相关工作者都必须将视野拓展到一国之外，对域外先进理念和成熟经验予以参考和借鉴。

如前所述，秘鲁将管辖权规范、法律适用规范及判决承认与执行规范作为独立一编纳入民法典的立法模式，一方面是受早期一些欧陆民法典，尤其是1804年法国民法典的影响，另一方面也是拉美地区学者普遍将国际私法视为民法当然组成部分的结果。而1984年秘鲁民法典中国际私法编的立法模式的形成，除了与秘鲁学者对国际私法范围的认识有关，也与拉美地区国际私法统一化的立法实践有着紧密的关系，尤其是1928年《布斯塔曼特法典》的影响是不可忽视的。在该法典的15个签署国中，秘鲁对其条文未提出任何保留。[1]《布斯塔曼特法典》中的国际私法规范不仅涉及法律适用规范，也包括了国际民事诉讼法规范。就该法典中国际民法编的设计来看，主要依照"人""财产"和"债"的顺序依次展开。[2]而1984年秘鲁民法典中国际私法编有关法律适用的内容安排与《布斯塔曼特法典》有着高度的一致性，也是按照"人""财产"和"债"的顺序依次展开。[3]

与之类似的是，魁北克民法典国际私法编起草委员会主席卡斯特尔教授在其所起草的立法草案解释报告中明确指出，起草委员会的意图是准备一部既深具民法传统，又对外国法抱以开放态度的法典。其既要考虑魁北克的历史传统和经济、社会利益，又要考虑国际私法国际统一化的努力。在魁北克民法典国际私法编的起草过程中，起草人充分运用了比较法方法。例如，在具体规则上，吸收了欧共体1980年《关于合同之债法律适用的公约》《罗马公约》和一些普通法规则。但是，在立法模式上，当时欧洲民法法系国家的国际私法典，尤其

---

[1] Kurt H. Nadelmann, "The Need for Revision of Bustamante Code on Private International Law", Am. J. Int'l L. (65, 1971), pp. 782-783.
[2] 《布斯塔曼特法典》共计427条，包括国际民法、国际商法、国际刑法和国际诉讼法四编。国际民法编的具体设计如下：第一篇标题为"人"，其内容包括国籍和入籍、住所、民法上人格的产生、消灭和效力、结婚和离婚、父子关系、亲属间的扶养、亲权、收养、失踪、监护、浪费、监护的解除和成年、民事登记；第二篇为"财产"，其内容包括财产的类别、所有权、共有财产、占有、使用收益权、使用权和居住权、地役权、财产权登记簿；第三篇为"取得的各种方法"，其内容包括赠与、一般继承、遗嘱、遗产继承；第四篇为"债务和契约"，其内容包括一般债务、一般契约、关于婚姻财产的契约、买卖、债权让予和互换、租赁、年金、合伙、借贷、寄托、赌博性契约、和解和仲裁、保证、质权、抵押权和孳息抵押权、准契约、同时存在的债务和优先清偿债务以及时效。
[3] Alejandro M. Garro, "Introductory Note on the Codification of Conflicts Law in the New Peruvian Civil Code of 1984", I. L. M. (24, 1985), pp. 1002-1014.

是瑞士 1987 年《关于国际私法的联邦法》的影响最为突出。① 显然，魁北克国际私法立法草案的起草人明确承认了一些国际私法公约、普通法的国际私法，以及包括瑞士国际私法典在内的欧洲国家立法的直接影响。

从日本国际私法的历史变迁来看，1898 年《法例》的雏形是 1887 年旧法例草案。该草案的形成可以追溯到日本在明治时期追赶西欧国家法制的努力。为求得欧美列强的接纳，日本大量因袭西欧法律制度和规则，特别是法国民法典和意大利民法典中的国际私法规则。正如日本学者指出的，在起草旧法例草案的过程中，立法者进行了范围相当广泛的比较法研究。而 1898 年《法例》所采取的立法模式则是直接受德国 1896 年《民法典施行法》的影响。而且，以穗积陈重、山田三良为代表的学者还对当时的各国法律、诸条约中的国际私法规范进行了比较研究。这同样体现了日本国际私法立法对欧陆国家国际私法立法及国际私法条约的诸多参考和借鉴。

瑞士 1987 年国际私法立法将管辖权规范、判决（裁决）承认与执行规范与法律适用规范一并纳入国际私法典的做法，尽管曾有学者提出不同意见，但在起草该法典的专家委员会成员中对此做法并无不同意见。可以说，瑞士国际私法典这一做法是深受美国国际私法理论的影响。②

同样，1995 年意大利国际私法典的编纂在立法模式的选取上，是直接借鉴了瑞士 1987 年《关于国际私法的联邦法》。这既印证了欧洲大陆国家对美国国际私法理论成果的借鉴，以及欧洲大陆国家之间国际私法立法的参考和借鉴，也证明不同法系国家国际私法理论和实践的交流和借鉴，有助于创设更具特色且符合本国实际的国际私法立法范式。

由上可知，国际私法的立法和革新，尤其是国际私法典的编纂的特殊性在于，一国立法者通常需要运用比较法方法，充分吸纳和借鉴域外立法经验和成果，在结合本国实际情况的基础上，建立符合本国国情的国际私法立法体系和模式。因此，在一国国际私法立法模式的选取问题上，一国参考和借鉴域外国际私法立法的成熟经验和成果是必要的。这也是一国立法者基于国际私法立法的特性，务实推动本国国际私法变革和完善的重要举措。

---

① Jeffey A. Talpis, "The Civil Law Heritage in the Transformation of Québec Private International Law", Law. Libr. J. (84, 1992), p. 184.
② S. McCaffrey, "The Swiss Draft Conflicts Law", Am. J. Comp. L. (28, 1980), pp. 240-241.

四、法典优势

国际私法在20世纪最为显著的发展之一是国际私法立法的成文化，这种趋势也一直延续到当下。甚至包括美国俄勒冈州等一些普通法地区也颁布了国际私法成文立法。① 这既印证了在立法实践上对国际私法立法进行系统编纂的可行性，也说明了对国际私法规范进行集中规定的立法模式得到更多国家和地区的接受并付诸实践。

应该说，对国际私法立法进行集中编纂的国际私法典的优势在于，一方面，通过国际私法规则的体系化和结构化安排，有助于便利实践者援引相关规定，从而在最大程度上提升法典的实用性目标；另一方面，借助国际私法典所规定的明确规则，大幅强化法律适用的确定性目标。尤其是，从欧美国际私法的最新进展来看，对确定性和一致性的追求已成共同趋势②，而法典化的立法模式无疑是回应这种趋势的最佳选择。

值得注意的是，尽管欧洲已经在合同和非合同之债领域基本上统一了法律选择规范，但《罗马条例Ⅰ》和《罗马条例Ⅱ》这两个欧盟条例实际上也是为欧洲的一体化服务的。晚近欧洲法院判决的Owusu v. Jackson一案就充分说明了欧盟在国际私法领域的这种意图。③ 就上述法律文本和欧洲法院关于合同和非合同之债的司法实践来看，注重强调判决的一致性远胜于规则的一致性。④ 这

---

① 2001年5月21日，俄勒冈州通过了《关于合同准据法的法案》，该法已于2002年1月1日起生效，该法也是美国普通法区域中第一个成文的冲突法立法。此外，2010年1月1日，俄勒冈州新的有关侵权冲突法的立法《侵权和其他非合同请求权冲突法》生效。该立法也是美国普通法区域中第一个对侵权这一复杂领域所进行的法典化的尝试。J. Nafziger, "Oregon's Conflicts Law Applicable to Contracts", Willamette L. Rev. (38, 2002), pp. 401-403; J. Nafziger, "Oregon's Project to Codify Conflicts Law Applicable to Torts", Willamette J. Int'l L. & Disp. Resol. (12, 2004), pp. 293-295.
② 晚近国际私法对确定性目标的追求突出表现在美国法学会2016年公布的《第三次冲突法重述》侵权草案第二稿显著提升了法律确定性的要求。Symeon C. Symeonides, "The Third Conflicts Restatement's First Draft on Tort Conflicts", Tul. L. Rev. (92, 2017), pp. 50-52.
③ Richard Fentiman, "Choice of Law in Europe: Uniformity and Integration", Tul. L. Rev. (82, 2007-2008), p. 2049.
④ 在Owusu v. Jackson一案中，判决的结果并不在于法律选择方法的运用，而在于法院对法律选择方法的态度。最终决定此案的关键影响因素是欧洲体制的需要，直接目的就是确保判决在成员国之间的自由流动。Richard Fentiman, "Choice of Law in Europe: Uniformity and Integration", Tul. L. Rev. (82, 2007-2008), pp. 2041-2043.

样看来。欧洲国际私法的未来发展方向是，将判决的一致性作为最高目标。①

与此同时，伴随《第二次冲突法重述》缺陷的暴露，学者们对于国际私法革命后美国在此领域司法实践的混乱状态也频频提出批评意见，美国国际私法学界也在积极酝酿《第三次冲突法重述》的起草。②尽管仍有学者对起草《第三次冲突法重述》的时机是否成熟提出疑问③，但更多学者的关注点则是集中在如何起草一部高质量的重述问题上。目前学者们各持己见，然而大多数学者都赞同《第三次冲突法重述》的核心任务应是制定能够提升法律确定性的国际私法规则，其中以西蒙尼德斯教授在侵权领域的研究成果最为引人瞩目。

就西蒙尼德斯教授构建的侵权国际私法规则而言，其与欧洲侵权国际私法规则在很多方面有着相似之处。尽管在总则中规定了"最密切联系原则"作为侵权法律适用的一般原则之外，但该条款的规定更多起到的是补充性和纠偏性的作用。在具体侵权国际私法规则的构建上，大体上还是遵循传统冲突规则的结构，而未采用过于灵活的"利益分析方法"或"优法方法"。④

需要指出的是，美国法学会已于2015年正式启动《第三次冲突法重述》的编纂工作，并任命宾夕法尼亚大学法学院的科米特·罗斯福三世（Kermit Roosevelt III）教授担任该重述的报告人，天普大学（Temple University）法学院的劳拉·利特尔（Laura E. Little）教授和加州大学埃尔文分校（University of California, Irvine）法学院的克里斯托弗·维托克（Christopher A.

---

① 当然，欧盟国际私法立法更为重视法律的确定性和一致性的目标的原因在于，欧盟的最终目的是为了保证内部市场的顺畅运转。证据之一就是《罗马条例Ⅰ》在其序言（1）、（40）中一再重申内部市场顺畅运转的重要性。从《欧盟条约》（the Treaty Establishing the European Community）第65条及220条的规定来看，欧盟法院的任务是在确保各国法律的相容性，及负责促进欧盟建立的条约被各国遵守。这样欧盟就从立法和司法层面建立起了一个完整的体制，以确保所谓的"内部市场顺畅运转"，而该目标达成的核心就在于不论案件在何处诉讼，都会适用同样的法律，得出相同的判决，而该判决最终又能够在各成员国之间自由流动。在此情势下，有学者也提出批评并指出，最近欧洲的发展对冲突法的学者而言并无意义，对欧洲冲突法学者亦是如此。但是对于欧洲政治学及国际关系学的学者而言，却是最为重要的。例如《罗马Ⅰ条例》《罗马Ⅱ条例》这些欧盟冲突法立法，最终的目的是为了服务欧洲的统一而已。其所提倡的目标，不是为了要设计出有关法律选择的最佳规则，而是为了要设计出能够服务一致性目标的规则。R. Michaels, "The New European Choice-of-Law Revolution", Tul. L. Rev.（82, 2008）, p. 1607.
② 关于此问题学者间的争议很大，有的学者甚至反对冲突法中的重述方法。Friedrich K. Juenger, "A Third Conflicts Restatement?", Ind. L. J.（75, 2000）, p. 403.
③ Gary J. Simson, "Leave Bad Enough Alone", Ind. L. J.（75, 2000）, p. 649.
④ 值得注意的是，西蒙尼德斯教授已经作为报告人主持了路易斯安那州民法典中的国际私法专编、波多黎克国际私法典、俄勒冈州侵权冲突法三部国际私法立法的起草工作，经验丰富。关于西蒙尼德斯教授对未来《第三次冲突法重述》中侵权规则的建议，具体内容参见：Symeon C. Symeonides, "The Need for a Third Conflicts Restatement and a Proposal for Tort conflicts", Ind. L. J.（75, 2000）, pp. 437-474.

Whytock）教授担任副报告人。目前,美国法学会已经发布了《冲突法重述（第三次）（草案）》目录以及法律选择、侵权、财产等章的草案。①

仅就美国法学会于 2016 年公布的《第三次冲突法重述》草案有关侵权问题的第二稿的内容来看，回归规则、提升法律的确定性成为该草案最为重要的特征。② 正如《第三次冲突法重述》的报告人罗斯福三世教授所指出的，《第三次冲突法重述》的目标就是要克服之前（《第二次冲突法重述》）的缺陷，在条文中增加更多确定性规则从而提高法律选择的可预见性（predictability）。③ 美国学者博尔切斯（Borchers）甚至对自己过去所一贯主张的贯彻当事人的个人正义，而忽视法律体系整体上的稳定性和可预见性的做法进行了反思和自我批评，并明确指出《第三次冲突法重述》需要合理的可预见性。④

这不免是一个非常有趣的现象——美国和欧洲在国际私法领域似乎又走在了同一条道路上，两者未来的发展方向都将注意力集中在提升判决结果的确定性和可预见性方面。诚如芬缇曼（Fentiman）教授所言，美国学者会疑惑地发现《第三次冲突法重述》和《第一次冲突法重述》是如此相像，还会发现萨维尼永远是正确的。⑤

前述考察表明，占据当今国际私法发展前沿阵地的欧美阵营现今均不约而同地追求国际私法的确定性和一致性，可以预见这也是相当长一个时期内世界国际私法发展的趋势。对于拥有成文法立法传统的国家而言，提升国际私法确

---

① 《第三次冲突法重述》计划有 15 章，分别是总论（第 1 章）、属人连结点（第 2 章）、司法管辖权（第 3 章）、判决的承认与执行（第 4 章）、法律选择（第 5 章）、侵权（第 6 章）、财产（第 7 章）、合同（第 8 章）、复杂诉讼（第 9 章）、信托（第 10 章）、家庭（第 11 章）、代理与合伙（第 12 章）、商业公司（第 13 章）、遗产管理（第 14 章）、州与联邦事务（第 15 章）。目前，第 1 章和第 2 章的草案已经得到顾问委员会批准，第 5—7 章的草案已经出台，正在等待批准。其他章节草案尚未出台。杜涛：《国际私法国际前沿年度报告（2016—2017）》，《国际法研究》2018 年第 3 期。
② 具体如下：对于行为规制规则，当加害行为地与损害结果地位于同一州，适用该州法律。当加害行为地与损害结果地位于不同州，适用加害行为地法律。但若损害结果地是可预见的，则受害人可以选择损害结果地州法律支配行为规制问题；对于损失分担规则，若相关当事人与特定州拥有共同的中心（属人）联系，则该州法律应支配损失分担问题。若相关当事人与不同州拥有中心（属人）联系，且加害行为与损害结果发生在不同的州，则加害行为地州的法律被推定为支配损失分担问题，除非（1）受害人系属于损害结果地州；（2）损害结果发生地州具有客观的可预见性；（3）受害人要求适用损害结果发生地州的法律。Symeon C. Symeonides, "The Third Conflicts Restatement's First Draft on Tort Conflicts", Tulane Law Review.（92, 2017）, pp. 1-52.
③ Kermit Roosevelt III & Bethan Jones, "What a Third Restatement of Conflict of Laws Can Do", AJIL Unbound（110, 2016）, p. 139.
④ Patrick J. Borchers, "How 'International' Should a Third Conflicts Restatement Be in Tort and Contract？", Duke J. Comp. & Intl. L.（27, 2016-2017）, p. 461.
⑤ Richard Fentiman, "Choice of Law in Europe: Uniformity and Integration", Tul. L. Rev.（82, 2007-2008）, p. 2051.

定性目标的最好方式，即是实现国际私法法典化的目标。在当今国际私法现代化的改革浪潮中，提升国际私法的确定性目标的最佳形式载体，无疑是一部体系完备、结构合理、逻辑清晰、规则和制度现代化的国际私法典。

应该说，当今国际私法立法的现代化，主要是指自 20 世纪 70 年代末以来兴起的各国对国际私法立法进行发展和变革，以实现国际私法规则的系统化和现代化。而且，这股国际私法的法典化和现代化浪潮迄今还未褪去，并且有逐渐扩大的趋势。① 从法典的内涵来看，其是由若干部分构成的一个统一的整体，构成法典整体的各部分按照适当的逻辑体系顺序分类排列。② 因此，基于实现和提升法律的确定性目标之考量，一部现代化的国际私法典，应该成为国际私法立法变革的浪潮中一国国际私法立法模式的重要选项。

第二节　理论争议

如前所述，从晚近一些国家和地区国际私法的立法实践来看，国际私法立法模式的选取大致有如下三种：

一是独立、完备的法典化模式，这以瑞士 1987 年《关于国际私法的联邦法》为代表，其成员还包括意大利 1995 年《国际私法制度改革法》、比利时 2004 年《国际私法典》及保加利亚 2005 年《关于国际私法的法典》等。上述立法例在所涵盖规范的范围上有一个共同点，即都包括了管辖权规范、法律适用规范和判决（裁决）承认与执行规范。

二是脱离民法典仅规定法律适用规范的单行法立法模式，这以日本修订《法例》后通过的 2007 年《法律适用通则法》为代表，其成员还包括奥地利 1978 年《关

---

① 2000 年后制定的具有代表性的国际私法立法包括比利时 2004 年《国际私法典》、保加利亚 2005 年《关于国际私法的法典》以及马其顿 2007 年《关于国际私法的法律》。这三部法典的内容均涵盖了管辖权、法律适用和判决的承认和执行问题。尤其是后两部法典，还包括了国际民事诉讼法的规定。这表明了现代国际私法立法在范围上的扩大和内容上的充实已成为不可逆转的趋势。
② 封丽霞：《法典编撰论——一个比较法的视角》，清华大学出版社 2002 年版。

于国际私法的联邦法》、韩国 2001 年《涉外私法》等。上述立法的共同点是采取单行法的立法形式，且在内容上只涵盖了法律适用规范，而不包括管辖权以及判决承认与执行规范。

三是国际私法立法纳入民法典的模式，在该立法模式下，又存在两种不同形式：第一种以 1984 年的《秘鲁民法典》及 1994 年的《魁北克民法典》为代表，其将管辖权规范、法律适用规范及判决承认与执行规范集中起来作为单独的"国际私法编"纳入民法典；第二种以 2005 年修订后的《越南民法典》为代表，其仅将法律适用规范作为单独的"涉外因素民事关系编"纳入民法典，其成员还包括 2002 年修订后的《蒙古民法典》中的"国际民事关系的参与编"等。而且，国际私法立法脱离民法典采取单行立法或综合法典的立法模式，已经在全世界范围内得到相当广泛的接受，并在国际私法立法实践中加以贯彻。①

不同国家和地区对国际私法立法模式的选取主要涉及三个重要的理论问题：一是一国国际私法立法应当涵盖哪些内容，这不仅涉及一国对国际私法范围的理论认识，实际上也关涉一国国际私法立法的内在逻辑体系应当如何构建；二是一国国际私法立法模式的选取与一国国际私法的立法传统必然存在一定程度的联系，但立法传统对立法模式选取的影响是否具有决定性意义；三是在国际私法纳入民法典的立法模式下，国际私法与民法究竟是何种关系，特别是在民法实体法所调整的国内民事关系与国际私法所调整的涉外民事关系的关联性，问题有待明确。

---

① 根据学者的观察，目前国际私法立法脱离民法典立法模式的实践先后包括：1963 年斯洛伐克国际私法和国际民事程序法、1964 年芬兰国际货物买卖法律适用法、1965 年中非共和国有关法律适用时空范围的冲突法、1978 年奥地利国际私法、1982 年克罗地亚（前南斯拉夫）冲突法、1982 年南斯拉夫冲突法、1982 年黑山共和国（前南斯拉夫）冲突法、1982 年波斯尼亚和黑塞哥维那（前南斯拉夫）冲突法、1987 年瑞士联邦国际私法、1992 年也门国际私法、1992 年罗马尼亚国际私法、1995 年英国国际私法（杂项条款）、1995 年意大利国际私法改革法案、1996 年列支敦士登国际私法、1998 年委瑞内拉国际私法、1998 年格鲁吉亚国际私法、1998 年突尼斯国际私法、1999 年斯洛文尼亚国际私法和国际民事程序法、2000 年阿塞拜疆国际私法、2001 年韩国冲突法修正案、2002 年爱沙尼亚国际私法、2004 年比利时国际私法、2005 年保加利亚国际私法、2005 年德国国际私法、2006 年日本法律适用法通则、2007 年土耳其国际私法和国际民事程序法、2007 年马其顿共和国国际私法、2009 年乌拉圭国际私法、2011 年波兰国际私法、2011 年阿尔巴尼亚国际私法、2012 年捷克共和国国际私法、2012 年塞尔维亚国际私法、2014 年巴拿马国际私法、2015 年蒙特内哥罗国际私法、2015 年西班牙国际民事合作法、2017 年匈牙利国际私法等。不过新近几年制定的有些比较重要的国际私法立法，仍将国际私法规范纳入民法典体系之中，比较重要的立法有 2011 年荷兰有关民法典第十编（国际私法）修正案、2002 年俄罗斯民法典第三部分之规定。孙尚鸿：《国际私法的逻辑体系与立法定位》，《法学评论》2019 年第 2 期。

一、立法范围与内在逻辑

一国国际私法立法模式的选取与立法者对国际私法范围的理论认知有一定程度的关联。

如果一国认为，国际私法的范围仅包括法律选择规范，则采取单行法的立法模式对法律选择问题的立法进行相对集中的编纂是立法者较为通行的选择。因为就法律选择规范而言，无论是有关法律适用的一般制度，如识别、反致、外国法的查明、法律规避、公共秩序保留等，还是就具体的法律适用规则而言，都是直接解决涉外民事关系法律冲突问题的基本规则和制度。而且从形式上而言，这种单行立法还可以被视为关于法律适用问题的脱离民法典的独立国际私法典。反之，如果一国主张，国际私法的范围不仅包括法律选择规范，还包括管辖权规范以及判决（仲裁裁决）承认与执行规范，则相对于在民法典的尾端设立独立一编对上述规范一并进行规定的做法，采取脱离民法典的独立的综合性国际私法典的立法模式显然是更为适当的选择。[①]

应该看到的是，国际私法之所以产生并得以发展，是基于解决跨国（境）民商事争议的现实需要。国际私法上种种学说和理论亦是基于这一现实需要而在实践中得到接受。特别是，以"国际礼让说"为代表的国际私法学说率先突破"法则区别说"从法律规则的性质看待国内法的域外效力问题，站在国家主权的高度，以国家主权利益和涉外民事关系当事人私人利益的保护为基础。这种方法论上的转变在美国国际私法革命期间所提出的新理论和新方法中表现得尤为明显。美国国际私法的诸多新理论完全抛弃了法律选择的逻辑推理方法，转而关注法律选择和法律适用结果的公正性，并在世界范围内得到相当程度的接受。上述表明，一方面，国际私法立法必须更为关注涉外民事关系中当事人的私人利益，另一方面，国际私法立法并非一定要将涉外民事关系地域化的逻辑体系的实现作为其唯一目标。

就一国国际私法立法而言，不论采取何种立法模式，问题的关键在于，国际私法立法能否为具体涉外民事争议的解决，以及当事人利益的维护提供切实的可行之道，能否为涉外民事关系这一基础性对外关系的流转和繁荣提供强有

[①] 也有国家和地区选择将上述问题作为独立一编一并规定在民法典中。如前文所考察的秘鲁1984年民法典以及加拿大魁北克1994年民法典中规定的国际私法编，选择将这三者作为独立的一编纳入民法典中的立法模式。

力的法律保障。就此意义而言，一国国际私法立法体系的构建，应当遵循国际私法本身所蕴含的高度实践性的基本要求。那么，国际私法立法涵盖的范围和内在逻辑体系究竟应该如何展开才能更好地实现上述目标？显然，对该问题的回答，应落脚于国际私法解决涉外民事争议的实践功能。

作为一国法律体系的重要构成部分，国际私法必须回应涉外民事关系发展和保障的现实需求。这也意味着，一国国际私法立法的内在逻辑就蕴含在运用国际私法规范解决涉外民事争议的司法实践之中。

众所周知，在面临具体的国际私法案件时，如需要通过诉讼解决，当事人和法院首先面临的并非是法律选择问题，而是当事人应当到哪一国法院起诉或应诉，与此同时，受案法院首先需要判断对该具体的涉外民事案件有无管辖权。实际上，如果一国法院对涉外案件不享有管辖权，则单独讨论法律适用规则是一个没有任何意义的问题。即便法院对某一涉外民事案件享有管辖权，根据案件事实，通过冲突规则的指引确定了案件的准据法，并依据该准据法完成了案件的实体裁判，则遇有该既定判决需要在外国或外法域进行承认或执行的情形时，应当如何维护既定判决的效力及当事人的权益？

显然，上述任务的完成并非单单依靠法律适用规范所能实现的。而且，一国在承认和执行外国或外法域判决的过程中，通常首先要审查判决作出国法院管辖权行使的适当性问题。由此可见，一国国际私法中的管辖权规范、法律适用规范及判决承认与执行规范毫无疑问是紧密联系在一起的。这也意味着国际私法的功能应该是多重的而非单一的，即国际私法既要发挥其协调不同国家立法管辖权的功能，又要将具体涉外民事关系妥当分配到特定法域，还要维护相关判决的既判力以最大程度避免平行诉讼和相互冲突判决的产生。

因此，从国际私法的功能而言，一国法院对法律适用规范的援引和适用，仅是解决涉外民事争议中的一个中间阶段而非全部。管辖权规范、法律选择规范及判决的承认与执行规范，实际上是涉外民事争议得到有效解决的必然的逻辑展开，三者构建了一个完整的解决涉外民事争议的内在逻辑体系。正因如此，在理论上，英美国际私法的理论和立法体系才聚焦于管辖权、法律选择及判决的承认与执行问题，并将调整上述三大问题的法律规范作为国际私法的当然立法体系。① 这种论述所体现的内在逻辑，显然是英国学者对鲜活的涉外民事司法的实践逻辑在理论层面的提炼。大陆法系国家学者尽管关于国际私法范围的认识有所不同，但也有一部分国家如法国等国的学者认为国际私法的范围不限于管辖权规范、法律适用规范及判决承认与执行规范。② 以上表明，在国际私法立法体系上，至少应该涵盖管辖权规范、法律适用规范及判决承认与执行规范。

或许作为当今全球最大的致力于国际私法统一化工作的政府间国际组织——海牙国际私法会议的立法实践，可以为我们提供一个国际私法立法如何解决涉外民事争议的直观认识。

自1951年通过《海牙国际私法会议章程》以来，迄今海牙国际私法会议共制定了涉及国籍、外国人民事地位、婚姻家庭、继承、物权、交通事故、产品责任、国际民事管辖权、司法协助等40个统一国际私法条约和1个关于国际商事合同法律选择原则问题的示范法。③ 从这些公约的实践来看，其立法主题也是主要围绕着管辖权规范、法律适用规范和判决承认与执行规范来设计，甚至有些公约

---

① Cheshire, North & Fawcett, Cheshire & North's Private International Law, London: Butterworths, 1992, 12th ed., pp.7-8.
② 法国学者认为国际私法主要由国籍规范、外国人民事法律地位规范、冲突规范和国际民商事案件管辖权规范，包括国际民事诉讼和仲裁程序以及对外国法院判决和仲裁机构裁决的承认与执行规范在内的私法协助规范。［法］亨利·巴蒂福、保罗·拉加德著，陈洪武等译：《国际私法总论》，中国对外翻译出版公司1989年版。
③ 这40个国际私法公约分别是：1951年《海牙国际私法会议章程》、1954年3月1日《民事程序公约》、1955年6月15日《国际有体动产买卖法律适用公约》、1958年4月15日《国际货物销售所有权转移的准据法公约》、1958年4月15日《国际销售货物案件中选择法院的管辖权公约》、1955年6月15日《关于解决住所地法与国籍法冲突的公约》、1956年6月1日《关于承认外国公司、社团和财团的法律人格的公约》、1956年10月24日《儿童抚养义务法律适用公约》、1958年4月15日《关于儿童抚养义务判决的承认与执行的公约》、1961年10月5日《关于婴儿保护的当局权力和法律适用的公约》、1961年10月5日《遗嘱处分方式法律适用公约》、1961年10月5日《取消外国公文认证要求公约》、1965年11月15日《收养管辖权、法律适用和判决承认的公约》、1965年11月15日《民商事事件中司法和司法外文书域外送达的公约》、1965年11月25日《选择法院公约》、1971年2月1日《民商事事件中外国判决的承认与执行的公约》、1971年2月1日《民商事事件中外国判决的承认与执行的海牙公约补充议定书》、1970年6月1日《关于承认离婚与司法别居的公约》、1971年5月4日《交通事故法律适用公约》、1970年3月18日《民商事事件域外取证公约》、1973年10月2日《死者遗产国际管理公约》、1973年10月2日《产品责任法律适用公约》、1973年10月2日《扶养义务判决的承认与执行公约》、1973年10月2日《扶养义务法律适用公约》、1978年3月14日《夫妻财产制法律适用公约》、1978年3月14日《婚姻效力承认的公约》、1978年3月14日《代理法律适用公约》、1980年10月25日《国际诱拐儿童民事方面的公约》、1980年10月25日《司法救助公约》、1985年7月1日《信托法律适用及其承认公约》、1986年12月22日《国际货物销售合同法律适用公约》、1989年8月1日《死者遗产继承法律适用公约》、1993年5月29日《跨国收养方面保护儿童及合作公约》、1996年10月19日《父母责任和儿童保护措施方面管辖权、法律适用、承认和执行与合作的公约》、2000年1月13日《成年人国际保护公约》、2006年7月5日《中间人持有证券某些权利的法律适用公约》、2005年6月30日《协议选择法院公约》、2007年11月23日《关于国际追索儿童抚养费和其他形式的家庭抚养的公约》、2007年11月23日《关于抚养义务法律适用的议定书》以及2019年7月2日《民商事判决承认与执行的公约》。此外，还包括2015年3月19日《国际商事合同法律选择原则》这一不具法律约束力的示范法。参见海牙国际私法会议官方网站：https://www.hcch.net/en/instruments/conventions, 2019年7月30日最后访问。

干脆将三者一并进行规定。如 1965 年 11 月 15 日《收养管辖权、法律适用和判决承认的公约》以及 1996 年 10 月 19 日《父母责任和儿童保护措施方面管辖权、法律适用、承认和执行与合作的公约》。这充分说明，国际私法立法实际上主要解决管辖权、法律适用和判决的承认与执行问题。

截至 2019 年 7 月 30 日，海牙国际私法会议共有 83 个成员方。① 此外，还有 70 个国家或地区虽并非海牙国际私法会议的成员方，但是已经签署、批准或加入一个或多个海牙国际私法条约。② 上述国家和地区中，既有普通法系代表性国家也有大陆法系代表性国家，既有发达国家也有发展中国家，在地理分布上遍布全球各大洲。可以说，海牙国际私法会议所进行的立法实践反映了当今世界国际私法立法的发展趋势。从海牙国际私法会议的年度报告来看，管辖权、法律适用以及判决承认与执行问题依然是该组织未来的工作中心。③ 这也从一个层面说明了，相对于一些国家的国内立法而言，海牙国际私法会议将管辖权规范、法律适用规范及判决承认与执行规范视为构成了一个解决涉外民事争议的完整的内在逻辑体系，并在立法实践中加以贯彻。

实际上，国际私法学者在此问题上的认识是明确的。换言之，虽然在立法上规定冲突规范和法律选择机制较为重要，但无论是相关冲突规范抑或实体法规则的援引，都无法脱离司法管辖权或裁判管辖权的确定。④ 就此角度而言，对于一国国际私法立法所涵盖的内容及其应如何展开的问题，不应存有疑问。

---

① 截至 2019 年 7 月 30 日，海牙国际私法会议组织共有包括欧盟这一区域经济一体化组织在内的 83 个成员方。参见海牙国际私法会议官方网站：https://www.hcch.net/en/states/hcch-members，2019 年 7 月 30 日最后访问。
② 参见海牙国际私法会议官方网站：https://www.hcch.net/en/states/other-connected-parties，2019 年 7 月 30 日最后访问。
③ 海牙国际私法会议在晚近年度报告中确定其未来的工作方向和重点包括如下方面：(1) 2007 年有关弱方跨国追索抚养费的儿童扶养公约的议定书之可行性；(2) 外国法内容的获取；(3) 判决项目的持续，即 2005 年《海牙选择法院协议公约》中未规定的当事人未作管辖法院选择时，判决的承认与执行问题；(4) 有关经济移民的法律问题；(5) 新议题：儿童问题（包括收养）的立法，特别是父母子女关系的准正。日益增长的跨国代理协议中产生的儿童保护及其他复杂国际私法问题。欧盟有关动产财产方面的准据法问题。(6) 其他方面：信息社会的国际私法问题，包括电子商务、网上司法和数据库保护。死后继承的管辖权、判决的承认与执行问题。未婚伴侣的管辖权、准据法、判决的承认与执行问题。有关证券利息的跨国法律问题的评估与分析，特别应考虑其他国际组织进行的相关工作。
④ Charles T. Kotuby & Luke A. Sobota, General Principles of Law and International Due Process: Principles and Norms Applicable inTransnational Disputes, Oxford: Oxford University Press, 2017, p. 158.

二、民法典中国际私法与民法的关系

将国际私法立法纳入民法典的立法模式，主要存在两种不同的形式。不论何种形式，都需要认真思考民法典中的国际私法与民法之间的关系问题。这不仅关系到民法典本身的逻辑体系，而且也关涉民法典中国际私法规则在司法实践中的具体实施。

在相当长的时间内，包括国际私法学者在内的不少人认为，国际私法源于学者对一国民法的地域效力范围的关注和思考。无论是早期的"法则区别说"与"国际礼让说"，抑或近代的"法律关系本座说"和"既得权说"，均是学者努力找寻并论证域内法在域外的效力问题以及承认域外法在域内效力的依据。这些学说和理论主要从民法规则适用的角度阐述国际私法规则的构建和解释。

正因如此，国际私法常常被认为是民法的特殊的一部分，并构成所谓的"涉外民法"。特别是，早期一国国际私法成文立法均依附于民法典，更加固化了国际私法作为"民法特别法"的认识和论断。这些认识和观点的产生，究其根本原因是，一些民法学者将国际私法视为处理在本国境内产生的含有涉外因素的民事关系之法律适用问题的法律，而忽视了国际私法在协调不同国家立法管辖权及司法管辖权方面独特的综合性功能。

应该承认的是，国际私法与民法存在非常紧密的关系。一方面，在涉外民事关系法律适用的范畴上，国际私法大量援引和使用民法的概念和制度；另一方面，涉外民事关系法律适用规则的实施也受制于一国民事立法和司法实践的丰富和完善。但是，并不能刻意淡化国际私法与民法之间的显著区别。例如，即便国际私法规则的构建需要借助民法的概念和制度，但国际私法所使用的概念和术语因其立足于国际视野而具有独立的含义。换言之，国际私法并非简单的国内民法在国际空间的扩展适用。特别是，在当前经济全球化、社会信息化、文化多样化深入发展的时代，涉外民事关系无论在广度上还是在深度上均得到了前所未有的丰富和发展，涉外民事争议解决的现实需要也空前迫切地要求构建完备的国际私法立法体系。

因此，在国际私法与民法的关系问题上，不能过度强调两者之间的联系而忽视其差异性。正如学者所指出的，那种竭力阐释国际私法与民法间关系，并进而将国际私法纳入民法体系，主张仅就法律适用问题通过单行立法予以规制的学术主张，不仅忽视了国际私法根本之所在，也在逻辑框架体系失却了原点与根基。①

在国际私法与民法的关系的理论认识之外，两者在立法实践上的联系表现为以下两种形式：

第一种形式是仅将法律选择规范作为独立的一编纳入民法典。但是，这种立法模式下国际私法与民法实体法的隔阂主要表现在两个方面：

一方面，一国民法典中实体法所适用的概念或制度难以涵盖国际私法上的法律概念或制度。具体如下：

其一，民法实体法立法中对于诸如"准据法""反致""连结点""外国法查明"等国际私法中特有的概念或制度都未曾涉及，这使得作为一国民法典"公因式"的民法典总则显然很难为这类制度的运用提供一般性指导规则或方法；其二，即便是采用了同一表述的法律概念，在国际私法上，其内涵与民法实体法也不尽相同。例如，国际私法上的"婚姻"，不仅应包括民事登记等方式缔结的，还应包括依照宗教方式或依照其他方式缔结的婚姻，以及没有通过任何形式而成立的事实婚姻。甚至在某些情况下，还要考虑到诸如伊斯兰法律中的一夫多妻制婚姻，以及性别平权运动所认可的同性婚姻或其他形式的生活伴侣关系等。这样的实例不胜枚举。②

上述事实也说明，国际私法立法虽在形式上主要表现为一国国内法，但是，国际私法立法是站在国际或超国家的立场而制定的法律。因此，调整涉外民事关系的国际私法立法概念或制度，应与纯粹的国内民法立法所使用的相关概念或制度有所不同。③

另一方面，国际私法涵盖的（涉外）民事关系的范围，通常超越一国民法

---

① 孙尚鸿：《国际私法的逻辑体系与立法定位》，《法学评论》2019 年第 2 期。
② 再如，我国民法上的代理显然是将间接代理、代理谈判等被其他国家广泛承认的代理行为排除在代理范畴之外，如相关的涉外案件在我国法院涉诉，此时国际私法中有关代理的含义仅限于实体法的规定，那么许多国外成立的代理行为将无法由我国冲突法所调整，涉外民商事案件也就无法得到妥善处理。
③ 正如英国学者所认为的："冲突法上的概念，如'合同''侵权''公司'等应被赋予更为广泛的法律范畴，以便包含别国类似的法律关系。"（Peter Stone, The Conflict of Laws, London：Longman, 1995, p. 385.）表现在立法实践上，如路易斯安那州制定的《交通侵权冲突法》中就对"事故""公路"以及"行人"等概念都作出了独立的规定，使之能容纳更大范围的法律关系（谢新胜：《民法典中冲突法与实体法关系三题》，《法律科学》2006 年第 6 期）。再如瑞士 1987 年《关于国际私法的联邦法》第 20 条第 1 款第 1 项规定："就本法目的而言，自然人有住所于其有久住之意思且居住之国。"该条第 2 款又规定："一人于同一时间不得有二个以上之住所。当一人无住所时，适用其习惯居所。民法典中有关住所及居所之条款不适用之。"这样在冲突法上就规定了独立的住所概念，作出这种规定也是考虑到住所之得丧变更，各国法律规定未必相同（刘铁铮：《瑞士新国际私法之研究》，台湾三民书局 1991 年版，第 34 页）。

典中实体法的相关规定。

采取这种立法模式的前述法国民法典和越南民法典中的国际私法规范规定的（涉外）民事关系范围没有超出民法实体法的规定。然而，即便在表面上国际私法立法规定的涉外民事关系，与民法典中实体法的规定在类型和范围上保持一致，但是在司法实践中却存在很大的问题。如某一民事关系在本国民法典中并无相应规定，而相关涉外民事案件又在本国法院涉诉，此种情形下，应如何处理识别及准据法的选择等一系列问题。不难看出，在此情形下一国民法典的规定不免留有法律漏洞。

事实上，为了解决这类涉外私法争议，采用这种立法模式的国家仍必须在民法典规定的内容之外，对国际私法上的（涉外）民事关系做广义理解。如在采取"民商分立"立法模式的国家，诸如知识产权、商事、海事、破产、保险、票据等方面的规定并没有纳入本国民法典，而与之相关的涉外商事关系无疑也是该国国际私法立法的调整对象，在这种情况下，此类国家的法院也不得不在本国民法典规定的法律选择规则之外寻求其他立法的帮助。

此外，对于诸如反不正当竞争、消费者保护、文化财产以及产品责任等具有公法色彩的涉外民事关系的妥当调整，既需要借助运用特定立法技术构建的特定利益或政策导向的冲突规范，也必须仰仗相关特殊的涉外民事管辖权等程序法规范的配合。显而易见的是，对此目标的达成，远不是一国民法典中单独的涉外民事关系法律适用编所能胜任的。而且，在民法典中仅规定法律适用规范的立法模式，通常会使得国际私法立法的条文过少，在民法典中作为单独的一编也与民法典的其他编在结构上显得不协调。[1]

第二种形式是将管辖权规范、法律适用规范及判决承认与执行规范一并纳入民法典作为单独一编。

应该说，这种立法模式也明显存在着解释上的障碍。一方面，民法典中的法律适用规范面临着与前述第一种立法形式所生之相同难题，即法律适用规范与民法实体法规范在体系上难以协调；另一方面，如将管辖权规范及判决承认与执行规范也纳入民法典，则这种立法模式已经远远超越了传统的将国际私法

---

[1] 这种肇始于《法国民法典》的立法模式，显然与当今国际私法调整的对象和范围越来越广泛、越来越复杂的现实是不相符的。毕竟《法国民法典》的制定年代，相应的涉外民事关系远不能和今天相比。民法学者也认为，《法国民法典》的一大缺陷就是国际私法规定分量不够。徐国栋：《〈法国民法典〉模式的传播与变形小史》，《法学家》2004年第2期。

作为民法实施法的观点或立场。

而且，国际民事管辖权规范和判决承认与执行规范无疑属于程序性规范。将上述程序性规范规定在民法典中，显然与一部通篇规定实体权利义务的民法典在风格上也是迥异的。实际上，民法典总则同样不能为管辖权规范及判决承认与执行规定提供一般性的指导规则或方法。①

总之，将国际私法立法作为单独的一编纳入民法典，导致的逻辑体系上的问题是显而易见的。民法典总则难以为国际私法编的适用和解释提供一般性的指导规则、原则或方法，而且，国际私法编的实施，也时常要在民法典规定的范围之外寻求法律依据。显然，这与一国系统编纂一部内容完备、体系健全的民法典的初衷相悖。

三、立法传统的定位

一国国际私法立法模式的选取，显然既不是立法者或学者们凭空臆断，也不能脱离一国社会经济发展的客观现实和法律文化传统的长期积淀。而且，一国在国际私法立法问题上采取何种立法模式问题的答案，深深植根于该国长期所形成的立法传统之中。

从比较法上看，有些国家和地区关于国际私法立法模式的选取，长期以来一以贯之，如德国国际私法立法以及继受德国立法的日本国际私法立法，一直采用的是单行法模式，且在内容上仅包括法律适用规范；有些国家和地区国际私法的立法模式却较其先前的立法进行了大刀阔斧的改革，如加拿大魁北克省将管辖权规范、法律适用规范及判决承认与执行规范作为独立的一编一并纳入民法典。前述瑞士和意大利也一改其先前国际私法立法分散规定的立法模式，走上了内容涵盖管辖权规范、法律适用规范及判决承认与执行规范的独立的法典化道路。

---

① 这一问题对于我国而言显得尤为突出，因为我国民法学者主流观点是主张在未来的民法典中制定总则。梁慧星：《制定民法典的设想》，《现代法学》2001年第4期；王利明：《试论我国民法典体系》，《政法论坛》2003年第1期；尹田：《民法典总则与民法典立法体系模式》，《法学研究》2006年第6期。另外有学者主张在我国未来的民法典中设计"小总则"的做法。陈小君：《我国民法典：序编还是总则》，《法学研究》2004年第6期。

这一现象不禁引发立法者和研究者的思考：一国立法传统与国际私法立法模式的选取之间的关系如何。为何不同国家和地区对待其传统的国际私法立法模式，有的选择继续坚守，有的选择进行根本性的变革。这种不同的选择和立场的变化，需要从一国国际私法立法传统的影响的角度予以思考。而且，对该问题的认识，仍需综合考察这些国家和地区国际私法立法的历史背景、理论认知和法律传统等方面。

当然，关于立法传统的问题，人们往往会联想到历史法学派所主张的"法律是民族精神的体现的观点"，或者强调一国法律的存在基础、发展阶段和发展趋势都与该国的民族精神息息相关。历史法学派的理论主张一再警醒我们：脱离一国客观存在的历史文化传统和社会生活环境，盲目移植外国立法规则、制度或模式往往在实践中与该国的社会现实和实际需要相悖。然而，探究国际私法的立法模式与该国的立法传统之间的关系，仍有必要厘清两个重要的理论前提：一是一国国际私法的立法传统实际上是一个动态的事物，而并非是一成不变的，否则就不存在所谓的立法模式的发展和变革问题；二是一国国际私法的立法传统与该国对外国立法模式的借鉴与移植是不矛盾的，否则就不存在所谓的学习和接受外国立法模式的问题。

应该认识到，一国国际私法的立法传统对该国国际私法立法模式的选取并不具有绝对意义。由国际私法的立法史观之，受法国民法典的影响，早期很多国家最初均采取了法国立法模式，在民法典中创制冲突规范分散规定的体例。然而，这种立法模式随着时代的发展越来越丧失其吸引力，最为典型的就是意大利国际私法立法不再追随法国民法典的模式，于1995年对分散在民法典和民事诉讼法典等立法中的国际私法规范进行了集中编纂，并最终采取了综合性的独立国际私法典的立法模式。

关于该问题的讨论，对我国国际私法立法模式的选取有着特别重要的意义。从我国国际私法立法史来看，以往我国国际私法采取的立法模式或可简单称为"相对分散式"。但就1986年《民法通则》中的国际私法规范而言，其与前述2005年《越南民法典》对法律适用规范进行相对集中规定的立法模式较为相似。新近通过的《法律适用法》就规范的内容来看，似乎大体仍在重复《民法通则》中有关国际私法问题的规定，但新法采取了单行法的立法模式，且对有关法律适用问题的规定更加系统和全面。

如果将我国国际私法的立法传统追溯得更远一些，则《法律适用法》可视为是对北洋政府1918年《法律适用条例》所确立的立法模式的延续。但至少自1949年开始，我国国际私法立法即采取相对分散的立法模式。因此，不免使人产生这样的疑问：长期以来，我国国际私法立法实践本就有在民法中安置国际私法规范，或者制定仅包含法律选择规范的单行法的深厚立法传统，前人并未为我们开辟出一条独立的综合性国际私法典的道路。当下，我国是选择坚守既往国际私法立法传统，还是突破以往立法传统选择独立的综合性国际私法典的立法模式，成为我国立法者和理论者需要回答的问题。

从国际私法在我国的引入和发展历程来看，所谓的"国际私法"本来就是西方的舶来品。从中华人民共和国的法制建设历程来看，国际私法真正得到较大的发展是在1978年确立改革开放的历史性决策以后。自此，我国开始积极致力于调整涉外民事经济关系的立法工作，制定的国际私法规范的种类和涉及的领域不断扩大，取得了前所未有的立法成就。在立法范围上涵盖了外国人民事法律地位、法律选择规范、国际民事诉讼、国际商事仲裁等诸多方面。[①] 即便如此，在《法律适用法》颁布之前的有关国际私法立法，仅就法律选择规范而言，仍旧被学术界所诟病。[②]

如果说在《法律适用法》颁布之前的30多年的发展历程中，我国国际私法立法已经形成了某种立法传统的话，那就是在坚持本国国情和本土资源的基础上，不断地学习和借鉴国际私法理论研究和立法实践相对发达国家和地区的成熟做法和成功经验，并以之为我国国际私法的立法实践服务。一个典型的例证是，我国此次颁布的《法律适用法》中的一些规定，吸收和采纳了欧洲国家以及一些国际组织国际私法立法的最新成果。[③]

基于以上，在我国国际私法立法问题上可以形成如下基本判断：就国际私法的发展程度和历史阶段而言，总体上我国仍处于向国际私法理论和实践相对

---

① 此外，在国际立法方面，我国加入了1958年《承认和执行外国仲裁裁决公约》(《纽约公约》，于1987年2月22日生效)、1965年《关于向国外送达民事或商事司法文书和司法外文书公约》(于1992年3月2日生效)、1970年《关于从国外调查民事或商事证据的公约》(于1998年2月6日生效)、1993年《关于国际收养方面的儿童保护及合作的公约》(于2006年1月1日生效)。此外，我国于2017年9月12日签署了2005年《选择法院协议公约》(该公约于2005年6月30日通过，2015年10月1日生效，目前我国尚未批准公约)。一些已经生效的海牙国际私法会议公约仍继续适用于中华人民共和国香港特别行政区和澳门特别行政区。此外，我国还与法国、波兰、比利时、意大利等近40个国家签订了双边民商事司法协助条约。
② 黄进：《弥补涉外民事关系法律适用法的五大缺陷》，《中国社会科学报》2009年7月1日B8法学版。
③ 例如，《法律适用法》中的若干争议性问题，包括最密切联系原则、强制性规则、反致、动产物权等问题均充分参考了域外立法实践。王胜明：《涉外民事关系法律适用法若干争议问题》，《法学研究》2012年第2期。

发达的国家和地区学习和借鉴的地位。尽管我国在改革开放后至今在国际私法立法领域取得了巨大成就，但这种学习者和引进者的地位似乎并未发生根本性的改变。而且，如果说我国在国际私法领域已经形成了自己的立法传统，那便是依据我国对外民事交往的实践需要，结合本国实际情况，理性批判式地学习当今国际私法理论与实践的先进者，构建具有中国特色的国际私法立法体系。

无论如何，一国对其国际私法立法传统的坚守抑或舍弃，必须要与该国涉外民事关系的发展相适应，与该国涉外民事关系的调整相匹配。当今一些国家和地区对其国际私法立法模式进行较大变革的初衷是，在全球民商事流转关系呈加速发展态势的背景下，固守传统的国际私法立法模式已经越来越不能适应国际私法构建自由、公平、有序国际民商事秩序的要求。就此意义而言，一国立法传统实际上对国际私法的立法模式的选取并不具备绝对意义。

第三节　民法典编纂下国际私法立法模式的选取

从前述不同国家和地区国际私法立法的实践来看，民法典中国际私法与民法实体法既存在紧密关系，也有显著差异。在民法典中规定国际私法规范的立法模式难免存在诸多弊端，特别是在当今涉外民事关系日趋复杂，国际私法立法技术日渐成熟的客观现实下，促使我们重新思考民法典的编纂与国际私法立法模式的选取问题。

一、国际私法立法进入民法典的弊端

由前文考察可知，将国际私法作为独立的一编纳入民法典的立法模式成为不少国家和地区的选择。这种立法模式具体表现如下：一种方式是将管辖权规范、法律选择规范和判决承认与执行规范一并规定在民法典中，代表性立法如 1994 年魁北克民法典第十编、1984 年秘鲁民法典第十编等。另一种方式是仅将法律

选择规范纳入民法典，代表性立法如 1991 年路易斯安那州民法典第四编、2001 年俄罗斯联邦民法典第四编等。

然就国际私法的范围而言，虽然学界争议颇多，但在法律选择规范为国际私法的核心规范问题上，意见则是一致的。另外，鉴于管辖权规范和判决承认与执行规范的程序法性质，其与民法典中实体法规范的界限是分明的，这两部分国际私法规范与民法典显然不宜共存。那么仅将法律选择规范纳入民法典独立成编的国际私法立法模式是否科学呢？

就该问题而言，既然民法典本身作为一个不可分割的整体有着高度的体系性、逻辑性和协调性，就不能不思考共处于民法典中的国际私法（法律选择规范）与民法实体法的关系问题。国际私法的某些性质是否会与民法实体法存在不一致或不协调之处？事实上，从该角度进行思考可以发现，简单沿袭早期民法法系国家的立法传统，将国际私法立法纳入民法典的做法并不科学。原因主要如下：

一是国际私法的性质决定了其与民事实体法不宜共处民法典。

根据国际私法学者的研究来看，国际私法的性质主要涉及三个问题[①]：(1) 国际私法是国内法还是国际法；(2) 是实体法还是程序法；(3) 是公法还是私法。关于这些问题的答案，学者们并未达成一致意见。尽管上述对国际私法的划分标准并非绝对科学，但是这些划分还是在很多部门法的研究中得到了广泛应用。对国际私法这门有着 800 余年历史的古老的法律科学而言，研究清楚其性质对于理解国际私法的目的和功能至关重要。这也是理解一国民法典中国际私法和民法实体法关系的一个重要方面。

大体来看，国际私法的性质决定了其不宜与民法共处一国民法典。原因包括如下三个方面：

其一，国际私法虽不是国际法，但其具备国内民法所不具备的协调不同国家实体私法的功能。

学术界主张国际私法属于国际法的依据主要有两个：一是国际私法调整的是跨国私人间的民商事法律关系；二是国际私法的渊源包括全球统一性或区域性国际条约、双边条约以及国际惯例。但是，上述理由并不充分。国外一些权威国际法著作认为，只有国际公法才是国际法，而所谓国际私法并不是国际法，

---

① 卢峻：《国际私法之理论与实际》，中国政法大学出版社 2004 年版。

至少在通常情况下不是国际法。① 我国国际法泰斗周鲠生教授也认为，只有国际公法才是国际法，而国际私法主要是国内法。② 而至于所谓的国际私法有着国际法渊源，因而其具备国际法性质更是一种片面的理解。事实上，现今任何一国的民法、商法都会有国际条约或国际惯例作为其法律渊源，如有着众多缔约国的《联合国国际货物销售合同法公约》，必然是这些缔约国国内民法的法律渊源之一，但我们显然不能说这些缔约国的国内民法也是国际法。在该问题上，我国"小国际私法学派"的代表人物张仲伯教授亦持此观点。③ 事实上，现今国际私法的主要表现形式和法律渊源还是各国国内国际私法立法和司法判例。

但是，正如日本学者山田三良指出，国际私法虽为一国内之法律，而其立法及根据之目的，则全为国际的。④ 德国学者马丁·沃尔夫也认为，国际私法本身并不是国际的，但是，毫无疑问，它不应当脱离国际思想而拟定。⑤ 这种所谓的国际私法的国际性或国际思想，实际上是指国际私法虽属一国国内法，但是其视野必须超出一国之外，关注域外国际私法的通行做法和国际私法条约的实践，以实现解决各国实体私法冲突之目的，并考虑国际协调目标的实现。国际私法的这一功能显然就是一国民法典中的实体法所不具备的。正是由于国际私法具备的独特功能，国际私法学界形成了所谓的国际私法的"比较法学派"。

其二，国际私法并非实体法，不宜与实体私法一道规定在民法典中。

国际私法的主要作用在于，对与含有涉外因素的民法关系，正确解决在内外国的不同法律中究竟适用哪一国的法律，其目的是对这种关系进行公平合理的处理，从而促进国际文化、经济和技术的交流，所以国际私法是关于民法的法律适用法，而不是实体法。⑥ 有学者甚至认为国际私法属于程序法。⑦

在我国，学者多主张国际私法的调整方法有直接方法和间接方法两种。就法律选择规范而言，就属于一种间接调整方法。客观而言，法律选择规范所发

---

① 这种所谓国际私法，与其说是国内法，不如说是以一般便利为根据的一种习惯法。[英]劳特派特修订，王铁崖、陈体强译：《奥本海国际法》，商务印书馆1989年版。
② 周鲠生：《国际法》，商务印书馆1976年版。
③ 张仲伯教授认为，国际私法的性质是国内法，是国内法体系中一个具有研究某些国际统一实体规范的特殊法律部门。正像作为国内法中的海商法、对外贸易法一样，有必要讲一些国际条约中的统一海事或交易方面的实体规范，这不等于说海商法、对外贸易法就是国际法。张仲伯：《国际私法学》，中国政法大学出版社2012年版。
④ [日]山田三良著，李倬译，陈柳裕点校：《国际私法》，中国政法大学出版社2003年版。
⑤ Martin Wolff, Private International Law, The Clarendon Press, 1950, p.16.
⑥ 李浩培：《李浩培文选》，法律出版社2000年版。
⑦ 马汉宝：《国际私法：总论各论》，台北财团法人喜玛拉雅研究发展基金会2006年版。

挥的这种间接调整方法是不是真的存在，还存有疑问。事实上，任何法律对社会关系的调整都是一种直接调整，法律选择规范也不例外。这里的间接方法只是相对于实体私法直接明确当事人具体的权利和义务关系而言的，并不具备绝对性。法律选择规范的中心任务是指定准据法，一旦完成这种指定，在某种意义上也就是对法律关系进行了直接调整。

另一方面，国际私法似乎又不完全具备程序法的特征。众所周知，一国的程序法在通常情况下具备严格的属地性，其适用范围仅限于一国领域范围之内，而法律选择规范显然不是这样。在很多情况下（如反致），一国的法律选择规范能够被外国援用而具备域外效力。因而，可以说法律选择规范既非实体法，也非程序法，而是"自成一类的法律"（law sui generis）。

从法典编纂的角度来看，早期确实存在诸法合体、刑民不分的现象，将实体法与程序法同时规定在一部法典中的立法实践也是客观存在的。但是，现今法典的编纂趋势是专业性程度不断提高，法典的内在逻辑性也越来越强。一个突出的例证是，当今独立、完备的国际私法典的立法趋势在世界范围内的持续增强。因此，国际私法既然是"自成一类的法律"，反映在相应法律规范的编纂上，就应该选择独立的、专门的立法形式。

其三，国际私法并非典型的私法，与民法典整体风格不相融合。

正如日本法学家美浓布达吉所指出的，现代的国法，是以区分其全部为公法或私法为当然的前提的，对于国家的一切制定法规，若不究明该规定为属于公法或私法，而即欲明了其所生的效果和内容，盖不可能。公法和私法的区别，实可称为现代国法的基本原则。[①]

由此可见，了解国际私法的公法抑或私法属性，可以更好地理解其内涵。有不少学者主张国际私法应属于私法，如英国学者莫里斯（Morris）就认为，一般而言，法律冲突法涉及私法大大甚于涉及公法。其明确指出，法律冲突法就是某一特定国家处理含有外国因素的案件的那一部分私法。[②] 德国比较法学之父拉贝尔（Rabel）也认为，冲突法从本质上看属于私法，它与行政法、诉讼法和刑法是相对立的。作为文明国家的私法具有互换性（interchangeable），而

---

① [日]美浓布达吉著，黄冯明译，周旋勘校：《公法与私法》，中国政法大学出版社2002年版。
② JHC Morris, The Conflict of Laws, 6th ed., London: Sweet & Maxwell, 2005, pp. 2-5.

公法却没有。①而美国学者斯托雷（Story）的观点则恰恰相反，他认为国际私法是公法的一个分支。②我国民国时期国际私法学者唐纪翔也认为："国际私法者，国内公法也。③日本国际私法学者山田三良持同样观点，国际私法就其形式之意义而言，亦为公法。而那些谓国际私法之实质为私法者，其间不无语弊存焉。称国际私法为"私法"者，解为关于私法适用之法则之意。④

可见，在国际私法公法与私法属性问题上，学者意见分歧较为明显。实际上不同学者在该问题上存在不同理解的关键在于，对公法和私法划分标准的理解不同。主张国际私法为私法者是以"利益说"为标准，认为国际私法所处理的法律问题在本质上关乎私法利益。而主张国际私法为公法者主要着眼于"主体说"标准，即认为国际私法实际上是有关国家（国家机关）与国家，以及国家（国家机关）与私人间关系的。毕竟，国际私法具有协调不同国家之间立法管辖权、司法管辖权乃至执法管辖权冲突的功能，将其视为公法亦有合理性。因而在该问题上，似乎上述两种截然不同的观点均有其正当性。正因如此，我国台湾地区学者马汉宝教授指出，国际私法系属于公法或私法，似甚难断定。⑤我国大陆地区学者也有类似的观点，即认为国际私法至少不是典型的私法。⑥

然无论如何，至少可以相信的是，国际私法虽非公法，但亦非典型的私法。而一部反映现代化文明和民族文化与精神风貌的民法典，无疑必须彰显权利、自由、平等的基本精神，其核心仍然是私法自治和私法权利的保护，这也是私法基本内涵的具体展现。国际私法的任务与之相似，即公平、合理地解决当事人之间的涉外民事争议，进而促进国际民商事关系的流转和繁荣。⑦与国际私法所不同的是，除了明确当事人之间的权利、义务关系之外，民法典在更为重要

---

① Ernst Rabel, "An Interim Account on Comparative Conflicts Law", Mich. L. Rev. (46, 1948), p. 630.
② "这一公法的分支……被很恰当地称为私国际法"。Story, Commentaries on Conflict of Laws, Boston, 1834 §9. 转引自陈卫佐：《比较国际私法》，清华大学出版社2008年版。
③ 唐纪翔：《中国国际私法论》，商务印书馆1934年版。
④ [日] 山田三良著，李倬译，陈柳裕点校：《国际私法》，中国政法大学出版社2003年版。
⑤ 马汉宝：《国际私法：总论各论》，台北财团法人喜玛拉雅研究发展基金会2006年版。
⑥ 唐表明：《国际私法》，中山大学出版社1987年版。
⑦ 沃尔夫（Wolff）认为国际私法之所以会存在和发展，其中的缘由之一，就是出于对涉外民事争议公平解决的需要。Martin Wolff, Private International Law, London: The Clarendon Press, 1950, pp. 1-2.

的意义上则是一种权利保障书,更具象征性。① 而国际私法则不仅侧重于当事人之间的涉外私法争议的公平、合理解决,也关系到本国与外国、本国人与外国人之间利益的冲突与协调。

显然,无论是在主要功能上,还是在法律属性上,国际私法的非典型私法性使得其与民法实体法在风格上是有所差异的,因而两者如果共存于民法典,无疑是对民法典整体风貌的一种破坏。

二是国际私法超出了民法典中实体法规定的范畴,影响民法典逻辑体系的协调性。

在国际私法立法进入民法典的立法模式中,国际私法与民法实体法的不协调性主要表现在两个方面:

一方面,国际私法上的法律概念显然不是一国民法典中的实体法所能涵盖的。原因有二:其一,尽管国际私法借用了大量民法实体法的概念和制度,但国际私法中特有的概念在民法实体法中并无相对应之物;其二,即便相同表述的法律概念,其在国际私法与民法实体法中的内涵也不尽相同。此种情况下,基于涉外民事争议解决的需要,一国国际私法仍需借助外国法的相关概念和制度而非局限于国内民法实体法。②

上述事实也说明,国际私法虽然在形式上是一国的国内法,但是,国际私法立法是站在国际或超国家的立场而制定的法律。因此,对于调整涉外民事关系所采用的概念应与纯粹的国内法有所不同。正如英国学者所认为的,冲突法上的概念,如"合同""侵权""公司"等应被赋予更为广泛的法律范畴,以便包含别国类似的法律关系。③ 表现在立法实践上,如路易斯安那州制定的《交通侵权冲突法》中就对"事故""公路"以及"行人"等概念都作出了独立的规定,使之能容纳更大范围的法律关系。④ 再如,1987 年瑞士《关于国际私法的联邦

---

① 如日本著名民法学者星野英一教授就认为,民法是与宪法相并列的法律,宪法规定的是国家的基本理念和构造,而民法规定的是社会的基本理念和构造(constitution)。[日]星野英一著,渠涛译:《日本民法的一百年》,《环球法律评论》2000 年秋季号。
② 例如,我国民法上的代理显然是将间接代理、代理谈判等被其他国家广泛承认的代理行为排除在代理范畴之外,如相关的涉外案件在我国法院涉诉,此时国际私法中有关代理的含义仍限于实体法的规定,那么许多国外成立的代理行为将无法由我国冲突法所调整,涉外民商事案件也就难以得到妥善解决。
③ Peter Stone, The Conflict of Laws, London: Longman, 1995, p. 385. 英国国际私法学者罗伯逊也认为,法官在选择冲突规范时决定的法律范畴应该比国内法更广,因为如不这样,在内国没有外国某一法律规则时,法官就不能援引冲突规则,冲突规则存在的理由之一就将失去。谢新胜:《民法典中冲突法与实体法关系三题》,《法律科学》2006 年第 6 期。
④ 谢新胜:《民法典中冲突法与实体法关系三题》,《法律科学》2006 年第 6 期。

法》第 20 条第 1 款第 1 项规定，就本法目的而言，自然人有住所于其有久住之意思且居住之国。该条第 2 款又规定，一人于同一时间不得有二个以上之住所。当一人无住所时，适用其习惯居所。民法典中有关住所及居所之条款不适用之。"显然，瑞士国际私法立法上规定了独立的"住所"概念，作出这种规定也是考虑到住所之得丧变更，各国法律规定未必相同。[①] 这些都说明国际私法的概念范畴较实体法上概念范畴应更为广泛。

另一方面，国际私法涵盖的民事关系的范围亦宽于民法典中实体法的范围。在各国立法实践层面上，一种立法模式是国际私法规定的（涉外）民事关系范围不超出民法实体法的规定，如法国民法典和越南民法典。另一种立法模式是国际私法单独成立体系，与本国民法实体法规定的民事关系体系截然不同，但广于本国民法实体法的规定，如瑞士 1987 年《关于国际私法的联邦法》的做法即如此。尤其值得注意的是，在民法典的编纂上，瑞士虽是采取"民商分立"立法模式的国家，但 1987 年瑞士国际私法典却兼采大陆法系和普通法系的特点，除本国民法实体法规定的内容外，还将知识产权、公司以及破产与和解协议等商事关系纳入到国际私法典的调整范围。

然而无论如何，即使在表面上，一国国际私法立法规定的民事关系与民法典中实体法的规定保持一致，但在司法实践中仍不免存在障碍。特别是，如某一法律关系在本国民法实体法上无相应规定的情况下。如很多大陆法系都没有关于信托的实体法制度，但事实上，为了解决涉外私法争议，采取这种立法模式的国家（如法国、越南等）仍必须在民法典之外，对国际私法上的民事关系做广义理解。如在采取"民商分立"立法模式的国家，知识产权、海事、公司、票据、保险破产等方面的规定并未进入民法典，而与之相关的涉外商事关系无疑也是国际私法的调整对象，在此情况下，法院仍需要在民法典规定的实体法规则之外确定识别及准据法的法律依据。

总之，将国际私法作为单独一编纳入民法典的立法模式，导致的体系协调问题难以克服。就这两个方面而言，将国际私法立法作为独立的一编纳入民法典在逻辑体系上就存在缺陷，因而这种立法模式在很大程度上也是不科学的。

---

① 刘铁铮.《瑞士新国际私法之研究》，台湾三民书局 1991 年版。

二、国际私法立法脱离民法典的可能性

(一) 两代国际私法立法

国际私法立法在形式上能否独立于民法典,至少可以从国际私法立法史和比较法的角度,窥见些许答案。从立法史的角度来看,在理论上通常将现代社会的国际私法立法分为"两代"(two generations)。[①]

第一代国际私法立法渊源于 19 世纪一些国家的民法典编纂运动。这些国家的民法典中均规定了少量的国际私法规则。例如,1804 年法国民法典、1811 年澳大利亚民法典、1865 年意大利民法典、1889 年西班牙民法典、1896 年德国民法典都包括了一定数量的冲突规则,并为后续其他国家的国际私法立法提供了宝贵的实践经验。特别是,拉美地区 1928 年的《布斯塔曼特法典》较为系统地规定了国际私法规则,最终被 15 个拉丁美洲国家采纳,并促使国际私法的成文立法得到愈来愈多国家和地区的认同和实践。

然而,在此之后的几十年中,国际私法成文立法的浪潮并未形成。此时期内,在绝大多数国家中占据主流的学术观点是,对国际私法立法进行系统的法典编纂并非易事。而且,这种观点不仅在包括美国在内的普通法系国家和地区盛行,也在欧洲大陆国家得到普遍接受。特别是,美国《第一次冲突法重述》由于在实践中的僵化性以及无力回应个案正义的要求而备受质疑。这也使得欧洲一些学者对编纂或者重新编纂一国国际私法规范的必要性表达了严重的疑虑。[②]

第二代国际私法立法由 20 世纪 60 年代至今的国际私法立法构成。伴随着各国对国际私法规范进行编纂所抱有的疑虑逐渐消散,为新一轮国际私法的成文化编纂运动铺平了思想上的道路。至 20 世纪末,国际私法立法如雨后春笋般迅速发展,以至于包括英格兰在内的一些普通法法域也在一定程度上采取了"从判例法到制定法的转型"。此外,美国俄勒冈州这一普通法区域同样对其合同和非合同之债领域的国际私法规则进行了成文化的编纂。

马达加斯加 1962 年《关于国内法和国际私法的一般条款》及捷克斯洛伐

[①] Symeon C. Symeonides, Codifying Choice of Law around the World: An International Comparative Analysis, Oxford: Oxford University Press, 2014, pp. 2-3.
[②] F. Schwind, "Problems of Codification of Private International Law", International and Comparative Law Quarterly (17, 1968), p. 428, p. 431.

克 1963 年《国际私法和程序法第 97 号法案》被视为第二代国际私法立法的肇始，而瑞士 1987 年《关于国际私法的联邦法》的颁布更是被视为此一阶段立法的高潮。而且，这种浪潮在 21 世纪仍然在延续。仅在 2000 年后，就诞生了三部比较有代表性的独立的综合性国际私法典，即 2004 年比利时《国际私法典》、2005 年保加利亚《关于国际私法的法典》及 2007 年马其顿《关于国际私法的法律》。

正如学者所指出的，从中国到德国，从土耳其、也门到布基纳法索，全世界或几乎全世界都在对其冲突法进行编纂。[①] 确实，国际私法成文化运动始于欧洲大陆，但其逐渐扩展到其他不同法系国家。应该说，国际私法在 20 世纪的发展中最为显著的特征就是，成文立法或法典编纂成为国际私法规范的主要表现形式，且这种趋势延续至 21 世纪。在此时期内，以判例法作为主要法源的英格兰等普通法系地区也加入了国际私法成文化运动之中。

正因如此，英国国际私法学者诺斯（Noth）教授认为，法典并不是怪兽，即使它们是，也是可以被驯化的。[②] 这充分表明了学术界对国际私法典编纂的极大信心和雄心。

（二）现代国际私法立法的态势

据美国学者西蒙尼德斯教授的考察，在过去 50 多年中，除了欧盟统一国际私法条例之外，全球 84 个国家和地区一共产生了 94 部成文国际私法立法及立法修订案。而且，越是后期颁布的国际私法立法，越是超出法律选择规范的范畴，即在立法的规范范围上不仅包括法律选择规范，还涵盖管辖权规范和外国判决承认与执行规范。显然，相对于传统的在一国民法典中规定国际私法规范的做法，现代国际私法立法在规范范围上有所扩展。[③]

[①] Symeon C. Symeonides, Codifying Choice of Law around the World: An International Comparative Analysis, Oxford: Oxford University Press, 2014, p. 3.
[②] Peter North, "Private International Law: Change and Decay?", International and Comparative Law Quarterly (50, 2001), p. 477, p. 496.
[③] 西蒙尼德斯教授研究实际上是基于第 18 届国际比较法大会（2010 年 7 月 25 日到 8 月 1 日）关于"国际私法的晚近立法"议题的总报告所作，通过梳理 1962 年至 2012 年间 84 个国家及地区的国际私法（冲突法）立法，概括国际私法立法的发展趋势。该次国际比较法大会有 33 篇国别报告提交给大会。其中，32 篇报告分别来自阿根廷、澳大利亚、奥地利、比利时、中国、克罗地亚、捷克共和国、丹麦、英格兰、芬兰、法国、德国、希腊、匈牙利、以色列、日本、澳门、荷兰、新西兰、挪威、波兰、葡萄牙、魁北克、苏格兰、韩国、西班牙、瑞士、中国台湾地区、土耳其、美国、乌拉圭和委内瑞拉。另有 1 篇报告由联合国国际贸易法委员会提交。其中，提交的 23 篇报告的所属国家都在近 50 年中出台了国际私法成文立法。当然，除国内立法之外，西蒙尼德斯教授在书中还专门考察了大量的欧盟条例和国际私法公约。

在上述立法实践中,有4个国家重新修订了国际私法立法,具体包括阿尔巴尼亚(1964年和2011年)、波兰(1965年和2011年)、土耳其(1982年和2007年)、苏联/俄罗斯(1991年和2002年)。从地理分布上来看,几乎所有这些立法都来自于民法法系或混合法系的国家和地区。普通法系国家和地区的立法仅包括英国1995年《国际私法杂项规定》、美国俄勒冈州关于合同及非合同之债的两部国际私法立法、2001年芬兰涵盖婚姻、夫妻财产和继承事项的国际私法立法。① 上述表明,欧洲大陆法系国家的国际私法成文化运动或法典编纂的观念根深蒂固,而普通法系国家和地区在国际私法的成文化编纂上亦有突破。

值得注意的是,几乎所有的第一代国际私法立法均构成民法典的一部分,并且通常位于民法典的开端部分。但是,从第二代国际私法立法开始,在过去50年中产生的86部成文国际私法立法中(包括4部草案),42部国际私法立法是作为民法典的一部分,且其中大部分国际私法立法处于民法典的末尾而不是开端。8部国际私法立法是其他法典(如家庭法)的一部分。其余的36部国际私法立法均为脱离民法典的独立的国际私法典(实际上也包括仅规定法律选择问题的涉外民事关系法律适用法)。② 而且,相较第一代国际私法立法,第二代国际私法立法在规范范围上规定得相当全面,不仅包括法律适用规范,还囊括管辖权规范和外国判决承认与执行规范。

此外,在区域层面,欧盟为实现成员国之间国际私法规则的统一化,促进一致性目标的达成,自《阿姆斯特丹条约》生效以来,在国际民事诉讼领域,欧盟国际私法立法涵盖了民商事案件管辖权及判决承认与执行问题、婚姻家庭与继承领域的管辖权与判决承认与执行问题、国际民事司法协助中文书的送达以及域外取证问题;在法律选择方面,欧盟国际私法立法囊括了合同之债与非

---

① Symeon C. Symeonides, Codifying Choice of Law around the World: An International Comparative Analysis, Oxford: Oxford University Press, 2014, pp. 15-16.
② Symeon C. Symeonides, Codifying Choice of Law around the World: An International Comparative Analysis, Oxford: Oxford University Press, 2014, pp. 21-22.

合同之债、离婚与司法别居、继承的法律适用问题。①

为进一步实现欧盟国际私法规则适用的一致性目标，除上述领域的统一国际私法立法之外，制定欧盟国际私法总则（《罗马条例0》）的议题也开始在欧洲学术界酝酿。例如，法国图卢兹大学（Université de Toulouse）于2011年3月18日举办的主题为"欧洲国际私法典的结构"（The Structure of the Codification of European Private International Law）的学术研讨会上，法国著名国际私法学者拉加德（Lagarde）教授向会议提交了欧洲历史上第一份国际私法总则的条款草案。②拉加德教授的草案极大地触发了欧洲学者对欧洲国际私法法典化的热情。

作为对学术界的回应，欧洲国际私法小组（European Group for Private International Law）于2011年9月在比利时的布鲁塞尔召开会议，进一步讨论了制定欧盟国际私法总则条款的问题。学者们关注的焦点在国籍、反致等具体问题的规则设计方面。③尽管学者也认为，《罗马条例0》只能规定欧盟国际私法中的部分一般性规则，而仍有一些一般性规则需要留待成员国国内立法规定。而且，在欧盟国际私法总则的起草中，仍然无法避免可预见性目标和成员国不同的政策和价值取向之间的冲突。但无论如何，对欧盟国际私法的一般性问题制定总则性规定，有助于消除挑选法院的现象，并强化欧盟内部市场的运转。④

---

① 上述欧盟国际私法立法主要包括：2000年《关于破产程序的条例》（2002年5月31日生效）、2000年《关于婚姻案件管辖权和判决承认与执行的条例》（《布鲁塞尔条例Ⅱ》，2001年3月1日生效）被2003年《关于婚姻和父母责任案件管辖权与判决承认和执行的条例》（新《布鲁塞尔条例Ⅱ》，2005年1月1日生效）取代、2000年《关于成员国间民商事司法文书和司法外文书送达的条例》（2001年5月31日生效）、2000年《关于民商事案件管辖权与判决承认和执行的条例》（《布鲁塞尔条例Ⅰ》，2002年3月1日生效）、2001年《关于成员国法院间在民商事案件取证方面进行协助的条例》（2004年1月1日起生效）、2007年《关于非合同之债法律适用的条例》（《罗马条例Ⅱ》，2009年1月11日生效）、2008年《关于合同之债法律适用的条例》（《罗马条例Ⅰ》，2009年12月17日生效）、2008年《关于扶养之债管辖权、法律适用、判决承认与执行和合作的条例》（2009年1月30日起生效，2011年6月18日起正式适用）、2010年《关于离婚和司法别居法律适用的条例》（《罗马条例Ⅲ》，2012年7月生效）、2012年《关于继承问题管辖权、法律适用及判决承认与执行、继承公文书和欧洲继承证书等问题的条例》（《罗马条例Ⅳ》，2015年8月17日生效）。
② 该草案共分四章，第一章为前言，第二章为管辖权，第三章为冲突规范，第四章为判决承认与执行。草案一共只有24个条文，比较简略，其主要目的是供欧洲各国学者进行讨论。
③ 欧洲国际私法小组（European Group for Private International Law）是1991年成立，并由欧洲18个国家和机构的约30位顶尖国际私法学者组成的一个具有智库性质的封闭性学术论坛。该小组每年举办一次活动。具体情况参见该小组的官方网站：http://www.gedip-egpil.eu/。
④ Rolf Wagner, "Do We Need a Rome 0 Regulation ?", Netherland International Law Review (61, 2014), p. 242.

不难看出，欧盟成员国之间的国际私法规则正在逐步走向统一，已经初步形成了一种新的"欧洲国际私法"（European Private International Law）。在性质上，欧盟国际私法被一些学者视为完成了从国际私法向区际私法的转变，并对其他国家和地区的国际私法产生了深刻影响。

在全球层面，自1961年以来，海牙国际私法会议通过了31项国际私法公约和协议。其中22项已经生效。此外，2012年11月，海牙国际私法会议出台了一份具有示范性质的文件——《国际商事合同法律选择原则》。

联合国贸易法委员会（UNCITRAL）在这一时期内也制定了为数不少的统一实体法条约，特别是在国际商事仲裁、国际货物销售、破产、国际支付、国际货物运输以及电子商务等问题上对国际私法产生了重要影响。

国际统一私法协会（UNIDROIT）出台的大部分公约、示范法和其他法律文件都是为了实现实体私法的现代化、协调化和统一化。但是，其中一些文件仍然对国际私法产生重大影响。例如，批准加入了1995年《关于被盗或者非法出口文物公约》的国家，就不再通过法律选择规范解决有关被盗文物的法律冲突问题。2004年《国际商事合同通则》也可能会影响适用于国际商事仲裁的法律。①

以上均揭示了当今国际私法立法的晚近发展，也说明对国际私法立法进行系统编纂的做法，无论在国内立法层面，还是在国际条约层面，均得到越来越广泛的接受。

（三）编纂国际私法立法的可行性

应该说，过去50多年对国际私法立法而言明显是一个丰富多产的时期。在此期间，全世界见证了诸多国家和地区的国际私法立法，以及全球性和区域性的统一国际私法条约的诞生。

从立法实践来看，最初国际私法立法大多是规定在民法典或其他法典的有关条款中②，但国际私法立法史也表明，国际私法立法经历了从分散立法到集中

---

① Symeon C. Symeonides, Codifying Choice of Law around the World: An International Comparative Analysis, Oxford: Oxford University Press, 2014, pp. 30-34.
② 例如，在1804年的《法国民法典》中，关于国际私法规范的条文有第3、11、47、48、170、999、1000、2123、2128条等。受其影响，奥地利、荷兰、希腊、葡萄牙、西班牙以及墨西哥、巴西、智利和阿根廷等国均采用了这种模式。

编纂的过程，法典化业已成为当今国际私法立法重要的发展态势之一，并在20世纪后半叶以后表现得尤为明显。应该说，分散立法模式是国际私法发育不成熟的表现，这种模式随着涉外民事关系的复杂化，必然逐渐不能适应司法实践的需要。

因此，到19世纪中期，国际私法立法出现了专篇、专章式的立法模式，即在民法典或其他法典中单列一篇或一章集中规定国际私法规范。① 相对于前一种模式而言，这种模式能相对集中、系统地规定各类国际私法规范，但总体而言，专篇、专章式的立法所规定的国际私法规范的数量仍然有限，调整范围比较狭窄，有关规定比较笼统，仍然难以适应现代经济发展的需要，无法满足大量复杂涉外民事法律关系调整的要求。②

为了回应涉外民事关系规范和调整的需要，20世纪以来，国际私法立法进入了法典化阶段，许多国家开始采用民法典或专门的国际私法典的方式，全面、系统地规定本国国际私法规范。这一立法模式的诞生，标志着国际私法立法的编纂逐步走向成熟。

可以预见的是，随着涉外民事关系的进一步丰富和发展，国际私法法典化的趋势还在持续。而且，新近一些国家和地区的国际私法立法，不仅回应了法典化编纂的要求，而且国际私法典涵盖的内容也愈加宽泛而并非仅限于法律选择规范。这在某种程度上证明，过去所认为的国际私法不适宜进行系统编纂的观点并不成立，现今国际私法的立法实践充分证明了国际私法典的编纂是可行的。

总之，正如西蒙尼德斯教授指出的，立法活动的大幅增多的原因有很多，不论是何原因，这种大幅增多都明确回答了国际私法是否适合法典编纂这一古老的问题。③

---

① 例如，1948年埃及民法典第10条至第28条、我国1986年的《民法通则》第142条至第150条专门规定了国际私法规范。
② 徐冬根、薛凡：《中国国际私法完善研究》，上海社会科学院出版社1998年版。
③ Symeon C. Symeonides, Codifying Choice of Law around the World: An International Comparative Analysis, Oxford: Oxford University Press, 2014, pp. 345-346.

三、国际私法法典化的法律文化意蕴

一般而言,法律文化是指在一个社会中存在的,与法律相关的价值观念、规范、制度、程序规则和行为方式的总和。因此,一国国际私法立法所反映的法律文化不仅是外在的国际私法规则和制度(如国际私法典或其他形式国际私法立法确立的规则和制度等),也包括国际私法的立法理念、价值观念和基本精神(如国际私法立法的指导原则、国际私法规则和制度设计所遵循的价值、理念和基本精神等)。作为一国国际私法立法最为集中体现的国际私法典,无论是在规则和制度上,抑或是在立法理念、价值观念和基本精神上,至少可以反映一国在涉外民事领域的法律文化。

一般而言,各国常常将本国民法典的编纂作为其最为重要的立法工作。就民法典的编纂而言,其被视为一国民事权利保护体系化的重要标志,也被作为一国现代法治建设和文明程度的重要指标,更被认为是反映一国历史文化和民族精神的重大法制工程。从法制史来看,自法国民法典伊始,民法典既被视为一国民族生活和习惯的反映,也被看作是对一国民族精神和文化的诠释。

因此,在一国法制史上,民法典的编纂往往占据独特地位。而且,历史上重要的一国民法典也对其他国家民法典的编纂产生重大影响。[①] 换言之,一国民法典的编纂借鉴域外理论与实践经验是一个较为普遍的现象。这与前文所揭示的一国国际私法典编纂的实践是一致的,也引发了在法律移植或借鉴的过程中如何理性对待一国法律文化传统的问题。

就世界主要国家民法典的编纂来看,仅就民法典的体系而言,尽管当今主要存在德国的"五编制"和法国的"三编制"两种模式,但包括荷兰、魁北克等国家和地区在内的民法典的编纂均采取了与德国民法典和法国民法典有所不同的模式。这也表明,民法典体系虽然反映了民法的发展规律,但也要根据本国的法律传统、现实需求而发展变化,因而不存在一成不变的体系。实际上,法国率先突破了"三编制"体系,适应金融担保的需要,特别单设了担保一编。[②]

---

① 例如,19世纪欧洲大陆的民法典,如1865年意大利民法典、1838年荷兰民法典、1864年罗马尼亚民法典、1867年葡萄牙民法典以及1889西班牙民法典深受法国民法典的影响。再如,1896年德国民法典和1907年瑞士民法典,在全球范围内享有盛誉,并获得了许多国家的认可和继受。陈卫佐:《现代民法典编纂的沿革、困境与出路》,《中国法学》2014年第5期。
② 王利明:《我国民法典分编编纂中的几个问题》,十三届全国人大常委会专题讲座第六讲,载中国人大网:http://www.npc.gov.cn/npc/xinwen/2018-09/05/content_2060667.htm,2019年7月8日最后访问。

由此可见，在民法典的编纂问题上，既要立足本国国情和实际情况，也应参考、引进和吸收域外先进立法成果和经验。实际上，民法学者也明确指出，民法典的编纂应充分体现一国文化习俗和优良传统，弘扬传统法律文化。① 对于一国国际私法典的编纂亦是如此。尤其是，当今法律的全球化和国际化趋势日趋明显，国际条约和国际惯例日益成为一国国际私法的重要渊源。

需要指出的是，与民法典调整对象有所不同，国际私法典所规范的是超越一国法律效力范围的国际民商事关系。相对于一国民法所规范的国内民事关系而言，该类法律关系被称为涉外民商事关系。因此，从一国规范私法关系的民事法律体系而言，该国民事法律体系应主要由民法典与国际私法典共同构建而成。就一国民事法律体系的完整性的角度而言，前述学术界关于民法典法律文化意义的论断，同样适用于国际私法立法的移植和国际私法典的编纂。这也为我们从法律文化的层面审视一国国际私法立法，尤其是国际私法典的编纂提供了新的视角。

一国国际私法的立法传统并非一成不变的，立法者关于法典功能的认识，对一国国际私法立法模式的变革起着理论指导作用。而经济发展和社会变迁，则为一国国际私法立法模式的革新提出了实践上的迫切要求。从法治文明的角度而言，独立、完备的国际私法典，同样也是一个民族、一个国家法律文化的象征。就此意义而言，一国国际私法立法选择变革其先前立法模式，并转而走独立的法典化道路，不仅是顺应涉外民商事关系调整的需要，也具有重要的法律文化意义。

应该说，每一个民族的法律文化，都有其不同于其他民族的特征，表现出不同的民族地域性风格。在任何一个国家，法律制度的形成和变革总是取决于自身特定文化背景。因为法律受到地理环境、历史、政治、道德、风俗、习惯等因素的影响，因此，法律的继受并不像进口物品那样简单，外来的法律文化不可能轻易地取代传统法律文化的地位。② 正因如此，从国际私法立法实践来看，一国所完成的法律移植通常需要立足于本国法律的历史和实践，制定符合本国实际的国际私法规则和制度达成。达成这种立法成就的重要原因之一是，在借

---

① 王利明：《我国民法典分编编纂中的几个问题》，十三届全国人大常委会专题讲座第六讲，载中国人大网：http://www.npc.gov.cn/npc/xinwen/2018-09/05/content_2060667.htm，2019 年 7 月 8 日最后访问。
② 曹诗权等：《传统文化的反思与中国民法法典化》，《法学研究》1998 年第 1 期。

鉴和吸收域外立法成果的同时，坚守本国文化传统和民族精神。

对于我国而言，讨论国际私法典编纂的法律文化意蕴，具有特别重要的意义。

自2014年10月23日党的第十八届四中全会通过的《中共中央关于全面推进依法治国若干重大问题的决定》作出了"编纂民法典"的部署以来，我国民法典编纂工作按照"两步走"的思路逐步推进。《民法总则》的颁行标志着"第一步"工作的完成，这为民法典编纂工作奠定了坚实基础。随着民法典各分编编纂工作的完成，我国最终颁布的民法典被认为充分体现了中华优秀法律文化。

如果说中国民法典反映了中华民族的历史传统、文化意义和精神风貌，则中国国际私法典必将同样折射出中华民族的历史、精神和文化。特别是，在全球国际私法立法法典化浪潮方兴未艾的背景下，在凸显中国国际私法立法的民族文化特色并增强其竞争力时，发掘和吸收中华民族"不患寡患不均""礼运大同"等传统文化精髓，并用以指导中国国际私法典的制定，无疑具有重要意义。[①] 在此意义上，中国国际私法典的编纂，有助于形成具有地域特色和时代特征的中华文化的法典。

而且，从当下国际私法典编纂的浪潮而言，中国国际私法典的编纂应该构成现代国际私法典编纂运动的一部分，体现了中国对世界国际私法典编纂运动的贡献。对于一国国际私法立法而言，立法者追求制定一部理念开放、结构合理、逻辑清晰、内容完备、规则和制度现代化的国际私法典，不仅能够有效提升法律的确定性，而且能够在最大程度上适应社会经济变迁所带来的挑战和风险。这也正是20世纪后半叶以来，不少国家和地区选择对其国际私法立法进行法典编纂的重要原因。

应该说，伴随着我国对外开放基本政策不断推向深入，在全面深化依法治国理念的指引下，我们有必要制定一部具有中国特色的、体现出中华法文化的、继承人类现代文明成果的、富有精气神的独立的国际私法典。作为反映华夏民族精神和法律文化的中国国际私法的法典化，既是我国国际私法学界的崇高目标，也应当成为我国国际私法立法工作的理想目标。[②] 就此意义而言，我国国际

[①] 一些学者认为，如《环境与发展宣言》《可持续发展宣言》，已经为21世纪全球化法学提供了共同核心政策。这些共同核心政策，与中华民族千年传承的"不患寡患不均""礼运大同"的"王道"思想，是完全契合的。中国一些国际私法学者也主张中国国际私法学界应致力于构建中华文化特色的国际私法。刘仁山：《以"王道"观世界——读〈中国思想下的全球化管辖规则〉有感》，《国际法研究》2014年第2期。
[②] 刘仁山：《中国国际私法立法应独立于民法典的编纂》，《法制日报》2015年5月6日。

私法立法仍然任重而道远。

　　总之，在当下国际私法典成为一国国际私法立法重要模式的背景下，不少国家在实践上也选择对本国国际私法立法进行系统化的编纂。国际私法法典化的立法浪潮在 20 世纪后半叶不仅未曾衰退，反而迸发出强劲的发展势头。应该说，一国选择以综合性的国际私法典的立法模式对其国际私法立法进行编纂，除了基于国际私法规则实施的便捷性和实用性，以及实现国际私法立法规则和制度的系统化、科学化和现代化考量之外，也应该看到一国国际私法立法脱离民法典走独立的综合性国际私法典道路的重要的法律文化意义和价值。

第三章
国际私法与民法的关系

真正意义上国际私法的诞生与注释法学派对罗马法的阐释紧密相关。在国际私法史上具有重大影响的巴托鲁斯和萨维尼等法学巨擘本就是权威的民法学家。这些民法学家所提出的国际私法学说或立足于法律规则的性质，或根据法律关系的性质探寻涉外民事关系的法律适用方法。这些不同的方法本质上涉及一国民法在域外的效力问题（包括外国民法在本国的效力问题）。这也是造成国际私法被视为"民法特别法"或"涉外民法"的重要原因之一。

就调整对象及方法而言，民法（民法实体法）与国际私法之间的界限是分明的，这也是将民法与国际私法划分为不同部门法的重要依据。实际上，国际私法因着眼于不同私法体系之间差异性的克服，而不可避免地牵涉不同国家和地区立法管辖权的冲突与协调。正因如此，国际私法在实现不同国家和地区之间私法的平等性与互换性，以及维系法律文化的多样性方面发挥着不可替代的作用。

可以说，民法与国际私法之间确实存在非常紧密的关联，也存在明显和实质性的差异。对于民法实体法与国际私法之间的关联与差异的考察，有助于揭示民法实体法与国际私法的关系，进而有助于明确民法典编纂中一国国际私法立法模式的选取。

第一节　国际私法与民法的关联

国际私法借用了民法的概念体系和法律关系类型化的思维，这也使得国际私法与民法具有天然的亲近关系。国际私法通过法律关系的空间分配方法处理涉外民事法律冲突时，实际上仍在划定不同国家民法实体法的地域效力范围。而且，国际私法在解决不同国家和地区之间法律冲突的同时，实际上为不同私法体系并存以及法律文化多样性的维护提供了制度基础。对以上问题的进一步考察，有助于揭示国际私法与民法之间的紧密关联。

一、民法实体法作为识别体系

识别是国际私法的基本制度之一，也是准确适用一国冲突规范的前提。在一些国家的司法实践中，识别甚至被作为一种逃避机制，以其作为实现个案公正的一种重要制度依据。对此做法的妥当性与否姑且不论，但这也确实反映了识别在国际私法制度体系中的重要作用。

从比较法上看，无论是对识别制度本身的界定，还是识别的对象和方法，均存在相当程度的差异。① 鉴于识别制度主要是明确本国冲突规范的适用问题，因而法官必须将案件事实所牵涉的实体法规则与法院地国家冲突规范连接起来。在此过程中，可以明显看到相关国家的民法实体法与国际私法之间的内在联系。国际私法学者将之称为"法律规则（主要是外国法规则）与法院地国冲突规则的对向交流关系"。② 因此，可以说识别制度本身就内含了民法实体法与国际私法之间的紧密关系。

识别制度所涉及的核心问题是，依据何种方法解决识别冲突问题。该问题的解决不仅关系法官司法任务的复杂程度，也直接决定了准据法的确定并进而影响了案件的实体裁判。从理论上来看，解决识别冲突存在诸多不同学说和方法，其中具有影响的主要包括"法院地法说""准据法说"以及"分析法与比较法说"等方法。

"法院地法说"依据法院地国家的实体法进行识别。这种做法的优势在于，一方面，法官对于本国法规则和体系的熟稔使得其完成相应的司法任务较为轻松。另一方面，也在最大程度上保持了本国国际私法的概念体系与民法（民法典）的概念体系的协调性和一致性，避免完全割裂国际私法与民法概念体系之间的紧密关联。

但是，将识别冲突的解决完全寄望于法院地国家民法实体法的"法院地法说"也存在自身难以克服的局限性：一是识别毕竟会涉及不同法律体系中的概念和制度，如果法院地国家法律并无相应外国法中的概念和制度，则法院地国家的法官难以完成准确援用法院地国家冲突规范的任务；二是完全依据法院地国家的实体法对相应外国法的规则和制度进行识别，可能会产生误解或扭曲外国法

---

① 宋晓：《识别的对象与识别理论的展开》，《法学研究》2009年第6期。
② 宋晓：《识别的对象与识别理论的展开》，《法学研究》2009年第6期。

中相应规则和制度的后果。显然，法官对外国法规则和制度的理解远不如对本国法的理解熟稔。归根结底，法院地国家的法官对外国法的解释仍是建立在法院地国家法律体系的基础之上的。

"准据法说"依据相关法律规则自身所属法律体系进行识别。如案件涉及法院地法规则，则适用法院地法进行识别。如案件涉及相关外国法规则，则适用该外国法进行识别。该学说的最大优点在于，确保了识别阶段对外国法规则的分类和准据法适用阶段对外国法的解释之一致性。但是，在冲突规范的适用问题上，"准据法说"也会陷入法院地法与外国法并用的困境。即，对冲突规范中范围的解释依据相应外国法，对系属的解释则适用法院地法。显然，"准据法说"不免为法官增添司法任务的负担。

无论是"法院地法说"还是"准据法说"，均会涉及法院地国家实体私法或外国实体私法作为法院地国家冲突规范的识别体系。两种学说在实践中利弊兼具，因此在识别问题上如何超越"法院地法说"和"准据法说"成为学者们孜孜探求的目标。

而对于学者所提出的用以解决识别冲突的"分析法与比较法说"以及"新法院地法说"，仍然是建立在不同国家和地区的实体私法协调的基础之上。

"分析法与比较法说"试图创建一种超越法院地法和外国法的独立的概念体系用以解决识别冲突问题，但这种过于理想的方法在实践中很难操作。尤其是，该学说要求法院地国家的法官精通国内私法的概念体系与外国私法的概念体系的基础上，再创设超越国内法和外国法的统一的识别体系，何其难哉。正因如此，"分析法与比较法说"在实践中绝少为各国实践所采纳。

应该说，相对于"分析法与比较法说"，"新法院地法"更具操作性。其主张，基于识别的便利和效率之考量，一国民事实体法体系的构建应当系统与周延，以避免出现"识别不能"的问题。对识别问题，应抱以开放的态度而不应狭隘地局限于法院地法中的概念体系，必须对相关外国法的概念和制度予以考量。[①] 应该说，"新法院地法说"主要立足于法院地法作为识别依据，在吸纳相关外国法概念体系的基础上，放弃了构建普遍性的识别体系的宏大目标，因而显得更

---

① 例如，中国国际私法学会出台的《示范法》第9条指出，对国际民商事关系的定性，适用法院地法。如果以法院地法不能适当解决的，可以参照可能被选择适用的法律来解决。显然，这种做法部分放弃了"法院地法说"，而融入了外国法作为识别依据的可能。这种做法实际上也代表了中国国际私法学界对识别冲突解决的一般认识。

为务实可行。在某种程度上,可以将"新法院地法说"视为"法院地法说"和"准据法说"的折中。大体而言,尽管"新法院地法说"克服了"法院地法说"的局限性,将对相关实体法规则的识别超越一国民法实体法对相关民事关系的规定,但从法院对本国实体私法的熟稔和运用来看,除了"识别不能"的困境之外,基于本国实体私法对涉外民事关系进行识别的"法院地法说",显然更为高效。

总之,一国民法实体法可以作为国际私法上识别的依据。尽管各国在对待识别的依据上有所谓的"法院地法说"(包括"新法院地法说")、"准据法说"、"分析法与比较法说"等诸多理论和实践,但无论采取哪种理论作为识别之依据,通常会选定某一特定国家的实体法。特别是,当今绝大多数国家的法院在实践中以法院地法作为识别的依据,使得本国民法实体法成为解决识别问题被援引最为频繁的法律体系。

二、民法实体法作为准据法

就法律选择的流程和涉外民事争议解决的过程而言,在管辖权问题决定之后,经由法院地国家冲突规范的指引,确定某一特定国家和地区的具体实体法规范作为案件准据法。换言之,一国法院在适用本国冲突规范时,本国实体私法或外国实体私法通常可以作为案件准据法被援引和适用,民法与国际私法的关系也由此得以显现。

应该说,无论是本国民法抑或外国民法,在借助法院地国家冲突规范的指引成为特定案件准据法时,也就实现不同国家和地区之间实体私法互换性之目标。而这种互换性的实现,在很大程度上有赖于本国法官将内外国法置于平等的地位。此外,在外国法被确定为案件准据法之后,法院地国家基于本国安全、法律基本原则、社会公共利益和善良风俗的考量,通常会对该外国法适用的结果进行审查,并可能基于公共秩序保留制度排除外国法的适用。[①] 在此情况下,法院地国家或其他国家的法律会替代该外国法适用于案件。无论如何,在法律

---

① 在国际私法理论上,以孟西尼为代表的学者将公共秩序保留作为国际私法的基本原则。我国也有学者认为,公共秩序保留制度,可以作为适用外国法的前提,以消除外国法的适用可能有损法院地国家重大利益的担忧。张春良:《国际私法演义:问题、方法与修正》,法律出版社 2013 年版。

选择过程中，基于涉外民事争议解决的需要，一国法官必须选择本国法或外国法作为支配当事人实体权利义务的准据法。

就法律选择的方法而言，一国民法作为案件准据法，要么基于当事人的意思自治原则或最密切联系原则等主观连结因素得以确定，要么基于法院地国家冲突规范中客观连结因素的指引得以明确。此外，一国民法也可能基于国际私法上的诸多逃避机制(如法律规避、公共秩序保留等)的介入而被认定为案件准据法。① 这些确定准据法的方式，实际上反映在法律选择过程中，一国国际私法规则体系与不同国家和地区民法所构成的实体私法体系之间的对向交流关系。一国国际私法规则体系连接了当今世界客观存在的多元实体私法体系，而多元实体私法体系为一国法院借助国际私法规则解决涉外民事争议提供了实体法依据。

应该说，国际私法实际上能否成为沟通本国法与外国法的桥梁和纽带，能否建立不同国家和地区之间实体私法之间的对向交流关系，关键在于法院地国家对外国法的立场和态度。一方面，法院地国家在本国冲突规则的构建上能否坚持双边主义的基本立场，另一方面，法院地国家的法官在适用和解释冲突规范，以及相关国际私法制度（如识别、反致、外国法的查明、公共秩序保留等）时能否避免"归家趋势"。就此意义而言，一国对外国法的适用抱有开放的态度，有助于在最大程度上实现国际私法的独特功能。

在特定国家和地区的民法实体法可能成为案件准据法的情况下，无形中会导致不同民法实体法体系之间的竞争。特别是，在现代国际私法赋予当事人充分选法自由的情况下，不同国家和地区的民法实体法会被置于当事人挑剔的目光下并为其所选择。从强化本国民法实体法对当事人的吸引力的角度而言，一国通常会选择不断完善其民法实体法以强化国际竞争力。这也意味着国际私法在实现不同国家和地区之间民法互换性的功能之外，某种程度上还具有促进一国改进和提升其国内民法实体法质量的功能。

基于准据法确定的便利性以及避免准据法的确定出现相关实体法缺位的考量，一国民法实体法应尽可能对民事关系进行全面与系统的规定。这既有助于法官确定和适用准据法，也避免了由于一国民法实体法规定的空白而导致相关

---

① 除此之外，一国民法还可能给予国际私法上"直接适用的法"的制度，使法院地法（法院地国家的强制性规则）或外国法（准据法所属国甚至第三国的强制性规则），在并不借助冲突规范援引的情况下，成为支配当事人权利义务的法律。此时，尽管不能将该法律称为案件"准据法"，但实际上仍是通过国际私法的作用，实现了连通法院地法与外国法的目标。

准据法缺位的困境。因此，从国际私法的角度检视一国民法实体法立法（特别是一国民法典），体系性和完备性始终是最为重要的立法目标之一。仅就国际私法上的法律选择来看，法院地国家的法官在需要适用外国法的情形下，迫切希望案件所涉争议能够在该外国的民法实体法上找到具体规定。就此意义来说，一国民法实体法立法编纂的系统性和完备性，并非仅仅服务于国内民事关系的调整，也是涉外民事关系得以妥当调整的基本要求。

就理论上而言，民法实体法与国际私法之间的这种紧密关联，源自于德国法学巨擘萨维尼所建立的"法律关系本座说"。萨氏的理论为一国成文国际私法立法奠定了坚实理论基础，也使得一国成文国际私法立法与民法实体法所确立的民事关系概念体系具有相当程度的一致性。民法实体法作为准据法，是在实践层面揭示了萨氏的法律关系空间或地域分配的基本思想。

总之，就法律选择过程的基本任务而言，能否准确认定准据法并对其予以适用，既是依据国际私法规则解决涉外民事争议的需要，也是实现不同国家和地区民事实体法交流与沟通的基本方式。

三、国际私法作为协调多元民法体系的工具

一般而言，国际私法致力于不同国家之间民事法律冲突的化解，进而在维系不同国家之间私法体系的共存方面发挥着重要作用。这也正是国际私法被视为协调多元私法体系并存的工具之原因所在。

应该说，在立法管辖权分属于不同主权国家或法域的情况下，不同国家民法实体法的差异性将长期存在。当前，尽管在国际经贸领域，确实也产生和形成了为数不少的国际统一实体私法及国际惯例，但此类国际统一实体法规范无

论是在调整范围上，还是缔约国的数量上，仍然存在诸多局限性。[①] 这也是所有多边实体法条约难以避免的共同问题。一方面，多边实体法条约效用的最大化，依赖于条约调整范围的广泛性以及缔约国的普遍性；另一方面，基于多边实体法条约的达成与国家加入和批准的广泛性之考量，明确限定条约的适用范围以及为条约设置例外的声明和保留条款是极为必要的。基于实现上述两种相互冲突价值的平衡之考量，常导致达成的多边实体法条约在解决不同国家或地区之间民事法律冲突问题时力有不逮。

同时，在婚姻家庭法及继承法等深具民族文化特色的领域，试图在不同国家和地区之间实现相关实体法的统一更是困难重重，甚至在某种程度上可以说是几乎不可能完成的任务。婚姻家庭和继承等家事法问题，作为特定国家或地区社会风俗、文化传统、生活习惯和公众心理之反映，在这些领域达成统一实体法的目标之难度不言而喻。对此领域产生的相关法律冲突问题，仍有赖于国际私法发挥其协调不同国家或地区实体私法冲突的功能，并在此基础上维系当今世界法律文化的多样性。

正因如此，国际私法被视为化解不同法律体系之间冲突及沟通不同法律文化的一个重要的部门法。特别是，从沟通不同国家法律规则和制度的角度而言，国际私法可以作为一国开放其法律体系接纳其他国家不同法律规则和制度的途径，进而解决因不同国家之间实体私法差异性而产生的法律冲突问题。显然，国际私法可以作为实体私法统一化之外的另一种协调不同国家法律冲突的方式，而并不必然需要费时费力对相关领域的实体法进行统一。

从功能上而言，正如学者所指出的，国际私法不仅应被视为在公平和正义的基础上解决特定当事人之间具体民商事争议之机制，也应被视为一种用以解

---

① 例如，在国际统一实体法领域具有重要影响的《联合国国际货物销售合同公约》（CISG），其适用于营业地在不同国家的双方当事人之间所订立的货物买卖合同。该公约第2条明确规定，公约不适用于以下的销售：(a) 购供私人、家人或家庭使用的货物的销售，除非卖方在订立合同前任何时候或订立合同时不知道而且没有理由知道这些货物是购供任何这种使用；(b) 经由拍卖的销售；(c) 根据法律执行令状或其他令状的销售；(d) 公债、股票、投资证券、流通票据或货币的销售；(e) 船舶、船只、气垫船或飞机的销售；(f) 电力的销售。第3条第2款规定，公约不适用于供应货物一方的绝大部分义务在于供应劳力或其他服务的合同。公约第4条规定，公约只适用于销售合同的订立和卖方和买方因此种合同而产生的权利和义务。特别是，本公约除非另有明文规定，与以下事项无关：(a) 合同的效力，或其任何条款的效力，或任何惯例的效力；(b) 合同对所售货物所有权可能产生的影响。公约第5条规定，公约不适用于卖方对于货物对任何人所造成的死亡或伤害的责任。不难看出，上述规定大大限制了公约的适用范围和调整的事项。

决不同国家之间潜在法律冲突的结构性法律秩序。① 国际私法的目的是，通过限制不同法院重叠的管辖权以减低争议处理结果的不一致性之可能，并确保每一具体争议只适用单一的准据法，从而减少重复诉讼并确保相关判决在另一国得到承认与执行。显然，国际私法日益被认为是不同国家私法体系的一种权威的分配框架，以便于各国多元法律体系的有序共存。

关于国际私法在协调多元私法体系方面的功能，正如英国保留学院的埃里克斯·密尔（Alex Mills）博士从宪法的高度所描绘的："法律制度和规则是一个社会基本价值的反映和表达。因此，尊重社会的多样性，对于尊重法律体系之间的差异性也是非常重要的。但是，以调整大量跨国交易和相互民事交往为任务的法律制度中，必须建立一种有效协调多元法律体系的方法。否则，一种无秩序的体制将会出现，特别是个案诉讼将不可避免地付出不公正性的代价。为确保成员国之间多元法律体系的并存，发展一种协调机制是国际私法与国际公法的共同任务，这也提出了国际私法和宪法交汇的问题。"②

上述观点，既说明了国际私法所扮演的宪法角色，也揭示了国际私法在维系多元私法体系并存方面发挥的独特作用。不难看出，国际私法作为解决不同国家之间民事法律冲突的重要途径，在维系多元私法体系的有序共存方面发挥着重要作用。这也是国际私法为何常常被认为具备类似一国宪法协调国内众多立法和规则的功能。应该说，从宪法协调和规范国内立法体系的角度观察国际私法的功能，更多的是一种宏观的视野。这种视野超越了解决具体民事法律冲突的微观角度，为我们站在更高的立场观察和思考国际私法与民法的关系，提供了更为宏大和深入的视角。

值得注意的是，在全球化进程的推动下，各国法律的"趋同"（approximation）"协调"（harmonisation）及"统一"（unification）成为当今国际私法和比较法研究的重要现象。尽管如此，对于全球法律统一化的可能性及其隐含的风险，学术界仍然存在疑虑，一些国家在法律全球化和法律

---

① Mills Alex, The Confluence of Public and Private International Law: Justice, Pluralism and Subsidiarity in the International Constitutional Ordering of Private Law, Cambridge: Cambridge University Press, 2009, p. 206.
② Mills Alex, The Confluence of Public and Private International Law: Justice, Pluralism and Subsidiarity in the International Constitutional Ordering of Private Law, Cambridge: Cambridge University Press, 2009, p. 207.

统一化过程中输出本国的法律、法治文化、宪治制度、立法技术和法学教育等，猎食了一些转型国家的法律改革，并对其他国家的法律制度和法律文化发起攻势。① 这也正是一些国家坚持不同国家之间法律的交流应以"趋同"而非"统一"为目标的重要原因所在。换言之，当今世界应致力于各国法律的逐步"接近"或"趋同"，而非试图"统一"不同国家之间的法律。从国际私法的角度来看，在多元私法体系交流的立场上坚持此基本观点和立场，不仅有助于不同国家和地区之间民法体系的相互学习和借鉴，也有利于不同法域保留具有自身独特文化和地域特色的民法体系而不影响相关法律冲突问题的解决。

总之，国际私法作为协调多元私法体系的工具，通过划定一国民法立法的地域效力范围以化解不同国家之间实体私法的法律冲突，为各国民法的互换性创设了实施路径，也在维系不同国家和地区实体私法的多样性方面发挥了不可替代的作用。

第二节 国际私法与民法的差异

国际私法与民法实体法在调整对象与方法方面的差异，构成划分国际私法与民法作为两个独立部门法的重要依据。从更深入的层面而言，两者无论是在理论基础与方法论，还是在法律关系的概念体系与价值判断上，均存在显著差异。明确国际私法与民法的差异，对于澄清国际私法处于"民法特别法"或"涉外民法"的附属地位之误解具有重要意义，也有助于为一国国际私法立法模式的选取提供理论依据。

---

① 高鸿钧：《美国法全球化：典型例证与法理反思》，《中国法学》2011 年第 1 期。

一、理论基础与方法论

国际私法的发展历史,从代表真正意义上国际私法理论的"法则区别说"诞生至今已逾 800 年。就连国际私法历史相对较短的普通法系代表国家——英国与美国的国际私法历史也有将近 300 年。[①] 在这段不算短暂的时间内,诞生了众多的选法理论。[②] 显然,国际私法的产生和发展与学者的相关理论阐述紧密相关。这也是国际私法被认为具有浓厚的学说法色彩的重要原因。

在国际私法漫长的发展历程中,尽管在不同历史时期产生了诸多的理论和学说,仅就解决法律冲突问题的方法论或理论范式来看,国际私法的变革主要经历了"法则区别说"和"法律关系本座说"为代表的欧洲大陆国际私法理论,以及以最密切联系原则和"政府利益分析说"为代表的美国国际私法新理论。而且,上述理论所经历的方法论的变革共同构成了三个显著的发展阶段。因此,基于上述四种在方法论或研究范式上具有代表性意义的国际私法学说,考察国际私法与民法实体法的关系问题,对于我们理解两者在基础理论与方法论上的差异性具有重要意义。

其一,建立在对法则性质进行分析基础上的"法则区别说",所构建的国际私法体系在理论基础与方法论上与民法存在显著区别。

就"法则区别说"来看,该理论从城邦法则的性质着手,将之区分为"人法"与"物法"两大类,并认为人法具有域外效力而物法则不具备域外效力,进而为不同城邦法则的域外效力开辟了一条理论道路。该学说解决的核心问题是,本城邦法能否支配处于本邦境内的外邦人,以及本城邦法在外邦是否具有效力。根据学者基于历史文献的考察,这种理论上的解释在作为现代民法渊源的罗马法中并无现成答案,而主要借助注释法学派对《查士丁尼法典》首篇第 1 条第 1 款的有意曲解。[③]

[①] 关于这种欧美国际私法历史发展时期的计算,此处依据的是荣格教授的研究。Friedrich K. Juenger,"A Page of History", Mercer L. Rev.(35, 1983-1984), pp. 419-460;Also see Friedrich K. Juenger, Choice of Law and Multistate Justice, London:Martinus Nijhoff Publishers, 1993, pp. 6-46.

[②] 如果按照方法论的特性来看,可以将之划分为单边主义方法、多边主义方法和实体法方法;如果以美国冲突法革命为界,可将其划分为传统的选法理论和现代的选法理论。

[③] 从《查士丁尼法典》首篇标题和第 1 条第 1 款的内容来看,它所涉及的主要是宗教问题,与法律冲突并无直接关联。不过,当注释法学家对这段话进行注释时,却理性地将其解释为立法者(罗马皇帝)立法的意图只能约束其自己的臣民,而不能约束其臣民以外的其他人。李建忠:《革新与融合:巴托鲁斯的冲突法理论述评》,《法学评论》2011 年第 6 期。

但也不能否认的是，这种并未对罗马法经典原著按照文义进行逐一解释的方法，有助于实务者根据司法实践的需要解决当时面临的本城邦和外城邦的法律冲突问题。正如学者所指出的，在中世纪罗马法复兴时代，国际私法并非源于对查士丁尼罗马法的诠释，而是源于彼时法律冲突的实践问题。国际私法问题的提出，和作为现代民法肇始的罗马法复兴，两者并没有任何实质的关联。①

显然，以"法则区别说"为基础的国际私法以明确实体私法规则的地域效力范围为前提，也就决定了这一时期国际私法的理论基础建立在界定每一实体私法规则固有的适用范围上。而民法的理论基础建立在对民事关系类别的基础上，以私法自治为中心并兼顾法律所保护的社会公共利益，构建私人权利保护的法律体系。这也意味着，在"法则区别说"视角下，国际私法与民法在理论基础上并无明显联系。

"法则区别说"并非将法律问题分配到债、物权或继承等特定类别的法律关系中，而是着手探讨其域外效力问题，故而被称为"单边主义方法"。② 巴托鲁斯等注释法学家运用罗马法遗产为国际私法问题的解决所采取的解释方法，与民法所建立的法律解释学方法也存在明显差异。换言之，注释法学家并未在对罗马法的解释中演化出解决国际私法问题的方法。从"法则区别说"后期的发展来看，学者越来越依赖于对法则进行简单的"二分法"或"三分法"（增加了所谓的"混合法则"），与民法所强调的复杂而庞大的法律关系体系及精深的法律解释学方法相去甚远。就此意义而言，以"法则区别说"为基础所构建的国际私法与民法在方法论上亦存在显著区别。

其二，作为近代欧陆国家国际私法理论基础的"法律关系本座说"，与民法的概念体系存在一定关联，但在方法论上迥异。

作为近代国际私法最负盛名的国际私法理论，萨维尼的"法律关系本座说"自提出以来就全面取代了"法则区别说"的地位，成为大陆法系国家国际私法的理论基础。而且，在解决法律冲突的方法论上，萨氏的理论变革了"法则区别说"论证法则的地域效力范围的做法，转而关注法律关系的空间分配问题。正因如此，萨氏的理论被认为终结了"法则区别说"，实现了国际私法的"哥白尼革命"（Copernicus revolution）。

---

① 宋晓：《国际私法与民法典的分与合》，《法学研究》2017 年第 1 期。
② Frank Vischer, "General Course on Private International Law", Recueil des Cours（232, 1992）, pp. 36-37.

萨氏认为，每一法律关系依照其性质均有其本座（seat），每一法律关系的本座是唯一的，该法律关系应适用其本座所在地法。任何法律关系都有自己的本座，不同性质的法律关系的本座各不相同，相同性质的法律关系的本座是相同的。因此，立法者首先应当按照法律关系的不同性质对它们加以分类，进而根据各类法律关系的自身特点找出其本座的所在地，然后适用该类法律关系的本座所在地法律。① 在此基础上，萨维尼把涉外民事关系区分为人、物、债、行为、程序等不同类别的法律关系，并据此创建了一系列的双边冲突规范。

鉴于萨维尼在变革法律选择的方法论方面的贡献，以及对后世国际私法理论与实践的巨大影响，萨维尼被誉为"现代国际私法之父"。②

显然，萨氏试图借助民法中法律关系的概念体系，为国际私法所调整的法律关系创设双边冲突规范。可见，至少在法律关系的体系上，萨氏的法律关系本座说与民法具有非常紧密的关系。同时，萨氏的理论试图通过地域化的连结点为各种民事关系实现空间化的分配，由此导致萨氏所创建的法律关系地域化的方法同样无法脱离民法的概念体系。而且，萨氏的方法明显忽视具体民事关系中可能涉及的国家利益、社会政策与特定利益群体，从而构成一种完全中立和非政治性的国际私法理论。这种特性使得萨氏所构建的以"法律关系本座说"为理论基础的国际私法可以完全依赖民法的法律关系的概念体系，而无需构建自身独立的概念体系。

从方法论上而言，法律关系本座说本质上是一种"法域选择方法"（jurisdiction-selcetion approach）。该方法既不直接明确双方当事人的实体权利义务问题，也不关注个案在实体法上的裁判结果，因而是一种间接方法。而民法则属于直接明确当事人的实体权利义务关系，属于直接方法。就此意义而言，以法律关系本座说为基础的国际私法与民法的融合更多的是概念体系的融合，而非规则或内容的融合。③ 因此，以"法律关系本座说"为基础构建的国际私法在方法论上与民法存在显著差异。

其三，最密切联系原则作为美国国际私法革命理论成果的总结，以其为基础构建的国际私法与民法在一定程度共享一套概念体系，在方法论上也存在一

---

① ［德］弗里德里希·卡尔·冯·萨维尼著，李双元等译：《法律冲突与法律规则的地域和时间范围》，法律出版社1999年版。
② 刘仁山主编：《国际私法》，中国法制出版社2019年版。
③ 宋晓：《国际私法与民法典的分与合》，《法学研究》2017年第1期。

定关联。

一般认为,最密切联系原则与萨维尼的"法律关系本座说"渊源甚深,以至学术界普遍认为,盛行在各国国际私法立法和司法实践之中的"最强联系说""重力中心说"和"最密切联系说"等法律选择理论的思想渊源都可追溯至"法律关系本座说"。① 该原则在美国之所以备受推崇,原因是以概念主义为基础建造的大厦很快就暴露出其脆弱的本质结构,这种由一套盲目的"法域选择规则"组成的结构缺乏任何逻辑的推理和结果的验证,显然有悖于正统的解决跨州争议的方法。②

以最密切联系原则为基础所构建的国际私法体系,一方面,至少在理论上坚持了法律选择的多边主义立场而与萨氏所建立的国际私法体系一致,另一方面,也在实现法律的灵活性以及个案实体结果的公正性方面有所助益。正因如此,最密切联系原则自被提出以来,在世界范围内得到相当广泛的接受。诸如奥地利等国的国际私法立法甚至将该原则作为法律选择的基本原则,并置于本国国际私法典的总则部分予以明确。此外,还有诸多国家和地区将该原则作为法律选择的例外条款或补充条款,抑或特定领域冲突规范的系属。

从理论基础而言,最密切联系原则归根结底仍是基于某一民事关系与特定法域的联系。这也意味着最密切联系原则的适用在很大程度上仍然要借助于民法所建立的概念体系。而且,现代国际私法的实践表明,一国法院在适用最密切联系原则的过程中,并不仅仅局限于对案件事实性因素与特定法域之间联系的考量,也会基于案件在实体法上的裁判结果,判定与案件存在最密切联系的法域及其法律。显然,与前述"法律关系本座说"所不同的是,以最密切联系原则为基础所建立的国际私法更多融入了实体法政策、价值和利益的考量。这与追求价值中立和非政治性的传统国际私法具有实质性差异。在某种程度上而言,以最密切联系原则为基础所构建的国际私法,能够在最大程度上回应民法实体法的价值取向和政策导向的要求。

在方法论上,最密切联系原则作为一种多边主义方法,因其具备高度的灵活性而较为依靠法官对相关事实因素与案件的关联性的阐释,也有赖于法官对

---

① 刘仁山主编:《国际私法》,中国法制出版社2019年版。
② Alan Reed, "The Anglo-American Revolution in Tort Choice of Law Principles: Paradigm Shift or Pandora's Box?", Ariz. J. Int'l & Comp. Law (18, 2001), p. 880.

个案中特定政策与利益的充分考量和回应。尽管以最密切联系原则为基础的国际私法在方法论上与民法所关注的解释对象不同，但至少两者都注重法律解释方法运用，并均在法律解释的基础上关注个案的实体正义。因此，以最密切联系原则为基础建立的国际私法在方法论上与民法存在一定的关联。

其四，"政府利益分析说"作为完全抛弃传统冲突规范的全新的国际私法理论，在理论基础与民法迥异，在方法论上更无直接联系。

以柯里的"政府利益分析说"为代表的美国新理论深受法律现实主义运动的影响，其并不主张像萨维尼的理论那般进行抽象的理论演绎进而得出解决国际私法问题的一般性规则，而是倾向于在司法实践中进行具体个案分析。"政府利益分析说"主张从不同国家或州的实体法规则中揭示其所隐含的政策和利益，进而在相互冲突的利益和政策中进行取舍。除了"虚假冲突"的情形，政府利益分析说倾向于优先适用法院地国家的法律。[①] 总体而言，"政府利益分析说"是以相互冲突的实体规则为逻辑起点，而且在美国是一种得到相当广泛接受的单边主义方法。

不难看出，"政府利益分析说"既不依赖于民法中法律关系的概念体系，也不借助传统国际私法所仰仗的连结点及冲突规范体系。换言之，"政府利益分析说"作为国际私法的理论基础与民法的关系较为疏远。

从方法论上而言，"政府利益分析说"是一种建立在个案分析基础上的法律解释方法，这与民法传统中所极力构建的抽象性和普遍性的解释规则也是极为不同的。因此，以"政府利益分析说"为基础的国际私法无论是在理论基础上，还是在方法论上与民法实体法迥异。

由上可知，"法则区别说""政府利益分析说"为理论基础的国际私法与民法之间并实质关联，而以"法律关系本座说"为理论基础的国际私法与民法之间的关联性主要体现在法律关系的概念体系方面。在方法论方面，"法则区别说""法律关系本座说"与"政府利益分析说"与民法的解释学方法亦存在重大区别。以最密切联系原则为基础所构建的国际私法在概念体系与方法论上与民法存在一定程度关联。然而，全盘基于最密切联系原则构建国际私法立法体系的国家和地区在数量上仍极为有限。

---

① 刘仁山主编：《国际私法》，中国法制出版社 2019 年版。

基于以上，总体上国际私法与民法在理论基础和方法论上存在较为明显的差异。

二、概念体系

一般认为，今日所谓之成文国际私法立法，主要依赖萨维尼所创建的"法律关系本座说"。该理论所蕴含的多边主义方法为近代以来成文国际私法立法工作提供了丰富的理论资源。多边主义方法的要义在于，在将内外国法置于平等地位的基础上，为每一法律关系构建相应的冲突规范。正如前文所揭示的，以萨氏学说为基础的多边主义方法构建成文国际私法立法，需要高度依赖于民法中法律关系的概念体系。就此意义而言，民法中关于法律关系的概念体系，为多边主义方法为基础的成文国际私法立法提供了极大便利。

因此，在成文国际私法立法中，相应的冲突规则在概念体系上大量借助民法中法律关系的概念体系。例如，各国民法典体系的构建大致遵循人、物权、债权、婚姻、家庭和继承的顺序展开。反映在成文国际私法立法上，各国也大致按照人、物权、债权、婚姻家庭和继承的次序安排。[1]

尽管如此，基于解决法律冲突的目的，国际私法对于具体法律关系的分类与民法对法律关系的分类有所区别。例如，对于物权问题，民法一般从物权的权利内涵将之区分为所有权、用益物权和担保物权，而国际私法倾向于基于物的存在形态而将之分为动产和不动产；再如，对于合同之债，与各国民法一般对合同进行类型化为基础所不同的是，除了少数基于特殊利益保护之需要，国际私法倾向于不对合同进行类型化，而运用具体选法方法；又如，对于特殊侵权之债，各国民法倾向于以其是否偏离民法典中一般侵权条款为标准判断其特殊性，而国际私法则倾向于以侵权行为地法为标准判断其特殊性。[2]

同时，对于一些具备强烈价值判断色彩或基于特定利益需要予以保护的民事关系，现代民法的一个显著趋势是，在各国民法典之外形成了大量的民事特

---

[1] 尤其是，在一国民法典中设置专编规定涉外民事关系法律适用的立法模式下，涉外民事法律适用编中所规范的涉外民事关系与国内民事关系在概念体系上具有高度的一致性。采取这种立法模式的国家包括越南、俄罗斯等。
[2] 宋晓：《国际私法与民法典的分与合》，《法学研究》2017年第1期。

别法。如劳动合同法、消费者权益保护法、反不正当竞争法等。调整诸如劳动合同关系、消费关系、不正当竞争关系等具有特定社会、经济和政策考量的法律，也是常常脱离一国民法典而独立存在。这种民法典之外为数众多的法律特别规范造成传统民法典体系逐步分解的现象，被学术界称为"解法典化"。① 应该说，造成这种现象的重要原因是，伴随着现代社会经济结构的变迁，以及基于对社会公共利益和特殊群体利益保护的需要，以意思自治和私法自由为基础的传统民法已经无力回应公共利益与私人利益之间平衡的要求。

但是可以看到的是，对于国际私法立法，伴随着 20 世纪中叶以来的国际私法实体化运动，从前被视为价值中立的国际私法早已为价值取向的国际私法所取代，② 大量实体化取向的冲突规则纷纷进入各国国际私法立法乃至相关国际私法条约，诸如劳动关系、消费者合同关系、不正当竞争关系、环境侵权关系等大量特别的民事关系，均可以透过实体化取向的冲突规则保留在国际私法立法之中，而无需在一般国际私法立法之外再寻求特别的国际私法立法。应该说，这种对一般民事关系和特别民事关系的国际私法规范进行集中编纂的立法模式，并不会影响国际私法立法实现公共利益与私人利益平衡等重要目标。显然，这也构成了国际私法与民法在法律关系概念体系上的重大区别之一。

此外，在各国民法典的编纂上，基于不同国家的法律传统和实践影响，在采取"民商合一"抑或"民商分立"的立法模式上存在不同选择。上述不同立法模式的选择会直接影响国际私法立法对民商事关系的规定。例如，一些采取"民商分立"国家的国际私法立法中并不包括商事关系的冲突规则③，而一些采"民商合一"国家的国际私法立法涵盖了商事关系的冲突规则。④ 对于国际私法而言，其中心任务在于解决争议所涉不同国家或地区之间法律的冲突，实现法律关系空间分配。显然，国际私法并不像民法那般，需要在基于民法与商法在价值追求和形式要求等方面的差异，而对两者予以区分对待。当然，这种无差异性仅是立法形式上的，在具体规则的构建上，商事冲突规范与民事冲突规范在价值取向等方面还是有所不同。

---

① 陆青：《论中国民法中的"解法典化"现象》，《中外法学》2014 年第 6 期。
② 宋晓：《当代国际私法的实体取向》，武汉大学出版社 2004 年版。
③ 例如，德国《民法典施行法》中的国际私法也几乎没有包含商事国际私法的内容，诸如票据的法律适用问题规定在德国票据法中，国际破产法律适用问题规定在破产法中。
④ 例如，瑞士是典型的民商合一国家，其独立的国际私法立法几乎囊括了所有商事国际私法的内容，包括公司、信托和破产等。

因此，从国际私法的角度而言，其并不区分"民商合一"还是"民商分立"的问题。详言之，对于采"民商合一"的国家，即便在民法典之外存在大量的民事特别法，国际私法也可以将所有的民商事关系规定在同一部系统立法之中，而无需在此之外对商事关系的国际私法问题进行特别立法；对于采"民商分立"的国家，即便在民法典之外存在专门的商事立法，亦不影响一国国际私法立法囊括所有民商事关系于一部专门立法之中。因此，从对民事关系和商事关系的规范形式来看，民法与国际私法存在明显差异。

再如，民法与国际私法法律行为概念及其功能上存在差异性。法律行为作为民法的核心概念，是对各类不同行为抽象提炼的结果，而国际私法中的法律行为却无须如此。从法律适用层面而言，不同法律行为都有其自身的独特性。对各类具体法律行为选择适用法律，必须以各具体行为的特殊性为依据。而且，法律行为的特殊性具有相对性，同一法律行为在不同的法律部门中其特殊性也会存在差异。①

与此同时，尽管民法与国际私法的根本目的，都在于维护当事人的合法民事权益，但两者承担的具体功能又有所不同。民法在于调整民事关系，国际私法则主要在于明确涉外民事争议的法律适用问题。②显然，两者在调整对象方面的差异，必然导致在调整方法上的不同。

最后，就国际私法上极为重要的识别制度而言，鉴于各国国际私法一般建立在民法的概念体系之上，故法官倾向依据国内民法对冲突规范中的法律概念进行解释。但是，仅依赖于国内民法中的概念体系显然无法满足国际私法上的识别。例如，如果法院地的民法中并无所涉外国法上的法律概念或法律关系，显然会陷入识别所依据的概念体系落空的困境。正因如此，不少国际私法学者认为，国际私法上的识别应该在比较法的基础上进行，并充分考虑外国法的概念体系。③如前文所述，在识别问题上，"法院地法说"的这种局限性正是"新法院地法说"得到广泛接受的重要原因之一。由此可见，国际私法中的概念体系应当区别于国内民法，并在一定程度上超越一国民法的概念体系。因此，从

---

① 以权利质权为例，对于民法而言，该项权利只是物权的内涵之一，并无其他特殊性。而对于国际私法而言，基于权利质权的特殊实现形式及构成要件，有必要将其视为特殊法律行为加以对待。
② 参见《民法典》第1条及《法律适用法》第1条之规定。
③ [德]马丁·沃尔夫著，李浩培、汤宗舜译：《国际私法》，北京大学出版社2009年版；[德]拉贝尔著，薛童译：《识别问题》，《比较法研究》2014年第4期。

识别的角度来看，国际私法与民法的概念体系亦不完全相同。

基于以上，国际私法与民法在概念体系上存在明显区别。大体而言，国际私法可以在很大程度上借用民法的概念体系，但同时基于国际私法所解决的涉外民事法律冲突问题横跨国内法与外国法，这也使得国际私法上的概念体系必然超越民法上的概念体系。实际上，即便国际私法借用民法上表述相同的概念或制度，国际私法对其解释更为宽泛，以便适当考虑或涵盖外国法上的相关概念或制度。

三、价值判断

现代法律在特定当事人之间乃至国家与当事人之间倾向性地分配权利及施加义务的做法，是各国立法实践者普遍关注的重要问题，也反映了立法者对特定领域法律问题所作的价值判断。在实践层面，不仅立法者需要在立法环节处理特定法律规则和制度的价值判断问题，而且司法者在适用和解释这些规则和制度的过程中同样面临该问题。

为在具体法律关系中达成特定的实体法政策或结果，民法作为实体法规则能够针对特定当事人直接倾向性地赋予权利或施加义务。而国际私法作为主要规定冲突规范这种间接规范的部门法，可以通过在冲突规范的制定上运用特定的立法技术，或采取政策导向的选法方法或规则贯彻特定实体法价值或政策。除实践中熟知的劳动合同、消费者合同、保险合同及包括环境侵权、人格权侵权、产品责任在内的若干特殊侵权之外，在涉及一国公序良俗或与当事人人身关系密切的诸如跨国代孕、同性婚姻等涉外民事纠纷上，亦是如此。

应该说，民法典和国际私法价值判断上的差别，不要求二者完全对应。在传统概念体系的基础上，国际私法和价值判断根源于民法，但现代国际私法理论和实践的发展，已然超越了民法典本身的价值内涵。民法典是一国民族生活和习惯的反映，也是对一国民族精神和文化的诠释，但以协调法律冲突为核心的国际私法，不仅需要反映一国的民法文化，更需要以更为宽容和开放的姿态，应对国际民商事交往中不同法律文化背景下的价值冲突和文化冲突。不论是在具体规则和制度建构上，还是在立法原则、法律价值和法律渊源上，国际私法都不可避免地融合了更多的国际元素和多元文化背景。而民法典的制定则基本上不需要考虑跨地域和跨文化的多重因素。

正如学者所指出的，近代国际私法形成于被称之为"国际协调"的时代。在此时期内，各国实体法制度中所具有的各种各样的法律目的及指导理念对国际私法并不产生作用。但是，在现今多样性的进程中，在国际私法层面上要求进行特定价值判断的倾向已经非常明显。① 除了民法实体法政策和价值之外，宪法和人权法对国际私法的影响和要求也逐渐显现，这也使得当今国际私法也在发生着从价值中立（value-neutralized）到价值取向（value-oriented）的嬗变。

传统的国际私法是建立在德国法学巨擘萨维尼所构建的国际私法理论之基础上，即国际私法的功能是，确保具体的跨国私法争议被分配到与争议具有"最密切联系"的法域之中。对于这种"最密切联系"法域的认定问题，萨维尼主张依据特定法律关系的本座来确定。鉴于每一特定法律关系的本座是唯一的，该法律关系均可按照本座分配到一个特定法域中。显然，尽管萨氏解决法律冲突的理论在方法论上实现了所谓的"哥白尼革命"，但其本质上仍是一种"法域选择方法"（jurisdiction-selection approach）而非"结果选择方法"（result-selection approach）。即，依据"法律关系本座说"所确定的是，与争议存在最密切联系的法域而非与争议存在最密切联系的法律。这种方法也被德国国际私法学者克格尔（Kegel）称为"空间"或"地理"范畴上的解决方法。②

不难看出，上述方法的理论假设是，空间意义上最适当法域的法律就是解决个案争议"最适当的"法律。显然，这种理论假设忽视了适用于个案争议的法律之内容以及争议解决之具体妥当性。反映在国际私法立法上，这种方法表现为强调国际私法规则的确定性以及在分配国际民商事法律关系的客观性。然而，对于案件当事人是否得到公正的待遇，以及案件结果是否公正合理则并非国际私法所应当考虑的，上述目标也非国际私法所能实现的。这种在价值取向上的中立性也被称为国际私法的"冲突正义"（conflict justice）。鉴于价值中立的国际私法在实现法律的确定性和可预见性方面助力甚大，故传统的"法域选择方法"自诞生以来，在相当长的时间内并未遭遇重大挑战。

但是，自20世纪60年代伊始，国际私法学界也开始关注美国国际私法革

---

① ［日］笠原俊宏著，李旺译：《国际私法的现代课题》，《清华法学》第六辑，清华大学出版社2005年版。
② G. Kegel, "Paternal Home and Dream Hone: Traditional Conflict of Laws and the American Reformers", Am. J. Comp. L. (27, 1979), p. 615, pp. 616-617.

命，而对传统国际私法中抽象与教条的解决方法予以越来越多的批评。美国的利益分析方法，特别是柯里的"政府利益分析说"（governmental interests analysis theory）在欧洲引起了广泛讨论。几乎与柯里提出其理论的同时，欧洲学者弗朗西斯卡基于1958年正式提出了"直接适用的法"（lois d'application immédiate）的理论。有学者认为美国理论的影响，尤其是柯里的理论是不能忽视的。① 应该说，一国制定强制性规则直接用于调整某些国际民商事关系，其宗旨是维护民族国家的利益。而且，这种直接适用的法律可较好促成内国立法政策的实现。②

这些理论上的发展，促使学术界也在思考传统国际私法规则是否应融入实体内容，特别是政策考量和利益分析的因素。这也意味着，在当今国际私法的多样化进程中，要求在国际私法中进行特定的价值判断的倾向已经非常明显。以国际私法的发展为背景，以国际私法的经验积累为基础，国际私法的发展越来越要求有更加周密的法律结构。③

从本质上而言，价值中立的国际私法规则所采取的法域选择方法的优点在于，实现判决的国际协调的目标。但是，即便是在追求国际一致性的时代，价值中立的国际私法规则中也存在例外机制以使达成合理之案件结果。例如，以反致条款、公共政策作为逃避机制（escape mechanism）便利法官获得意欲之结果。④ 显然，价值中立的国际私法亦不排除通过特定机制的引入以实现个案的实体正义。这也意味着国际私法与民法一样，均致力于实现实体法上的公平与正义。

传统国际私法理论从国际主义的立场出发，以判决的国际协调为重要目标。这种国际私法价值追求在传统国际私法中占据着重要的地位。但是，在当今国际私法的语境下，这种价值追求显然已经有所弱化。事实上，国际协调目标的实现只有在理想情况下才能得以实现。即，同一涉外民商事争议无论在哪

---

① 二者的交点就在于单边主义的方法，也就是说，第三国的实体规范可以绕开调整该法律关系的冲突法而予以直接适用。参见肖永平、王承志：《晚近欧洲冲突法之发展》，《中国法学》2004年第5期。
② 刘仁山：《"直接适用的法"在我国的适用——兼评〈涉外民事关系法律适用法〉解释（一）第10条》，《法商研究》2013年第3期。
③ ［日］笠原俊宏著，李旺译：《国际私法的现代课题》，《清华法学》第六辑，清华大学出版社2005年版。
④ 也有学者认为，反致和公共秩序条款常常适用于当事人利益保护问题。［日］笠原俊宏著，李旺译：《国际私法的现代课题》，《清华法学》第六辑，清华大学出版社2005年版。

个国家进行诉讼均应适用相同准据法,进而求得相同判决。这无疑避免了平行诉讼与相互冲突的判决之产生。但是,这种目标的达成显然存在诸多不确定因素,因为相同案件要获得相同结果,必须要求各国制定或施行相同国际私法规则,并且在这些规则的解释和适用上也必须一致,这在实践中无疑是极难实现的。因此,当今仍然以判决的国际协调作为国际私法上最为重要的理念是值得怀疑的。①

在人权保护理念在世界范围内得到普遍认可之时代背景下,以及国内宪法性规则与人权法条约介入国际私法的实践之现实关照中,价值中立的国际私法并不能满足人权法规则对国际私法所提出的实质正义之要求。因此,以国际协调为价值取向的传统国际私法现今显然不能适应当今国际私法实践发展之需要,而亟待一种价值取向的国际私法之产生。正如法国巴黎第一大学的国际私法学者瓦特(Watt)教授所言:"自20世纪中叶以来,在私法上的结果选择方式,使得选法理论失去其中立性,法律选择理论同时被视为失去了其'纯真'的特质。"②

传统国际私法理论认为,国际私法规则与实体法规则不同的是,前者并不直接规定当事人的权利与义务,而仅是一种决定国际民事程序和准据法问题的纯粹中立之技术性规范。但是,伴随着20世纪五六十年代以来的国际私法之实体化发展趋势,上述观点受到越来越多的批判。例如,德国学者普遍认为,一切法律都不得和宪法抵触,国际私法亦是如此。这至少表明国际私法并不是没有价值取向的中性法律,而是要受到宪法的制约。③

除了国内宪法性规则之外,作为人权较为系统化的法律依据,《欧洲人权公约》介入国际私法的实践也成为一种普遍现象。例如,法国国际私法学者拉加德(Lagarde)教授认为,在欧盟的背景下,国籍作为连结点在很大程度上会涉及《欧洲人权公约》第14条所规定的非歧视权之问题。因此,在欧盟家庭法

---

① Symeon C. Symeonides, Codifying Choice of Law around the World: An International Comparative Analysis, Oxford: Oxford University Press, 2014, p. 348.
② Horatia M. Watt, "Choice of Law in Integrated and Interconnected Market: A Matter of Political Economy", Columbia Journal of European Law (9, 2003), p. 385.
③ 王葆莳:《论宪法基本权利对德国国际私法之影响》,《河南政法管理干部学院学报》2009年第4期。

问题上，惯常居所将会比国籍更适合成为相关冲突规范的连结点。①

除在国际私法规则的构建上遵循人权保护之要求外，在司法实践中，欧洲人权法院所作出的一系列涉及国际私法问题的判例，也凸显了国际私法对实质正义之追求。即，如果当事人认为其依据公约所享有的基本人权受到侵害，则可依据公约之相关规定直接向欧洲人权法院提出申诉。鉴于欧洲人权法院作出的裁判亦应得到《欧洲人权公约》缔约方的遵守，《欧洲人权公约》介入国际私法案件的相关实践具有重要意义。

总体而言，价值中立向价值取向转变的国际私法的发展和变革，主要表现如下：

第一，国内宪法和人权条约所规定的人权得到充分尊重。长期以来，人权对国际私法的影响问题一直受到学术界的关注。基于国内宪法中基本权利所具有的"间接第三人效力"，国际私法规则的构建、解释与适用结果均不得违反宪法中的人权法规则。同时，《欧洲人权公约》对国际私法的影响也是直接的。无论是在国际民事管辖权的行使，或者是冲突规则的构建与准据法的具体适用，以及判决的承认与执行问题上，《欧洲人权公约》中相关基本人权均得到充分保护。尽管不同缔约方在维护公约下人权可以采取不同的方法，但在最终达成的结果并无差异。

第二，依据国内宪法和《欧洲人权公约》之规定在特定国际私法问题上形成人权保护标准之共识。尽管各国宪法所规范的内容可能存在差异，但是在特定基本权利的保护上并不会存在根本不同，特别是对平等权、自由权等基本权利的认同和保护。同时，在《欧洲人权公约》的实施中，尽管缔约方法院保有一定的自由裁量之余地，但是欧洲人权法院对公约下具体人权的解释和适用，显然有助于促进缔约方对之进行一致性的实践。例如，欧洲人权法院在判例中多次强调，《欧洲人权公约》第6（1）条规定的程序方面的基本人权是应被缔约方遵循的最低人权标准。

第三，国内宪法及《欧洲人权公约》间接地扩展国际私法上人权保护的地域范围。通常而言，宪法具有严格的属地效力而只能在本国管辖领域内适用，但这并不影响一国法院依据国内宪法中的人权法规范，审查外国法的适用及外

---

① A. V. M. Struycken, "Coordination and Cooperation in Respectful Disagreement", Recueil des Cours (311, 2004), pp. 162-163.

国判决的承认与执行问题。这种实践实际上将本国宪法中的人权标准间接地用以调整外国法或外国判决之妥当性。同时，尽管《欧洲人权公约》不能对非缔约方施加义务，但在"Pellegrini 案"与"Maumousseau 案"等案件中，欧洲人权法院认为，自己的任务并不是审查非缔约方法院的诉讼程序是否符合公约第 6（1）条之规定，而是审查缔约方法院执行非缔约方法院的判决是否符合公约第 6（1）条之规定，由此导致的结果是，《欧洲人权公约》第 6（1）条之规定间接地对非公约缔约方法院作出判决的程序施加了人权法上之义务。此外，在外国法的适用问题上，《欧洲人权公约》亦具有同样之效力。①

尽管在国内宪法和人权条约的影响下，国际私法呈现出实质正义的价值取向，但仍需指出的是，以人权保护作为国际私法的价值取向，并非意味着完全摒弃传统国际私法所追求的国际协调之目的，而是在两者之间进行协调。

前述考察表明，尽管民法与国际私法均要求对各自的相关规则和制度进行价值判断，但国际私法所涉及的价值判断问题牵涉跨地域和跨文化的多重因素。而且，国际私法本身所承载的沟通本国法与外国法的功能，要求其在价值判断上对外国法的相关规则和制度抱以更大的宽容。

第三节　国际私法与民法的沟通

前述考察表明，国际私法与民法在理论基础与方法论、概念体系和价值判断方面的关联性并不明显。在上述方面，国际私法与民法之间的差异性甚于一致性。但不能否认的是，作为协调本国法和外国法的部门法，一国国际私法与民法实体法也存在沟通的路径。

---

① 黄志慧：《人权保护对欧盟国际私法的影响》，法律出版社 2018 年版。

一、民事法律体系的完整性

从法律体系的角度来看，一国现行的全部法律规范按照一定的标准和方法可以划分为不同的法律部门，这些法律部门分类组合可以形成一个呈现体系化的有机整体。从部门法的构成来看，一国法律体系至少包括宪法和宪法性法律、行政法、刑法、经济法、社会法、自然资源与环境法、民商法、诉讼法和非诉讼程序法等。应该说，一国法律体系的理想状态是部门法齐整、结构清晰、逻辑严密、内部协调的现行法体系。

显而易见的是，上述认识在很大程度上仍然将一国法律体系局限在国内法，而未囊括对一国具有拘束力的国际法体系。这种认识与一国现行有效的法律规范体系的客观现实并不相符，也违反了一国法律体系具有周延性的基本要求。因此，需要特别指出的是，尽管一国法律体系是一国国内法构成的体系，但也应包括对本国生效的国际法（在国家认可的情况下，也包括国际惯例）。现行诸多对法律体系概念的理解大多忽视了国际法在一国法律体系中的地位。

实际上，在国家与国家以及国家与个人之间联系日益紧密的全球化时代，国内法与国际法的交流和沟通乃至相互影响，成为一个非常普遍的现象。① 就此意义而言，现行法律将包括国际私法在内的一国调整对外政治、经济、民商事等法律关系的国际法排除在本国法律体系之外的做法，既不符合一国法律体系科学性和完备性的基本要求，也与当今实践中国内法与国际法之间联系日益紧密的客观现实相悖。②

应该说，在一国民事法律体系的构成问题上，至少可以明确如下两点：一是民法和国际私法是一国法律体系的不可或缺的组成部分；二是一国等调整平等主体之间人身和财产关系的民事法体系，不仅应包括有关国内法，也包括对一国具有拘束力的相关国际条约和惯例。基于以上认识，仅就构成一国法律体系组成部分的民法和国际私法而言，应被进一步理解为"民事法体系"。该体系不仅应包括调整纯粹国内民商事关系的国内法规则体系，也应包括调整涉外民

---

① 刘仁山：《论作为"依法治国"之"法"的中国对外关系法》，《法商研究》2016 年第 3 期。
② 有学者认为，由于一国的对外事务与内部事务相互交错，导致国际法律秩序与国内法律秩序的传统界限趋于模糊。因此，囿于国际法与国内法的传统两分法思维难以准确界定特定的法律问题以及确定可能的解决方案。蔡从燕：《中国崛起、对外关系法与法院的功能再造》，《武汉大学学报（哲学社会科学版）》2018 年第 5 期。

商事关系的国际私法规则体系（包括对一国具有拘束力的调整涉外民商事关系的国际条约和惯例）。

因此，从一国民事法律体系科学性和完备性的基本要求而言，其构成可以由民法和国际私法构成。从一国民事法体系的构成的角度，可以发现民法实体法与国际私法之间的紧密联系。即一国民事法律体系应由调整国内民事关系的民法实体法和调整涉外民事关系的国际私法构成。从一国调整民事关系的法律规范之构成来看，一个国家健全的民事法律体系，应该是由调整纯国内因素民事关系的民事法律，和调整具有涉外因素民事关系的涉外民事法律共同构成。这种认识，实际上也深刻揭示了民法与国际私法在共同服务于维护和实现当事人民商事利益的功能。

从一国法治建设的角度而言，其民事法律体系的任务既包括纯粹国内民事关系的调整，也包括涉外民事关系的规范。可以说，一国民事实体法与国际私法共同服务于一国民事法治建设。这也意味着，一国民事法治建设既包括民商实体法的改进，也包括国际私法的完善，且两者缺一不可。应该说，在一国立法和司法实践中，协同发挥民法实体法与国际私法的功能，对于一国健全民事法律体系，实现内国法与外国法的良性互动，具有重要意义。

但是，鉴于民法实体法与国际私法在调整对象、调整方法、理论基础和方法论、概念体系、价值判断、体系建构等诸多方面的重大差异，从立法形式上而言，民事实体法立法与国际私法立法宜保持各自独立性。特别是，国际私法本身是一种"自成一类"的法律规范。[①] 否则，无疑会在一定程度上削弱整部民法典的内在逻辑性及有机关联性，也会使得逐渐完备的国际私法体系遭到破坏。以上说明，从健全一国民事法律体系的角度而言，国际私法与民法的联系更多体现在两者逻辑上的紧密关联，以及服务于健全一国民事法律体系的共同功能。但是，国际私法与民法在立法形式上的联系并不明显。相反，基于民事法律体系完整性的考量将两者一并予以规定的立法模式，在实践中反而导致诸多问题。

总之，从一国民事法律体系的角度而言，不论是调整国内民事关系的民法实体法，还是调整涉外民事关系的国际私法，都是一国民事法律体系中不可或缺的组成部分。一国民事法律体系的建构与完善，有赖于民法实体法与国际私

---

① 刘仁山：《中国国际私法立法应独立于民法典的编纂》，《法制日报》2015年5月6日。

法相互作用、相互影响与相辅相成。从一国科学、完整的民事法律体系的构成，可以清晰地看到民法与国际私法的关联。

二、各国民法实体法的互换性

国际私法的重要功能是，通过划定一国民法实体法的地域效力范围，透过法律关系空间分配的方式，实现不同国家民法实体法的互换性。在立法上表现为，一些国家的民法典或民法立法中有规定该国民法典或民法实体法的地域效力范围的条款。

例如，早期的民法立法如1804年《法国民法典》第3条规定："关于警察和安全的法律对于所有位于本国境内的人均有约束力。不动产即使属于外国人所有也应适用法国法律。有关人的身份和能力的法律适用于所有法国人，即使其位于外国也不例外。"再如，晚近的民法立法如我国2018年《民法总则》第12条规定，中华人民共和国领域内的民事活动，适用中华人民共和国法律。法律另有规定的，依照其规定。①

以国际私法的眼光来看，民法立法中的地域效力的条款，实际上用以处理该法与其他调整涉外民事关系的法律（国际私法）之间的关系。为了与民法立法的规定相呼应，国际私法立法亦有必要对自身的适用范围进行明确规定。例如，我国2010年《法律适用法》第2条规定：涉外民事关系适用的法律，依照本法确定。其他法律对涉外民事关系法律适用另有特别规定的，依照其规定。该规定表明，对于涉外民事关系的法律适用问题，应依据国际私法立法进行规

---

① 《民法总则》的第12条原为《民法总则》（草案）中的第13条。有学者认为，"在中华人民共和国领域内的民事活动，适用中华人民共和国法律，法律另有规定的，依照其规定"这句话里面，"中华人民共和国法律"和"法律"到底是什么关系？由于《涉外民事关系法律适用法》也是中华人民共和国法律的一部分，因此，"适用中华人民共和国法律"从逻辑上讲就包括《涉外民事关系法律适用法》和其他国际私法法规。但如果这样理解，就意味着，发生于中华人民共和国境内的民事活动，也要适用国际私法。这显然是不合常理的。而如果把"中华人民共和国法律"仅理解为实体法，而不包括《涉外民事关系法律适用法》，那么后面的但书中的"法律"又是指什么呢？另外，该条仅规定了"在中华人民共和国领域内的民事活动"，而没有规定"在中华人民共和国领域外的民事活动"。相关观点参见杜涛、肖永平：《全球化时代的中国民法典：属地主义之超越》，《法制与社会发展》2017年第3期。此外，学者也认为《民法通则》第8条第1款旨在宣誓国家属地主权的简单规定早已不合时宜，与国际私法规则相悖。这种源于特殊历史背景下不自觉师法苏俄民法立法草案的做法不足取。许庆坤：《我国民法地域效力立法之检讨——以〈中华人民共和国民法通则〉第8条第1款为中心》，《法商研究》2015年5期。

范。无论该国际私法规范是规定于专门性国际私法立法,抑或规定在其他部门法。一国民法实体法要支配涉外民事关系,必须透过国际私法规则的指引进而作为案件准据法得以适用。

依据法律的一般属地原则,一国制定的民法立法,对于在该国境内发生的所有民事活动均具有约束力。这种理解,既是一国立法管辖权的要求,亦是表达一国国家主权的应有之意。[①] 但是,从国际私法的角度来看,一国境内发生的民事活动,并非绝对适用该国民法实体法。对于含有涉外因素的民事关系,例如,对我国而言,如果案件当事人一方或双方是外国公民、外国法人或者其他组织、无国籍;当事人一方或双方的经常居所地在我国领域外;标的物在我国领域外,产生、变更或者消灭民事关系的法律事实发生在我国领域外等,则必须依照我国《法律适用法》在内的国际私法立法或其他单行法中的国际私法规则决定案件所适用的法律。就此意义而言,一国所制定的民法实体法不仅为本国人以及发生在本国境内的民事活动提供规范依据,而且通过国际私法规则的作用,也可能作为外国人及发生在境外的民事活动的法律依据。

基于以上,一国民法典或其他民事立法中地域效力条款是连接国际私法与民法实体法的基本方式。而且,对于民法典或其他民事实体法中规定的地域效力条款,从国际私法的角度而言,同样可以视为是连接不同国家民法实体法的中介。

其一,一国民法实体法中规定的地域效力条款对于处理国际私法与民法的关系是必要的。

一国民法实体法规定对于在本国领域内发生的民事活动,适用该国法律,是明确了一国国内民事立法的地域效力的原则性规定。所谓该国法律,显然是指该国的民法实体法,亦即国际私法上所说的"内国法"(domestic law)。而一国某一具体民法实体法通常也会明确,如果"法律另有规定的,依照其规定"。所谓"法律另外有规定"之"法律",显然是指规范与一国相关的"特殊"民事关系之"其他法律"。从国际私法的角度来看,这类法律所规范的"特殊"民事关系即所谓涉外民事关系,既可能发生在一国领域内,也可能发生在一国领域之外。该"其他法律"是指一国民事关系的特别法——包括专门的涉外民事关

[①] 刘仁山:《〈民法总则〉对〈法律适用法〉的回应与启示》,《政法论坛》2019年第1期。

系法律适用法及其他单行法中规定的有关国际私法规定。[①] 简言之，民法典或其他民事实体法立法中规定的地域效力条款，对于处理一国民法实体法与国际私法之间的关系是必要的。

其二，一国民事实体法中规定的地域效力条款并不影响该国民法实体法在域外的适用。

一国民事实体法立法强调本国法律支配在该国领域内发生的民事活动，仅是从民法的角度规定民法实体法的地域效力范围，强调一国对其领域内发生民事活动属地管辖的优越性，但并非意味着一国完全排除本国民法实体法的域外适用（包括并不否定外国法院可以适用本国民法实体法），也不否定外国民法实体法在本国领域内的适用。

一方面，一国国际私法立法可能明确放弃对本国领域内民事关系的支配效力，如一国国际私法立法可以规定本国境内的相关民事法律关系应适用外国法、国际条约或国际惯例的，从其规定；另一方面，对于一国民法实体法能否适用于该国领域外的民事关系，则取决于该国国际私法的规定。例如，对于与我国有关的特定涉外民事关系，相关的民事争议如果在我国处理，我国民事实体法是否适用于该民事争议，依据我国国际私法规则之规定决定；相关民事争议如果在外国处理，则有赖于外国的相关国际私法规则之规定决定。这既有可能适用我国国内民法实体法，也有可能不适用我国国内民法实体法。因此，一国民法实体法中规定的地域效力条款实际上并不会影响本国民法实体法支配域外的民事关系。

基于以上，可以认为民法实体法立法中的地域效力条款，通过划定一国民法的地域效力范围，化解不同国家之间实体私法的法律冲突，为各国民法的互换性创设了实施路径。

三、私人利益保护的共同性

形形色色的选法理论为国际私法的历史增添了别样的色彩。尽管它们在很

[①] 刘仁山：《〈民法总则〉对〈法律适用法〉的回应与启示》，《政法论坛》2019 年第 1 期。

多方面存在差异，但是始终有一条主线贯穿其中，即在普遍主义和特殊主义之间交替转换。① 这两种倾向也体现了国际私法的性质和所追求目的在不同时期的不同转换。

早期的"法则区别说"很大程度上属于单边主义方法，其从法律规则本身的适用范围出发来决定法律适用问题，特别是法则"三分说"中的"混合法则"，由于无法确定其适用范围，只能偏执地适用"物法"的规则。这种做法显然限制了法律的域外效力，而站在了特殊主义国际私法的立场。

近代萨维尼提出"法律关系本座说"之后，国际私法的普遍主义成为处理本国法与外国法之间关系的主角，其影响持续至今，并形成了当今成文法系国家解决不同国家和地区法律冲突的基本思维和模式。应该说，尽管萨氏所提出的"法律关系本座说"过于理想，但在坚持普遍主义国际私法的基本立场上写下了光辉的一页。

而经过美国轰轰烈烈的冲突法革命之后，各种单边主义的选法理论与方法得以复兴，并一度成为美国国际私法的显著特征之一。但是，这种单边主义的理论与方法难以平等对待内外国（法域）的法律，使得法律选择中的"归家趋势"成为实践常态，这也昭示着特殊主义国际私法卷土重来。

总体而言，当今国际私法的主流似乎仍然是普遍主义，但特殊主义也占得一席之地。也许是国际私法理论和实务界人士意识到，社会发展的现实使得国际私法并不是总能实现我们所奢望的一致性的目标。人们也应逐渐认识到，除一致性的目标外，国际私法也应该同时追求一些别的目标，而且这些目标也可以与一致性目标并列。②

在成文立法上，当今似乎也没有任何国家或地区的国际私法立法全盘以普遍主义的立场来构建国际私法规则体系。在涉及一国重要的立法政策和利益的领域，总是或多或少的存在着特殊主义的影子。在普通法系国家，追求国家（特

---

① 持普遍主义主张的学者认为，国际私法是国际法，国际私法的一些原则可以从超越国家之上的国际法或自然法推演而得，并且根据这些原则就能构成一个普遍性的冲突法规范体系，用以限定各国的立法管辖权，并对各国具有一般约束力。因而，他们被称为普遍主义——国际主义学派。而与之相对的特殊主义——国家主义学派则认为，国际私法是一国国内法的组成部分，并不存在全世界适用的冲突法规范体系，冲突规范的内容完全由各国凭借国家主权自由决定，并对内国法与外国法的适用采取不平等的态度。《中国大百科全书·法学》，中国大百科全书出版社1984年版。
② [美] 西蒙尼德斯著，宋晓译，黄进校：《20世纪末的国际私法——进步还是倒退》，载梁慧星主编：《民商法论丛》（总第24卷），金桥文化出版（香港）有限公司2002年版。

定法域）利益的特殊主义立场，并不是完全受到了柯里的理论或其他美国理论的影响。西蒙尼德斯教授也认为，国际私法对国家利益的考虑和阐释，常被认为是一个例外，而非一般。① 这或许就是国际私法历史发展的必然趋势，多元化的价值必须要有多元化的选法理论。

在 20 世纪之初，国际私法所调整的涉外民商事法律关系的类型和数量都极为有限，与现代国际民商事法律关系的复杂性和数量上的爆炸式增长相比，不可同日而语。② 因而传统国际私法所追求的结果的一致性是比较容易实现的。而在当今世界面临着政治的多极化、经济的全球化、人类社会的信息化、文化的多样性的复杂情势下，国际私法实现法律确定性的目标面临更大挑战。另外，在理论基础上，传统国际私法深受概念主义法学的影响，其强调对法律概念的分析和构造法律的结构体系，更加注重法律的稳定性和一致性。③ 而现代国际私法对概念主义法学的接受较为有限，相反利益法学在两大法系的国际私法学界吸引了相当多的拥护者和支持者。

20 世纪初的美国，在经济上和法学理论上都发生了急剧的变化。④ 经济和社会的变迁要求国际私法不能一味固守法律的确定性目标，而对社会的正义视而不见。事实上，在大洋彼岸的欧陆国家，国际私法的价值取向也开始关注一致性目标之外的其他因素，如特定案件中法院地的政策和利益。在理论上表现为"直接适用的法"的理论之提出。有学者认为美国理论的影响，尤其是柯里的理论的启示是不能忽视的。⑤ 在立法实践上则表现在强调国家经济政策的实现

---

① [美] 西蒙尼德斯著，宋晓译，黄进校：《20 世纪末的国际私法——进步还是倒退》，载梁慧星主编：《民商法论丛》（总第 24 卷），金桥文化出版（香港）有限公司 2002 年版。
② 事实上，早期诞生于意大利的法则区别说所调整的法律冲突是各城邦之间的法律冲突，因而其更大的意义上是一种区际冲突法，而非国际私法。直到法国民法典的颁行，冲突法才更接近于今天人们所谓的"国际私法"。
③ 德国学者克格尔教授对国际私法的历史进行分析后得出结论：从法则区别说开始，国际私法一直是一种概念法学。法则区别说的三个基本概念是人的法则、物的法则和混合法则，通过将各种实体规范归入这三个基本概念之中来探求法律的适用。概念主义法学在萨维尼那里得到进一步完善。他从法律关系出发来探讨问题，用"法律关系本座说"来取代法则区别学说，认为应当探求法律关系根据其本性所服从的或归属的那一法律地域，或者说是其本座所在地。Kegel, Begriffs-und Interessenjurisp rudenz in internationalen Privatrecht, in：FS Lewald, 1953, S. 260-261. 转引自杜涛：《利益法学与国际私法的危机和革命——德国国际私法一代宗师格尔哈特·克格尔教授的生平与学说》，《环球法律评论》2007 年第 6 期。
④ 经济出现了高度的垄断化，伴随着美国社会的高度公司化，企业造成的侵权案件占了多数。这种新型的侵权案件要求改革传统的侵权制度。在合同领域，伴随市场化带来的两极分化，许多合同当事人实力悬殊，合同自由徒有其表，弱方当事人的利益难以维系。许庆坤：《美国冲突法理论嬗变的法例——从法律形式主义到法律现实主义》，商务印书馆 2009 年版。
⑤ 肖永平、王承志：《晚近欧洲冲突法之发展》，《中国法学》2004 年第 5 期。

和对社会普遍利益保护的强制性规则的采纳。① 随着人权思潮的广泛传播，个人权利的保护也成为国际私法上的一个重要课题。从国际主义立场出发要求达到判决的一致性，在今天也是国际私法不可动摇的理念之一。而从特殊主义出发，则要求考察与案件有某种关联的国家或社会的利益。以上连结政策都考虑到相关国家的秩序利益，而在今天，更广泛、更积极地考虑当事人的利益已经成为一个明显的发展方向。②

因此，必须认识到国际私法的价值取向早已不是国际主义与国家主义的二元结构，当今国际私法还必须高度关注涉外民事关系中个人的利益，这也是国际私法目的的必然要求。③ 如何在涉外民商事案件中公平合理地解决争议，稳定和保护当事人的权益已经成为国际私法存在和发展的重要原因。国际私法发展至今日，价值取向的多元化已经是一个不争的事实。与多元的价值相伴而来的便是它们之间的冲突如何协调的问题。显然，任何一种单一的选法理论都无法消弭多种价值取向之间的冲突，这是一国国际私法立法所必须认真对待的问题。

以上情势表明，与民法致力于实现当事人私人利益保护的基本任务一样，国际私法并非单纯中立的技术性规范，也必须追求个案在实体法上裁判结果的公正性。国际私法与民法不仅一起构成一国民事法律体系，而且两者共同服务于私人利益的保护。基于私人利益保护的角度，在经济全球化和跨国人员流动日趋频繁的背景下，当事人的民商事利益的跨境流动需要国际私法与民法共同作用，并为之提供符合当事人正当预期的保护方式和标准。因此，从私人利益保护的角度，同样可以揭示国际私法与民法之间沟通的渠道。

---

① 如瑞士1987年《关于国际私法的联邦法》第18条规定，瑞士法律中的强制性规定，基于其特殊目的，可以无须冲突规范的指引而予以直接适用。1980年《罗马公约》第7条第1款明确规定，在某些情况下，可由法官自由裁量决定适用非经冲突规范指引的第三国的强行规范。
② 如身份关系的稳定，包括权利能力和行为能力的确定、婚姻关系的成立或解除、收养或抚养关系的确立或解除等；弱势方利益的保护，包括劳动、雇佣、消费合同中以及特殊侵权领域中保护性冲突规范的确立。显然，现今国际私法的价值取向在国际主义和特殊主义立场的基点之外，更加重视个人利益的保护。[日]笠原俊宏著，李旺译：《国际私法的现代课题》，《清华法学》第六辑，清华大学出版社2005年版。
③ 沃尔夫（Wolff）就认为国际私法之所以会存在和发展，其中的缘由之一，就是出于对涉外民事争议公平解决的需要。莫里斯（Morris）则从法律适用的角度出发，认为英国法院适用外国法，是为了在当事人之间维持公平，借以保护双方的利益，而并非为了对外国表示礼让，或保护当事人的既得权利。M. Wolff, Private International Law, London: Clarendon Press, 1950, pp. 1-2; J. H. C. Morris, Conflict of Laws, London: Stevens and Sons, 3rd ed., 1984, pp. 5-6.

第四章
国际私法典编纂的基本问题

当今国际私法的法典化成为一国国际私法立法范式的重要选项，在实践中业已得到一些国家和地区的接受。应指出的是，这里所说的国际私法的法典化，主要是指一国立法机关对法律、法规、司法实践、国际条约和惯例中的国际私法规则所进行的编纂活动和系统化工作。① 国际私法典的编纂作为一种法律建构主义的反映，代表了理性主义在现代国际私法立法活动中得到相当程度的接受和认可。

应该说，国际私法典作为一国国际私法理念、规则和制度最为集中的载体，必须充分发挥其开放性、体系化和实用性的优势和功能。因此，国际私法典的编纂工作代表了一国国际私法的立法水平，既要考虑作为"筋血"的国际私法的立法理念和价值取向，也要考虑作为"骨肉"的国际私法的立法范围和体系结构。对于上述基本问题的考察，有助于更为深入地认识和理解国际私法典编纂工作的主要方向和基本任务。

第一节 立法理念问题

立法是人的一种实践活动，因而不能离开一定的理论指导。只有科学地确立了立法理念，才能正确地界定立法的本质，并有效地指导立法活动。② 立法理念决定国际私法立法的精神和灵魂，也影响了国际私法规则和制度的构建。因此，国际私法必须具有凝聚性的理念发挥统摄作用，才能成为系统的法学学科和法律部门。③

一国国际私法规则体系是动态和开放的，其必须随着一国涉外民事关系的发展和涉外民事交往的需要而不断发展。这也意味着一国国际私法立法在理念

---

① 广义上的法典化也包括学者、专家或由其组成的社会团体、学术团体草拟系统化法律文件和对法律文件的编纂工作。徐冬根：《论欧、美国际私法法典化的不同进路及其法哲学思想》，《河南省政法管理干部学院学报》2004 年第 3 期。
② 陈兴良：《立法理念论》，《中央政法管理干部学院学报》1996 年第 1 期。
③ 刘想树：《中国国际私法立法问题论略》，《河北法学》2009 年第 4 期。

上，既要立足于现实情况并遵循法律体系和立法工作自身规律，也要研究其他国家法律制度的发展动向，借鉴其中的有益成果和实践经验，顺应世界法律发展趋势。因此，立法理念是中国国际私法立法法典化需要首先予以明确的问题。

一、公平与效率之问题

（一）公平问题

国际私法的公平问题因不同的人对其含义的理解之不同，而在国际私法上有所谓冲突正义与实质正义之分别。

萨维尼代表的欧洲传统国际私法理论以法律关系的地域化为基本方法，追求法律适用的确定性和判决的一致性目标。萨氏的理论大大推动了欧陆国家成文国际私法立法的发展，许多国家均以"法律关系本座说"作为构建其国际私法规则的理论基础。基于萨氏的理论主要依靠属地性连结点解决涉外民事法律冲突问题，因此在准据法的确定上具有相对明确和简便的独特优势。也正因如此，萨氏所构建的理论体系被视为有助于构建一种价值中立的国际私法，但在实现个案公正方面则明显有其局限性。从某种意义上而言，以"法律关系本座说"为代表的传统国际私法理论更为关注冲突正义而非实质正义。

与欧陆传统国际私法理论所不同的是，以美国国际私法革命诞生的新理论为代表的现代学说和理论，在很大程度上打破了国际私法作为价值中立的技术性规范的传统认识。现代国际私法理论主张，在解决涉外民事争议时，法官也应如同在国内案件中一样实现案件结果的实体正义，将案件的实质正义置于重要地位。换言之，国际私法也应追求"实质正义"或"实体正义"。这也意味着在个案中实现公平正义是现代国际私法的重要任务。

正因如此，现代国际私法立法在遵循萨维尼理论的基础上，一方面通过综合运用立法技术实现国际私法规则的灵活性，另一方面通过选取弹性连结点软化冲突规范并提升法官的自由裁量权。而且，为了实现现代国际私法对公正性的要求，不少国家和地区的国际私法立法在很多领域直接基于特定目的和政策设计相关国际私法规则和制度。最为典型的例证是，为实现国际私法的公平价值，现代国际私法立法在自然人的能力、特殊合同和侵权、婚姻家庭等领域规定了大量实体取向的冲突规则。如有利一方当事人的选择性冲突规则、有利于法律行为形式或实质有效的冲突规则、有利取得特定地位的冲突规则等。这些实体取向的冲突规则在很大程度上均是为了实现案件的公平价值或保护特定利益。

值得注意的是，现代国际私法所处理的问题不仅牵涉私人利益的保护，也涉及国家、社会和公共利益的维护。这也意味着国际私法上公平问题既包括私人利益也涉及公共利益的保护。为实现国家、社会和公共利益的保护，晚近国际私法立法出现了大量的单边冲突规范和结果选择的冲突规范。①

与此同时，自 20 世纪后半叶始，强制性规则成为国际私法立法和司法实践的重要内容。② 此类强制性规则尽管也用以解决涉外民事纠纷，但其产生的初衷是出于对国家和社会公共利益的维护和实现。正因如此，有学者认为，尽管国际私法致力于解决私人间的纷争，但它同时也暗含了国家利益，当今的国际私法，在属性上已经不同于萨维尼当初主张或期待的国际私法。③ 国际私法的"私法性"已经悄然动摇，国际私法也逐渐丧失其"纯真"。④

应该说，实质正义的国际私法理念对现代国际私法立法的发展和变革影响极为深远。在各国和国际统一国际私法立法的过程中，将特定价值判断和考量融入国际私法规则成为一种普遍现象。单纯的地域性连结点所构成的国际私法规则愈来愈失去其主导地位。大量的有关弱者保护和有助于实现特定案件结果和政策导向的国际私法规则，频频出现在诸多国家和地区的国际私法立法之中。实现案件结果的公平与正义成为现代国际私法的重要价值追求之一，甚至成为各国国际私法实践的基本要求。

因此，对于传统国际私法所追求的一致性目标，在现代国际私法追求个案正义的语境下，实际上可以将之理解为达成个案中实体正义的一致性，而非简单的案件结果之一致性。实际上，也有国际私法学者提出了所谓的"主流价值"

---

① 例如，英国《就业权利法》规定，不论雇佣合同适用何种法律，该法案中的反歧视条款应适用于所有英国的雇员。See Article 204 of Employment Right Act.
② 例如，2007 年《罗马条例Ⅰ》第 9 条第 2 款规定："本条例的任何规定均不得限制法院地法中强制性条款的适用。"邹国勇译注：《外国国际私法立法选译》，武汉大学出版社 2017 年版。
③ Symeon C. Symeonides, "Private International Law: Idealism, Pragmatism, Electicism", Collected des Courses (384, 2017), p. 339.
④ 美国国际私法学者西蒙尼德斯教授认为，相较于 19 世纪国际私法立法，晚近国际私法在立法技术与价值取向上总体上呈现出"合理实用的折中主义"(a sensible and pragmatic eclecticism) 的态势。这种折中主义甚至被西蒙尼德斯教授视为是对萨维尼式的传统国际私法和美国式的革新国际私法之间的调和，折中主义就是结合了这"两个世界的最好部分"。Symeon C. Symeonides, Codifying Choice of Law around the World: An International Comparative Analysis, Oxford: Oxford University Press, 2014, pp. 349-351.

(prevailing value) 理论。如未成年儿童幸福的最大化考虑、尊重当事人结婚及离婚的意愿、维持夫妻财产权的均衡、尊重立遗嘱人的意愿、侵权行为被害人迅速得到适当赔偿的权利、尊重合法契约的效力等不胜枚举的普遍性价值。[①] 这些各国普遍接受的法律基本价值应该运用于当今国际私法的立法实践，以便于实现个案公正的一致性。

总之，现代国际私法立法必须实现个案公平，并在冲突正义与实质正义之间达成适当平衡。

（二）效率问题

国际私法的效率问题，主要是指法院在适用国际私法规则和制度的过程中，能够迅速有效解决涉外民事争议。

一般认为，提升国际私法的效率，可以采取如下举措：一是适当采用一些单边冲突规范。由于单边冲突规范明确指定了相关涉外民事关系所适用的准据法，具有简单性和明确性的特点，因而有利于实现司法任务简化的目标；二是冲突规范必须明确和具体，便于法官适用。立法者应避免冲突规范过于原则性和抽象性，无需法官再度进行解释才能准确适用；三是冲突规范必须完整和全面，不宜留下空缺待法官填补漏洞。[②]

应该说，除上述举措之外，在冲突规范的设计上尽可能广泛采用意思自治原则的做法，亦有助于在相当程度上提升国际私法的效率目标。而且，就单边冲突规范而言，直接指定法院地法的适用相对于援引外国法而言，更能提升国际私法的效率目标。

相对于现代国际私法学说和理论，尤其是以美国冲突法革命期间产生的国际私法新理论为基础构建的国际私法规则和制度，以传统国际私法学说和理论为基础构建的国际私法规则和制度更有助于效率利益的实现。毕竟美国国际私法新理论与方法，在适用上常常会牵涉复杂的政策和利益分析，不仅需要法官投入较大精力和资源，也无助于法律确定性目标的实现。而传统国际私法规则仅需依据相对确定的连结点指引具有可预测性的准据法，这无疑更便于法官的

---

① 陈隆修：《以实体法方法论为选法规则之基础》，《东海大学法学研究》2004 年第 21 期。另见陈隆修：《由欧盟经验论中国式国际私法》，载黄进、肖永平、刘仁山主编：《中国国际私法与比较法年刊》第 13 卷，北京大学出版社 2011 年版。
② 韩德培、肖永平：《市场经济的建立与国际私法立法的重构》，《法学评论》1994 年第 5 期。

操作及有助于司法任务的简单化。

值得注意的是，为实现效率的价值，提升法律的确定性成为晚近国际私法立法的重要目标。自20世纪七十年代以来，全球范围内国际私法立法在持续推进革新方面着力甚大，以至发展成为一种各国争相实现国际私法立法系统化和现代化的浪潮。

在国内层面上，国际私法立法的改革层出不穷。[①] 而与对本国原有国际私法立法进行革新相比，一国国际私法的法典化则是更为全面和彻底的立法现代化。这种法典化的浪潮在最近20多年表现得尤为突出。如加拿大魁北克省于1991年通过了一部国际私法制定法，后并入1994年生效的《魁北克民法典》第十编，被学者誉为"法典中的法典"（code within a code）。[②] 意大利于1995年通过了《国际私法制度改革法》，一改其先前国际私法立法分散在不同法律中的模式，走上了独立的法典化道路。比利时于2004年制定了其立法史上第一部《国际私法法典》，保加利亚于2005年通过了《关于国际私法和国际民事诉讼法的法律》，马其顿2007年通过了《关于国际私法的法律》。上述晚近国际私法立法的重要目标之一即是便于法官的适用以及提升法律的确定性目标。值得注意的是，这几部国际私法典的范围涵盖管辖权规范、法律适用规范及判决承认与执行规范，立法内容更为集中、全面。[③]

在国际（区域）层面上，欧盟《罗马条例Ⅰ》与《罗马条例Ⅱ》则被很多学者公推为代表了当今合同与非合同之债国际私法立法的最高水平。美国学者尽管对欧盟的上述立法有些许温和的批评，但也不得不承认，美国要想在法律

---

① 在欧洲，由于受海牙国际私法会议和欧盟立法影响，奥地利1978年《关于国际私法的联邦法》和瑞士1989年《关于国际私法的联邦法》先后进行了多次修订，以适应现代国际私法在理论和实践方面的新发展。德国《民法典施行法》被1986年《关于改革国际私法的法律》和1999年《关于非合同之债和物权的国际私法的法律》所改革。荷兰于2000年和2002年分别制定了《关于侵权行为领域的法律冲突的法律》和《解决亲子关系方面的法律冲突的法律》。土耳其于2007年通过了新的《关于国际私法和国际民事程序法的第5718号法律》，更新了其1992年的立法。在亚洲，日本于2006年通过了《通则法》，该法是《法例》施行近110年以来日本所进行的最大一次国际私法改革，代表了21世纪各国国际私法改革的新趋向。
② J. Talpis and G. Goldstein, "The Influence of Swiss Law on Quebec's 1994 Codification of Private International Law", Yearbook of Private International Law (12, 2009), pp. 339-374.
③ 奥地利、瑞士等国的国际私法立法也是这一时期法典化浪潮的成员。

确定性方面赶上欧盟则还需要相当长的一段时间。①

另一个引人注目的现象是，一些普通法国家和地区也在制定成文国际私法立法方面迈开步伐，成文国际私法立法也成为这些国家和地区重要的法律渊源之一。而从作为普通法母国的英国最近几十年的发展来看，出现了日益增长的制定法替代普通法的趋势，许多领域中传统的普通法规则已经被愈来愈多的成文立法所取代。②在美国，国际私法的成文立法业已悄然出现。路易斯安那州于1991年通过了第923号法律，并将它并入1992年生效的《路易斯安那民法典》第四编，完成了国际私法的编纂。俄勒冈州制定了《合同冲突法》和《关于侵权与其他非合同之债的法律选择法案》两部单行成文国际私法立法。

此外，由于在司法实践中不具有法律约束力的美国冲突法重述得到美国不少法院的接受和适用，因而在事实上发挥着法律渊源的作用。《第二次冲突法重述》制定的年代决定了其只能是特定时空社会、经济条件的反映。从《第一次冲突法重述》正式公布的1934年到《第二次冲突法重述》开始起草的1952年，也不过短短的18年。而今《第二次冲突法重述》从正式公布的1971年至今业已30年，从《第二次冲突法重述》在实践中所带来的结果的不确定性来看，回归冲突规则并进一步提升法律的确定性目标，成为目前正在编纂的《第三次冲突法重述》最为重要的任务之一。③

由此可见，除具有成文法传统的欧洲大陆国家外，不少普通法系国家和地区，也对其国际私法进行法典编纂或成文化。两大法系国家和地区的目的是，增强法律的确定性以及在提升效率利益方面进行努力。特别是，在涉外民事关系日

---

① 西蒙尼德斯教授认为，《罗马条例Ⅱ》共同住所地法的适用范围在某些方面过于宽泛，但在有些领域却过于狭窄。总的来说，《罗马条例Ⅱ》并没有充分、有效地利用现代欧洲丰富的法典编纂经验。但是《罗马条例Ⅱ》代表了欧盟为统一其成员国间的国际私法立法所作的主要政治努力。如果对现有规则进行改进，则欧盟国际私法立法的水准需要美国花费很长的时间才能追赶上。Symeon C. Symeonides, "Rome II and Tort Conflicts: A Missed Opportunity", Am. J. Comp. L.（56, 2008），p. 173.
② 英国有关国际私法的成文立法有两种产生方式：一是制定国内立法来实施冲突法公约。如欧洲共同体1968年《关于民商事件管辖权与判决执行的布鲁塞尔公约》和1980年《合同义务法律适用的罗马公约》，英国通过制定1982年《民事管辖权与判决法案》、1990年《合同法律适用法案》，使其得以在国内生效；二是英国境内直接生效的欧洲联盟理事会统一冲突法法令。如2000年《欧盟第1346号关于破产程序的规则》、2000年《欧盟第1347号关于婚姻事项及夫妻双方子女的亲子责任案件的管辖权和判决承认与执行的规则》等。当然，英国脱欧之后，有学者认为诸如《罗马条例Ⅰ》《布鲁塞尔条例Ⅰ》等欧盟统一国际私法条例不再适用于英国，但英国学者认为上述欧盟国际私法立法很容易被接受并转化为英国国内立法。Ahmed Al-Nuemat and Abdullah Nawafleh, Brexit, Arbitration and Private International Law, Journal of Policy and（10, 2017），p. 116.
③ Kermit Roosevelt III & Bethan Jones, "What a Third Restatement of Conflict of Laws Can Do", AJIL Unbound（110, 2016），p. 139.

趋复杂，涉外民事争议呈现高速增长的态势下，一国国际私法立法始终应将效率利益置于重要地位。

二、保守与开放之问题

一般而言，国际私法的主要功能在于协调和解决不同国家之间多元私法体系并存而引发的法律冲突。因此，一国国际私法立法不可避免地涉及法院地法与外国法、本国当事人利益与外国当事人利益、本国利益与国际协调利益之间冲突与协调的问题。在此方面，如何看待法院地法与外国法、本国当事人利益与外国当事人利益、本国利益与国际协调利益之间的优先性，在很大程度上反映了一国国际私法立法理念的开放或是保守的问题。

（一）保守理念

在国际私法领域，所谓保守的立法理念是指，将法院地法优先于外国法、将本国利益置于外国利益及国际协调利益之上。反映在立法技术上，较多地采用包含法院地法的重叠性冲突规则或直接指向法院地法的单边冲突规范。其目的是，凸显对法院地国家利益的优先保护。在管辖权方面，过度扩张本国法院专属管辖权的适用范围，或在管辖权规则上设立较为宽泛的管辖依据（如"长臂管辖"），从而强调本国法院管辖权的优先性。

在法律选择方面，相对于外国法，法院地法处于绝对优先的地位。应该说，国际私法上法院地法优先性的观点具有深厚的理论根源。从早期的"法则区别说"将"混合法则"等同于"物法"进而扩展法院地法的适用[1]，到近代的"国际礼让说"坚持法律属地主义的立场，强调法院地国家主权及臣民利益的保护。而对普通法国家和地区国际私法理论与实践具有重要影响的"既得权说"，拒绝承认外国法的域内效力而坚持严格的属地主义立场。[2]

由此可见，坚持法院地国家的主权及利益的保护，强调法律严格的属地主

---

[1] 例如，法国"法则区别说"的代表人物达让特莱将属地主义提升到了法律选择基本原则的高度。[德]弗里德里希·K.荣格著，霍政欣、徐妮娜译：《法律选择与涉外私法》，北京大学出版社2007年版。
[2] 刘仁山主编：《国际私法》，中国法制出版社2019年版。

义在国际私法史上具有深厚的理论根源。以此为据构建的国际私法立法体系则表现为，对法院地法的推崇和对涉外民事管辖权的积极争夺。

萨维尼的理论主张则在很大程度上扭转了前述相对保守的国际私法观。萨维尼的"法律关系本座说"主张不同国家之间私法具有互换性，并将外国法与本国法置于同等地位。依据萨氏的国际私法理论构建的国际私法规则所采取双边冲突规范的形式，遵从普遍主义国际私法的理想和信念，强调内外国及内外国当事人利益的平等保护。然而，对于晚近国际私法立法所强调的实质正义的目标，萨氏的理论尽管可以通过识别、反致、公共秩序保留等制度为案件实体结果的妥当性提供更多可能，但仍不能充分回应国际私法对实质正义和个案公正的需求。因此，这种普遍主义的国际私法在20世纪中后期面临美国国际私法革命的质疑和挑战。

需要指出的是，美国国际私法革命所带来的不仅是对实体正义的更加重视，也带来了狭隘的司法本地化倾向。而且这两者在美国国际私法领域，可以说是相伴相生的。如果要实现具体案件中的实体公正，则适用法院地法就是最佳的选择。反过来，对法院地法的推崇，则是因为法院地法更有利于促进案件实体正义的实现。

当然，在处理复杂的涉外民商事争议中，适用法院地法有其独特的优势。但涉外争议毕竟是与两个或两个以上的法律制度有关联，在竞相适用的法律中，允许法院以法院地法否认与案件有关联的外法域的法律，实际上就是承认，不同法域的法律制度并非是平等的，法律选择仍然逃离不了价值判断而忽视了法律多元化的现实。如此，传统国际私法的法域选择思维不免沦为追求具体案件中更好的实体结果的附庸之物。

应该看到，美国国际私法革命中所涌现的狭隘的司法本地化倾向有其深刻的内因，即所谓的"法律文化或法律本身的优越性"。在州际层面上，本州的法律永远要比外州的法律好，体现在要么其更能保护弱势方的利益，要么更能简化司法任务，否则本州的法律就不会被制定出来。在国际层面上，美国的联邦和各州的法律比外国法律更加优良，尤其是在遇到低标准保护的外国法时，美国法官便无法容忍那些"落后的"和"不合时宜"的法律在美国法院得到适用。这也是为何利弗拉尔（Leflar）的"较好的法"（better law）在司法实践的运用中大多被认定是"法院地法"的原因所在。正是这种"法律文化优越论"的狭隘心理作祟，使得法官在肆意适用本地法的同时，还能心安理得地在判决中宣称"这是对公平的维护和对正义的坚守"。

通过适用"较好的法"实现个案的公正无可厚非,一个典型的例证就是"乘客法则"(guest statute)的废弃。美国国际私法革命起源于侵权领域,其中很多影响力深远的经典判例都与"乘客法则"有关。这些案件在各州都导致了一个共同的结果——"乘客法则"的废弃。原因在于这类法则已经严重违背了实体法上公正的要求,因此美国所有的州在实体法上都相继废除了"乘客法则"。这就是美国法院通过国际私法促进实体法进步的典型例证。然而,在全球法律文化和价值多元化的现实中这种将法院地法奉为圭臬的单边主义,是否真的能够实现实体法上的公正,恐怕在很大程度上只是美国学者和法官的一厢情愿。

事实上,在法律选择方面适用法院地法并不是问题所在,只要能够公正、合理地解决涉外民商事争议,维护当事人的权利和利益。关键问题在于,一味盲目地适用法院地法,排除外国法的适用,就是从根本上否定了国际私法存在的必要性。实际上,将所有问题都留待法院地的国内法解决,其结果便是"谁有管辖权,便适用谁的法律"。这显然是将管辖权与法律适用问题混淆,正如德国学者沃尔夫所正确指出的,不能过分扩大管辖权与法律适用的关系。①

即使那些认为国际私法属于国内法的学者也大多认为,国际私法虽为一国内之法律,而其立法及根据之目的,则全为国际的。② 沃尔夫认为,国际私法本身并不是国际的,但是,毫无疑问,它不应当脱离国际思想而拟定。③ 这种所谓的国际私法的国际性或国际思想,其实是指国际私法虽属一国国内立法,但是其视野必须超出一国之外,关注国外的国际私法立法的通行做法和国际私法条约的实践,以实现协调各国实体私法之目的。

显然,上述目的之达成,并不是简单地适用法院地的国内法所能实现的。在编纂《第三次冲突法重述》的相关学术讨论中,美国学者也强调并明确指出,随着国际私法的国际化因素不断深化,美国单纯的州际(区际)冲突法的思维需要改变。④

应该说,一味基于保护本国及本国当事人的目的而盲目强调法院地法的优

---

① [德] 马丁·沃尔夫著,李浩培等译:《国际私法》,北京大学出版社 2009 年版。
② [日] 山田三良著,李倬译,陈柳裕点校:《国际私法》,中国政法大学出版社 2003 年版。
③ M. Wolff, Private International Law, London: Clarendon Press, 1950, p. 16.
④ M. Reimann, "A New Restatement-for the International Age", Ind. L. J. (75, 2000), pp. 581-582.

先性，以及过度扩张本国法院的管辖权，既背离了国际私法的基本功能和目的，也无助于解决当今国际社会面临的诸多共同利益的保护问题。特别是，在协调和解决国际民事法律冲突的问题上，需要各国适度淡化法院地法优先的狭隘观念转而强调国家之间的合作与协调。实际上，所谓的法院地国家利益优先的单边主义做法被人批评为沙文主义立场的扩张。①

就当今各国国际私法立法而言，在相关规则和制度的构建上基本上能够秉持萨维尼的双边主义思维，然而在司法实践中，这种国际主义的理念仍可能大打折扣。②在国际私法的普遍主义立场下，如何实现立法与司法实践的对接，显然仍有待于法官职业素养的提升。这是一国法制建设的综合性问题，有待于理论和实务界人士的共同努力。但无论如何，任何国家和地区至少应对其国际私法立法在司法实践中的实施保持高度关注。

（二）开放理念

所谓开放的立法理念是指，在法院地法与外国法、法院地国家利益与外国利益的关系问题上，大体能将外国法和内国法、法院地国家利益与外国利益置于同等地位。反映在立法技术上，国际私法立法通过运用双边和选择冲突规则，在实质上平等地保护内外国（当事人）的利益。在管辖权方面，除规定必要的专属管辖权规则外，更注重的是国际民商事管辖权冲突的协调解决。③

在立法实践中，一国国内利益与国际协调利益之间的冲突和调适，一直是国际私法立法中的一个难题。对于一国国际私法立法而言，应该在立法理念上采取开放还是保守的态度，除了基于国家利益的考量之外，还需要关注国际私法本身的特性。

其一，国际私法的目的决定了一国国际私法立法必须坚持开放的立法理念。

---

① William S. Dodge, "Extraterritoriality and Conflict-of-Laws Theory: An Argument for Judicial Unilaterlism", Harv. Int'l. L. J.（39, 1998），p. 101.
② 例如，我国国际私法在立法理念上还是具备一定程度的国际主义思维的，《法律适用法》赋予了内外国法以平等的地位。一方面，该法在冲突规范的选取多为双边冲突规范，体现了法律适用上的内外国法平等；另一方面，单边主义规定出现的机率较少。明确规定适用我国法律的情形只有第 5 条规定的公共秩序保留条款、第 10 条第 2 款规定的在外国法律不能查明时这两种情形。而且，这两处规定严格来说并不属于国际私法上的冲突规则，因而也称不上是单边冲突规则。但是，在司法实践中是否也能够坚持立法意旨，则是值得怀疑的。对此问题，我国早有学者指陈其弊。宋连斌：《中国国际私法的实践困境及出路》，载韩德培、黄进主编：《中国国际私法与比较法年刊》第 5 卷，法律出版社 2002 年版。
③ 刘仁山：《韩国与朝鲜国际私法立法对我国的借鉴与启示》，《暨南学报（哲学社会科学版）》2008 年第 4 期。

国际私法的目的是，公平地解决涉外民商事争议。正如学者所指出的，国际私法之所以会存在和发展，其中的缘由之一，就是出于对涉外民事争议公平解决的需要。①因此，在内外国法律的适用问题上，在内外国民商事管辖权冲突的协调与解决问题上，确有必要平等地对待内外国法，并从协调内外国民商事管辖权冲突确立适度限缩的角度，一国对涉外民商事案件的管辖依据。因此，一国国际私法立法必须树立开放而非保守的立法理念。

其二，跨国民商事关系的顺畅流转要求一国国际私法典必须坚持开放的立法理念。在当今经济全球化和区域经济一体化的发展趋势下，国家与国家之间的联系愈发紧密，由之产生的跨国民商事关系在相当程度上仍然依赖于各国国际私法立法的调整。为保障跨国民商事关系的顺畅流转，这种调整客观上需要满足平等保护内外国当事人利益的要求。换言之，一国国际私法立法必须确保平等地对待内外国法，合理地确定本国法院的涉外民商事管辖权。此即表明，一国国际私法立法必须坚持开放的立法理念。

基于以上，秉持开放理念的国际私法立法应在如下方面着力，摒弃法院地法优先、法院地国家当事人和法院地国家利益优先的立场：

一是在外国人的民事法律地位上，应基于国民待遇原则赋予外国人在内国享有的民事权利并依法承担相应的民事义务，并积极认可外国人创设和变更涉外民事关系的效力；二是在内外国法的地位上，应赋予内外国法平等的地位，最大程度上承认外国法在本国领域内的效力；三是在涉外民事管辖权制度的构建上，应基于妥善解决国际民事管辖权冲突的角度适当限缩本国法院的管辖权，并基于简化和便利涉外民事程序的目的构建更为开放的制度体系；四是在外国判决承认与执行问题上，应在国内和国际层面构建判决的跨国自由流动机制，尊重外国判决在本国领域内的效力，积极促成判决自由流动局面的形成，保障当事人在判决承认与执行中利益的保护与实现。

由此可见，所谓基于开放理念的国际私法应赋予内外国法平等的地位，并将内外国当事人及内外国的利益置于平等地位。在当今国际私法面临的众多跨国民事争议的解决以及利益的保护，需要依靠不同国家和地区通力协作的情况下，国际私法立法更是不能狭隘地站在法院地国家（当事人）利益优先的立场。

---

① M. Wolff, Private International Law, London: Clarendon Press, 1950, pp. 1-2.

因此，无论是从国际私法公平解决涉外民事争议的目的而言，还是从国际私法保障跨国民事关系的流转来看，一国国际私法立法必须坚持开放的立法理念，摒弃狭隘的法院地主义的观念。

第二节　价值取向问题

一国国际私法立法必须具有引领性和凝聚性的价值取向之指导。从理论和实践上而言，国际私法立法的价值取向问题，不仅关系到一国国际私法立法的精神、气质和风格，同时也直接影响一国国际私法立法规则的具体构造。实际上，国际私法立法的价值取向问题一直是学者关注的一个热点问题。[①] 因此，考察国际私法立法的价值取向问题具有重要的理论与实践意义。

一、国家利益与国际协调的平衡

在传统国际私法中，不论是萨维尼还是斯托里，他们都认为国际私法的首要目标是判决的国际一致性，而不论诉讼在哪提起。在这种以普遍主义为价值追求的国际私法理论中，没有法院地法优先主义和本国保护主义的立足之地。尤其是，萨维尼认为在人类社会之上存在一个所谓的"国际法律共同体"，这构成了平等对待内外国法的重要基础。

在传统理论看来，国际私法规则是中立的，可以平等地对待外国法和法院地法、外国当事人和本国当事人。这一理念在20世纪初绝大多数国家的国际私法立法中根深蒂固。但是，现今越来越多的学者认为，虽然国际一致性是值得称赞的目标，但其实现并非易事。这就使得对特定国家（法院地）利益之保护

---

① 邹国勇：《国际私法的价值取向——利益协调》，《南京社会科学》2004年第5期；宋锡祥：《21世纪中国国际私法立法的价值取向》，《政治与法律》2003年第8期；于飞：《Internet环境下国际私法的价值取向》，《兰州大学学报》2002年第6期。

具有相当程度的正当性，也得到不少国家和地区司法实践的印证。而且，从当今涉外民事关系的发展以及相关国际私法立法来看，国际私法所涉及的不仅是当事人的利益，还扩展至宽泛的社会、公共以及国家利益。① 这也表明，一国国际私法立法所涉及的不仅是法院地国家利益的保护，也涉及国际协调利益的维护与实现。

上述大致展现了国际主义（普遍主义）和保护主义（特殊主义）这两种相互冲突的价值取向。鉴于传统国际私法理论通常将国际主义与多边主义联系在一起，而将保护主义和单边主义联系在一起，因此，国际主义与保护主义之间的冲突实际上也反映了多边主义与单边主义之间的矛盾。在当今各国立法中，体现对本国利益保护的冲突规则及与冲突规则相关的实体法规则主要如下：

第一，国内实体法立法中的"本地化规则"（localizing rules in substantive statutes）。

需指出的是，此类"本地化规则"并非冲突规则。但是，一国冲突规则的适用往往受到本国相关实体法规则的制约。换言之，一国国际私法立法中冲突规则往往与该国调整特定领域的实体法规则共存。尤其是，一些国家和地区的实体法中的条款明确规定其适用于与本国相关的国际私法案件。例如，魁北克《汽车保险法》第7条规定，对于住所在魁北克的交通事故的受害人，有权依据该法取得相应的赔偿，而不论该交通事故发生在魁北克境内还是境外。② 此类条款即前述所指的实体法立法中的"本地化规则"。

实践中，由于此类条款被视为特别法而一般优先于国际私法立法的适用，从而直接影响了国际私法规则的援引和适用。值得注意的是，在消费者合同、保险合同、特许合同、经销合同、商业代理合同、雇佣合同、建筑合同、货物运输合同等特殊合同领域以及反垄断领域存在诸多此类的"本地化规则"。③

应该说，一国相关实体法立法中的"本地化规则"对于保护法院地国家特定的利益和政策是必要的，但此类规则过多，也会大大减损传统国际私法一致

---

① 陈杰、刘仁山：《折中主义与理想主义之辩——评西蒙尼德斯〈全球冲突法立法：国际比较研究〉》，《国际法研究》2019年第3期。
② Symeon C. Symeonides, Codifying Choice of Law around the World: An International Comparative Analysis, Oxford: Oxford University Press, 2014, pp. 294-295.
③ Symeon C. Symeonides, Codifying Choice of Law around the World: An International Comparative Analysis, Oxford: Oxford University Press, 2014, pp. 295-299.

性目标的实现。

第二,保护法院地国家利益的强制性规则(mandatory rules,也被称为"直接适用的法")。

国际私法上所说的强制性规则有着深厚的理论根源。早在19世纪中期,萨维尼就认为涉外民事关系适用"本座所在地法"的两种例外,其中就包括绝对的强制性法律规则,如多配偶制度与禁止犹太人获得不动产的法律规则。[①] 然而,直到19世纪后半叶,强制性规则才被认可为国际私法上的一项制度,特别是,弗朗西斯卡基斯的理论推动了强制性规则在世界范围内得到接受。

与属地原则所不同的是,强制性规则反映了一国保护其经济以及社会公共利益的实体公共政策。强制性规则不仅规定在传统的公法领域中,在诸如合同法、侵权法、消费者保护法劳动法、家庭法等民法和社会法领域也多有体现。由于强制性规则所体现的利益的极端重要性,其优先于其他实体法规则适用于国际私法案件。这种做法所体现的单边主义立场是显而易见的,但严格而言,强制性规则仅是诸多单边主义方法的一种。

而且,强制性规则并不排斥多边主义的方法和立场,而仅是对多边主义方法的补充和例外。对于当今国际私法的实践而言,在个案中通过审查特定实体法规则的政策和目标,以决定其能否直接适用于案件的做法,在实践中已经得到相当广泛的接受。尽管在国际私法上这种做法被视为一种典型的单边主义方法,但基于其对一国社会经济和公共利益保护的重要意义,而往往优先于多边主义方法得以适用。

需要特别指出的是,前述"本地化规则"也可作为直接适用的强制性规则,这也意味着"本地化规则"与强制性规则都具有取代冲突规则的功能。两者的区别在于,"本地化规则"取代冲突规则的适用是基于该规则自身明确的适用意图,且法院无需查明此类"本地化规则"是否体现了法院地国家的公共利益和政策,而强制性规则只有在其体现法院地国家或其他国家相关的公共利益和政策的情况下,才被直接适用于具体争议。

第三,直接指向法院地国家法律的单边冲突规则(unilateral conflict rules)。

[①] Friedrich K. Juenger, "General Course on Private International Law", Recueil des Cours (193, 1985), p. 160.

单边冲突规则可以进一步分为单边适用法院地法和单边适用外国法两类。

单边适用法院地法的冲突规则是指，针对与法院地国家存在联系的案件，相应系属直接指出应适用法院地法。如我国1999年《合同法》第126条第2款规定：在中华人民共和国境内履行的中外合资经营企业合同、中外合作经营企业合同、中外合作勘探开发自然资源合同，适用中华人民共和国法律。但是，这种单边冲突规范并未明确与法院地国家缺乏联系的案件是否亦应适用法院地法。

单边适用外国法的冲突规则是指，针对与外国存在联系的案件，相应系属直接指出应适用该外国的法律。如1929年瑞典《关于外国仲裁协议和裁决的法律》（1976年生效）第2条规定，仲裁协议规定仲裁在一个特定的外国举行的，该外国法律适用于该协议。① 同样，对于与该外国缺乏联系的案件是否适用该外国法的问题，亦未予以明确。

应该说在数量上，单边适用法院地法的冲突规则比单边适用外国法的冲突规则要多。单边适用法院地法的冲突规则的功能在于，排除外国法的适用从而保护法院地国家的政策和利益。而且，现今单边冲突规则往往与一些双边冲突规则结合在一起。例如，国际私法上的"双重可诉原则"常常在侵权的构成要件或损害赔偿问题上重叠适用法院地法。② 显然，这种做法旨在扩张法院地法的适用范围进而实现保护法院地国家的被告利益之目的。

值得注意的是，当今国际私法在离婚、收养、抚养、继承、形式有效性、合同、动产物权等诸多领域规定了大量的单边冲突规则。正如学者所指出的，单边冲突规则是"一种典型的既不能诋毁，也不能理想化的法院地保护主义，但可以将其视为这个不完美的世界的立法过程中非常普遍的一部分③"。

总之，直接指向法院地国家法律的单边冲突规则已经成为当今国际私法立法的重要部分，在保护法院地国家的重要利益和政策方面发挥着必要作用。

---

① 沈达明、冯大同：《瑞典的法律与仲裁》，中国对外经济贸易出版社1985年版。
② 例如，日本《法律适用通则法》第22条规定，（1）对侵权行为应依外国法，应适用该外国法的事实依日本法不为违法时，不能要求该外国法中的赔偿损失及其他民事权利；（2）对侵权行为应依外国法，即使应适用该外国法的事实依该外国法及日本法为违法时，被害人只能要求日本法中的赔偿损失及其他民事权利。
③ 值得注意的是，并非所有的单边规则都是狭隘的保护主义。例如，路易斯安那州立法中第3533条有关继承事项及第3527条有关婚姻事项这两条开放式单边规则就是为了保护外国被告和外国配偶的。Symeon C. Symeonides, Codifying Choice of Law around the World: An International Comparative Analysis, Oxford: Oxford University Press, 2014, pp. 313-329.

第四，基于本国利益为导向的双边冲突规则。

一般而言，双边冲突规则将外国法和法院地法置于平等的地位而并无明显的法院地法偏好。但是，现代国际私法立法对于双边冲突规则的设计融入了更多的利益和政策考量。这也使得看似中立的双边冲突规则实际上具有适用法院地法以及保护法院地国家利益的偏好。

例如，国籍和住所是双边冲突规则中被广泛采用的中立连结点，但由于移民输出国和移民输入国之间国家利益的冲突，使得一国在选择国籍还是住所作为身份和继承事项等双边冲突规则连结点的问题上存在明显的利益考量。对于移民输入国而言，其倾向于选择住所作为此类双边冲突规则的连结点以避免外国法的适用。[①] 而对于移民输出国而言，其一般选择国籍作为此类双边冲突规则的连结点以确保移居国外的国民与本国之间的联系。[②] 再如，在产品责任冲突规则的设计上，对于产品出口国而言，在产品生产国存在有利于生产者的实体法时，该国会选择生产者本国作为相应双边冲突规则的连结点。而对于产品进口国而言，则其立法一般会基于意思自治原则允许消费者在受害者本国法律、损害发生地国法律、取得产品地国家法律或产品制造者本国法律中选择适用有利于保护消费者的法律。显然，这种双边冲突规则在设计上要么基于有利于保护本国生产者的目的，要么基于保护本国消费者利益的目的。

由上可见，当代国际私法可以通过国内实体法立法中的"本地化规则"、保护法院地国家利益的强制性规则、直接指向法院地国家法律的单边冲突规则、基于本国利益为导向的双边冲突规则，达成保护法院地国家特定价值和利益的目的。这种单边主义的立场构成当今国际私法多边主义的重要补充，对于特定领域中利益和政策的保护发挥重要作用。这也意味着，多边主义方法与单边主义方法的不同立场在现代国际私法立法中并非绝对对立。换言之，单边主义方

---

① 就移民输入国而言，让移民尽快接受和融入移民输入国的生活及文化，既符合国家治理的需要，也符合移民自身的利益。而且，对当事人的民事能力及身份等问题适用移民输出国法律，既有悖于传统意义上的主权原则，也会妨碍移民输入国对移民的有效管辖。"二战"以后，西欧许多国家成为主要的移民输入国，其时欧洲学者主张以住所来代替国籍，主要原因正是基于上述考虑。G. Reed, "Domicile and Nationality in Comparative Conflict of Laws", U. Pitt. L. Rev. (23, 1961-1962), p. 988.

② 应该说，这些国家采用国籍作为连结点存在深厚的哲学基础。首先，这种哲学观认为，个人与其祖国有着最强的联系。尽管某人可能因经济或精神等原因离开其祖国，但他并不是总希望完全切断自己与祖国的全部联系。当一个人仍然是一国国民时，则其个人地位和能力应受该国法支配；其次，这种哲学观还认为，国籍原则有益于国与国之间的相互尊重，移民输出国往往希望维持本国与其国民之间的联系以分享机遇。Folke Schmidt & G. C. Cheshire, "Nationality and Domicile in Swedish Private International Law", Int'l L. Q. (4, 1953), pp. 39-43.

法在当今国际私法立法中占据重要地位，且与多边主义方法共存并相互补充。

单边主义方法一定程度上在当今国际私法立法中的复兴表明，各国立法者认识到，对于很多领域国际私法问题的解决不仅牵涉私人利益的冲突与平衡，也暗含了相关国家特定利益和政策保护的需要。与纯粹的国内民事案件一样，国际私法案件的解决也需要保护和促进一国特定的经济和社会公共利益。事实上，国际私法的历史发展表明，对一国国家和社会公共利益的维护同样是国际私法立法的重要价值追求。

应该说，一国国际私法基于保护本国国家利益和社会公共利益而秉持单边主义立场引发争议的原因在于，这种做法容易诱发狭隘的法院地法主义。特别是，一国法院在司法实践中对法院地法的过度偏好，会极大减损国际协调目标的实现，进而与国际私法协调不同国家法律体系之间冲突的基本功能不符。毕竟，在面对外国利益和本国利益同时存在且产生冲突的情形时，法官通常会倾向于法院地国家利益优先。因此，一国单向追求法院地国家的利益，从长远来看既不利于国际协调目标的实现，也不利于国际民事交往的开展。

就此意义而言，相对于单边主义，萨维尼所建立的多边主义为国际协调目标的实现提供了坚实的理论基础。然而，在缺乏一个超国家的多边机构的情况下，实践中各国双边冲突规范的适用和解释均取决于自身之独立判断，这就不免掺杂法院地国家政策和利益的考量，也意味着很大程度上萨氏所追求的国际协调目标从未真正实现。在此情形下，难免存在国际私法上多边主义的单边化现象。换言之，尽管多边主义追求国际一致性目标的实现，但在实践中各国法院拥有自主决定实现一致性目标的方法，进而使得多边主义方法在实践中仍然难逃法官对法院地国家利益和政策的考量和偏好。

因此，即便是标榜平等对待内外国法的多边主义方法，也存在诸如公共政策、反致、识别、例外条款等多种方法达成适用法院地法之目的。在某种程度上可以说，单边主义并不等于法院不愿或完全拒绝适用外国法。同样，多边主义也不等于法院愿意或接受适用外国法。在追求国际协调目标的要求下，并不能否定各国采用单边主义方法实现对法院地国家特定利益和政策保护的意图和做法。换言之，国际私法并非是价值中立的技术性规范。自萨维尼时代开始，国际私法的理论和实践已经承认除一致性目标之外，国际私法也应追求其他目标的实现。

总之，一国在国际私法争议的解决中主张自身国家利益，承认国家利益的存在以及不同国家之间的利益冲突，实际上也是为了更好地让国际私法服务于国际民事交往的开展。现今国际私法立法应着力于通过制定特定的国际私法规则在这些相互冲突的利益之间实现合理平衡①，而非单纯以理想主义的国际私法观审视当今国际私法上存在的多元利益冲突。

二、冲突正义与实质正义的融合

国际私法立法中常常面临的一个重要问题是，在依据冲突规则确定准据法时应注重于"适当的法律"还是关注"适当的结果"。这也是国际私法上所谓冲突正义与实质正义的分野。

在国际私法史上，以萨维尼和斯托里为代表的古典国际私法观的一个基本的理论假设是，国际私法的基本功能在于保证适用于每类涉外法律争议的国家之法律与该争议存在"最适当"的联系。长期以来，尽管对于如何确定"最适当"联系法律的方法，在不同法律体系及不同法律领域中有所不同，但古典国际私法学派都赞同从适当的国家中寻找准据法，而不是要寻找适当的法律，更不是要寻找适当的案件结果。②

不难看出，古典国际私法观所隐含的理论前提是，在国际私法案件中选择"适当国家的法律"就是"适当的法律"。但是，这种"适当性"并非依据所选择准据法的内容界定，也不是依据准据法所提供解决方法的质量确定，而是依据地理意义上或场所意义上特定国家或地区的法律进行认定。这种做法的逻辑在于，法律冲突之所以存在，是基于不同国家和社会遵循不同价值观念和判断，不同社会也存在不同法律和不同解决法律纠纷的方法。只要涉外民事争议是通过选择其中一个国家或地区的法律解决，则这种选择必定只满足了一国或一方当事人的利益，而可能损害了另一国或另一方当事人的利益。

正因如此，在无力实现实体法上绝对公平正义的情况下，国际私法应追求"冲

---

① ［美］西蒙尼德斯著，宋晓译，黄进校：《20世纪末的国际私法——进步还是退步？》，载梁慧星主编：《民商法论丛》2002年第3号（总第24卷），金桥文化（香港）出版有限公司。
② Symeon C. Symeonides, Codifying Choice of Law around the World: An International Comparative Analysis, Oxford: Oxford University Press, 2014, pp. 246-247.

突正义"的目标，确保从适当国家中选择案件相应的准据法，而不能奢望国际私法追求如同在纯粹国内案件中所要求的"实质正义"。正如学者所指出的，国际私法"致力于寻找空间意义上最好的解决方法……而实体法却致力于寻找实质意义上最好的解决方法"①。因此，一国国际私法立法也应追求"冲突正义"而非"实质正义"的目标。

与古典国际私法追求"冲突正义"的立场不同的是，以美国国际私法革命诞生的新理论为代表的现代国际私法流派则主张，涉外案件与纯国内案件并无本质区别。在审理含有涉外因素的案件时，法官仍然负有公正和公平地解决争议的责任。与纯粹的国内案件相同，在涉外民事诉讼中追求实质正义也应成为国际私法的目标。换言之，国际私法不应只满足于其独特的，也是较低层次的公正目标，即所谓的"冲突正义"，而亦应追求"实质正义"或"实体正义"。毕竟古典国际私法学派所认为的"适当国家的法律"必然是"适当的法律"之观点，并非当然成立。而且，尽管现代国际私法学派对于何为"适当结果"的认定尚存分歧，但得到普遍接受的是，这种"适当结果"应依据实体法，而并非基于特定地域或空间加以判断。

从历史上来看，实质正义的国际私法观在理论上早有迹象。例如，意大利的"法则区别说"时代的学者曾主张，优先适用法院地的"可喜的法律"，而鄙弃外城邦的"可憎的法律"。在面临多个法律体系冲突的解决时，阿尔德里克斯（Magister Aldricus）也提倡适用"更好的、有用的法律"。②尽管如此，实质正义的国际私法观在相当长的时间内仍处于边缘化的地位，直至 20 世纪方才得到应有的重视和接受。③

一般而言，相较于坚持预先制定冲突规则的国际私法体系，基于个案分析解决涉外民事法律冲突问题的国际私法体系，赋予法官更大的自由裁量权，也更便于法官追求实质正义的目标。然而，这种方法因其过度的灵活性而并未得

---

① G. Kegel, "Paternal Home and Dream Home: Traditional Conflict of Laws and the American Reformers", Am. J. Comp. L. (27, 1979), p. 615-617.
② 阿尔德里克斯在 12 世纪末就提出了这样一个问题："如果属于几个不同省份的人们在审判员面前涉讼，而这几个省份又有不同的习惯法的时候，就发生审判员应该适用哪个省份的习惯法的问题。"对此问题，阿尔德里克斯主张"选择较好的和较为有用的那个法律"（better law）。但是，以何种标准来衡量"较好"和"较为有用"，则并无明确答案。李建忠：《论注释法学派与冲突法的起源》，《兰州学刊》2009 年第 2 期。
③ Symeon C. Symeonides, Codifying Choice of Law around the World: An International Comparative Analysis, Oxford: Oxford University Press, 2014, p. 248.

到各国的普遍接受。因此，当今国际私法上实质正义的目标主要通过结果或目的导向的冲突规则实现。这些结果或目的选择的冲突规则以追求特定的实体结果或目的为主要特征，主要如下：

第一，有利于法律行为形式或实质有效的冲突规则。目的在于促进法律行为有效成立的结果或目的定向的冲突规则，在 20 世纪初的国际私法立法中并不常见。但是，20 世纪末的国际私法立法中，此类冲突规则不仅数量大为增加，适用范围也日益扩展。例如，尽量促进遗嘱有效成立是各国继承法的基本政策之一，在冲突规则的构建上也应贯彻这一实体法政策。具体方法为，在冲突规则中规定复数连结点，允许法官从诸多法律体系中选择支持遗嘱有效成立的法律，以实现尽可能确保遗嘱有效性之目的。[①] 此外，在合同（形式与缔约能力）及法律行为等问题上，均有类似的采用"有利成立原则"的冲突规则。正因如此，此类冲突规则也被称为"有利于生效规则"。

第二，有利取得特定地位的冲突规则。在涉外婚姻家庭法领域，为确保特定当事人取得相应法律地位，相关冲突规则的设计应遵循有利赋予其法律地位的原则。例如，在 20 世纪中叶以前，非婚生子女常常无法得到与婚生子女同等的法律保护。随后，这种歧视非婚生子女的做法被很多国家宣告为违宪，因而这些国家也随之在国内法中规定了有利亲子关系成立的实体法规则。在此情势下，国际私法立法亦需对此发展态势予以回应。反映在国际私法立法上，有利于亲子关系成立的选择性冲突规则在调整非婚生子女的准正问题上得到普遍接受。再如，在结婚问题上，促进婚姻有效性的实体法观念获得相当广泛的承认，有关婚姻的冲突规则一般规定多个选择性连结点以达成促成婚姻效力之目的。在离婚问题上，鉴于离婚实体法上离婚自由化的立场日益得到接受，一些国家在相应离婚冲突规则的构建也回应了有利离婚的实体法政策。[②]

第三，有利保护一方当事人利益的冲突规则。基于特定当事人（如侵权行为的被害者、被扶养人、消费者、受雇佣者或其他任何在法律体系中被认为是

[①] 例如，在遗嘱的形式有效性问题上，1961 年海牙《关于遗嘱处分方式法律冲突的公约》列出的连结点是比较多的。第1条规定，凡遗嘱处分在方式上符合下列各国内法之一的，应为有效：(a) 立遗嘱人立遗嘱时所在地；(b) 立遗嘱人作出处分或死亡时的国籍国；(c) 立遗嘱人作出处分或死亡时的住所地；(d) 立遗嘱人作出处分或死亡时的惯常居所地；(e) 在涉及不动产时，不动产所在地。
[②] 例如，在离婚的法律适用上，可以选择如下法律：(1) 将适用有利于离婚的法院地法作为主要或默示的选择；(2) 提供一系列选择，允许适用这些选择中允许离婚的法律；(3) 允许当事人选择适用的法律（只能在协议离婚中适用）。

弱者的当事人）利益保护之需，在冲突规则的构建上采用不同方式，实现有利于此类当事人利益保护的法律得以适用：一是在相关争议发生前或发生后，或允许由弱方当事人从数个国家的法律中选择争议的准据法，或允许由法院选择有利于弱方当事人的法律。例如，为保护侵权案件（如跨境侵权和产品责任案件）中受害人利益之需，法院或当事人可以在行为发生地国法和损害结果地国法中选择有利于受害者的法律。① 再如，为保护被扶养人的利益，要求法院从数个法律中选择最有利于扶养义务债权人的法律。② 又如，基于儿童最佳利益原则，由法院选择有助于实现儿童最佳利益之法律③；二是保护弱方当事人免于遭受一般法律选择规则产生的不利后果。例如，为保护消费者和雇佣者免受通常适用的冲突规则所可能导致的不利后果，法官可以直接援引相关强制性规则，达成保护此类特定当事人利益的目的。④

实质正义国际私法的理念和立场，对现代国际私法立法产生了深远影响。正如瑞士国际私法学者希尔（Siehr）教授在讨论作为瑞士 1987 年《关于国际私法的联邦法》一般性例外条款的第 15 条第 1 款时的观察：该条的真正目的在于矫正"法域选择的冲突规则"，这在一定程度上受到了实质正义的影响。换言之，如果与跟案件有密切联系的另一个法律相比，依据一般冲突规则所指引准据法的适用所导致案件结果不合理时，则作为"与案件有更为密切联系"的法律将取代冲突规则所指引的准据法。虽然一般认为，前述瑞士立法第 15 条第 1 款并非关于"较好的法"的规定，但该例外条款实际上为国际私法上实质正义的实现提供了法律依据。⑤

---

① 例如，1999 年修改后的德国《民法典施行法》第 40 条第 1 款规定："基于侵权行为而提起的诉讼请求，适用赔偿义务人行为地国法律，受害人可以要求使用结果发生地法律以代替上述法律。"意大利 1995 年《国际私法制度改革法》第 62 条第 1 款规定："侵权责任由损害发生地法支配，尽管如此，遭受损害方可以要求适用导致损害结果的事件发生地法。"
② 例如，2007 年海牙《关于抚养义务法律适用的议定书》第 8 条规定，抚养债权人与债务人可以随时为抚养义务指定下列法律作为准据法：a) 指定之时，任何一方所属国法律；b) 指定之时，任何一方惯常居住地国法律；c) 当事人指定适用的法律，或者实际适用于抚养财产的法律；d) 当事人指定适用的法律，或者实际适用于离婚或分居的法律。我国《法律适用法》第 29 条规定："扶养，适用一方当事人经常居所地法律、国籍国法律或者主要财产所在地法律中有利于保护被扶养人权益的法律。"
③ 例如，我国《法律适用法》第 30 条规定："监护，适用一方当事人经常居所地法律或者国籍国法律中有利于保护被监护人权益的法律。"
④ Symeon C. Symeonides, Codifying Choice of Law around the World: An International Comparative Analysis, Oxford: Oxford University Press, 2014, pp. 271-272.
⑤ Symeon C. Symeonides, Codifying Choice of Law around the World: An International Comparative Analysis, Oxford: Oxford University Press, 2014, p. 283.

应该说，在现代国际私法立法的编纂中，各国日益将实质正义目标的考量融合到本国冲突规则，而不再仅依靠单纯的地理性连结因素指引相关准据法。实质正义和政策导向的目标，愈加频繁地体现在包含有关注弱者的连结点或有利于特定实体结果的冲突规则之中。

也应看到的是，在晚近国际私法立法中，实质正义的价值取向已经获得了越来越普遍的接受。在冲突正义与实质正义之间，不再面临"两者取一"的两难困境，而是在于何时、以何种方式、将多少实质正义的考虑因素融入对冲突正义的追求之中。正如学者所指出的，在冲突正义与实质正义之间，不再面临两者取一的困境，或者自始至终就不应存有这种两难困境。[①]

此外，也需指出的是，实体取向的冲突规则本身也面临相互冲突的不同利益和政策的取舍。例如，为尊重立遗嘱人遗嘱处分的自由，允许立遗嘱人从多个法律体系中选择其一作为遗嘱的准据法。[②] 这种做法尽管体现了一国尊重遗嘱自由的实体法政策，但是在一定程度上也牺牲了法定继承人的利益。因此，所谓的有利于保护一方当事人利益的冲突规范，往往反映了一国对不同实体法政策和利益的取舍。

三、确定性与灵活性的取舍

法律的确定性与灵活性之间的矛盾和冲突是法理学上经久不衰的议题。法律的确定性和可预见性，对于保护当事人的正当预期关系重大。而法律的灵活性，在实现个案的公正方面具有难以替代的作用。因此，在法律的确定性与灵活性之间存在一定张力的情况下，如何在国际私法规则的构建上妥当实现两者之间的平衡，是当今各国国际私法立法的一个难题。

通常而言，普通法系国家和地区更重视国际私法规则的灵活性，而成文法系国家更为重视法律的确定性。但是，不论隶属何种法系的国家和地区，立法

---

① Symeon C. Symeonides, Codifying Choice of Law around the World: An International Comparative Analysis, Oxford: Oxford University Press, 2014, p. 350.
② 海牙1985年《信托的法律适用及其承认公约》、1989年海牙《关于遗产继承的准据法公约》、2012年欧盟《罗马条例Ⅳ》等国际和区域立法，以及美国、阿尔巴尼亚、韩国、罗马尼亚、瑞士、魁北克、意大利等国内立法中均规定了此类冲突规则。

者面临的问题往往是，如何力求在这两种相互冲突的目标之间保持适当平衡。传统国际私法规则在提升法律的确定性上具有独特的优势，但也正是由于这种国际私法规则缺乏必要的灵活性，使其在实现个案公正性方面有所局限。因此，现代国际私法立法大多在如何提升法律的灵活性上进行努力。总体而言，一国立法者主要通过如下立法技术的运用实现法律的灵活性目标。

一是包含复数连结点的冲突规则。传统冲突规则依赖诸如侵权行为地及合同缔结地等单一地域性连结点所构造。这种冲突规则为法官确定案件准据法并未保留足够自由裁量的空间，也无助于实现个案正义。为实现法律的灵活性目标，现代国际私法立法普遍采纳含有一个以上连结点的冲突规则，从而赋予法官确定案件准据法的自由。

例如，合同的形式有效性不再仅适用合同缔结地法，只要合同准据法、当事人共同住所地法、惯常居所地法和营业地法中的一个法律支持合同的成立，法官就可以选择适用该法律。又如，侵权行为地不再被预设为损害发生地，而允许法院或受害人在加害行为地和损害结果发生地之间作出选择。应该说，此种选择性冲突规则在20世纪早期并不为人所知，但在晚近各国国际私法立法中则显得非常普遍。

应该说，相对于传统包含单一地域性连结点的冲突规则，选择性冲突规则为法律选择提供了更多的灵活性。虽然选择性冲突规则将法律选择体系系于特定的结果，但其毕竟没有将法律选择体系系于某个特定国家。[①] 但是，从某种程度上而言，相对于现代诸多过于灵活的国际私法选法方法而言，选择性冲突规则也限制了法官的自由裁量权，也在一定程度上削弱了法律的灵活性。毕竟此类选择性冲突规则不允许法官自由地选择其指定之外的法律并偏离其预先设定的结果。

二是含有弹性连结点的冲突规则。为实现法律的灵活性目标，现代国际私法规则多采用开放性和多重指向的弹性连结点，并用以取代僵化性和单一指向的硬性连结点。最为典型的弹性连结点是最密切联系地或更密切联系地。[②]

[①] Symeon C. Symeonides, Codifying Choice of Law around the World: An International Comparative Analysis, Oxford: Oxford University Press, 2014, pp.175-176.

[②] 除最密切联系原则之外，"最恰当的法律"也是一种令人瞩目的弹性系属。例如，1940年《希腊民法典》规定，在当事人缺乏法律选择时，"合同所适用的法律，应是所有情况所表明的最合适的法律"。

与传统固定的连结点直接指向适用的法律不同，弹性连结点允许法院考虑所有相关的连结点和联系因素。在确定案件准据法时，要求法官解释为何争议与某一国的联系比另一国的联系"更密切"或"更重要"。在国际私法立法实践上，不少国内立法和国际条约将最密切联系地作为合同、侵权等领域冲突规则的连结点。① 同时，最密切联系地法亦被很多国家的立法作为法律适用的补充性或一般例外条款。②

值得注意的是，最密切联系原则作为国际私法上的一项重要系属，不仅适用于合同与非合同之债，也扩展适用于代理、证券、知识产权、信托、家事关系等领域。③ 而且，最密切联系原则还常常作为强制性规则（包括第三国强制性规则）得以适用的指示标准。④ 应该说，最密切联系原则在现代国际私法立法中的广泛运用，为法律选择过程注入了充分的灵活性。大体而言，这种"地理上"的灵活性仍然与萨维尼所探寻法律关系的本座之精神是一致的。

三是例外条款的设置。从法理上而言，任何预先制定的规则，尽管立法者穷尽其智慧且极为谨慎，也难以避免因规则的抽象性而在实践中产生规则的实施与规则的立法目的互相冲突的情形。这也是制定法在实施过程中常会出现的问题之一。产生这种现象的根本原因在于，任何国家的立法者无法预先设置相应法律规则应对现实生活中出现的种种情形。

正因如此，为了缓和成文国际私法立法与复杂且多样的社会关系之间的张力，除传统的公共秩序或法律规避等制度外，在国际私法立法中设置例外条款的做法，得到越来越多国家和地区的认同。例外条款设置的妥当性与否，业已成为反映一国国际私法立法水准的重要标志之一。

---

① 例如，立陶宛《民法典》第143条第2款规定："当不能确定侵权行为实施地、损害事实发生地或损害结果发生地时，适用与损害赔偿案件有最密切联系的国家法律。"再如，《墨西哥公约》第9条规定："如果当事人没有选择准据法，或其选择无效，合同应受与其具有最密切联系的国家的法律支配。但如果合同是可分割的，且与另一国家具有更为密切的联系，则该国的法律可以例外地适用于合同的该部分。"
② Symeon C. Symeonides, Codifying Choice of Law Around the Word: An International Comparative Analysis, Oxford: Oxford University Press, 2014, p. 192.
③ 例如，比利时立法将其用于知识产权纠纷；捷克和魁北克立法将其用于财产授予者未选择法律时，决定信托适用的法律；捷克立法还规定，在决定未成年人监护问题时，作为法院地法的替代，有"实质联系"的国家的法律如果对保护未成年人是必要的，则该国法律应予适用；在乌克兰立法中，父母与子女之间的权利义务关系由子女的国籍国法律或者与该关系有密切联系的国家的法律中更有利于子女的法律支配；在台湾地区的立法中，最密切联系在有关代理关系、提单和证券权利等案件中是一个补充性（residual）的连结点。Symeon C. Symeonides, Codifying Choice of Law around the World: An International Comparative Analysis, Oxford: Oxford University Press, 2014, p. 183-184.
④ 参见比利时《国际私法典》第20条之规定。

一般而言，国际私法规则中的例外条款可以分为一般例外条款和具体例外条款。前者是指适用于一国国际私法立法中所有（或大部分）的法律选择规则。①后者是指附着于某一具体冲突规则并作为该规则的例外。②大部分的具体例外条款都是基于"更密切联系"原则（就近原则）而规定的。

尽管不同国家对例外条款的采纳存在不同方式，但在国际私法立法中引入例外条款是实现法律灵活性目标的重要途径，也代表法典编纂艺术的一种进步。正因如此，有学者主张，在国际私法的现代化特别是法典编纂过程中引入一般性例外条款，将有助于确保最密切联系原则得到最大限度的合理运用，从而在确保法的安定性和可预见性的同时，大大增加法律适用的灵活性和适当性。③

四是法律选择方法的采用。在国际私法的语境中，法律选择方法与法律选择规则是对立的。两者的区别在于，法律选择规则直接指向应适用的法律，而法律选择方法则是间接地通过提供一系列原则、因素和政策，由法院在综合考量个案的整体情况后选择应适用的法律。

法律选择规则体现了立法者对准据法的预先选择，而法律选择方法则是在特定的因素范围之内赋予法官事后选择准据法的权力。④关于法律选择方法最为典型的规定是美国《第二次冲突法重述》第6条，该条列出了法律选择过程中应考虑的主导原则而构成一种开放性的公式，⑤进而赋予法官极大的自由裁量权。

尽管法律选择方法在实现国际私法的灵活性方面具有重要作用，但对于国际私法立法的编纂而言，一般认为法律选择方法与国际私法典难以兼容。与此同时，现代国际私法立法实践表明，法律选择规则和法律选择方法并非完全对立，

---

① 目前，在国际私法立法上，瑞士、荷兰、比利时、韩国、乌克兰、马其顿、阿根廷、魁北克、立陶宛、塞尔维亚、斯洛文尼亚等国家和地区的国际私法立法，都将最密切联系原则作为法律选择的一般例外条款。例如，比利时《国际私法典》第19条第1款规定，当存在与案件有"更密切联系"的法律时，应选择"更密切联系地法律"作为案件准据法。
② 例如，日本《通则法》第17条规定了侵权领域法律适用的一般条款，但其第20条则将最密切联系原则作为侵权选法规则的例外条款予以适用。该法第20条规定："尽管有前三条规定，因侵权行为而产生的债权的成立及效力，综合考虑侵权行为时，当事人在同一法域有经常居所，违反当事人间合同义务而进行的侵权行为及其他情况，与依前三条规定应适用法地相比，明显有其他更密切关系地时，依该其他地法。"
③ 陈卫佐：《当代国际私法上的一般性例外条款》，《法学研究》2015年第5期。
④ Symeon C. Symeonides, Codifying Choice of Law around the World: An International Comparative Analysis, Oxford: Oxford University Press, 2014, pp. 204-205.
⑤ 《第二次冲突法重述》第6条规定："1. 法院，除受宪法约束外，应遵循本州关于法律选择的立法规定。2. 在无此种规定时，与适用于选择法律的规则有关的因素包括：（1）州际及国际体制的需要；（2）法院地的相关政策；（3）其他利害关系州的相关政策以及在决定特定问题时这些州的有关利益；（4）对正当期望的保护；（5）特定领域法律所依据的政策；（6）结果的确定性、可预见性和一致性，以及（7）将予适用的法律易于确定和适用。"

运用立法技术将两者结合起来，对于国际私法典在确定性与灵活性之间达成平衡具有重要意义。换言之，相较于单一规则或方法，综合运用法律选择规则与法律选择方法构建国际私法规则体系，有助于实现法律确定性和灵活性之间的平衡。

一般而言，未对国际私法进行法典编纂的国家，比已经完成国际私法典编纂的国家赋予法官的灵活性和司法裁量权更大。但是，在国际私法立法上采取非国际私法典编纂方式的国家，也不能完全回避确定性和灵活性之间的紧张关系，以及为两者之间寻求恰当平衡的需求。从立法实践上讲，采取非国际私法典编纂方式的国际私法体系，与采取国际私法典编纂的国际私法体系一样，都经历了从确定性到灵活性，再从灵活性走向确定性的循环运动。①

从国际私法典编纂的角度而言，现代国际私法立法已经找到融合确定性和灵活性的方法。即现代国际私法立法采用了诸如多个连结点、弹性连结点、例外条款或规则与方法的结合等各种途径，审慎地为国际私法立法注入灵活性，并力图在确定性和灵活性之间获得平衡。无论是综合性的国际私法典，或者是国际私法单行立法，只要在立法技术上妥当地构建相关冲突规则，司法实践中既不会产生法律僵化性和过于灵活性的问题，也不会出现难以实现个案正义要求的情形。

第三节 立法范围问题

从比较法上看，管辖权规范、法律适用规范和判决承认与执行规范是两大法系国家在国际私法范围问题上的共识。② 这也表明，国际私法的理论体系至少

---

① Symeon C. Symeonides, Codifying Choice of Law around the World: An International Comparative Analysis, Oxford: Oxford University Press, 2014, p. 209.
② 在我国，国际私法的理论体系至少包括如下内容：外国人民事法律地位规范、冲突法、国际统一实体法、国际民事诉讼法与国际商事仲裁法。刘仁山主编：《国际私法》，中国法制出版社 2019 年版。

应涵盖上述规范内容。应该说，国际私法的理论体系与立法体系之间存在区别，但也不能否认两者之间存在的紧密联系。而且，一国国际私法的立法体系的构建，既要建立在国际私法理论体系的基础上，还要符合国际民商事司法实践和一国对外民事交往的需要。

对于一国国际私法立法体系的构建而言，最为重要的问题是厘清该立法体系所涵盖的规范内容（立法范围）。在此问题上，不同国家和地区存在不同的理论和实践。尽管一国在国际私法的立法范围上有不同立场，但是基于完善一国国际私法体系、回应国际私法实践的需求以及借鉴域外立法经验的考量，对一国国际私法的立法范围的构建，既是一个理论命题，也是一个实践问题。

一、体系化缺失的弥补

就一国进行国际私法典编纂的基本任务而言，实现国际私法立法规则的系统化、逻辑性和科学性的目标不可或缺。上述目标的达成，均需立足于国际私法立法的体系化。在此方面，科学地划定一国国际私法的立法范围，有助于一国在国际私法立法编纂中实现国际私法规则的系统性和协调化的基本目标。也正因如此，在一国国际私法立法现代化的问题上，实现国际私法立法的体系化应是基本要求之一。

在以国际私法规则体系完善的角度考量国际私法立法范围的问题上，我国国际私法立法实践可作为典型例证。目前，尽管我国已经制定了《法律适用法》这一相对系统地规定冲突规范的国际私法单行立法，但是该法在国际私法规则的系统化方面仍然存在诸多问题：

其一，国际私法规则体系的系统性有待完善。

有关外国人民事法律地位规范、涉外民事诉讼程序与涉外商事仲裁规范，散见于我国其他单行法及相关司法解释中。① 这些法律规范与《法律适用法》共同构成了我国国际私法的现有规则体系，但这些国际私法规则之间的协调性仍有待提升。

而且，从国际民商事交往的开展及国际民商事争议解决的角度而言，与国际民商事活动相关的问题诸如外国人的民事地位问题、外国人的民事诉讼能力、诉讼费用担保、司法救助、诉讼代理、诉讼期间、财产保全、证据与时效、送达、取证等问题，都应当在国际私法立法中以集中规定的方式予以明确。② 因此，从健全国际私法规则的角度而言，在国际私法的立法范围上，对于上述与涉外民事争议的解决紧密相关的问题，均应在一国国际私法立法中予以规定。

其二，国际私法规则体系的完整性仍待提升。

尽管相对于先前的国际私法立法，《法律适用法》无论在条款数量上还是在所涉及的涉外民事领域均有显著进步，《法律适用法》也是我国目前国际私法立法的基本法，但总体上而言，《法律适用法》仍然只是关于涉外民事关系法律适用的通则性规定，或者可以将其视为关于涉外民事关系法律适用问题的框架性立法。原因在于，就现有规定而言，《法律适用法》所规制的内容并不完整：

一是就总则部分而言，传统的涉外民事法律关系适用法总则制度包括识别、先决问题、反致、法律规避、公共秩序保留以及外国法的查明等，而在《法律适用法》中，仅规定了识别、公共秩序保留、外国法的查明等问题，对先决问题、法律规避问题、人际法律冲突和时际法律冲突问题并未作出规定③；二是就分则部分而言，对一些涉外民商事关系的法律适用尚未作出明确规定。例如，在第六章债权的法律适用部分，对于特殊侵权如交通事故的损害赔偿、不正当竞争、

---

① 在我国现行的国际私法国内立法中，关于外国人民事法律地位规范主要规定在《宪法》《民法通则》《外商投资法》《公司法》中。有关涉外民商事关系的法律选择规范的国内立法主要有《民法通则》《合同法》《票据法》《海商法》等。另外，我国为规范涉外民商事活动，还颁布了一些专门实体法，如《中外合资经营企业法》《中外合作经营企业法》《外资企业法》等。有关国际民事诉讼及国际商事仲裁程序规范，《民事诉讼法》第四编对涉外民事诉讼中的外国人诉讼地位、管辖、司法豁免、送达与期间、财产保全、仲裁和司法协助等问题作出规定。《海事诉讼特别程序法》第 8 条和第 10 条分别规定了外国当事人协议选择中国法院管辖、承认和执行外国法院判决和海事仲裁管辖权等；《企业破产法》第 5 条规定了外国法院作出的破产案件的判决、裁定的承认和执行的条件；《仲裁法》第七章规定了涉外仲裁委员会的设立、证据保全、裁决的撤销、裁决的执行等问题。此外，还包括大量调整涉外民事关系的司法解释，涵盖冲突规范、国际民事诉讼规范和国际商事仲裁规范。
② 应该说，除我国参加和缔结的国际条约之外，在国际私法的国内渊源上亦应对这些问题进行集中规定，以便为条约依据之外的案件提供法律依据。
③ 关于上述问题是否要在冲突法或国际私法立法做出规定，各国理论及实践界是有争议的。立法上有规定的国家，也各有特色。上述问题的立法法理及立法内容，仍然值得进一步探讨。

环境污染所致的损害赔偿等问题，均未作规定。

需要指出的是，涉外民事法律关系从其性质上来说，与国内民事法律关系存在显著差异。在国际私法学界得到普遍接受的观点是，国际私法所调整的涉外民事关系的范围不仅应超越民法与商法分立的立场，而且对规范的涉外民事关系内涵的理解也不应局限在国内民事关系内涵的基础上。因此，就《法律适用法》所确立的规则体系而言，仍需要在完整性方面进行努力。

其三，《法律适用法》与其他相关部门法的关系仍待厘清。

如前所述，《法律适用法》并未囊括散落在一系列单行法律、行政法规和司法解释中的法律适用规定。[①] 但是，对于新法与现行立法，特别是与《民法通则》中都有规定、但规定不一致之处，应如何适用之问题亟待明确。

尽管《法律适用法》第八章附则第51条明确了该法的相关规定优先于《民法通则》第146条和第147条以及《继承法》第36条的适用，但对于《法律适用法》与上述之外的其他相关部门法之间所发生诸如特别法与普通法、新法与旧法的冲突问题应如何解决，仍需明确。

对于《法律适用法》与《票据法》《海商法》《民用航空法》等商事特别法中相关冲突规则的关系，依据《法律适用法》第2条的规定，上述商事法中相关冲突规则应优先适用；对于《法律适用法》与《民法通则》之间的关系而言，则存在疑义。既不能简单从立法主体上将两者区分为"基本法律"和"非基本法律"，也不能依据"上位法优于下位法"的原则处理两者之间的冲突。换言之，目前的宪政和立法框架内《法律适用法》和《民法通则》的效力等级并不存在高下之分。[②] 而且，新法与旧法规定的不一致，既包括含义上的不一致，也包括文字表述的不一致。例如，《法律适用法》第51条、《民法通则》第146条、第147条以及《继承法》第36条，应当属于与新法中的相关规定存在含义上的不一致。至于其他同类情形可否进行类推处理呢？例如，《民法通则》第148条关于扶养的冲突规则与《法律适用法》第29条关于扶养的冲突规则之间的关系问

---

① 例如，《法律适用法》未对海商、民用航空、票据领域的法律适用做出规定。根据《法律适用法》第2条的规定，"涉外民事关系适用的法律，依照本法确定。其他法律对涉外民事关系法律适用另有特别规定的，依照其规定"。因此，关于海商、民用航空、票据领域的法律适用，将依然沿用《海商法》《民用航空法》《票据法》中有关涉外问题的专章规定。
② 张萍、刘仁山：《〈涉外民事关系法律适用法〉在我国国际私法中的地位及其效力问题》，《河南财经政法大学学报》2015年第1期。

题①,《法律适用法》本身并未给出答案,我国《立法法》第 83 条的规定同样无法提供解决方案。②

应该说,《民法通则》和《法律适用法》同属全国人民代表大会所制定的法律,基于立法目的而言,应对《法律适用法》第 2 条作扩张解释。即该法不仅明确废止了《民法通则》第 146 条、第 147 条和《继承法》第 36 条的规定,也以隐含的方式废止了与《法律适用法》规定不一致的其他法律中的冲突规则。这种解释有助于解决《法律适用法》与其他同位法之间的冲突,也符合《法律适用法》的立法意旨。

其四,国际私法的国内法源与国际法源的关系仍需明确。

国际私法的国际法源包括国际条约和国际惯例。在国际条约上,由于我国宪法并未规定条约在国内法的效力问题,对于条约在我国法律体系中的地位并不明朗。就涉外民事领域而言,一国参加的国际民商事条约当然是确定当事人权利义务的重要依据,但如何将国际条约纳入或转化为国内法是一个重要的实践问题。对于条约在一国的效力,通常应是一国宪法所规定的问题。

就我国现有立法而言,属于民商事性质且涉及私人权益的条约在我国是直接适用的,采取的方式主要有二:一是在国内法中明确规定,国际条约调整的事项不再适用国内法(如《继承法》第 36 条第 3 款、《专利法》第 18 条之规定);二是在国内法中规定,国际条约与我国法律冲突时优先适用国际条约(如《民法通则》第 142 条、《外交特权与豁免条例》第 27 条、《海商法》第 268 条、《民用航空法》第 184 条第 1 款之规定)。但是,对于条约的解释问题,无论是在条约的解释主体,还是在条约的解释方法,抑或条约的国内解释与国际解释之间的关系,我国在立法上并未对之予以明确。③

在国际惯例方面,在解决涉外民商事争议的过程中,当事人同意遵守的国际民商事惯例也是国际私法的国际法源之一。《民法通则》第 142 条确立了国际

---

① 《民法通则》第 148 条规定扶养适用与被扶养人有最密切联系的国家的法律,而《法律适用法》第 29 条则规定:"抚养,适用一方当事人经常居所地法律、本国法律或者扶养财产所在地法律中有利于保护被扶养人权益的法律。"
② 《立法法》第 83 条规定:"同一机关制定的法律、行政法规、地方性法规、自治条例和单行条例、规章,特别规定与一般规定不一致的,适用特别规定;新的规定与旧的规定不一致的,适用新的规定。"
③ 刘仁山:《论作为"依法治国"之"法"的中国对外关系法》,《法商研究》2016 年第 3 期。

惯例补缺原则①，但对于国际习惯的界定以及国际习惯与国内法的关系问题，仍然并无任何立法规定。目前，我国有学者主张以宪法修正案的形式，对国际条约和国际习惯与国内法的关系问题作出原则规定。②

因此，从国际私法立法体系化方面而言，一国国际私法立法应实现系统性和完整性目标。为有效地实现立法的体系化，一国国际私法立法的编纂至少应当涵盖外国人民事法律地位规范、冲突规范、国际民事诉讼规范等国际私法的基本规范。

二、争议的高效解决

国际私法是一个具有高度实践性的法律部门，这意味着对一国国际私法立法范围的考量，必须建立在便利解决涉外民事争议的基础之上。

实际上，一些国家和地区之所以对其国际私法立法进行系统编纂，实践者适用的便利性以及相关规则解决争议的高效性仍然是重要的考量因素。特别是，对于编纂综合性国际私法典的国家而言，如何构建便于适用且高效解决涉外民事争议的制度和规则体系，促进和保障本国对外民事交往的发展，始终是一国立法者的重要目标。

基于上述论断，一国国际私法的立法范围必须与国际私法的实务流程联系起来。对于具体涉外民事争议而言，如需要中立的第三方机构予以解决，当事人通常面临的首要问题是该争议应由哪一具体机构管辖（诉讼还是仲裁）。即明确相关机构的管辖权问题是一国解决涉外民事争议的前提。实际上，管辖权规范不仅是相关机构取得管辖权的依据，而且管辖权的确定在很大程度上决定了案件的实体结果。毕竟一国国内法院或仲裁机构一般适用本国冲突规范确定争议的准据法。

在确定争议的管辖权问题后，才会涉及冲突规范的援引及准据法的确定与

---

① 《民法通则》第142条规定，涉外民事关系的法律适用，依照本章的规定确定。中华人民共和国缔结或者参加的国际条约同中华人民共和国的民事法律有不同规定的，适用国际条约的规定，但中华人民共和国声明保留的条款除外。中华人民共和国法律和中华人民共和国缔结或者参加的国际条约没有规定的，可以适用国际惯例。
② 刘仁山：《论作为"依法治国"之"法"的中国对外关系法》，《法商研究》2016年第3期。

适用，并在此基础上最终完成对当事人实体权利义务的裁判。此外，在特定情况下，国际私法需要应对的问题还包括本国作出的判决（仲裁裁决）在域外的承认与执行，以及域外判决（仲裁裁决）在本国承认与执行的问题。

上述问题既是国际私法实务流程的主要内容，也构成了一个完整的解决涉外民事争议的逻辑体系。这也说明法律选择规范仅仅是国际私法立法范围的一部分。基于涉外民事争议解决的便利和效率的角度而言，法律选择规范必须配合管辖权规范以及判决承认与执行规范一并实施。换言之，管辖权规范、法律适用规范及判决承认与执行规范高度关联且构成一国国际私法立法的规范体系。这也印证了前文所述及的观点，即管辖权规范、判决承认与执行规范与法律适用规范是紧密联系在一起的。从一国国际私法立法的编纂而言，将管辖权规范、法律适用规范和判决承认与执行规范统一规定在一个独立的法典中是一个很好的选择。①

基于以上，一国国际私法立法的编纂在范围上至少应该涵盖管辖权规范、冲突规范和判决承认与执行规范。

需要指出的是，基于便利和高效解决涉外民事争议的考量，与国际私法立法范围紧密相关的问题是，如何提升一国国际私法规则的明确性。这不仅意味着在国际私法规则的构建上"宜粗不宜细"的做法并不可取，也表明在国际私法规则体系内相关规则的界限应是清晰的。原因在于，范围不周延、内容不明确、关系不清晰的国际私法规则的适用，要么因无法可依而需要求助于立法之外的司法实践或理论和学说，要么因难以准确适用而需要法官进一步解释。这无疑增加了国际私法立法实施的不确定性和司法成本。

以我国立法为例，《法律适用法》对于动产物权法律适用的规定过于粗略，既未细分动产的取得与丧失、动产物权的内容、动产物权凭证等内容，也未对动产物权意思自治原则适用的限制予以明确②；又如，《法律适用法》第16条关

---

① Andrea Bonomi, The Italian Statute on Private International Law, Int'l. J. Legal Info. (27, 1999), p.248.
② 例如，有学者认为，如果涉外动产物权争议只是停留在交易双方之间，而不涉及第三人，则双方之间的涉外动产物权争议应允许当事人意思自治，以最大限度地避免不同法律割裂同一交易中的物权关系和债权关系的有机联系，而当物权争议涉及第三人时，则应恢复适用涉外物权法律适用的一般规则，即物之所在地法。（宋晓：《意思自治与物权冲突法》，《环球法律评论》2012年第1期。）也有学者认为，意思自治原则泛化适用的流弊主要在于：与物权法定主义相悖；令民法典部分内容逻辑不能自洽；易致动产物权准据法的分割；增加了司法实践的困难。在现有物权种类和内容的范围方面仍存在较多的意思自治空间，如适用债权意思主义物权变动模式的各类情形，可将意思自治原则在动产物权冲突法的合理适用限定于此。（陈国军：《论意思自治原则在动产物权法律适用中的限制》，《政治与法律》2017年第5期。）

于代理规定中的"民事关系"一词,究竟是指代理人与被代理人之间的内部关系,抑或是被代理人与第三人之间的外部关系,尚不明确;再如,在当事人未选择合同准据法的情形下,《民法通则》第145条和《合同法》第126条均规定,"适用与合同有最密切联系的国家的法律",而《法律适用法》第41条规定为适用"最能体现该合同特征的一方当事人经常居所地法律或者其他与该合同有最密切联系的法律"。对上述规定之间的关系而言,是将《法律适用法》第41条看作是对《民法通则》与《合同法》中规定的"最密切联系"原则的补充解释?还是基于"新法优于旧法"的原则,优先适用《法律适用法》中的"特征性履行"规定?对于此类前后规定上的模棱两可之处,实践中尚待明确。①

应该说,上述均为在一国国际私法立法环节所形成的问题。我国对此类问题的解决,最终要么由最高人民法院通过颁布司法解释的方式予以明确,要么由法官在司法实践中通过个案裁判解释的方法进行释明。无论哪种针对国际私法立法规则的释义方法,均为相关司法机关和法官增加了司法任务,也使得当事人面临法律适用的不确定而有违其正当预期,这与制定一部系统完备的国际私法立法的初衷相悖。

总之,基于高效解决涉外民事争议之目的,一国国际私法的立法范围至少应包括管辖权规范、法律适用规范和判决承认与执行规范。而且,在国际私法规则的构建上应符合完备性、明确性和协调性的要求。

三、域外经验的借鉴

"比较法是国际私法之母。"同样,在一国国际私法的立法范围上,参考和借鉴域外立法经验,是各国国际私法立法实践中一个较为普遍的现象。在此问

---

① 实际上,对于《法律适用法》第41条规定的当事人在未选择法律时合同准据法规则的理解也存在分歧。一种观点认为,基于我国以往司法实践,尤其是2007年《最高人民法院关于审理涉外民事或商事合同纠纷案件法律适用若干问题的规定》,该法第41条规定的特征性履行规则应该是最密切联系地法的一种确定方法,而在依据特征性履行规则确定的合同准据法与合同的联系不如另一法律紧密时,最密切联系原则可以作为特征性履行规则的例外;另一种观点认为,该法第46条规定的特征性履行规则与最密切联系原则应构成一种无条件选择的冲突规范,法官可以在两者之间择一适用。就《法律适用法》第41条的实施而言,对相关案件的梳理表明,法官在大量案件中的实践倾向于后一种解释,即将该条理解为一种无条件的选择性冲突规则。而且,法官在诸多案件中通常优先适用最密切联系原则,并进而达成适用中国法的目的。

题上，一国国际私法的编纂在立法范围的划定上，不仅应出于完备国际私法规则与制度体系和高效解决涉外民事争议的考量，也应基于域外现有立法实践所提供的经验予以考察。

从域外国际私法立法实践而言，尽管一些国家和地区将国际私法立法规定在民法和民事诉讼法等不同法律部门中，但就国际私法立法规定的问题而言，仍然包括了冲突规范、涉外民事诉讼规范及国际商事仲裁规范等内容。对于国际私法立法采取相对集中规定方式的国家和地区，特别是完成了综合性国际私法典编纂工作的国家和地区而言，国际私法立法的范围一般涵盖了管辖权规范、法律适用规范和判决承认与执行规范。实际上，不论是采取分散式立法方式，还是相对集中的立法方式，国际私法的立法范围大致是相当的。这也意味着，在国际私法立法范围问题上各国实践并不存在实质差异。

在国际私法立法范围上，域外经验值得观察和参考的是，一国在从相对分散的国际私法立法模式变革为相对集中的国际私法立法模式的过程中，在立法编纂上如何划定国际私法规范的范围。从前述诸如意大利、瑞士等国国际私法立法变革的考察来看，大多是将分散在其他部门法（如民事诉讼法、民法典、民事特别法、商法）中的国际私法规则编纂进本国国际私法典，且该法典在立法范围上均至少涵盖了管辖权规范、冲突规范和判决承认与执行规范。

在对本国国际私法立法模式进行变革的过程中，特别是在国际私法立法范围的划定上，一国借鉴域外立法经验较为明显。如前所述，意大利立法者将国际民事诉讼程序规范与法律适用规范一道构建成独立的国际私法典的立法模式是直接受到了瑞士模式的启发。[①] 这种做法的逻辑在于，将上述三类规范纳入一国国际私法典，既有助于国际私法立法编纂的体系化和完备性，也契合法律实务工作者解决涉外民事争议的思维和流程。而且，这种做法对于提升实践者适用一国国际私法规则体系的便利性和明确性是不言而喻的。

无论是在国际私法立法中具体规则的构建，还是在立法范围的划定上，一国立法者必须放眼域外。这种开放的立场和视野有助于从比较法和全球化的高度，深入思考一国国际私法面临的诸多选择应如何决断。在国际私法立法现代化的浪潮中，既要坚守和弘扬本土法律资源的精神风貌和文化特色，也要学习

---

① Andrea Bonomi, Influence of Swiss Private International Law on the Italian Codification, Int'l J. Legal Info.(30, 2002), pp. 247-248.

和借鉴域外成熟的理论和实践经验。尤其是，对于国际私法现代化变革历程中处于后进者的国家和地区而言，更应如此。因此，从体系化和完备性的角度而言，一国国际私法立法的编纂在范围上至少应包括管辖权规范、冲突规范和判决承认与执行规范。①

总之，对一国国际私法立法进行系统编纂，科学地划定一国国际私法立法范围，能够有效解决分散在不同部门法中国际私法规范所面临的冲突法与程序法的割裂，也在最大程度上避免了成文法与司法解释的失衡。在国际私法立法现代化浪潮中，一国立法者尽可能对其国际私法规则进行全面和系统的规定，科学划定国际私法立法范围，具有重要的理论和实践意义。

第四节 体系结构问题

如果一国国际私法立法在范围上至少应该涵盖管辖权规范、法律适用规范和判决承认与执行规范，则在国际私法立法的编纂中相应的体系结构如何组织和安排。特别是，在一国国际私法立法规则分布较为分散的情况下，如何科学地构建立法的体系结构，需要在理论上作出回答。

从域外立法实践来看，在国际私法典体系结构的安排上，目前主要有如下三种代表性的做法：

一是瑞士1987年《关于国际私法的联邦法》，该法典总则部分对管辖权、法律适用和判决承认与执行中的一般性问题作出规定，法典分则按具体涉外民商事关系展开。而且，各具体涉外民商事关系均按照管辖权、法律适用和判决承认与执行规范依次予以规定；二是意大利1995年《国际私法制度改革法》，

---

① 如前所述，与国际民商事活动相关的问题诸如外国人的民事地位问题、国际民事诉讼程序中的送达、取证等问题，都应当在国际私法立法中予以明确。当然，毫无疑问，在解决涉外民商事争议的过程中，一国参加的国际民商事条约以及当事人同意遵守的国际民商事惯例也是确定当事人权利义务的依据。但如何将国际条约纳入或转化为国内法，赋予国际民商事惯例怎样的法律效力，也需要在一国国际私法立法中予以明确。

该法典除简单规定总则之外，在分则中依次对管辖权、法律适用和判决承认与执行问题作出规定；三是土耳其 2007 年《关于国际私法与国际民事诉讼程序法的第 5718 号法令》，该法典分为两个部分，分别对法律适用和国际民事诉讼问题作出规定。而且，法典在法律适用部分也规定了总则。尽管上述国际私法典在结构安排上有所差异，但也存在共同之处：一是国际私法典应该包括总则和分则；二是在分则中关于法律适用规范均按照"先人后物"的顺序排列。

从强化规则可操作性的角度而言，一国国际私法立法的编纂宜采学理体的体系结构，即将之分为总则、分则和附则三个部分进行构建和展开。

一、总则部分：基本原则、主要制度与一般问题

国际私法总则是一国国际私法立法的重要构成部分，是对国际私法中具有整体性、全局性和普遍性意义的基本原则、主要制度和一般问题的规定。

作为一国国际私法立法提取的"公因式"，以及一部国际私法立法精神的反映，国际私法总则既反映了一国立法技术和立法水平，也事关国际私法立法在实践中的良好实施。国际私法总则必须具备高度的抽象性和概括性，也需要体现体系性和逻辑性。具备上述特征的国际私法总则，既有助于发挥其指导整部国际私法立法实施的功能，又能够对国际私法立法起到填补漏洞或提供逃避机制的作用。[①]

从国际私法立法史来看，早期成文国际私法立法大多分布在民法典（包括民法典的总则部分）。在国际私法立法的条文数量有限的情况下，并无设置总则条款的必要。因此，诸如 1756 年《巴伐利亚法典》、1794 年普鲁士一般法典中并无国际私法的总则性规则。显然，立法者多关注具体的法律选择问题或管辖权的确定问题。1804 年法国民法典中已经出现了国际私法的总则性规定，并伴随着法国民法典在世界范围内传播，影响了诸如奥地利、意大利、葡萄牙、西

[①] 例如，我国《法律适用法》"一般规定"的第 2 条第 2 款规定："本法和其他法律对涉外民事关系法律适用没有规定的，适用与该涉外民事关系有最密切联系的法律。"该规定即明确将最密切联系原则作为法律选择的填补漏洞条款（兜底条款）；再如，瑞士《关于国际私法的联邦法》"共同规定"第 15 条第 2 款规定："根据所有情况，如果案件与本法指定的法律联系并不密切，而与另一项法律的联系明显更为密切，则可以作为例外，不适用于本法所指定法律。在当事人自愿选择法律的情况下，不适用本规定。"该规定即是作为法律选择的逃避机制（例外条款）予以适用的。

班牙、阿根廷、智利等国家民法典中国际私法规则。直至后期的德国 1896 年《民法典实施法》、1898 年日本《法例》已经出现了诸如公共秩序保留、反致、习惯法的效力等国际私法的总则性规定。①

伴随国际私法立法的编纂得到越来越多国家的接受，尤其是 20 世纪后半叶综合性国际私法典的编纂运动蓬勃发展，使得在一国国际私法立法中规定总则条款成为普遍立法现象。例如，奥地利、瑞士、比利时、保加利亚等国家的国际私法典中均设立专门的篇章规定国际私法总则性规定。而且，这些国家的国际私法总则规定的内容较为完备，一般包括国际私法的原则、外国法的效力、识别、反致、先决问题、外国法的查明、公共秩序保留、时际法律冲突、多法域下准据法的确定、属人法（包括国籍和住所的积极和消极冲突）、强制性规则、条约的地位等。②

从比较法上看，一国国际私法立法的总则部分一般规定基本原则、主要制度和其他一般性的问题。

国际私法的基本原则，是指在制定、运用、贯彻实施和解释国际私法时，应加以贯彻执行的准则，也是在国际民商事活动中解决国际民商事争议时，必须遵循的原则。③

从成文立法层面而言，各国对国际私法基本原则的规定通常包括立法目的等宣示性原则④、条约优先原则⑤、强行法原则⑥、法律选择的一般原则（包括例外

---

① 黄进、杜焕芳：《关于国际私法总则的若干思考——兼谈中国国际私法总则的制定》，载徐冬根主编：《跨国法评论》2004 年第 1 卷，北京大学出版社 2004 年版。
② 此外，一些国家对国际民事诉讼问题一并进行规定的国际私法立法的总则部分，还包括管辖权和判决（仲裁裁决）承认与执行中的一般性问题的规定。
③ 刘仁山主编：《国际私法》，中国法制出版社 2019 年版。
④ 例如，我国 2010 年《法律适用法》第 1 条规定："为了明确涉外民事关系的法律适用，合理解决涉外民事争议，维护当事人的合法权益，制定本法。"再如，朝鲜 1995 年《涉外民事关系法》第 1 条规定，朝鲜涉外民事关系法用以保障和维护当事人在涉外民事关系中的权益，并促进涉外经济合作与交流的发展。
⑤ 例如，意大利 1995 年《国际私法制度改革法》第 2 条规定，本法的规定不应影响意大利作为缔约一方的任何国际公约的适用。对此类公约的解释应考虑公约的国际性特点以及一致适用的需要。
⑥ 例如，2007 年北马其顿《关于国际私法的法律》第 14 条规定，用以确定本法第 1 条所指关系的准据法的各条款，并不排除马其顿共和国强制性规范的适用，不论确定准据法的规范有何规定，这些强制性规范基于本法或者其他法律的规定均应予以适用。再如，瑞士《关于国际私法的联邦法》第 18 条规定，不论本法所指定的法律为何，因其特殊目的而应予以适用的瑞士法律中的强制性规定，应予以保留。

条款和兜底条款)①等。

国际私法的主要制度,是指在冲突规范的适用与准据法的确定过程中所涉及的若干制度。具体包括:

一是识别。识别旨在帮助法官在审理涉外民商事案件时准确地选择所适用的冲突规范,也是法官在适用冲突规范时必须首先处理的问题。面对国际私法上识别冲突的解决,存在"法院地法说""准据法说""分析法学和比较法说""个案识别说""折中说""功能识别说"等诸多不同的理论,但实践中修正的"法院地法说"("新法院地法说")得到相对普遍接受。②

二是反致。传统国际私法理论认为反致有助于实现判决的一致性目标,也有助于为国际私法注入更多的灵活性。③尽管如此,现代国际私法立法中反致的地位似乎有所下降。主要表现在,反致在国际私法条约、法律行为的效力、选择性冲突规范、合同与侵权(适用意思自治原则和最密切联系原则的领域)等方面均被拒绝。甚至在惯常居所作为自然人属人法的连结点得到日益广泛接受的情况下,一些国家在自然人的能力和身份、婚姻、继承等领域也拒绝接受反致。这种现象一方面是由于国籍主义和住所地法主义冲突的缓和,另一方面也是由于国际私法的实质正义和个案公平的目标得到前所未有的重视,从而使得一国不再一味强调法院地法的适用。

三是外国法的查明。国际私法常常与外国法联系在一起,有效查明和适用外国法对于国际私法规则的实施意义重大。在实践层面,对外国法查明制度的规定应包括查明责任的分配、外国法查明的途径、外国法无法查明的解决、外国法错误适用的救济等。外国法的查明对于法官而言是一项繁重的司法任务,

---

① 例如,奥地利1978年《关于国际私法的联邦法》第1条的规定作为法律选择的一般原则(与外国有连结的事实,在私法上,依照与该事实有最强联系的法律体系判定。本联邦法中关于适用法律的冲突规范,应被视为该原则的体现)。再如,保加利亚2005年《关于国际私法的法典》第2条第1款作为法律选择的一般原则(具有国际因素的私法关系,由与其有最密切联系的国家的法律支配。本法典有关确定准据法的条款均为该原则的体现)。该法第2条第2款作为法律选择的兜底条款(如果依照本法典第三编的各条款不能确定应适用的法律,则适用依其他标准与该私法关系有最密切联系的国家的法律。)我国2010年《法律适用法》第2条第2款作为法律选择的兜底条款(本法和其他法律对涉外民事关系法律适用没有规定的,适用与该涉外民事关系有最密切联系的法律)。瑞士1987年《关于国际私法的联邦法》第15条第1款作为例外条款(如果根据所有情况,案件显然与本法所指引的法律仅有较松散的联系,而与另一法律却有更为密切得多的联系,则本法所指引的法律例外地不予以适用)。
② 若遇到在法院地法不能识别的情况下,如关于不动产的识别、对法院地法没有做出任何规定的事实的识别等,也应该适当考虑运用其他方法进行识别。刘仁山主编:《国际私法》,中国法制出版社2019年版。
③ 关于反致制度本身存在诸多争议,如能否有助于实现判决的一致性、是否尊重国家主权、外国法是否可分、是否有利于达成合理的判决结果、是否有否定内国冲突规范之嫌、是否有悖于法律的稳定性等。

这也意味着必须在司法实践中拓展和创新查明外国法的方式和途径。尤其是，应注重发挥专家意见在查明外国法上的重要作用。①

四是公共秩序保留。作为国际私法上的"安全阀"，公共秩序保留制度在捍卫法院地国家法律基本原则、社会公共利益、道德观念和公序良俗方面发挥着不可替代的作用。正因如此，尽管公共秩序保留制度的内涵存在一定程度的不确定性，但其为法院地国家提供的安全价值，使得该制度成为国内国际私法立法及国际私法条约的标配条款。但是，鉴于依据公共秩序保留制度拒绝适用外国法的做法，在一定程度上与国际私法的功能和目的相悖，故一般认为应对其适用持谨慎立场。主要表现为在排除外国法的标准上采取"客观说"，且加以"明显违反"之限制。此外，实践中一些国家多采取公共秩序保留的相对性理论对该制度的援引予以限制。②

国际私法的其他一般问题的规定，是指法院在适用国际私法立法时所必须处理的其他一般性问题。一般如下：

一是立法的适用范围和调整对象。对于一国国际私法立法而言，在明确立法宗旨和原则的基础上，必须首先规定立法的适用范围和调整对象。这就意味着一国国际私法立法既应对自身的适用范围作出规定，也应对作为调整对象的"涉外民事关系"进行界定。③

二是外国人民事法律地位。外国人的民事法律地位也被称为"外国人在私法上之地位"或"外国人地位"。除本国法有特别规定之外，当今各国一般在国际私法领域赋予外国人国民待遇。同时，对于外国在其境内对本国当事人的民

---

① 同时，对于专家意见性质、外国法专家的选任、法院对专家意见的委托和采纳、专家的法律责任等问题均有待进一步明确和完善。相关论述参见王葆莳：《论我国涉外审判中"专家意见"制度的完善》，《法学评论》2009 年第 6 期。
② 关于公共秩序保留制度的相对性与绝对性理论的论述，有学者对此问题进行了深入阐述。如果外国法的适用结果违反法院地国家的公共秩序，且案件本身与法院地国家的联系也较为紧密时，公共秩序保留制度的适用具有绝对性。当案件与法院地国家的联系程度较低或无联系时，则无需援引公共秩序保留制度排除外国法。Th. M. de Boer, Unwelcome Foreign Law: Public Policy and Other Means to Protect the Fundamental Values and Public Interests of the European Community, in A. Malatesta, et al, eds., The External Dimension of EC Private International Law in Family and Succession Matters, 2008, p. 298.
③ 例如，保加利亚 2005 年《关于国际私法的法典》第 1 条对"调整对象"规定：1. 本法典的各条款调整：（1）保加利亚法院、其他机关的国际管辖权以及国际民事诉讼程序；（2）适用于具有国际因素的私法关系的准据法；（3）外国判决及其他文书在保加利亚共和国的承认与执行。2. 本法典意义上的私法关系，是指与两个或多个国家有联系的私法关系。再如，瑞士 1987 年《关于国际私法的联邦法》关于"适用范围"的第 1 条规定，本法适用于下述具有国际因素的事项：（一）瑞士法院和主管机关的管辖权；（二）法律适用；（三）承认和执行外国法院判决的条件；（四）破产和清偿协议；国际条约有不同规定的，适用国际条约的规定。

商事权利加以不公平限制的，本国会对该外国当事人采取对等措施。即外国人民事法律地位的规定，应遵循国民待遇原则和对等原则。

三是多法域情形下准据法的确定。对某一涉外民商事法律关系，当冲突规范指明应适用某一外国法，而该外国是一个多法域国家时，就会产生要适用哪一法域的法律作为该民事关系准据法的问题。对该问题的解决，各国存在诸多不同方法。[①] 无论哪种解决方法，均必须明确某一具体法域的法律作为特定争议的准据法。

四是时际法律冲突。国际私法上的时际法律冲突包括冲突规范发生变更、连结点发生变更、冲突规范指定的准据法发生变更等情形。对于时际法律冲突的解决，一般遵循"法不溯及既往"及"新法优于旧法"的原则。同时，在立法实践中也需要考虑当事人正当预期及第三人利益的保护。

五是时效。由于各国关于时效的具体内容、时效的期间及效力、适用范围和法院是否主动适用时效、时效的中止、中断、延长等的规定存在差异，由此就会导致涉外民事法律关系中时效问题的法律冲突。对此问题的解决，存在适用案件的准据法、以适用案件准据法为主并辅以适用法院地法、区分取得时效和消灭时效分别适用不同的法律等不同实践。

基于以上，在一国国际私法立法的总则部分，应对国际私法中具有一般指导价值的基本原则、主要制度和其他一般性问题作出明确规定。包括编纂国际私法立法的目的与依据、基本原则、调整对象、适用范围、外国人的法律地位、国际条约与惯例的适用等。对于识别、反致、先决问题、外国法的查明、强制性规则、法律规避、公共秩序保留和多法域准据法的确定等法律适用中的一般性问题，可以作为分则中法律适用部分的一般性规定，而非在整个法典的总则中进行规定。

总之，国际私法总则的构建需要实现体系化的基本目标。这不仅有助于贯彻一国国际私法立法的基本原则、价值理念和基本精神，也有利于为相应分则中规则和制度的实施提供指导、填补漏洞以及提升法律的安定性。实际上，国际私法总则体系的构建是一项复杂的系统性工程，立法者与学者们应在注重对于国际私法总则体系下的各项原则、制度、规范的理论探讨的同时，兼顾对于

[①] 例如，根据多法域国家的"区际冲突法"或"区际私法"确定该国某一法域的法律为准据法、直接以冲突规范中连结点指定法域的法律为准据法、综合方法等。刘仁山主编：《国际私法》，中国法制出版社2019年版。

总则体系的探究。①

二、分则部分：争议解决的逻辑体系

对于解决涉外民事争议具体规则的构建，应属一国国际私法立法分则编纂的任务。尽管当今国际私法研究在范式上应由"立法中心主义"向"司法中心主义"转换，但一国对外开放及社会不断发展使得相关新的法律关系往往需要对应的法律规则。就此意义而言，"立法中心主义"仍然承担着重要的学术使命。② 这也意味着，现代国际私法立法规则的构建，既要参考和借鉴域外国际私法立法，也应立足于本国国际私法司法实践。

对于一国国际私法立法编纂中分则部分的构建，首先需要解决的是分则的逻辑体系问题，而后是分则中具体国际私法规则的构建问题。

对于分则部分构建的逻辑体系而言，如前文考察所言，应基于涉外民事争议解决的实务流程需要，以及国际私法解决涉外民事争议的内在逻辑体系展开。这也意味着一国国际私法立法可以选择围绕管辖权、法律适用和包括判决承认与执行在内的国际民事司法协助展开。

依据这种内在逻辑安排和组织国际私法分则体系，有助于相关实践者查阅和适用具体规则，也有利于实现涉外民事争议高效解决的目标。在管辖权部分，可以按照学理上的一般管辖、特别管辖、专属管辖、协议管辖以及关于管辖的其他规定展开。在法律适用部分，遵循"先人后物"的观念和原则，可以按照属人法连结点（国籍、住所、惯常居所和营业所）、权利能力和行为能力、法律行为方式和代理、人身权、婚姻家庭、继承、物权、知识产权、债权、破产、仲裁进行展开。在司法协助部分，可以围绕司法协助中的一般规定、相关法律适用、文书的域外送达、域外调查取证、判决的承认与执行、仲裁裁决的承认与执行展开。

在遵循上述逻辑体系安排的情况下，对于分则部分国际私法规则的构建而言，一国国际私法既需要参酌比较国际私法以回应国际协调要求，也需要提炼和考量本国国际私法的司法实践。

---

① 徐伟功、杨冠灿：《论国际私法总则体系的构建》，《武汉大学学报（哲学社会科学版）》2005年第2期。
② 何其生：《中国国际私法学的危机与变革》，《政法论坛》2018年第5期。

对一国国际私法立法编纂而言，在涉外民事管辖权问题上，具体应规定如下问题：

一是管辖权的一般性问题，包括管辖权的适用范围、管辖权与案件的联系要求等。

二是一般管辖。一般管辖也被称为"全能管辖权"（all purpose jurisdiction），即对于被告住所地或者惯常居所地位于一国境内的，该国法院对有关被告的一切案件享有管辖权。

三是特别管辖。特别管辖权的规则体系主要包括但不限于如下方面：身份和能力问题、宣告失踪和宣告死亡、动产物权、分支机构代表机构、信托、破产、合同、保险合同、票据、雇佣合同、消费者合同、侵权、交通事故、海难救助、共同海损、船舶扣押、产品责任、环境侵权、不正当竞争、不当得利与无因管理、离婚、收养、监护、扶养、继承。

四是专属管辖。一国法院的专属管辖权的设置通常基于一国重大的社会公共利益和经济安全等考量。实践中，专属管辖权一般适用于不动产纠纷、港口作业纠纷、知识产权的有效性纠纷、特定的公司诉讼等。

五是协议管辖。一国通过允许当事人在涉外合同或者涉外财产权益纠纷中通过书面方式选择管辖法院。对于协议管辖制度，通常还应明确管辖协议效力的准据法、当事人可否选择中立法院、管辖协议的排他性与非排他性、协议管辖制度应否接受不方便法院的审查等。

六是关于管辖的其他规定。具体包括应诉管辖、仲裁管辖权、裁量管辖、不方便法院原则、必要管辖、管辖豁免、平行诉讼、非实体内容管辖权、反诉、继续管辖、正当程序等问题。

在法律适用问题上，除了法律适用中的一般性问题，在具体冲突规则的构建上，应包括如下内容：

一是国籍、住所、惯常居所和营业所。包括国籍的取得和丧失、国籍的冲突、自然人的住所或惯常居所、住所的冲突、法人的住所、营业所及其冲突。

二是权利能力和行为能力。包括自然人的权利能力、宣告失踪和宣告死亡、自然人的行为能力、法人的权利能力、法人的行为能力。

三是法律行为方式和代理。包括法律行为方式、委托代理、法定代理和指定代理。

四是人身权。包括人格权和身份权。人格权包括生命权、身体权、健康权、姓名权、名称权、名誉权、肖像权、荣誉权等。身份权包括亲权、配偶权、亲属权等。

五是婚姻家庭。包括结婚、离婚、夫妻人身关系与财产关系、父母子女人身关系与财产关系、认领、收养、监护、扶养。

六是继承。包括法定继承、立遗嘱能力、遗嘱方式、遗嘱的内容和效力、无人继承遗产的确定、无人继承遗产的归属、遗产管理和遗债清偿。

七是物权。包括动产与不动产的区分、不动产物权、不动产产权证书、动产取得与丧失、有形动产所有权的转移、动产物权的内容、动产物权凭证、商业证券、船舶所有权、船舶抵押权、船舶留置权、船舶优先权、飞行器和其他运输工具物权、运送中的动产物权、共有物权、信托。

八是知识产权。包括知识产权的内容和效力、知识产权合同、知识产权侵权。

九是债权。包括合同、特殊合同、侵权、特殊侵权、票据关系、海难救助和共同海损、不当得利与无因管理。

十是破产。包括破产、破产人财产价值的评估、破产清算。

从架构上而言，在法律适用部分，一国国际私法立法大致可以按民事主体、婚姻家庭、继承、物权、知识产权、债权、商事关系的顺序展开。

在司法协助问题上，一国国际私法立法应规定如下问题：司法协助的法律依据和相关机构、司法协助中的法律适用、翻译要求、文书的域外送达、域外调查取证、承认与执行外国法院判决的一般规定、间接管辖权、拒绝承认与执行外国判决的理由、提交的文件、审查事项、承认与执行外国判决的程序与方式、外国仲裁裁决的承认与执行。

总之，一国国际私法立法在分则的编纂上，应秉持体系化、完备化和逻辑性的基本要求，在最大程度构建服务于司法实践的国际私法规则体系。

三、附则部分：法典实施的补充规则

在附则部分，应该对国际私法立法生效的方式和时间、溯及力问题、重要术语的解释、与其他法律的关系（即因该法的生效而被废除的相同或相似立法的具体条文）、时效等问题作出规定。

对这些问题的明确，是增强一国国际私法立法的精确性和实用性所必要的，也是一国国际私法立法在形式上完整性和科学性的重要体现。

第五章
民法典的编纂与我国国际私法立法

我国民法典的编纂工作自 2015 年 3 月启动以来，按照"两步走"的立法时间表和路线图有序进行。2017 年 3 月 15 日通过的《民法总则》代表"第一步"编纂工作如期完成。作为"第二步"的民法典各分编的编纂工作也将全面展开。尤为值得关注的是，全国人大常委会法制工作委员会于 2018 年 3 月 15 日公布了《中华人民共和国民法典各分编（草案）》（征求意见稿）。

该征求意见稿分为《民法典物权编》（草案）、《民法典合同编》（草案）、《民法典人格权编》（草案）、《民法典婚姻家庭编》（草案）、《民法典继承编》（草案）、《民法典侵权责任编》（草案）六编。显然，该征求意见稿并未将包括涉外民事关系法律适用编在内的国际私法规范纳入。实际上，已经通过的《民法总则》除在第 12 条明确了该法的地域效力范围之外，并无任何其他条款涉及国际私法问题。因此，我国立法者似乎是倾向于有关国际私法问题（特别是有关涉外民事关系法律适用的冲突规范）的立法不进入民法典，2020 年 5 月 28 日颁布的《中华人民共和国民法典》也证实了上述判断。

实际上，对于民法典的编纂中国际私法规范应如何安置的问题，形式上涉及国际私法立法是否进入民法典，实质上涉及如何看待和理解国际私法与民法的关联性与差异性。对此问题，我国国际私法学者似乎仍存在不同见解。不少学者坚持我国国际私法立法应坚持走脱离民法典的独立法典化道路。也有学者认为，为保持国际私法与民法的有机联系，我国不应制定涵盖管辖权、法律适用以及判决承认与执行的综合性国际私法典。

对于上述不同观点，有必要对我国正在进行的民法典编纂的背景予以考察，并在此基础上明确我国国际私法立法的道路选择。

第一节 我国国际私法立法附属于民法典的弊端

前述考察表明，国际私法与民法既存在紧密联系，也存在显著区别。对于民法与国际私法之间关系的纯粹理论性考察，在很大程度上难以为民法典编纂中国际私法立法模式的选择提供具有绝对说服力的理由。这也意味着在此问题上,需要从制定法实施的实效性和便利性的层面,思考国际私法立法与民法典的关系问题。

一、民法典总则功能的不健全

应该看到的是,现代国际私法立法无论是在条文数量的增长上,还是在规则的丰富性上,均呈现较大程度的发展。这也使得现代成文国际私法立法很难如法国民法典时代那般,仅有零星的冲突规范规定于民法典的总则之中。无论是国际私法立法本身的发展,还是涉外民事关系调整的客观需求,在立法上对国际私法规则进行相对集中的编纂成为一种必然要求。这也是当今一些国家和地区的民法典规定专门的涉外民事关系法律适用编,或超出冲突规范范畴的综合性国际私法编的原因所在。应该说,除脱离民法典的独立国际私法立法之外,这种立法模式在相对集中规定国际私法规则的同时,也显示了国际私法与民法之间的紧密关联。

然而,只要将国际私法规范作为单独一编纳入民法典,无论具体采取上述哪种模式,无疑需要明确一国民法典中国际私法规范与民法实体法规范之间的关系。

一种观点认为,国际私法与民法存在紧密关系,国际私法与民法调整的均是当事人之间的私法关系。这种紧密关系在立法实践上表现为,国际私法规范长期被规定在民法典之中。国际私法在某种程度上是民法的施行法(或作为民法的特别法);另一种观点则认为,国际私法与民法分属两个不同的法律部门,无论是在调整对象,还是在调整方法上,国际私法与民法均存在显著区别。

对于上述争议,仅从理论分析的角度而言,常常难以获得令人信服的结论。但是,从实践的角度考察一国民法典中国际私法与民法的关系,至少可以提供一个更为直观的答案。

国际私法是以国际民商事关系(或涉外民商事关系)为调整对象的独立部门法。尽管普通法系国家和大陆法系国家的学者在国际私法的范围问题上存在分歧,但两者仍有共同点,即国际私法在核心规范上应该至少包括管辖权问题、法律适用问题以及外国判决的承认与执行问题,这也是普通法系国家和大陆法系国家在国际私法范围上的共识。而且,从司法实践来看,在涉外民商事争议解决的逻辑上，正是以这三方面问题的规则为基础得以构建完整的争议解决机制。反映在立法上，一国的国际私法体系构成，必须至少包括（但不限于）国际民商事管辖权规范、法律适用规范以及外国判决承认与执行规范。

也正因为此，国际私法规范在性质上被认为既不属于实体法规范，亦不属于程序法规范，而是"自成一类"的法律规范。同调整涉及国内平等主体之间实体性私法权利义务的民法相比，国际私法在性质和功能上均存在显著差异。实际上，国际私法规范要么为间接规范（冲突规范），要么属民事程序法规范（管辖权规范和司法协助规范），无论是在性质上，还是在调整方法上，均与民法实体法规范存在显著差异。因此，在民法典中规定国际私法规范，与一部通篇主要规定实体权利义务的民法典在风格上完全不一致。①

从民法典的逻辑体系而言，在一国民法典中设置专门的国际私法编的情况下，不得不思考民法典总则与国际私法编的关系问题。尽管在民法典的编纂体例上存在若干不同选择，但仅就我国而言，民法学者普遍主张在未来的民法典中制定总则。②2020年颁布的《民法典》对此问题已经明确。由此导致的问题是，作为"公因式"的民法典总则难以对国际私法编产生指导性或统领性的作用。亦即对于民法典中国际私法规范的适用和解释问题，民法典总则在很多情况下难以提供支持。

从一些将国际私法规范集中编纂于民法典的国家和地区来看，民法典中国际私法编往往需要专门规定总则（要么是关于法律适用问题的一般性规定，要么是关于法律适用和涉外民事程序的一般性规定）。例如，我国2002年民法典(草案)第一编是关于民法典总则的规定，第九编是关于涉外民事关系法律适用的规定。尽管草案第一编试图要对民法典各编共同适用的基本原则作出规定，但对于相关国际私法规则适用中产生的共性问题，2002年民法典草案第九编第一

---

① 刘仁山：《中国国际私法立法应独立于民法典的编纂》，《法制日报》2015年5月6日。
② 梁慧星：《制定民法典的设想》，《现代法学》2001年第4期；王利明：《试论我国民法典体系》，《政法论坛》2003年第1期；尹田：《民法典总则与民法典立法体系模式》，《法学研究》2006年第6期。

章又单独作了规定。①

目前，我国《民法总则》的颁行表明未来民法典总则的立法任务业已完成。就该总则的内容来看，除第 12 条的规定涉及民法的地域效力范围问题与国际私法相关之外，并无任何其他规定提炼了国际私法规则的"公因式"。2020 年颁布的《民法典》仍是这种做法。实际上，前述秘鲁、魁北克、路易斯安那州的民法典，均在国际私法编专门规定了法律选择的一般性规则。

此外，对于国际私法当然构成部分的涉外民商事管辖权和判决承认与执行等程序法规范的适用和解释问题，民法典总则同样无法提供统领性或指导性的一般规则。对于此类程序法规则，一国民法典无法在民法典总则部分提供一般性规则予以规范。这也意味着，相关程序法的一般性规则最终仍然规定在民法典的国际私法编之中。如内容涵盖管辖权规范、法律适用规范和判决承认与执行规范的 1994 年魁北克民法典最后一编是国际私法编，但该民法典没有总则规定，反而在国际私法编中有总则规定。②

众所周知，总则的设立增强了民法典的形式合理性和体系的逻辑性。总则的内容是采取"提取公因式"的方法来确立的，总则的设立，既可以避免法条的重复，使法典更为简洁，也更符合"民商合一"模式的要求，同时对弘扬民法的基本精神和理念具有重要作用。总则就是要借助于抽象的原则宣示民法的基本理念，总则的规定更为抽象，包容性更强，富有弹性，便于法官作出解释。总则的体系构成还有助于提高法律人的归纳演绎、抽象思考以及形成法律原则的能力。③ 各国民法典总则一般规定民事主体、客体、法律行为、民事责任等。无论如何，依照民法学界的观点和主张，一国民法典的总则并不涉及国际私法立法的总则性规定。

---

① 2002 年《民法典草案》第一编的总则包括一般规定（民法典制定的目的、调整对象、民事活动的基本原则以及民法典的适用原则）、自然人、法人、民事法律行为（物权、债权、知识产权、人身权利等基本权利及无因管理和不当得利）、代理、民事权利、民事责任、时效和期间。该草案第九编第一章对涉外民事关系的界定、反致、国际条约与国际惯例的适用、定性、连结点的解释、准据法的解释、先决问题、多法域准据法的确定、准据法的时际变更、公共秩序、外国法的查明、外国法适用的互惠、国民待遇、诉讼时效等问题作出了规定。分别参见 2002 年《中华人民共和国民法典草案》第一编、第九编第一章。
② 现行魁北克民法典是在 1866 年下《加拿大民法典》基础上重订的产物。而 1866 年《下加拿大民法典》有"序编"，规定的内容涉及两方面：一是关于法律的颁布、分布、生效和解释的规定；二是关于国际私法的规定。这与该时期认为民法是所有"法律的法律"的认识有关。对此，魁北克民法典在取消"序编"的同时，保留了民法典规定国际私法的做法。保罗·A·克雷波著，李泽锐译：《〈魁北克民法典〉的改革》，载《民法原理》资料组编：《外国民法资料选编》，法律出版社 1983 年版。
③ 王泽鉴：《民法总则》，中国政法大学出版社 2001 年版。

实际上，民法典总则不仅具有美化民法典体例及减少民法典具体规则重复性的形式意义，同时也具有对民法典分编的适用和解释发挥统领性、指导性和补充性作用，以及促进民法典的逻辑化和体系化的功能。但是，一国将"自成一类"的国际私法规范纳入民法典时，民法典总则无力为国际私法编的适用和解释提供指导，这无疑局限了民法典总则的功能。

二、民法典体系的不协调

民法典的体系，是调整平等主体之间的关系、具有内在有机联系的规则体系。民法典的体系是为了实现民法的各项规则有序地组合在民法典的逻辑体系之中。应该说，体系化与系统化是民法典的内在要求。近代意义上的法典作为最高形式的成文法，是追求体系化与严密逻辑性的法典。①

民法典作为"社会生活的百科全书"，被认为反映了一国的时代精神、民族特色和立法技术水平。民法典体系既要对我们所熟知的物权、合同、人格权、侵权责任、婚姻家庭、继承等分编进行体系化的整合，也需要对一国社会生活中面临的新问题和新情势做出回应，并较为系统地确立相应新规则和新制度。②因此，民法典体系的科学性和协调性是一国民法典编纂的基本要求。

既然民法典体系如此重要，在国际私法立法进入民法典的情况下，就不得不考察此情形下民法典体系的协调性。然而，从民法典体系来看，国际私法立法进入民法典与民法典的内在体系并不协调，具体如下：

其一，一国民法典中的民法实体法规范难以像国际私法规范那样一般性规定大量程序性规则。

民法典主要规定实体的交易规则以及确立和保护民事权利的实体法规则，以及对与实体交易规则或私权保护规则联系极其密切的程序问题作出原则性的规定。对于具体的技术性较强的程序性规则，如知识产权法中涉及专利、商标登记的具体程序性规则基本上不会在一国民法典中作出规定。

---

① 王利明：《试论我国民法典体系》，《政法论坛》2003 年第 1 期。
② 王利明：《我国民法典分编编纂中的几个问题》，载中国民商法律网：http://www.civillaw.com.cn/zt/t/? id=34631#，2019 年 7 月 10 日最后访问。

但是，国际私法立法中仍然存在大量的程序性规则（包括技术性的程序规则）。特别是，国际民事司法协助领域关于文书的域外送达、域外调查取证以及判决的承认与执行等一系列涉外民事诉讼问题，存在大量技术性的程序规则需要予以明确。如果将这些程序性的国际私法规则集中编纂并进入民法典，与民法典其他编所构成的规则体系的协调性难以达成。

其二，一国民法典中的民法实体法规范难以像国际私法规范那样系统性地规定调整动态发展的新型民事关系的规则。

民法典所确立和规定的规则和制度具有较强的稳定性，这是民法典作为规范一国民事活动的基本法的地位所决定的。这种要求不仅有助于实现社会关系的稳定性，也有利于提升社会公众对社会生活的预期。

换言之，民法典所规定的制度和规则必须是民事活动中的一般性问题，而对于经常随着社会经济活动变化而随之变革的法律规则和制度则应由民事特别法加以规定。例如，物权、债权、婚姻家庭等具有稳定性的法律关系可在民法典中予以规定，而对于反映科技发展和技术进步的知识产权等问题则一般不倾向于纳入民法典之中，否则容易影响民法典自身的稳定性。

对于国际私法立法而言，无论是现代人工生殖技术引发的跨国代孕问题，还是大数据和云计算所带来的数据的跨国流动的规范与保护问题，均可以为一国国际私法立法所包容。一国国际私法立法需要站在超国家的主场，积极回应国际社会新型民商事关系调整的需要。

应该说，与知识产权相关的变革性较强的问题，以及与现代科学技术的创新和发展相关的问题，被纳入国际私法立法并进而作为一国民法典的一编的做法，可能在很大程度上会破坏民法典所规定的社会关系相对的稳定性。显然，从一国民法典体系稳定性的角度而言，国际私法立法也不宜进入民法典。

其三，一国民法典中的民法实体法规范难以像国际私法规范那样大量地规定调整有别于一般民事关系的特别民事关系的规则。

民法典主要调整私法领域内基本的民事关系，并确立相应的基本民事法律规则。但是，对于具有公法、私法交汇色彩的法律领域，如劳动法、保险法、社会保障法、消费者权益保护法、公司法、证券法、信托法、反不正当竞争法、土地管理法、建筑法、道路交通安全法、环境保护法、产品质量法、未成年人保护法、老年人权益保障法、残疾人保护法、妇女权益保护法等领域，基于社会公共利益保护之目的，需要明确体现国家公权力对私法领域的干预，而应在立法上交由特别私法处理。即以单行立法的方式予以规定以实现特定的国家和社会政策要求。规范上述特殊关系的法律规则和制度基本上不会在民法典中予以规定。

正因如此，为实现民法与民法特别法之间法律适用的体系协调，现代民法典的编纂中一般会在其中规定民法特别法链接条款。①

但是，对于国际私法立法而言，各国并不会专门对上述特别民事关系进行专门立法，而均可将之与一般民事关系一并纳入一国国际私法立法之中。对于此类特别民事关系中相关利益与政策的贯彻与平衡，国际私法立法会求助于特别的立法技术。反映在现代国际私法立法之中，实体取向的国际私法规则大行其道，以实现对特定当事人的保护，或贯彻国家或社会特定的政策和利益之目的。

显然，两者在此方面的差异性，会使得一国民法典中的国际私法编可以容纳诸多民法典其他分编所未规定特别的民事关系。这也会导致民法典中的国际私法编与民法典其他分编在民事关系范围上不协调。

其四，一国民法典中的民法实体法规范难以像国际私法规范那样轻松地实现"民商合一"的立法体例。

在一国民事法律体系中，如何理解和处理民法与商法的关系，一直是一个重大的基础理论问题。一些学者甚至认为该问题关系到商法的价值，以及商法在整个私法体系中的地位和命运。严格而言，一国在立法上采取"民商合一"或是"民商分立"体例，并不会在根本上影响商法的独立性，也不会对民法和商法各自的规则和制度的构建产生任何实质性的影响。正因如此，有学者认为一国在此问题上采取何种立法体例纯粹是一个立法技术问题。②

应该说，民法与商法无论是在基础理论和价值追求上（如民法重公平、稳定和伦理，商法重效率、创新和营利），还是在相关规则和制度具体构建的考量因素上（如民法重当事人真实意思表示，商法重外观主义），均存在实质性差异。

---

① 例如，《民法总则》第 11 条规定："其他法律对民事关系另有特别规定的，依照其规定。"这是《民法总则》对民法特别法链接条款的一般性规定。《民法总则》第 129 条规定："法律对未成年人、老年人、残疾人、妇女、消费者等的民事权利有特别保护规定的，依照其规定。"再如，智利共和国民法典第 4 条规定："商法典、矿产法典、陆军和海军法典中的规定以及其他特别规定，优先于本法典适用。"俄罗斯联邦民法典第 3 条规定："2. 民事立法由本法典和依照本法典通过的、调整本法典第 2 条第 1 款和第 2 款所规定的关系的其他联邦法律（下称法律）组成。包含在其他法律中的民事立法规范应与本法典相一致。"相关论述参见杨立新：《〈民法总则〉规定的民法特别法链接条款》，《法学家》2017 年第 5 期。
② 宋晓：《国际私法与民法典的分与合》，《法学研究》2017 年第 1 期。

因此，对于在立法形式上采取"民商分立"的国家而言，一国民法典基本上不会对规范商事关系的规则和制度进行系统规定。毕竟在民法典之外存在破产法、公司法、保险法、海商法、票据法等大量单行的商事立法。

值得注意的是，也有学者认为，我国《民法典》的编纂工作采取了"民商合一"的体例，但"民商合一"并非最理想的模式选择，形式上的"民商合一"不等于民商不分。[①] 显然，尤其是对于采取"民商分立"体例的国家，在编纂民法典的过程中并不会系统规定调整商事关系的规则。

而对于国际私法立法而言，并无必要对规范民事关系和规范商事关系的国际私法规则进行区分并分别进行立法。国际私法立法本身并不关注民法与商法之间的实质性差异，而在相关国际私法规则的构建上侧重于基于法律选择方法的差异性考量。例如，国际私法立法并不会严格区分一般民事合同与商事合同，遇有需要对特定当事人予以倾向性保护或贯彻特定政策的合同，国际私法立法一般通过政策导向或结果导向的冲突规则达成目标。

因此，在民事关系和商事关系的规范上，国际私法本身具有融合民法和商法的独特功能。特别是，从我国目前民法典草案内容的编排，以及目前我国已经施行多年的大量单行商事立法的现实考量，国际私法立法进入民法典无疑会破坏民法典内在的逻辑体系，难以实现民法典体系协调的重要目标。

三、国际私法编实施的不便利

应该说，国际私法立法是否应进入一国民法典的编纂，最为现实的考量因素是，民法典中国际私法编的实施是否便利。对此问题，我国已有学者提出了深刻的反对意见。[②] 实际上，对于那些将国际私法立法独立于民法典的国家，提升国际私法立法实施的便利性是最为重要的考量之一。

从国际私法与民法在概念体系及法律关系内涵上的差异来看，国际私法立法进入民法典，实际上在很大程度上无助于实现民法典中国际私法编实施的便

[①] 范健：《走向〈民法典〉时代的民商分立体制探索》，《法学》2016 年第 12 期。
[②] 有学者认为，如果将国际私法规定于民法典中，不仅与民法典的内在体系不协调，而且势必导致国际私法编的适用需要在民法典之外寻求法律依据。刘仁山：《中国国际私法立法应独立于民法典的编纂》，《法制日报》2015 年 5 月 6 日。

利性目标。原因如下：

其一，如前所述，国际私法上的概念体系超越了一国民法实体法所规定的概念体系。

对于诸如"连结点""准据法""不方便法院"等国际私法上的特有的法律概念，民法实体法本身无需运用此类概念构建其规则和制度，也无法在民法典总则中能够为国际私法中使用此类法律概念的规则或制度的运用提供指导原则和方法。因此，对于民法典中的国际私法规范而言，一国民法典总则并不能发挥其一般性的指导作用。

而且，即便国际私法借用民法的概念体系，而使用与民法相同表述的法律概念，但在国际私法层面上对同一法律概念内涵的理解与民法实体法也不尽相同。[①] 如国际私法上的"婚姻"，不仅应包括民事登记等方式缔结的，还应包括依照宗教方式或依照其他方式以及没有任何形式而缔结的婚姻。甚至在某些情况下，还要考虑到伊斯兰法律中的一夫多妻制婚姻，以及现今不少国家和地区所承认的同性婚姻以及其他形式的生活伴侣关系。对于国际私法而言，所思考的主要问题并非是本国是否认可其他婚姻形态的合法性，而是在婚姻形态多样化的背景下，既要保障一国特定秩序下的身份权益，又要宽容多元的家庭形态与人伦价值。这也正是国际私法对"婚姻"的理解必须不同于一国民法的重要原因。

正如学者所认为的，"冲突法上的概念，如合同、侵权、公司等应被赋予更为广泛的法律范畴，以便包含别国类似的法律关系"[②]。上述事实也说明，国际私法立法尽管在性质上主要是一国的国内法，但国际私法的国内立法往往是立法机关从国际社会角度出发，基于国家对外民商事交流政策的需要并遵从国际法原则及国际民商事惯例而制定的。而且，在司法实践中法官在处理涉外民商事争议过程中，需要运用与国内民商事争议的程序及法律适用流程不同的规则和方法。在该过程中，司法者需要始终秉持国际社会视野及国际社会思维而非严格局限于法院地国家的利益和政策。就此意义而言，一国对于调整涉外民商事

---

① 再如我国民法上的代理显然是将间接代理、代理谈判等被其他国家广泛承认的代理行为排除在代理范畴之外，如相关的涉外案件在我国法院涉诉，此时国际私法中有关代理的含义仍限于实体法的规定，那么许多国外成立的代理行为将无法由我国冲突法所调整，涉外民商事案件也就无法解决。
② Peter Stone, The Conflict of Laws, London: Longman, 1995, p. 385.

关系所采用的概念与纯粹的国内法有所不同也是必要的。此种做法的根源在于，与国内民法显著不同的是，国际私法立法者和司法者处理问题是，面对不同国家和地区之间民事利益的冲突，如何在协调这种利益冲突的基础上，超越狭隘的法院地国家的法律观念和利益，实现更高意义上的不同个人、不同国家乃至不同民族的共同利益。

二是国际私法所调整和应对的民事关系的范围和内涵，亦超越了一国民法上关于民事关系的规定。

国际私法上所规范的民事关系的范围往往较一国民法相应的规定宽泛。这也是由于国际私法所应对的是超越一国范围涉及不同国家之间的民事关系，除本国民法所规定的民事关系之外，必须考虑和兼顾相关外国法规定的民事关系。特别是，若某一民事关系在本国民法典中无相应规定，而该国法院在处理相关涉外案件时，法官仍需要在本国民法典之外寻求其他法律的规定作为依据，甚至需要时常求助于外国法进行识别或作为案件准据法。显然，试图以一国民法典规定的民事关系应对国际私法所涉及的涉外民事争议可能是徒劳的。毕竟一国民法典无法保持与国际私法在民事关系体系上的对应性。因此，将国际私法立法纳入民法典的做法，在实践中并不能在法律关系体系上实现彼此的协调。

如前所述，对于具有民法特别法属性的部门法所涉及的民事关系，一国民法典更是无法将之纳入。此类特别民事关系大多依赖专门性立法予以调整。因此，国际私法在涉及此类特别民事关系时，仍然需要跳出一国民法典，在民事特别法中寻找相应法律依据。对于涉及公共政策考量的诸如反不正当竞争、消费者保护以及产品责任等具有公法色彩的涉外民商事关系的调整，国际私法亦需要从脱离民法典的民法特别法中寻找法律依据。实际上，从国际私法的角度来看，此类特别的涉外民商事法律关系的妥当调整，还常常需要相应特别的国际民商事管辖权之配合适用。因此，对于涉及民法特别法所调整的民事关系，国际私法仍然需要超越民法典完成相关法律依据的筛选。① 因此，将国际私法立法纳入民法典的做法，在国际私法规定的实施上并不能单纯依靠民法典所规定的民事关系即可实现体系协调的目标。

以上论述揭示，任何国家和地区的国际私法体系如果忽略了超国家的立场

---

① 此外，正如学者所指出的，将国际私法立法典作为一编纳入民法典的做法，使得国际私法规定的条文过少，在民法典中作为单独的一编也与法典的其他编显得不协调。徐国栋:《〈法国民法典〉模式的传播与变形小史》，《法学家》2004年第2期。

和见解是会违反公道的。特别是，只由于希望增加本国法律体系的势力而采取的规则，是不会同国际私法立法者的目的相符合的。① 因此，从国际私法与民法的关系之角度来看，对于将中国国际私法立法纳入民法典的主张，显然既不契合国际私法规范本身的特性，亦不符合编纂民法典所意图实现的实用性之要求。

第二节 我国国际私法立法脱离民法典的可行性

国际私法立法与民法典的编纂紧密关联的重要原因之一是，大陆法系国家曾经流行过"法典万能"的信念。但现今仍坚持这种信念的做法是值得怀疑的。同时，将中国国际私法立法独立于民法典，并不存在立法技术上的障碍，民法学界也形成了民法典的编纂不应涉及国际私法立法问题之共识。我国将国际私法立法脱离民法典，不仅具有迫切的现实需求，也积累了相应的知识储备。

一、民法典"万能论"的局限性

大陆法系国家具有深厚历史传统的法典，被视为是立法者高度理性和抽象思维的产物，法典也随之被认为能够适应社会生活的不断变化，解决人们从摇篮到坟墓的所有问题。特别是，自法国民法典颁布之后，法典曾一度被视为万能之物。

长期以来，国际私法立法之所以被纳入民法典，与民法典的"万能论"和法典崇拜有关。民法典"万能论"主张，一切问题应在法典内觅其根据，法官无论碰到任何法律问题，亦应透过严格的逻辑推演加以解决，而无需考虑其他法源，其直接体现是1840年法国民法典第4条之规定，即"法官不得以法无明

---

① [德] 马丁·沃尔夫著，李浩培、汤宗舜译：《国际私法》，北京大学出版社2009年版。

文为理由，拒绝裁判"。

而且，1804 年 4 月 21 日宣布法国民法典正式诞生的法令的第 7 条规定："从今日起，当该法律开始生效之时，罗马法、法令、普通的或地方的习惯、法律、法规均应废止。无论一般的或特殊的事务都统一由该法典来调整。"① 特别是，通过对法国民法典的注释研究形成的注释学派奉行法典崇拜，将民法典视为人间的理性，认为法典之外无法源。② 在相当长的时间内，法官只能对民法典进行文义解释进而探求立法的意图，而不能对法律条文作任何扩大解释。似乎只要严格按照文义规定进行解释和适用，法官就能解决社会生活中出现的所有问题。

民法典"万能论"的观点建立在 18 到 19 世纪的概念法学的基础之上。在一时期内，习惯法、判例法和学说被排斥，一国的成文立法被视为唯一法源。立法者信奉法典和崇拜逻辑，相信其构建的成文法典不存在任何法律漏洞。显然，这种观点过于高估立法者所制定的民法典对社会生活的适应性。实际上，社会生活的复杂性和变化性使得民法典的"万能论"很快就失去了存在的正当性。

应该说，立法者的知识、智慧和经验似乎永远不能完全预见社会变化的发展，无论法典编纂技术如何成熟和进步，也难以构建一个包罗万象，为所有具体案件提供法律依据的民法典。正因如此，在法典法系国家，立法者一方面需要适时根据社会的发展和需要选择修改和变革法律，另一方面也需要持续通过法律解释的方法，妥善运用民法典中规定的一般概括条款或法律的基本原则条款，以提升法律的灵活性以及满足填补法律漏洞的需要。

实际上，这些做法都是为了突破民法典的局限性，为其引入具有更大弹性和灵活的因素，以便使民法典成为一个更具有适应性的时代性工程。就此意义而言，民法典并不完全由立法者决定，而必须仰赖于司法者通过运用法律解释学的方法予以补充。因此，不管一国民法典多么尽善尽美，法官在司法实践中仍然无法坚持以民法典作为唯一的法源，而仍需求助于习惯、权威性学说和判例。例如，在法国和德国，法院判例实际上丰富了法国民法典和德国民法典的内容，促使法典不断适应社会发展的需要。③

---

① 董茂云：《大陆法系法典法与普通法系判例法的社会适应力比较》，《法学家》1998 年第 4 期。
② 依 18 世纪启蒙思想家孟德斯鸠的三权分立学说，认为法官应严格受法律约束，不允许有任何裁量余地，以致使法官成为立法者的奴隶，并形成法典万能和逻辑崇拜。梁慧星：《民法解释学》，中国政法大学出版社 1996 年版。
③ 董茂云：《大陆法系法典法与普通法系判例法的社会适应力比较》，《法学家》1998 年第 4 期。

正如学者所指出的，法国民法典第 4 条之规定原意应当是指该民法典是万能的，谁知后来竟被理解为法无明文时，法官可于法典之外另寻根据加以裁判，以致最后演变成"判例"为法国民法典的主要内容之一。① 显然，实践证明民法典"万能论"的主张并非自洽。应该说，民法典"万能论"的主张在实践中并不可行。特别是，随着社会关系的日趋复杂，在法律部门呈现出高度分化状态的背景下，苛求民法典作为唯一法源解决所有的民事关系无疑是高估了民法典编纂者的认识理性。

同样，如果鉴于民法与国际私法之间的紧密联系，而将调整纯粹国内民事关系的民法实体法规范，与调整涉外民事关系的国际私法规范一并放入民法典，实际上与早期概念法学派所追求的民法典"万能论"有相通之处。但是，任何成文法典并不具备调整和应对社会生活方方面面的能力，因而不能对一国民法典在调整包括涉外民事关系在内的民事关系抱有过高期待。

如前所论证的，国际私法与民法在诸多方面存在显著差异。试图以民法典中相对集中编纂的国际私法规范，应对复杂性和多样性在某种程度上甚于纯粹国内民事关系的涉外民事关系，显然并不可行。应该认识到，一国民法典必须具备高度的稳定性，不能要求民法典规定所有领域的民事关系，特别是国际私法所调整的涉外民事关系。

基于以上，至少可以认为，主张国际私法立法进入一国民法典，并将之附属于民法典的观点并不足取。

二、民法与国际私法关系的共识

关于民事实体法立法与国际私法立法的关系问题，我国理论界逐渐形成共识。应该说，这种共识至少在 2018 年 8 月 27 日民法典各分编草案初次提请十三届全国人大常委会第五次会议审议之前并未完全达成。②

---

① 杨仁寿：《法学方法论》，中国政法大学出版社 1999 年版。
② 在《民法总则》于 2017 年 3 月 15 日颁布之后，民法典分编草案于 2018 年 8 月 27 日提交审议。该草案分为六编（物权编、合同编、人格权编、婚姻家庭编、继承编、侵权责任编，共 1034 条），并未将此前颁布的 2010 年《涉外民事关系法律适用法》作为民法典的"涉外民事关系法律适用编"。自此，我国立法机关旗帜鲜明地将国际私法立法排除在民法典之外。最终颁布的民法典对此也予以证实。

从民法典的编纂而言，自1949年中华人民共和国成立以来，我国曾先后四次启动民法典的编纂工作。从历次民法典草案来看，直至2002年12月九届全国人大常委会第31次会议分组审议的《中华人民共和国民法（草案）》第九编"涉外民事关系的法律适用法"才首次较为系统地规定了国际私法规范。① 由于2002年民法典草案的体系过于庞大，全国人大及其常委会最终并未继续审议，而是采取将其中的分编改为逐一审议通过的方法。草案第九编的规定后来以2010年《法律适用法》的形式问世。在民法典的编纂之外，1986年《民法通则》第八章"涉外民事关系的法律适用"（第142～150条）较为集中地规定了国际私法规范。

由此可见，在2014年党的十八届四中全会决议进行民法典的编纂工作之前，在民法立法或在民法立法中尝试规定国际私法规范的实例仅包括1986年《民法通则》和2002年《中华人民共和国民法（草案）》。而且，上述文件中仅包括法律适用规范。应该说，在一定程度上仿效苏联立法模式的《民法通则》关于国际私法立法的安排影响深远，以至于时至今日仍有民法学者建议将2010年制定的《法律适用法》编入未来的民法典。原因是，《民法通则》中就包含了这一部分内容（即第八章"涉外民事关系的法律适用"）。②

但是，民法典的编纂工作表明，长期以来民法学界关于国际私法立法与民法典编纂的关系问题的主流意见，得到了我国立法机关的采纳。在党的十八届四中全会提出"加强市场法律制度建设，编纂民法典"的任务之后，2017年3月15日，作为编纂民法典开篇之作的《民法总则》颁行，标志着民法典编纂工作的"第一步"工作已经完成。而就作为"第二步"的民法典分则的编纂工作而言，无论全国人大常委会法制工作委员会于2018年3月15日公布了《中华人民共和国民法典各分编（草案）》（征求意见稿），还是2018年8月27日提请十三届全国人大常委会第五次会议审议的民法典各分编草案，均将国际私法立

---

① 我国于1954年首次启动民法典立法工作。1956年12月的民法草案分为总则、所有权、债、继承四编，共525条。1964年7月的民法草案包括总则、所有权和财产流转三编，共262条。1982年5月的民法草案分为"民法的任务和基本原则""民事主体""财产所有权""合同""智力成果权""财产继承权""民事责任"和"其他规定"八编，465条。2002年12月《中华人民共和国民法（草案）》分为"总则""物权法""合同法""人格权法""婚姻法""收养法""继承法""侵权责任法""涉外民事关系的法律适用法"，共九编，1200余条。丁伟：《论民法典编纂对我国国际私法立法的影响》，《暨南学报（哲学社会科学版）》2015年第9期。
② 梁慧星：《民法典编纂中的重大争论——兼评全国人大常委会法工委两个民法典人格权编草案》，《甘肃政法学院学报》2018年第3期。

法明确排除在民法典分编之外。①

关于为何被提请审议的民法典分编草案并未设立"涉外民事关系法律适用编"的问题，立法者的回应是，涉外民事关系法律适用规则的概念体系、规范内容与民法典虽有一定联系，但二者性质不同，在法律的调整范围、立法目标、具体规则等方面存在较大差异，民法典不宜设立涉外民事关系法律适用编。涉外民事关系法律适用的问题，由现行涉外民事关系法律适用法调整。② 显然，立法者理性而正确地认识到，国际私法与民法，以及国际私法立法与民法典的编纂的关系。这也终结了一部分民法学者主张在民法典中设立独立的"涉外民事关系法律适用编"的设想。

如前所述，理论认知对国际私法立法模式的选取发挥着重要作用。在此方面，需要特别指出的是，我国民法学界一直以来的主流观点是，民法典的编纂不应涉及国际私法立法问题。尽管 2002 年民法典草案第九编规定了"涉外民事关系法律适用法"，但在 1998 年 9 月 3 日民法起草工作小组的会议上，小组成员的一致意见是建议我国单独制定国际私法典。原因在于：一是要尊重国际私法学界专家的意见；二是自 20 世纪以来，在民法典中规定涉外民事关系法律适用法的国家，都已制定国际私法典，制定单独的国际私法典已成为一种发展趋势。③ 应该说，我国民法学界的主流意见在民法典的编纂工作中，最终得到了立法机关的采纳。这无疑为立法者将来对我国国际私法立法进行系统编纂，并最终制定一部脱离民法典的独立的国际私法典保留了可以想象的空间。

以上表明，不仅我国国际私法学界的主流意见是，国际私法立法应摆脱附属于民法的地位并走脱离民法典的独立的立法道路，而且，国内民法学界形成的共识亦是，民法典的编纂不应包括国际私法立法。④ 这主要是考虑到国际私法规范不同于民事实体法规范的性质，及 20 世纪以来单独制定国际私法典渐成范

---

① 提请十三届全国人大常委会第五次会议审议的民法典草案分编共六编，按顺序分别为物权编、合同编、人格权编、婚姻家庭编、继承编、侵权责任编，共计 1034 条。
② 法制网："全国人大常委会法工委回应民法典分编结构安排情况"，http://www.legaldaily.com.cn/index/content/2018-08/27/content_7629177.htm，2019 年 7 月 27 日最后访问。
③ 刘仁山：《中国国际私法立法应独立于民法典的编纂》，《法制日报》2015 年 5 月 6 日。
④ 例如王利明教授主张，民法应当按照总则、人格权法、婚姻家庭法、继承法、物权法、债权总则、合同法、侵权责任法的内容构建；梁慧星教授指出，民法典应按照总则、物权、债法总则、合同、侵权、亲属、继承的内容构建。分别参见王利明：《民法典体系研究》（第二版），中国人民大学出版社 2012 年版；梁慧星：《中国民法典草案建议稿》（第二版），法律出版社 2011 年版。

式的立法浪潮。

事实上，对于将国际私法立法进入民法典的立法模式，民法学者曾深刻地指出，这种肇始于法国民法典的立法模式，与当今国际私法调整的对象和范围越来越广泛、越来越复杂的现实，显然是不相符的，因而法国民法典的一大缺陷就是国际私法规定分量不够。[①] 毕竟在法国民法典的制定年代，相应的涉外民事关系远不能和今天相比。因此，将国际私法立法依附于国内民法立法的模式，不仅导致国际私法的条文过少而影响国际私法规范涉外民商事关系的周延性，而且还会制约国际私法本身在国际民商事交流中功能的发挥。

三、编纂国际私法典的技术障碍

严格意义上的立法技术，是指表达规范性法律文件内容的知识、经验、规则、方法和技巧。立法技术的价值在于，完善法律规范的表达形式，使其与内容相符合，最终达到便利法律的遵守和适用的目的。在国际私法立法具有脱离民法典的正当性的情形下，我国对国际私法立法进行法典编纂是否已经做好了理论准备，值得审慎思考。

一些学者认为，鉴于国际私法的特殊性，国际私法规则本身是否适合进行系统性编纂值得疑问，而美国学者西蒙尼德斯教授则指出，在过去50年中，国际私法立法的大幅增多，实际上已经明确地回答了国际私法是否适合法典的编纂这一古老问题。[②] 可见，在国际私法规则本身是否适合进行法典编纂的问题上，在学术界存在不同意见。尽管在20世纪后半叶在全球范围内的国际私法立法的法典化浪潮令人瞩目，但并不意味着国际私法典的编纂在我国亦是水到渠成，仍有必要进一步思考我国国际私法典编纂的障碍问题。

作为立法意义上的法典编纂，是指一国立法机关在对某一部门法的全部现行法律规范进行审查、整理、补充、修改的基础上，制定一部系统化的新法典的活动。法典编纂是发展、变革、补充和完善一国法律的重要方式，也是对一

---

① 徐国栋：《〈法国民法典〉模式的传播与变形小史》，《法学家》2004年第2期。
② Symeon C. Symeonides, Codifying Choice of Law around the World: An International Comparative Analysis, Oxford: Oxford University Press, 2014, pp. 345-346.

国规范性法律文件进行系统化整理的一种重要方式。法典编纂在本质上是一国所进行的法的创制活动。因此，在启动法典编纂的工作上，除了一国已经产生了进行法典编纂工作的情势与需要之外，不仅要求一国在编纂法典前已经存在相当数量的同类规范性法律文件，也要求立法者具有法典编纂所需要的基本立法技术。尤其是，在国际私法立法史上受到学术界广泛关注的问题是，一国国际私法立法技术的发展与运用。

从我国现有的国际私法规范而言，尤其是改革开放之后，已经积累了范围涵盖外国人民事法律地位、管辖权、法律选择和国际民事司法协助的相当数量国际私法规则。这些国际私法规范分散在我国制定和颁布的法律、行政法规、部门规章及司法解释等国内法渊源，也反映在我国参加和缔结的一系列双边和多边国际私法条约等国际法渊源。学术界也认为，40余年来我国国际私法立法经历了从无到有并逐渐体系化的历程，国际私法制度的构建也日趋完善。特别是，众多的司法解释既是对我国国际私法司法实践的总结，也是国际私法立法的先导，构成我国国际私法体系的重要组成部分。①

应该说，这些立法和司法实践所积累的国际私法规范能够作为我国国际私法典编纂的重要基础，为国际私法的法典化工作提供了丰富的实践素材。

尽管如此，我国国际私法立法目前所采取的分散立法模式所导致的法律适用规范不系统、不一致、多重复、不明确的问题非常明显。而且，即便在《法律适用法》颁布之后，仅该法本身仍面临系统化与逻辑化的问题，可以说我国距离完善的国际私法制度体系仍有不短的路程。这也是学者主张将完善我国涉外民事案件的管辖权制度、法院判决和仲裁裁决的制度，以及商事和海事领域的法律适用规则的系统化工作，应尽快提到议事日程的原因所在。②

在我国业已形成充分的国际私法规范且这些规范有必要进行编纂的前提下，立法者是否能够熟练运用立法技术完成国际私法典的编纂工作。正如学者所指出的，立法技术并非纯粹的技术性问题，它是国际私法内在精神和实体内容的表达技巧。精湛的立法技术能够最佳程度地传达立法意旨，并防止因人类理解与解释的多重性而给法律适用的一致性、预期性和稳定性带来的冲击。和谐的

---

① 刘晓红：《中国国际私法立法四十年：制度、理念与方向》，《法学》2018年第10期。
② 肖永平：《中国国际私法立法的里程碑》，《法学论坛》2011年第2期；丁伟：《论中国国际私法立法体系的和谐发展——制定〈涉外民事关系法律适用法〉引发的几点思考》，《东方法学》2009年第4期。

立法技术至少应当包括立法逻辑的周延与立法结构的系统。① 总体而言，我国国际私法典的编纂在立法技术上应做好如下准备：

一是国际私法典的结构与体系。国际私法法典的体系与结构关系到立法的协调性、系统性和完整性。按照学理体结构，一国国际私法典可以采取总则、分则和附则的结构。对于法典的体系来看，是按照法律适用规范与国际民事诉讼法规范两部分构成，还是由管辖权规范、法律适用规范以及国际民事司法协助规范构成，需要在法典的编纂上，尤其是总则部分进行不同安排。在分则的体系上，总体上是按照"先人后物"还是"先物后人"的顺序，以及每一具体章节的展开上，在立法技术也有不同考量。

二是国际私法一般原则与例外条款。对于包括意思自治和最密切联系原则在内的国际私法上的一般原则，在国际私法立法编纂时以何种方式赋予其明确的地位，不仅关系到这些一般原则的准确实施，也与一部国际私法立法的精神、理念和价值取向密切相关。同时，为赋予法官在实现个案结果妥当性方面的自由裁量空间，现代国际私法立法广泛地设置了例外条款。如何科学地构建一般例外条款、特定领域的特别例外条款以及附属于具体冲突规范的例外条款，也需要妥善运用国际私法的立法技术。

三是冲突规范的类型及其具体构建。在冲突规范构建上，不仅需要处理好具体规则"粗"与"细"的选择与取舍，以避免立法"宜粗不宜细"的僵化教条，也需要综合运用各种不同类型的冲突规范，在法律的确定性与灵活性、冲突正义与实质正义、法院地国家利益与国际协调目标等诸多相互冲突的目标和政策之间实现妥当平衡。立法者所进行的取舍与平衡是任何国家国际私法立法编纂最为困难的问题之一。现代国际私法立法无论是在硬性或弹性连结点的选择，还是在单一或多个连结点、递进与互补连结点、选择性与重叠性连结点的组合运用上，均需要基于冲突规范的周延性和体系性以及上述目标和政策的平衡，审慎运用冲突规则构建的相关立法技术。

四是法律概念与语言的专业性与精确性。在立法越来越专业化和精细化的总体趋势下，对于法律中的概念及语言的精确性的要求越来越高。这也是很多国家的国际私法立法一般会在"一般规定"或总则部分对立法中的重要概念和

---

① 刘想树：《中国国际私法立法问题论略》，《河北法学》2009年第4期。

术语进行明确界定的原因。同时,在立法语言问题上,不宜一味为了追求语言的通俗性而罔顾法律语言的专业性和准确性。①

对于上述问题,一系列关于涉外民商事司法实践规定的颁行和《法律适用法》的问世,表明我国国际私法的立法技术随着相关理论与实践的发展而日臻成熟。而且,中国国际私法学会出台的《国际私法示范法》也证明了我国国际私法学界运用立法技术的水平已达到相当高度。

需要特别指出的是,相对而言,法典的编纂技术是价值中立的,在一定程度上可以说是普适的。②因此,除了我国通过立法和司法实践已经积淀立法技术方面的经验之外,还可以对域外国际私法编纂中立法技术的运用予以参考和借鉴。总的来说,对于立法者所担忧的作为系统工程的国际私法典编纂化,涉及对《民事诉讼法》《仲裁法》以及其他单行法律法规和司法解释中相关规范进行系统性整合,而产生的工作量大、难度高、协调难问题实际上并非绝对不能克服。

以上表明,我国制定出一部完备、科学的国际私法典,在立法技术上已无根本性障碍。

四、国际私法法典化的现实需求

从立法资源和成本效益的角度而言,我国对国际私法立法进行系统编纂并最终完成法典化目标的重要前提之一是,我国当下是否存在对国际私法法典化的现实需求。

就目前我国现行的国际私法规范而言,既为国际私法典的编纂累积了丰富的实践经验和规范基础,但同时也产生了国际私法规范的体系化和逻辑性等方面的诸多问题。即便是目前可以视为完成主要领域冲突规范"编纂"的《法律适用法》,很大程度上仍然是在对《民法通则》《继承法》等立法及司法解释中的冲突规范进行集中编纂的基础上实现了初步的现代化,而非一劳永逸式地解决了我国冲突规范系统性、协调性等问题的全面的现代化。而且,自《法律适

---

① 例如,我国《法律适用法》第21条和第22条分别采用的"结婚的条件"和"结婚的手续"的表述。应该说,采用"结婚的实质要件"和"结婚的形式要件"的表述更为准确。
② 魏磊杰:《民法典编纂的技术问题》,《华东政法大学学报》2011年第2期。

用法》颁布实施后，对该法及其司法解释的反思和检讨也一直存在。①

此外，对于《法律适用法》所并未替代的《票据法》《海商法》《民用航空法》中的商事冲突规范，由于制定年代较早，无论是在相关冲突规范的现代化方面，还是在商法实体法的价值取向上，均存在较大距离。正因如此，学术界也认为，对于商事冲突规范，理论上的"民商合一"与立法实践上的"民商分立"形成鲜明对照。"重民轻商"的立法现状与我国建立和完善市场经济体制的需求形成巨大落差。而且，我国现行商事冲突规范并未充分考虑自由、公平的商法价值取向和稳定性、可预见性的商法冲突法的目的价值，距离形成科学、完备的商事冲突法体系仍有不短路程。②

对于以我国《民事诉讼法》中"涉外民事诉讼程序的特别规定"，以及相关司法解释为中心的涉外民事程序规定无论是在相关条文的数量上，还是在相关规则和制度的系统性和开放性方面，不仅与实现我国涉外民事诉讼法的现代化目标仍有相当距离，也与我国作为当今世界举足轻重的经济大国和贸易体的地位严重不符。③ 正因如此，学术界对于我国强化涉外民事诉讼法的改革，提升涉外民事诉讼制度的全球竞争力的呼声日益强烈。如何增强我国在涉外民事诉讼领域的专业化服务能力，强化当事人权利保护的便利，成为重构我国涉外民事诉讼法的重要基点。④ 此外，在国际商事仲裁领域，由于《仲裁法》自 1995 年颁布施行后未进行过实质性修改，从而导致在诸多问题上既难以与《承认及执行外国仲裁裁决公约》(《纽约公约》)衔接，也难以紧跟国际发展趋势，立法滞后性较为突出。⑤ 在某种程度上可以说，相对于涉外民事关系法律适用领域，我国在涉外民事程序领域对相关法律法规进行编纂的需求更为迫切。

在我国对外开放基本国策的持续深入推进，以及我国提出并参与构建的"一带一路"倡议和人类命运共同体的时代背景下，我国迫切需要一部完整地保障

---

① 刘仁山：《中国国际私法立法应独立于民法典的编纂》，《法制日报》2015 年 5 月 6 日；肖永平：《中国国际私法立法的里程碑》，《法学论坛》2011 年第 2 期；刘晓红：《中国国际私法立法四十年：制度、理念与方向》，《法学》2018 年第 10 期；田洪鋆：《俄罗斯国际私法立法之"变"与"不变"——兼论对我国国际私法立法思路的启示》，《当代法学》2018 年第 1 期。
② 袁发强：《论商事冲突法的价值选择与规范表现》，《法学评论》2016 年第 5 期。
③ 有学者认为我国涉外民事诉讼法体系的弊端概括为：相对封闭、相对保守、对涉外案件的特殊性关注不足、可操作性不强。涂广建：《构建外向型的国际民事诉讼程序体系》，《武汉大学学报（哲学社会科学版）》2016 年第 5 期。
④ 刘敬东：《大国司法：中国国际民事诉讼制度之重构》，《法学》2016 年第 7 期；何其生《大国司法理念与中国国际民事诉讼制度的发展》，《中国社会科学》2017 年第 5 期。
⑤ 刘晓红：《中国国际私法立法四十年：制度、理念与方向》，《法学》2018 年第 10 期。

对外开放秩序的基础性法律。①从地位上而言，国际民商事关系是各国交往的基础性关系，与之相对应的，调整国际民商事关系的国际私法就是便利和繁荣各国间交往的基础性法律。②对于国际私法而言，充分发挥其沟通本国法和外国法的特殊功能，对于规范和保障我国与外国相应民事交往的顺利展开具有重要意义。无论是基于平等保护内外国人民商事利益的需要，还是出于我国发展对外民事关系及保障对外民事交往而言，都需要我国建立符合国际通行实践的与世界接轨的国际私法立法体系。现代化的国际私法典无疑是构建此种科学、完备的国际私法立法体系的最好载体。

以上表明，对我国国际私法立法进行系统编纂并实现法典化的目标，存在相应的现实需求，并不会产生立法资源浪费问题。

五、编纂国际私法法典的知识储备

正如前文考察所揭示的，当今世界各国国际私法立法，尤其是国际私法典的编纂皆仰赖于学者的理论认知。这也意味着我国在对国际私法立法进行编纂，必须明确我国是否累积了相关知识储备。

应该说，改革开放40余年来，我国国际私法学界已经构建了中国国际私法学体系，"大国际私法"成为我国国际私法学界的主流观点。③这至少说明学术界的共识是，我国国际私法立法的编纂绝不仅限于法律选择领域。总体而言，尽管当前中国国际私法学面临着危机，但不能否认中国国际私法学在助力国家立法和司法的同时，形成了有中国特色的国际私法理论体系，并提出了一些新的国际私法理论学说。短短40年的时间，足以见证中国国际私法学的成就非凡。④

放眼全球，我国拥有世界上最为庞大的国际私法研究团队。在中国国际私法学会的提倡和引导下，中国国际私法的实践问题一直是学术界研究的重点方向。就研究的领域来看，在中国涉外民事管辖权立法的体例与管辖权规则、涉

---

① 刘仁山：《中国国际私法立法应独立于民法典的编纂》，《法制日报》2015年5月6日。
② 郭玉军：《把握21世纪国际私法的发展趋势》，《法学研究》1999年第3期。
③ 韩德培主编：《国际私法》（第3版），高等教育出版社、北京大学出版社2014年版。
④ 何其生：《中国国际私法学的危机与变革》，《政法论坛》2018年第5期。

外民事关系的法律适用、国际民事司法协助等方面均形成了大量的研究成果。而且，长期以来，学者们不仅持续关注我国国际私法的立法和司法实践，而且对域外国际私法也进行了较为深入和系统的研究。有关国别国际私法、比较国际私法、欧盟国际私法以及海牙国际私法公约的研究成果丰硕，彰显了中国国际私法学者研究的国际化视野。这些研究成果在很大程度上可以作为我国编纂国际私法立法的比较法上之参考资料。

实际上，作为中国国际私法学界集体智慧结晶的《国际私法示范法》，大胆吸收和借鉴外国立法成果和有关国际公约中的规定，是学术界对国际私法典编纂所进行的有益探索和尝试。[①]《国际私法示范法》的出台表明，中国国际私法学会作为学术组织不仅能够提炼和总结中国国际私法的实践经验，也可以提供域外国际私法的理论与实践成果。应该说，中国国际私法学者在中国国际私法学会的组织和指引下，已经储备了编纂一部立足中国实际情况，并参考和吸收域外先进成果的国际私法典的知识。正因如此，有学者认为，中国国际私法学界的理论积淀已经足以在短时间内完成对中国国际私法典的编纂。[②]

上述表明，中国国际私法立法走脱离民法典编纂的独立法典化道路在理论和实践方面并无实质障碍。就国际私法法典化的知识储备和智力支持而言，我国已有较为扎实的基础条件。

第三节　我国国际私法既有法源及其整合

我国现行国际私法规范是国际私法典编纂的重要基础，也是对我国国际私法实践的成果总结。在中国国际私法典的编纂中，必然要面临既有国际私法法

---

① 徐伟功：《中国国际私法立法的理想与现实——〈中华人民共和国民法（草案）〉第九编评析》，《河南省政法管理干部学院学报》2004年第2期。
② 与民法典编纂相比，现行国际私法规范已经基本齐全，不存在需要弥补诸如"人格权法"等立法缺门的问题，亦不存在民法典编纂中需要面对的"民商合一"还是"民商分立"的难题，因此，立法难度相对较小。丁伟：《论民法典编纂对我国国际私法立法的影响》，《暨南学报（哲学社会科学版）》2015年第9期。

源的整合问题。立法者需要对中华人民共和国成立以来，尤其是改革开放40余年来的国际私法立法和司法实践的经验进行提炼，并对在此过程中形成的国际私法渊源进行系统整合。

一、既有法源

对于我国参加和缔结的多边或双边国际私法条约，基于民商事条约的优先适用，在编纂我国国际私法立法的过程中，主要考虑的问题是避免国内立法与对我国生效的国际私法条约产生冲突，以及构建更为合理的配合条约在国内实施的规则和制度。就此意义而言，对我国国际私法既有法源的整合主要针对的是国内国际私法规范。

应该看到的是，中华人民共和国成立以来，我国在涉外民商事领域已经累积了丰富的实践经验。据大略统计，1949—2016年，我国颁布涉及调整涉外民商事关系的相关法律文件共277个，条文共计919条。其中，现行有效的法律文件共249个，条文共811条。[①] 就我国现行国际私法法源而言，呈现出如下特征：

其一，层级性。我国现行国际私法规范分散在不同层级的法律法规之中：一是宪法中有关公民的规定、有关社会经济和民事生活基本原则的规定、发展国际经济技术合作和文化交流基本原则的规定；二是以《法律适用法》《民事诉讼法》为核心的民商事法律法规；三是国务院、国务院部委为实施全国人大及其常委会的法律而制定的行政法规和部门规章；四是最高人民法院对有关国际私法规则所做的司法解释和批复。后两个层级的法源作为国际私法的补充法源，与前两个层级一并构成我国国际私法多层级的立法体系。[②]

其二，分散性。我国现行国际私法规范具有明显的分散性特征。就我国国

[①] 相关法律法规来源于北大法宝数据库，最后检索日期2019年6月11日。条文数量的统计方法如下：对于法律、行政法规以及大部分司法解释，只统计与涉外民商事关系直接相关的条文；对于部分司法解释（包括各类批复和复函）和其他规范性文件，如果无法分离出具体条文，统一计算为1条；对于已被修改的文件，以现行有效文本为准；已被修改的文件如果没有现行有效的版本，以其最新版本为准；现行有效的文本已删除该相关条文的，以该条文被删除前的最新版本为准；旧版本不重复计算。以下数据如无特别说明，包括已失效、部分失效和现行有效的条文。
[②] 丁伟：《论中国国际私法立法体系的和谐发展——制定〈涉外民事关系法律适用法〉引发的几点思考》，《东方法学》2009年第4期。

际私法法源的形式而言，除了相对集中的国际私法规范分散在《法律适用法》《海商法》《票据法》《民用航空法》《民事诉讼法》《仲裁法》《海事特别程序法》之中，《合同法》《收养法》等其他一些立法中也包含有零星的国际私法规范。除此之外，大量的国际私法规范规定在相关法律法规及司法解释之中。

其三，不协调性。我国现行国际私法规范在协调性上仍存诸多问题：一是成文立法与司法解释的失衡。尽管长期以来司法解释在填补立法空白、指导司法实践方面发挥了重要作用，但我国在国际私法领域的司法解释不仅文件和条文数量都较大①，而且，一些司法解释超越了对立法进行解释的范畴而实质上成为造法的工具，这在很大程度上削弱了国际私法规范的权威性；二是冲突规范立法与涉外民事诉讼法的失衡。相对于有关冲突规范方面的立法，我国在涉外民事诉讼领域的立法长期为学术界所诟病。以《民事诉讼法》的相关规定解决国际民事诉讼问题存在诸多实践困境②；三是国际私法规范之间的冲突及立法空缺仍然存在。就国际私法既有法源来看，其涵盖了涉外民商事法律适用及程序法的主要问题。③但是，对于诸如特殊侵权如交通事故的损害赔偿、不正当竞争、环境污染所致的损害赔偿的法律适用问题，及大量的国际民事管辖权问题仍未能作出专门性规定。④再如，在抚养、合同的法律适用问题上，不同立法中相关

---

① 经统计，现行有效的司法解释的文件数量和条文数量如下：针对某一法律文件或某普遍性法律问题的司法解释，共21个文件，180个条文；针对国际公约的司法解释，共3个文件，71个条文；关于区际安排的司法解释，共14个文件，229个条文；针对具体案件或特定问题的批复和复函，共98个文件，共98个条文（批复和复函，每个文件统计为1个条文）；关于集中管辖以及其他法院工作相关规定的规范性文件，共91个文件，共107个条文（关于集中管辖的文件，每个文件统计为1个条文）。
② 涂广建：《构建外向型的国际民事诉讼程序体系》，《武汉大学学报（哲学社会科学版）》2016年第5期。
③ 从其涵盖的国际私法领域来看，除外国人民事地位外，在法律适用领域，其包括婚姻、收养、抚养、继承、合同、物权等民事关系，及公司、保险、票据、民用航空、拍卖、招标投标、知识产权、船舶、计算机与网络等商事、海事关系；在涉外民事程序领域，其涵盖了少数专门的国际民事管辖权规则及参照国内民事管辖权规则适用的国际民事管辖权规则、保障涉外诉讼程序进行方面的规则及包括判决承认与执行在内的司法协助方面的大量规则（包括海事特别程序法规则）。在国际商事仲裁方面，包括仲裁条款、仲裁的撤销、确认仲裁效力方面的规则。
④ 例如，2012年《民事诉讼法》对于协议管辖、诉讼竞合、应诉管辖及特殊管辖问题均合并至国内民事管辖权部分，而没有专门规定。这种做法显然是忽视了国际民事管辖权问题相对于国内民事管辖权问题的特殊性。

法律适用规则存在冲突。①

尤其值得关注的是，我国国际私法法源的现状也使得相关国际私法规范的实施存在诸多问题。最为显著的问题是，法院在同一类型的案件中援引相互冲突的国际私法规则之情形颇多。主要原因在于，我国国际私法实践过于依赖法律效力等级较低的司法解释，以及最高人民法院作出的批复和复函。② 繁多的司法解释，使得各级法院在裁判过程中仍存在援引相互冲突的规定之情形。尤其表现在，当立法与司法解释对同一问题有相似的规定时，法院大多援引司法解释而非立法之规定。③ 因此，这种现象在很大程度上削弱了国际私法立法相对于司法解释作为基本国际私法规范的地位和价值。

由此可见，我国国际私法既有法源涵盖了涉外民事关系的主要领域，并初步形成了多层次的规范体系。这些既有法源为中国国际私法实践积累了宝贵经验，也构成了中国国际私法法典化的重要资源。对于既存国际私法法源存在的诸多问题，无疑需要对其进行系统的清理、修改与整合，并在此工作的基础上为中国国际私法典的编纂工作进行铺垫。

---

① 《民法通则》第148条规定："抚养适用与被扶养人有最密切联系的国家的法律。"而《法律适用法》第29条则规定："抚养，适用一方当事人经常居所地法律、本国法律或者扶养财产所在地法律中有利于保护被扶养人权益的法律。"实践中，应当如何处理上述法条之间的矛盾之处呢？《法律适用法》似乎并未给出答案。其次，一些条文与现有单行立法中关于法律适用的条文尽管含义基本相同但表述不同。例如《民法通则》第145条、《合同法》第126条规定，在当事人没有协议选择法律时，"适用与合同有最密切联系的国家的法律"，而《法律适用法》第41条则表为"特征性履行说"，适用"最能体现该合同特征的一方当事人经常居所地法律或者其他与该合同有最密切联系的法律"。究竟是将《法律适用法》第41条看作是对《民法通则》与《合同法》中规定的"最密切联系"原则的补充解释？还是在实践中根据"新法优于旧法"的原则，优先适用《法律适用法》中的"特征性履行"规定？对于此类前后规定上的模棱两可之处尚待明确。
② 除了《法律适用法》的52个条文以外，在现行有效的、规定有法律适用方面规则的12个法律中共只有34个条文。在涉外程序法上的法律则只有3个，共36个条文。在行政法规上，只有6个行政法规，共12个条文，且基本上是关于不同领域中的民事主体问题的规定。此外，在民事主体、婚姻家庭与继承、涉外仲裁领域，自1951年至今最高人民法院作出的批复和复函大部分仍然现行有效。具体情况是，一方面，部分批复和复函（共计20个）对具体个案中的疑难问题进行了概括，形成了比较粗糙的规则；另一方面，部分批复和复函（共计38个）只对具体案件进行了答复，而没有提炼出规则，但实践中仍有参考性意义。
③ 例如，河北省高级人民法院（2014）冀民三终字第14号民事裁定书、江苏省高级人民法院（2014）苏商外辖终字第0001号民事判决书，均适用了《关于适用〈中华人民共和国仲裁法〉若干问题的解释》第16条，而不适用《法律适用法》的相关规定。

二、法源整合

在厘清我国国际私法既存法源存在的问题之后，需要务实地提出相关国际私法法源的整合方法。

就涉外民事关系法律适用领域而言，我国民法典的编纂意味着，民法典草案分编通过后将取代现行的《物权法》《合同法》《侵权责任法》《婚姻法》等单行法，只要是这些单行法所涉及的冲突规范当然也应进行相应处理。从冲突规范体系化的角度而言，宜与包括《法律适用法》在内的我国现行法律中所有调整涉外民事关系的冲突规范进行系统化的整合。这种工作可以《法律适用法》为中心，完成民法典分编所涉及的单行立法中我国有关涉外民事关系法律适用规范的系统整合。

从我国民法典的编纂工作而言，这种系统整合应是其中重要的构成部分。同时，对于《海商法》《票据法》《民用航空法》等民法典分编之外的调整涉外民事关系的冲突规范，以及分散在其他行政法规、部门规章和司法解释中的冲突规范，应围绕民法典编纂下《法律适用法》的修订一并进行整合。在此基础上，可以系统性地完成我国涉外民事关系法律适用领域国际私法法源的整合，彻底避免相关国际私法法源的"碎片化"，并可以一次性地解决以下问题：

一是消除涉外民事关系法律适用领域既有法源中相互冲突的规则。从法律解释的角度上看，现行有效的立法和司法解释并不存在无法协调的冲突。因为依据"特别法优于一般法"和"新法优于旧法"的原则，以及《立法法》的规定，国际私法规则之间的冲突一般能够得到解决。[①] 但是，从降低法院援引相互冲突国际私法规则的角度来看，应对国际私法法源进行清理：一是废止相互冲突的条款。例如，废止《民法通则》《继承法》与《法律适用法》相关规定不一致的条款；二是确保不同立法中相同问题规定上的一致性。例如，《票据法》中的本国法主义宜修改为与《法律适用法》一致的经常居所地法主义。

---

① 尽管如此，有些问题仍然难以处理，例如：2007年《最高人民法院关于审理涉外民事或商事合同纠纷案件法律适用若干问题的规定》已失效，其第8条关于外商投资企业合同的法律适用的规定也随之失效，应该改为《法律适用法》。然而，2010年《最高人民法院关于审理外商投资企业纠纷案件若干问题的规定（一）》根据《民法通则》《合同法》《物权法》《公司法》《中外合资经营企业法》《中外合作经营企业法》《外资企业法》等法律法规的规定而制定，从法律解释上看，仍然坚持外商投资企业适用我国法律。这个规定与我国司法实践相适应，但是不能简单地用上位法或特别法来解释，存在难以解决的冲突。

二是填补涉外民事关系法律适用领域既有法源未涵盖的空白领域,既包括适度扩展国际私法规范涵盖的领域,也包括细化具体领域中的国际私法规范。鉴于我国法院进行法律续造的权力比较有限,难以有效解决实践中由于国际私法法源不完备所产生的法律漏洞。因此,填补我国国际私法既有法源的空白,是实现中国国际私法法典化目标必要的先行举措。

三是提炼涉外民事关系法律适用领域分散立法与司法解释中已经成熟的规则为立法规则。对于已经形成了比较明确的具有普遍适用价值的国际私法规则,如外国人与中国公民以夫妻关系同居多年而外国人提出离婚问题①、涉外离婚诉讼中子女抚养问题②、涉外合同领域最密切联系原则的适用③等应在立法层面予以规定,强化国际私法法源的权威性。

四是完成涉外民事关系法律适用领域相关规则和制度的现代化。正如学者所指出的,我国在一些法律法规中的冲突规范制定于20世纪80年代,也未与时俱进进行相应的修法工作,明显属于"超期服役"。无论是相关冲突规范的内容还是立法技术的运用,均难以适应涉外民事关系调整及现代国际私法发展的需要。这些冲突规范与相对现代化的《法律适用法》的风格也不符。④因此,借助涉外民事关系法律适用领域冲突规范系统化整合的契机,可以实现我国部分冲突规范的现代化。

在以上基础上,可以打造体系更为完备、内容更为充实、逻辑更为清晰、规则更为现代化的中国涉外民事关系法律适用法体系。

就涉外民事程序法领域而言,如前所述,我国现行法律规定无论是在规则和制度的体系化和完整性上,还是在相关规定的合理化和开放性上,均受到国际私法学者的批判。对我国国际私法立法进行法典编纂所面临的最为棘手的问题之一是,《民事诉讼法》中的涉外编的规定如何整合。值得注意的是,2012年《民事诉讼法》的修正对涉外编中管辖权规则进行了变动,这一变动在2017年修正的《民事诉讼法》维持原貌。即该法仅在第265条和第266条规定了涉外民事

---

① 1964年《最高人民法院关于外国人与中国公民以夫妻关系同居多年现外国人提出离婚应如何处理的批复》。
② 1987年《最高人民法院关于涉外离婚诉讼中子女抚养问题如何处理的批复》。
③ 例如,2007年《最高人民法院关于审理涉外民事或商事合同纠纷案件法律适用若干问题的规定》第5条之规定。
④ 学者形象地形容为"这些基因不同的异体组织如不及时清理出国际私法的机体,将出现排异反应,使机体丧失功能"。丁伟:《论民法典编纂对我国国际私法立法的影响》,《暨南学报(哲学社会科学版)》2015年第9期。

管辖权问题①，对于其他管辖权问题仍基本上参酌适用该法国内民事诉讼部分的规定。这在某种意义上说明，完全将《民事诉讼法》中涉外编予以废止，在我国国际私法典的编纂过程中重构我国涉外民事管辖权规则和制度是可能的。

而对于涉外民事管辖权之外的涉外民事诉讼中的一般性问题及国际民事司法协助（包括国际商事仲裁）问题，我国现行《民事诉讼法》的规定仍然原则性大于可操作性，且仍有大量的相关问题并未作出明确规定。仅就外国判决的承认与执行问题而言，我国最高人民法院曾酝酿出台专门的较为详细规定外国判决在我国承认与执行的司法解释，以回应涉外民事司法实践的现实需求。

显然，对于这些问题，在修法上奢望小规模的"修修补补"难以实现在此领域国际私法规范的系统化、完备性和现代化的目标。只有借助我国国际私法典的编纂，才能对涉外民事程序领域（国际民事诉讼和国际商事仲裁）的法律、法规、部门规章和司法解释进行系统化清理和整合，进而与整合后的涉外民事关系法律适用法体系一道助推我国国际私法法典化目标的达成。

在技术层面，可以废止《民事诉讼法》的涉外编，同时根据"功能导向方法"，在国际私法典和《民事诉讼法》中分别规定指引条款，将国际私法典中的涉外民事程序规定作为特别规定，将《民事诉讼法》中的民事程序规定作为一般规定。实践中优先适用国际私法典的相关规定，国际私法典没有规定的，适用《民事诉讼法》作为补充法源。② 可以说，所谓的阻碍我国国际私法典化的实质性障碍实际上均不存在。中国国际私法典化目标能否实现，更大程度上取决于立法机关的意愿和决心。

总之，对不同法律渊源中的国际私法规则进行系统整合，实现中国国际私法法源的完备，有助于为国际私法的法典化奠定基础。

---

① 2017 年《民事诉讼法》第 265 条规定，因合同纠纷或者其他财产权益纠纷，对在中华人民共和国领域内没有住所的被告提起的诉讼，如果合同在中华人民共和国领域内签订或者履行，或者诉讼标的物在中华人民共和国领域内，或者被告在中华人民共和国领域内有可供扣押的财产，或者被告在中华人民共和国领域内设有代表机构，可以由合同签订地、合同履行地、诉讼标的物所在地、可供扣押财产所在地、侵权行为地或者代表机构住所地人民法院管辖。第 266 条规定，因在中华人民共和国履行中外合资经营企业合同、中外合作经营企业合同、中外合作勘探开发自然资源合同发生纠纷提起的诉讼，由中华人民共和国人民法院管辖。
② 丁伟：《论民法典编纂对我国国际私法立法的影响》，《暨南学报（哲学社会科学版）》2015 年第 9 期。

第四节　我国国际私法法典化的法律意义

综合性的国际私法典是一国国际私法立法的高级阶段，一国完成国际私法典的编纂，不仅是脱离民法典实现国际私法立法独立性和现代化的要求，而且还具有更深层次的战略和利益考量。对于我国而言，在深度参与国际民事交往的背景下，在全面深化依法治国的要求下，在积极推进"一带一路"倡议的落实和构建人类命运共同体的情势下，我国国际私法立法实现法典化目标具有尤为重要的法律意义。

一、深化依法治国的必然举措

2014年10月23日，中国共产党第十八届中央委员会第四次全体会议上通过《中共中央关于全面推进依法治国若干重大问题的决定》（以下简称《决定》），并于2014年10月28日发布。《决定》指出，"适应对外开放不断深化，完善涉外法律法规体系，促进构建开放型经济新体制。积极参与国际规则制定，推动依法处理涉外经济、社会事务，增强我国在国际法律事务中的话语权和影响力，运用法律手段维护我国主权、安全、发展利益。强化涉外法律服务，维护我国公民、法人在海外及外国公民、法人在我国的正当权益，依法维护海外侨胞权益。深化司法领域国际合作，完善我国司法协助体制，扩大国际司法协助覆盖面"[①]。

显然，《决定》对于我国加强涉外法律工作指明了方向和路线图。为落实全面依法治国的战略举措，2017年10月18日，习近平总书记在党的十九大报告中提出，成立中央全面依法治国领导小组，加强对法治中国建设的统一领导。

[①]《中共中央关于全面推进依法治国若干重大问题的决定》，《人民日报》2014年10月29日。

2018年3月，中共中央印发《深化党和国家机构改革方案》，组建中央全面依法治国委员会，中央全面依法治国委员会办公室设在司法部。①

应该说，我国已经深刻认识到加强涉外法律工作的极端重要性。而且，将强化涉外法律工作也纳入全面深化依法治国战略的重要构成部分之一的原因是，在全球化背景下，各国之间的交往和联系愈发密切，任何一国难以脱离国际社会而独自存在。在此情势下，各国在相互交往中形成了内涵丰富的跨国关系。从一国的角度来看，此类跨国关系包括对外政治关系、对外经济关系、对外民商事关系等。与形成于国内的各类法律关系一样，一国对外关系也需要由相应的法律规则予以调整。从国际私法的角度来看，一国民事法体系应由调整纯粹国内民事关系的法律体系和调整涉外民事关系的法律体系构成。

对于调整中国涉外民商事关系的法律要么根源于各国共同缔结或参加的国际民商事条约及各国长期实践所共同接受的国际习惯，要么产生于各国通过国内立法程序所制定的国际私法立法及其他立法中含有的调整涉外民事关系的规范。中国涉外民事法体系不仅在中国现行法律体系中客观存在，也在调整涉外民事关系、解决涉外民事争议方面发挥了越来越重要的作用。

然而，长期以来在理论界对中国法律体系构成的认识上，将包括中国涉外民事法在内的调整中国对外关系的法律体系排除在中国现行法律体系之外的观点较为普遍。无论是"五分法""八分法"等主张，将调整各类对外关系的法律法规完整纳入中国特色社会主义法律体系的，却寥寥无几。② 这也导致实践中对于中国特色社会主义法律体系是否应该包括调整中国涉外民事关系的中国涉外民事法在内的中国对外关系法体系，仍未得到中国立法机关的肯定回答。

应该看到，作为全面深入推进依法治国，并将对外开放作为一项长期坚持的基本国策的现代化国家，要求我国不仅应将产生及形成的国内关系依据国内相关立法予以调整，也需要将我国在对外交往中形成的各类涉外关系纳入法治化轨道，依据我国缔结或参加的国际条约及应遵循的国际习惯，以及我国国内法中用以规范我国对外关系的法律规则予以调整。这其中自然就包含了中国在对外交往中产生和形成的涉外民事关系。这种做法，不仅是中国遵循国际规则

---

① "中共中央印发《深化党和国家机构改革方案》"，载人民网：http://cpc.people.com.cn/n1/2018/0321/c64387-29881214.html，2019年7月21日最后访问。
② 刘仁山：《论作为"依法治国"之"法"的中国对外关系法》，《法商研究》2016年第3期。

处理国际事务的必然要求，也是我国全面推进依法治国的应有之义。

实际上，在我国与国际社会联系日益紧密的情势下，国内法规则与国际法规则之间交互影响的趋势愈发明显。一方面，国内法体系会对国际法体系的构建提出新的要求。例如，我国在参与海牙国际私法会议所推动的"判决项目"的谈判工作时，基于我国国内法中涉外民事管辖权及判决承认与执行规则的实践，与美国等推行宽泛管辖依据的国家存在较大利益冲突。我国政府代表团在"判决项目"的谈判过程中在主张本国利益的同时，也影响了该领域国际法规则的形成和制定。[1] 另一方面，我国国内法体系同样会受到国际法体系的直接影响。例如，在对外经贸领域，为履行我国加入世贸组织的承诺，我国相关部门对国内法律、法规、部门及地方规章进行了全面系统的清理，以符合多边贸易体制和规则的要求。因此，我国推进的依法治国基本方略要求将国内事务和对外事务同时纳入法治化规范。

基于上述认识，中国国际私法典作为调整中国对外关系中涉及民商事问题的系统性立法的载体，对于深化我国全面推进依法治国基本方略，促进我国现代法治化国家的建设具有重要意义。

二、保障对外开放的制度需求

我国之所以在短短的四十余年实现了经济和社会的迅猛发展，既基于我国选择了一条符合自身国情的独特的发展道路，也得益于我国对外开放基本国策的持续深入落实。

20世纪七八十年代我国先后创建了5个经济特区，并于1984年陆续开放首批16个沿海城市。[2]1992年，我国又决定对5个长江沿岸城市，东北、西南和西北地区13个边境市、县，11个内陆地区省会（首府）城市实行沿海开放城市的政策。2001年我国通过加入世界贸易组织实现了贸易与投资规则与世界

---

[1] 刘仁山：《论作为"依法治国"之"法"的中国对外关系法》，《法商研究》2016年第3期。
[2] 1984年5月，中共中央和国务院决定，进一步开放天津、上海、大连、秦皇岛、烟台、青岛、连云港、南通、宁波、温州、福州、广州、湛江和北海14个沿海港口城市与营口市（1985）、威海市（1988）统称为首批沿海开放城市。这16个开放城市加上沿海经济开放区、经济特区、上海浦东新区，构成了我国沿海自南到北的对外开放前沿地带。

的接轨。我国在2013年审时度势地提出了共建"一带一路"倡议，与世界其他国家开展互利互惠的交流合作，促进全球在基础设施、贸易投资等方面的互联互通和相互促进的联动发展。2013年习近平主席在俄罗斯莫斯科国际关系学院首次向世界提出构建"人类命运共同体"重大倡议。经过6年多来的持续推动和建设，"人类命运共同体"成为当今促进世界和谐包容发展的重要共识，并在实践中展示了强大的领导力、感召力和影响力，并促进了国际法的发展和变革。[①]

从我国对外开放的发展进程来看，我国在逐渐融入世界的同时也为建设一个更加开放和美好的世界做出了重大贡献。我国坚持对外开放的基本国策，坚持打开国门搞建设，积极促进"一带一路"国际合作，努力实现政策沟通、设施联通、贸易畅通、资金融通、民心相通，打造国际合作新平台，增添共同发展新动力。我国支持多边贸易体制，促进自由贸易区建设，推动建设开放型世界经济。[②]

我国对外开放的历史进程，也是我国涉外法治建设的发展历程。事实上，我国对外开放基本国策的落实离不开法律规则和制度的保障。特别是改革开放以来，我国与外国产生的越来越多的国际经济合作以及国际民商事交往，需要包括国际私法在内的涉外法律体系予以规范和保障。在经济全球化的推动下，我国对外开放程度不断加深，人员、货物、资本、服务、技术和信息的跨国流动日趋频繁，这就需要有一个稳定、高效的法律体系和制度规范和保障上述活动。作为调整中国对外民商事交往的基础性法律，中国国际私法保障对外开放的作用由此显现。这在很大程度上彰显了系统的、完备的、科学的中国国际私法立法的特殊重要意义。

作为中国国际私法立法最为系统化和逻辑化的载体，中国国际私法典在连接中国法与外国法、中国国内法与国际法方面发挥着重要的桥梁纽带作用。[③] 就此意义而言，中国国际私法典为我国进一步推进对外开放基本国策，深化与其他国家和地区的合作与交流，提供主要的法律规则和制度。特别是，对于中国在对外民商事交往中产生的大量的争议，需要中国国际私法立法提供一套完整

---

① 谢海霞：《人类命运共同体的构建与国际法的发展》，《法学论坛》2018年第1期；徐宏：《人类命运共同体与国际法》，《国际法研究》2018年第5期。
② 习近平：《决胜全面建成小康社会，夺取新时代中国特色社会主义伟大胜利——在中国共产党第十九次全国代表大会上的报告》，《人民日报》（海外版）2017年10月19日。
③ 肖永平：《中国国际私法立法的里程碑》，《法学论坛》2011年第2期。

的、系统的和高效的争议解决的依据和机制，而中国国际私法典无疑是实现系统性供给国际私法规则和制度的最佳载体。

伴随我国综合国力的与日俱增，我国在世界政治、经济、文化和民商事领域正在扮演越来越重要的角色并占据更为重要的地位。我国也一直呼吁构建国际新秩序，并提出和谐世界的新理念。这些目标和理念的贯彻和实践，需要我国对国际民商事关系的调整和国际民商事争议的解决，必须立足于平等保护国内外当事人的基点，切实保障国际民商事交往的有序进行。这些目标的实现，同样离不开一部系统、完整的中国国际私法典。

值得注意的是，当今国际民事交往的规范和保障不仅依赖于各国国际私法立法，也需要借助由各国参与的多边国际造法平台所制定的统一国际私法条约。但是，基于条约的普遍性和灵活性的平衡考量，任何多边国际私法条约不免沦为不同国家之间利益博弈和妥协的产物。因此，如何有效参与多边国际私法条约的谈判、磋商和制定，有效表达本国诉求及维护本国利益，成为一国理论和实践工作者的重大议题。这就需要本国国际私法立法积累足够的知识和经验，为参与多边国际私法条约的达成积累理论与实践资源。

晚近以来，我国积极参加以海牙国际私法会议为代表的多边国际私法造法机构的活动，并为这些国际组织的发展及相关国际私法条约的达成做出了积极贡献。在某种程度上，我国已经前所未有地成为统一国际私法立法的不可或缺的参与方、贡献者与引导者。这也意味着我国不仅需要表达和维护本国民商事利益，也需要协调不同国家乃至不同利益集团之间的利益冲突，并在此基础上明确并平衡各国共同需求和利益。一部完备而科学的中国国际私法典，对于为我国参与国际民事规则的谈判和制定提供共通的规则和制度，为我国充分表达和捍卫自己的利益及协调不同国家之间的利益冲突，提供充分的国内法依据和基础，具有不可替代的重要作用。

因此，现代化的中国国际私法典不仅能够成为保障我国对外开放的重要法律制度，也有助于为我国参与全球统一国际私法的谈判与制定奠定国内法基础。

三、参与全球治理的重要途径

全球治理理论源于应对世界的多极化趋势而提出的旨在对全球事务进行共

同管理的理论。对于全球治理理论的理解在不同立场的国家和学者中存在不同意见和观点。但总体而言，全球治理意味着，在国家政府和国际组织之外的公民、跨国公司和其他社会组织的参与，解决的是影响或将要影响全人类的且难以依靠单个国家得以解决的跨国性问题，进而在此基础上维护国际社会的正常秩序，实现人类共同的价值和目标。

客观而言，在全球治理问题上占据主导地位的是国际公法与国际经济法，而国际私法的角色长期以来被忽视，国际私法在全球治理中明显处于缺位和失位的状态。但是，以国际公法和国际经济法为主要国际法依据的全球治理，却难以满足全球治理多元主体参与、治理方式多元化的基本要求。国际私法在全球治理中的独特的不可替代的作用也由此得以显现，特别是，全球化持续推进进一步凸显了国际私法在全球治理中的作用。

全球治理推动了全球性合作的广度和深度，模糊了国内、地区性和全球性事务之间的界限。在主权国家难以应对这种国际合作的要求时，一方面各国选择加强彼此合作将各自的国家权力转移给政府间国际组织[1]，另一方面各国也将国家权力转移给私人、私人实体、跨国公司并由其承担相关全球性问题的规范。[2] 因此，在全球化的影响下，国际私法在调整和规范作为全球治理主体的私人、私人实体、跨国公司以及其他社会组织方面的角色得以明确。在当今一个人员流动日趋频繁，国际私法作为分配不同国家立法管辖权、司法管辖权乃至执法管辖权的重要部门法[3]，其在全球治理中的作用，是伴随国际私法在构建和保障更为公平与合理的国际民商事新秩序的过程中得以充分显现的。在全球治理进程中，国际私法至少可以发挥如下方面的作用：

一是国际私法通过尊重和维护外国人在内国的权利和利益，促进和保障了人的跨国自由流动。

经济发展不平衡以及交通的便捷，使得移民问题成为当今最为显著的跨国问题之一。而且，移民问题也与安全、贸易、发展、环境和人权等问题存在密切关系。但是，在当今并不存在一个规范跨境人员流动的全球性法律机制或框

---

[1] 例如，世界贸易组织和欧盟等全球性和区域性政府间国际组织的建立，显然是主权国家转移其权力给相应国际组织的结果。
[2] 例如，穆迪债券评级公司、标普信用评级公司和惠誉评级公司掌控了全球信用评级业务。互联网名称与数字地址分配机构操控全球主要的网络域名的分配。还有大量的跨国公司和行业协会也在一定程度上决定了全球经济活动的秩序和规范。
[3] 正因如此，一国国内法院在适用国际私法规则时可以在国家之间、国内机构与国际机构之间、政府机构与非政府组织之间分配治理权。霍政欣：《论全球治理体系中的国内法院》，《中国法学》2018年第3期。

架,这也给国际私法调整国际移民问题所引发的涉外民事关系提供了空间。例如,外国人在内国处于何种法律地位、在内国的外国人应由何国法院管辖、何种法律支配位于内国境内的外国人、如何与外国进行跨国司法行政合作(如身份或其他方面的公文文书的认证、由移民输入国向输出国电汇款项等),均需要各国国际私法发挥作用。当代国际私法的实践表明,尊重和保障外国人在内国的权利和利益,减少外国人在内国生活和发展的法律障碍,成为各国国际私法共同的发展趋势。这种趋势显然促进和保障了人的跨国自由流动。

二是国际私法可以作为人权保护的法律体系,在提升全球的人权保护水平和标准上能够发挥建设性作用。

全球化以及与之伴随的跨国民事交往带来了大量的国际婚姻家庭关系。由于各国在婚姻家庭法领域的差异甚大,如何避免"跛脚法律关系"并保护当事人的家庭生活权,意义重大。当今国际私法的实践表明,在跨国代孕、跨国收养、跨国扶养、国际儿童诱拐、父母子女关系、跨国同性婚姻与生活伴侣关系等方面,通过与人权法规范的合作,国际私法对于维系当事人身份和家庭关系的跨国稳定性方面,发挥着极其重要的作用。① 这种国际私法与人权法规范的互动式的结合,在提升当事人家庭生活权、公正审判权等基本人权的保护具有重要作用,也有助于维系不同国家之间婚姻家庭法的多样性。② 在此意义上,国际私法可以作为提升人权保护的法律体系。因此,在日益全球化的国际交往中,国际私法不仅在促进跨国经济和金融活动及降低跨国交易成本方面发挥重要作用,也在维护人的基本权利和价值,以及维系不同国家法律文化和社会价值的多样性方面发挥着独特的制度性功能。

三是国际私法通过特定规则和制度的构建,从而在环境侵权及气候变化等全球性环境问题上贯彻全球性标准与政策。

伴随经济全球化与跨国公司的兴起,由此类跨国公司所导致的国际环境污染和损害问题并不鲜见,且其对生态环境和人身健康带来巨大危害。对此产生的民事损害赔偿及相关侵权主体(包括子公司和承包商)的责任问题,不仅取

---

① 黄志慧:《人权保护对欧盟国际私法的影响》,法律出版社 2018 年版。
② 人权法与国际私法之间的互动并不是单向的。当家庭根据外国法律制度拥有了既得权这一"社会事实"需要获得承认而国际私法规则却对此构成阻碍之时,人权法可以排除国际私法规则的适用。这只是一个方面。反过来,国际私法也可能对人权规则产生影响,以使其适用会适当顾及人的文化认同及其演变和法律多元主义。[荷] 汉斯·范鲁著,张美榕译,吴用校:《全球视角中的国际私法》,《国际法研究》2017 年第 6 期。

决于何国法院对此行使管辖权，也受制于何种法律作为准据法支配此种案件。此时，立法者会注意到国际私法的重要作用，即一国立法者应构建妥当的国际私法规则和制度，为受害人提供跨国环境侵权的救济，并在此基础上影响跨国经济主体与环境相关的行为。此时无疑是将国际私法作为一国实现环境政策的工具。① 同样，对于气候变化及企业温室气体排放的国际侵权诉讼，同样可以在相关领域构建政策导向的国际私法规则以及一国保护环境和气候的强制性规则，以设定相关组织和跨国公司在与自然环境相关的事项上承担的民事责任，进而贯彻在此领域内的全球性标准和政策。

四是国际私法能够促进不同国家的法律体系和司法制度的竞争和完善，进而提升全球法治水平与法治文明。

国际民事争议的解决结果，取决于运用何种争议解决方式及何种法律之适用。因此，当事人能否选择争议解决方式乃至具体争议解决机构，以及选择解决争议的准据法，实际上有助于提升不同国家的法律体系与司法制度的竞争，并进而促进全球法治水平和法治文明。在当今国际私法领域，意思自治原则达到了前所未有的广泛的接受程度。当下，当事人不仅可以选择仲裁或诉讼解决特定民事争议，也可以选择不同国家或地区的仲裁机构或国内法院作为争议解决机构。同时，当事人可以选择特定国家或地区的法律作为争议准据法，甚至还可以选择非国家法（non-state law）或未对本国生效的国际条约作为争议准据法。② 这也意味着，各国为增强本国法律体系和司法制度对当事人的吸引力，扩大本国法律体系和司法制度在全世界的竞争力和影响力，必然会加强对本国法律体系和司法制度的改革和完善，从而在整体上有助于提升全球法治水平和法治文明。

五是国际私法通过跨国民商事司法行政合作机制深化国际民商事领域的跨国治理。

作为国际私法的重要内容之一，不同国家之间建立的跨国民商事司法行政合作机制，不仅包括域外送达、域外取证、司法救助、取消认证等国际民事诉讼中必须解决的问题，也包括扶养费的跨国追索、跨国儿童收养的安排、被诱

---

① ［荷］汉斯·范鲁著，张美榕译，吴用校：《全球视角中的国际私法》，《国际法研究》2017 年第 6 期。
② 对于赋予当事人的这种选择的权利对立法管辖权和司法管辖权分配的影响，参见霍政欣：《论全球治理体系中的国内法院》，《中国法学》2018 年第 3 期。

拐儿童的返还、弱者保护等国际私法领域最为困难的问题。① 上述问题的妥善解决，对于提升国际民商事争议解决的效率，以及便利和保障当事人的国际民事交往具有重要意义，也构成完善和保障国际民商事秩序的重要环节。因此，作为构建和维护国际民商事秩序及保障国际民商事交往的重要制度性基础，跨国民商事司法行政合作不仅发挥了保护私人民商事利益的功能，也对于深度提升全球民商事领域的治理能力和治理水平具有重要的推动作用。

六是国际私法通过促进判决的自由流动提升了全球和区域市场的稳定性。

承认与执行外国法院判决已经成为贸易一体化的重要手段之一。② 判决承认与执行作为全球化的一部分，也将被列入全球治理的范畴。③ 正因如此，各国要么通过全球性多边条约或区域性多边条约的方式，提升判决承认与执行的自由化程度，④ 要么通过变革国内立法或司法实践促进外国判决在本国境内的承认与执行。⑤ 晚近以来，国际民商事判决承认与执行机制在保障自然人和家庭的跨国流动、不同国家法律文化的多样性、人权的保障和维护等方面，正在日益发挥

---

① 杜焕芳：《国际民商事司法与行政合作中的中央机关机制时代法学》，《时代法学》2006 年第 3 期。
② Antonio F. Perez, "The International Recognition of Judgments: The Debate between Private and Public Law Solutions", Berkeley Journal of International Law (19, 2001), p. 44.
③ L E. Teitz, Choice of Court Clauses and Third Party Countries from a US Perspective: Challenges to Predictability, International Civil Litigation in Europe and Relations with Third States, Brussel: Bruylant, 2005, pp. 285-309.
④ 在全球性多边机制方面，最新发展是 2019 年 7 月 2 日海牙国际私法会议第 22 届外交大会通过了《承认与执行外国民商事判决公约》(Convention of 2 July 2019 on the Recognition and Enforcement of Foreign Judgments in Civil or Commercial Matters)，该公约标志着全球第一个全面的规范和保障民商事判决承认与执行问题的多边法律机制的诞生。公约要求缔约国原则上互相承认和执行其他缔约国法院作出的民商事判决，以减少跨境的诉讼成本、提升各缔约国之间司法体系的便利性。在区域性多边机制方面，最具影响的则是欧盟 2012 年重订的《布鲁塞尔条例 I》所建立的融合了直接裁判管辖权的确保欧盟成员国之间民商事判决自由流动的多边法律机制。除欧盟外，美洲国家、阿拉伯国家之间也通过专门的国际民商事判决承认与执行的条例或涵盖民商事判决承认与执行的多边条约，推动各国彼此之间民商事判决的承认与执行。可以说，民商事判决的区域化自由流动的基本格局业已形成。何其生：《大国司法理念与中国国际民事诉讼制度的发展》，载《中国社会科学》2017 年第 5 期。
⑤ 例如，作为外国判决承认与执行的审查条件之一，管辖权的审查标准放宽。法国最高法院在 Prieur 案中推翻了先前长达 80 年判例规则并指出，在外国判决承认与执行问题上，《法国民法典》第 15 条赋予法国法院针对法国被告的管辖权是选择性而非专属性的，法国法院不能仅以外国法院管辖权的行使违反《法国民法典》第 15 条为由拒绝承认与执行其作出的判决（Article 15 of the Civil Code is No Longer a Bar to the Recognition of Foreign Judgments in France by GILLES CUNIBERTI on JANUARY 30, 2007, http://conflictoflaws.net/2007/article-15-of-the-civil-code-is-no-longer-a-bar-to-the-recognition-of-foreign-judgments-in-france/, 2019 年 7 月 20 日最后访问）。加拿大最高法院在 Chevron Corp v. Yaiguaje 案中明确，在加拿大法院作为执行法院时，即便加拿大法院与争议并无任何联系，其仍可针对基于该争议作出判决的承认与执行问题行使管辖权（［2015］3 SCR 69, 2015 SCC 42.）。再如，在民商事判决的承认与执行领域，取消互惠要求或对互惠予以宽松化解释渐成趋势（黄志慧：《我国判决承认与执行中互惠原则实施的困境与出路》，《政法论坛》2018 年第 6 期）。

其独特的作用。① 国际民商事判决的承认与执行制度本身的价值不仅在于避免重复诉讼，降低国际民商事争议解决的经济成本，也可以服务于全球和区域性经贸秩序的整合和维护。正因如此，学者主张将有关外国判决承认与执行事项放入WTO的谈判议题，并将其纳入WTO体系②，或将之作为WTO"非违约之诉"来处理。上述观点揭示了顺畅的国际民商事判决的承认与执行，有助于避免重复诉讼，提升法律的确定性，为全球和区域性市场的构建和维护提供制度性保障。德国学者甚至将判决的自由流动视为没有被写明的人员、商品、服务和资本自由之外的第五个市场自由。③ 以上充分证明了国际私法在实现全球市场的稳定和秩序方面的重要治理功能。

应该说，国际私法参与全球治理的功能的发挥，既有赖于不同国家通过参加和缔结多边条约，也需要借助一国国际私法的国内立法。而且，在很大程度上，无论是鉴于多边国际私法条约本身在适用的领域抑或调整的事项的局限性，还是此类条约因缔约国数量而限制了条约的普遍性而言，一国国内国际私法立法在参与全球治理方面的作用甚至会更大。因此，从国际私法作为一国参与全球治理的重要路径的角度而言，必须高度关注本国国际私法的立法水准。

值得注意的是，自全球治理的理论在20世纪90年代被提出以来，迄今为止我国多次重申，全球治理是应对全球性风险与构建世界新秩序的核心手段，我国也多次要求推进全球治理机制变革。党和国家领导人在国际社会阐明中国推进全球治理、推动构建人类命运共同体的信心、决心与主张。"中国将积极参与全球治理体系建设，努力为完善全球治理贡献中国智慧，同世界各国人民一道，推动国际秩序和全球治理体系朝着更加公正合理的方向发展。"④

在此背景下，集中我国国际私法学界的集体智慧，制定出一部连接国际私法与全球民商事秩序、连接私人主体与全球治理、连接中国与世界的国际私法典，不仅便利和拓展了我国参与全球治理的路径，也有助于提升我国参与全球治理

---

① 国际私法对于在发展中国家营业的跨国公司的社会责任、劳工的自由流动、跨国儿童诱拐、同性婚姻、跨国代孕、全球气候变化、跨国环境侵权、国际人权保护、国际移民法方面的作用，可参阅 Laura Carballo Piiieiro & Xandra Kramer, "The Role of Private International Law in Contemporary Society: Global Governance as a Challenge", Erasmus L. Rev. (7, 2014), p. 109.
② 宣增益:《国家间判决承认与执行——纳入WTO体系可行性研究》，《中国法学》2004年第2期。
③ 付颖哲:《承认外国判决时的利益考量》，《北航法律评论》2010年第1辑。
④ 黄进:《习近平全球治理与国际法治思想研究》，《中国法学》2017年第5期;霍政欣:《论全球治理体系中的国内法院》，《中国法学》2018年第3期。

的能力与水平。

四、提升国际形象的必要方式

作为保障对外开放秩序的基础性法律，中国国际私法在立法模式上走独立的法典化道路，也是提升中国国际形象的必要方式。①

国际私法的历史上有所谓普遍主义国际私法与特殊主义国际私法的分野，两者的分歧在于国际私法是将国际社会利益还是将本国利益置于优先地位。反映在国际私法规则和制度的构建上，这种差异表现为是坚持内外国法平等的多边主义立场，还是恪守法院地国家法律优先的单边主义立场。在一国国际私法立法中，特别是国际私法典的编纂中如何看待这两种对立的立场，反映了一国国际私法立法在调整涉外民事关系，规范和保障不同国家当事人利益的问题上，是否抱有包容开放的态度和立场，是否能够平等地对待内外国法以及本国当事人和外国当事人利益的保护，以及能否为当事人提供法律的确定性以保护其正当预期。显然，我国在实践中对上述问题的回答，直接关系到中国涉外民事法律体系和制度的国际形象。

随着我国对外开放基本国策的实施向深度和广度上的拓展，诸如"一路一带"倡议的实施以及构建人类命运共同体的理念逐步落实，我国与外部世界的联系更为紧密，国内当事人走出国门参与国际民商事活动成为常态，货物、资金、人员、技术等要素在我国与外国之间的跨国流动的规模和频率得到前所未有的发展。在此过程中，国际私法通过对由此而生的大量国际民商事争议公平合理的解决，在对国际民商事主体的行为和由此产生的国际民商事关系和利益的规范和保障方面，发挥了独特的不可替代的重要作用。国际私法构建和保障公平与稳定的国际民商事秩序作用也由此得以充分显现。

我国对外开放 40 余年来的实践也证明，只有坚持对内外国当事人的利益予以平等保护，维护和实现当事人对中国法律的正当预期，以开放平等的立场保护外国人在我国的民商事利益，依靠稳定而有效的国际私法规则和制度体系，

---

① 刘仁山：《中国国际私法立法应独立于民法典的编纂》，《法制日报》2015 年 5 月 6 日。

才能充分保障我国对外开放基本国策的稳步推进。无论是从国际私法规则和制度的稳定性和确定性而言，还是从国际私法规则和制度的体系化和逻辑性而言，一部科学和完备的国际私法典是立法者实现上述目标的最佳选择。

因此，从提升我国涉外民事司法制度和环境的角度而言，启动并完成中国国际私法典的编纂工作，是中国国际私法理论和实践工作者不能回避的重大议题。为确保内国和外国当事人的民商事权益得到平等而有效的保护，进一步健全和完善作为保障我国对外开放秩序的基础性法律体系的国际私法，既是完善我国涉外民事法律体系及提升我国对外开放程度的需要和必要举措，也是传播和讲述中国良好涉外民事法治建设的国家形象的重要方式。

随着我国日益走进并站在世界舞台的中央，我国与世界深度融合，也相互影响。晚近以来，我国将"讲好中国故事，传播中国文化，塑造国家形象"作为让世界深度认识中国及为我国和平发展营造良好国际环境的重要方式。我们需要让世界了解和认识到，中国不仅有中餐、中医药或京剧等深厚的中华文化，也有中国高铁、超级计算机和通讯设备等先进的中国制造，更有中华文化影响下的包括涉外民事法治在内的中国法治文化。而且，以国际私法为基础所建立的中国涉外民事法治是国家文化软实力和国家法治形象的重要体现。

改革开放以来，我国法治建设取得举世瞩目成就的情况下，在坚持走和平发展道路，在推动构建更为公平合理的国际秩序的背景下，以及在积极落实"一带一路"倡议和积极推动构建人类命运共同体的现实中，我国亟须向世界展示一个坚持以法律规则和制度保障涉外民事交往，维护不同国家及其当事人在我国的民商事利益的国际形象。我国不仅是世界和平、全球发展和国际秩序的建设者和维护者，也是全球法治文化和法治文明的贡献者。我国不仅以法治的方式保障所有参与国际民事交往当事人的利益，也可以为全球涉外民事法治的建设和完善提供"中国方案"和"中国智慧"（如被誉为"东方经验"的调解制度）。

就此意义而言，我国国际私法典的编纂，不仅是涉外民事关系发展客观上需要我国在立法模式上予以回应，同时也是提升中国涉外民事法治的国际形象的必然要求。

然如前所述，我国国际私法立法无论是在体系协调性，还是在相关规则和制度的现代化上，与我国全方位、多层次、宽领域的对外开放格局不相适应，也与向世界讲好涉外民事法治的"中国故事"、传播涉外民事立法成果的"中国文化"及塑造以法治保障对外开放的"中国形象"的基本要求不符。就此意义而言，变革和完善中国国际私法立法，既是中国涉外民事法治建设的重要内容，也是提升中国涉外法治文明的重要举措。

  总之，中国国际私法立法的现状，与作为平等保护内外国当事人，保障对外开放秩序的基础性法律地位的独立部门法之属性不符，与代表一国涉外法治水平的标志性立法的地位更是尚有不短距离。如果我国国际私法立法采独立的法典模式，不仅可以充分发挥国际私法典的立法模式所具有的确定性、稳定性、内在逻辑性等优点，而且能够彻底地解决我国国际私法立法目前所面临的诸多缺陷和问题，真正实现国际私法立法的现代化。如果我国能够适时出台一部系统、科学和完备的国际私法典，不仅有助于提高涉外民事关系中当事人利益的保护水平，而且也有利于进一步完善我国涉外法治环境，并提升我国对外开放和法治文明的国际形象。

结 论

从比较法的角度考察民法典编纂运动中的国际私法立法问题，揭示了国际私法立法逐渐由分散规定走向集中编纂的发展趋势，一国国际私法立法脱离民法典采取单行立法或综合性国际私法典的立法模式渐成范式。从不同国家和地区国际私法立法模式的选取中提炼的基本经验及厘清的理论争议，基本可以揭示将国际私法立法纳入民法典的立法模式所产生的诸多弊端。而对国际私法与民法的关系的考察，可以阐释两者的关联、差异与沟通，进而从更深的理论层面论证一国国际私法立法在民法典编纂中所处位置。一国国际私法的法典编纂是一项系统性工程，涉及立法理念、价值取向、立法范围、体系结构等一系列基本问题。

就我国民法典编纂工作及最终颁行的民法典而言，在立法机关已经明确将包括涉外民事关系法律适用法在内的国际私法立法排除在民法典分编之外的情况下，说明立法者已经充分认识到国际私法立法附属于民法典的弊端。实际上，我国国际私法立法脱离民法典走独立的法典化道路也具有充分的可行性。我国国际私法的法典化需要在既有国际私法法源的基础上对其进行整合和完善。我国国际私法的法典化不仅有助于实现国际私法规则和制度的体系化和现代化，也是我国深化全面依法治国、保障对外开放、参与全球治理和提升国际形象的重要举措。

在民法典已经颁行的背景下，我国国际私法立法应在《法律适用法》的基础上实现涉外民事关系法律适用法体系的完善，并对以《民事诉讼法》涉外编为基础的涉外民事程序法进行整合，并在此基础上逐步实现中国国际私法的法典化目标与理想。

一、《法律适用法》的完善

从我国《法律适用法》确立的规则体系来看，该法仅涵盖了一国国际私法立法体系中的一部分内容。而且，即便就涉外民事关系法律适用法体系而言，该法也仅对部分涉外民事关系的法律适用问题及与之相关的若干基本制度进行规定。国际私法作为一门以涉外民商事关系为规范对象的独立部门法①，其立法理应符合系统化及完备性的基本要求。作为涉外民事关系法律适用领域的基本法，《法律适用法》同样应具备体系性和完备性之基本要求，但目前该法本身至少仍面临以下问题：一是尚有诸多涉外民事关系的法律适用问题尚待做出明确规定②；二是《法律适用法》仍固守立法"宜粗不宜细"的原则，不少问题还需留待立法或司法解释予以明确③；三是《法律适用法》与其他相关部门法的关系仍未完全厘清。④

正因如此，尽管相较于《民法通则》第八章的规定及其他立法中的法律适用规则而言，《法律适用法》无论在条款数量上，还是所涉及的涉外民事关系的范围来看，均有显著进步，但该法仍然只是关于涉外民事关系法律适用的框架性立法。而且，在某种意义上，《法律适用法》的颁行也意味着我国国际私法立法的集中和系统编纂工作已经告一段落。可以预见的是，未来可能在相当长的时间内，我国立法机关不会再对国际私法立法进行较为全面和系统编纂。就此角度而言，尽管《法律适用法》的颁行在我国国际私法立法史上具有里程碑意义，但也让我国国际私法立法距离综合性的独立的国际私法典的理想仍有相当路程。因此，在庆贺《法律适用法》颁行之余，也不免让人心生遗憾。

就《法律适用法》本身存在的上述问题及其克服而言，显然需要我国立法

---

① 关于涉外民事关系，2002年《中华人民共和国民法（草案）》规定："有下列情形之一的，为涉外民事关系：（一）民事关系的一方是外国人、无国籍人、外国法人、国际组织、外国国家；（二）民事关系一方的住所、经常居住地或者营业所位于中华人民共和国领域外；（三）民事关系的标的在中华人民共和国领域外；（四）产生、变更或者消灭民事关系的法律事实发生在中华人民共和国领域外。"参见原全国人大常委会法制工作委员会主任顾昂然所作的《关于〈中华人民共和国民法（草案）〉的说明》。2012年《最高人民法院关于适用〈中华人民共和国涉外民事关系法律适用法〉若干问题的解释（一）》第1条对涉外民事关系的解释更为周延，也在一定程度上扩张了法院对涉外民事关系的认定。

② 例如，就总则部分而言，传统的涉外民事法律关系适用法总则制度包括识别、先决问题、反致问题、法律规避问题、公共秩序保留以及外国法的查明等问题，而在《法律适用法》中，仅规定了识别、公共秩序、外国法的查明等问题，对先决问题、反致问题、法律规避问题、人际法律冲突和时际法律冲突问题并未作出规定。其次，就分则部分而言，对一些涉外民商事关系的法律适用尚未作出明确规定。例如，在第六章债权的法律适用部分，对于特殊侵权如交通事故的损害赔偿、不正当竞争、环境污染所致的损害赔偿，均未作规定。

③ 例如，第五章关于物权的法律适用部分，对于动产物权法律适用的规定过于粗线条，没有细分动产的取得与丧失、动产物权的内容、动产物权凭证等内容。

④ 例如，《法律适用法》第29条与《民法通则》第148条规定的关系。《民法通则》第148条"抚养适用与被扶养人有最密切联系的国家的法律"，而《法律适用法》第29条则规定"抚养，适用一方当事人经常居所地法律、本国法律或者扶养财产所在地法律中有利于保护被扶养人权益的法律"。实践中，应当如何处理上述法条之间的矛盾之处，尚未有定论；再如，《法律适用法》第41条与《民法通则》第145条、《合同法》第126条的关系。是将《法律适用法》第41条作为对《民法通则》与《合同法》规定的最密切联系原则的补充解释还是在实践中根据"新法优于旧法"的原则，优先适用《法律适用法》中的特征性履行规则，也不明确。

和司法机关对该法实施中面临的问题给予回答。这也正是补充、发展和完善《法律适用法》的良好契机。而且，从循序渐进的中国国际私法法典化道路的发展历程来看，先集中精力完善《法律适用法》的工作，可以作为实现我国国际私法法典化的重要铺垫。

总之，作为我国涉外民事关系法律适用法体系的重要构成部分，在未来的修法工作中出台一部体系完备、内容周延、逻辑清晰、规则和制度现代化的《法律适用法》是我国立法者应当继续努力的工作方向，也是编纂一部独立的中国国际私法典的先期准备工作。

二、其他法律适用规则的处理

总体而言，《法律适用法》是在不改变目前有关法律适用的各类法律的前提下，对我国现行法律适用制度作出的扩充性及解释性的规定。这种立法思路也使得《法律适用法》并未能成为一部整合我国现行立法中所有包含涉外民事关系法律适用条款的系统性立法。

根据《法律适用法》第2条的规定"涉外民事关系适用的法律，依照本法确定。其他法律对国际私法律适用另有特别规定的，依照其规定"来看，关于海商、民用航空、票据领域的法律适用，将依然沿用《海商法》《民用航空法》《票据法》中相关涉外民商事关系法律适用的专章规定。这也意味着，我国涉外民事关系法律适用领域国际私法规范的碎片化问题并未得到彻底解决。

而且，由于我国倾向于采取"民商合一"的立法模式，将上述领域大量的商事冲突规范排除在《法律适用法》之外，与该法作为涉外民事关系法律适用的基本法的系统性和逻辑性目标仍有距离。实际上，这种做法也与借助对商事冲突规范进行集中编纂的契机，实现制定于20世纪90年代的商事冲突规范的现代化的目标失之交臂。鉴于国际私法具有天然"民商合一"的属性，故对于分散在《法律适用法》之外的法律适用规范的革新和整合，仍然是我国立法者必须认真对待的问题。

显然，在修改和完善《法律适用法》的进程中，对我国民商事领域的所有冲突规范进行系统的清理和整合，无疑是解决上述问题最为根本的途径。以《法律适用法》的完善为基础，吸纳整合分散在其他法律、法规、部门规章以及司法解释中的冲突规范，最终达成在涉外民事关系法律适用领域出台一部完整的中国涉外民事关系法律适用法的目标。这种思路既有助于分步骤实现我国涉外民事关系法律适用领域的冲突规范的整合，也为我国国际私法典的编纂工作完成很好的铺垫。

因此，基于《法律适用法》自身的缺憾，以及分散在《法律适用法》之外的其他冲突规范（尤其是商事冲突规范）的整合和现代化之需要，对包括《法律适用法》在内的所有关于涉外民事关系法律适用的冲突规范进行系统化整合和现代化，成为完善我国国际私法立法的重要内容。而且，这种完善工作本身也是为我国国际私法的最终法典化奠定基础。

三、《民事诉讼法》涉外编的整合

作为一国国际私法立法的不可或缺的组成部分，有关外国人民事法律地位规范、涉外民事管辖权规范、外国判决的承认与执行规范及国际商事仲裁规范等法律规范，散见于其他单行法及相关司法解释中。[①] 尽管这些法律规范与《法律适用法》共同构建了我国现行的国际私法规范体系，但相互之间的协调性仍有很大提升空间。

此外，与国际民商事活动相关的问题诸如国际民事诉讼程序中的外国人民事诉讼能力、诉讼费用的担保、司法救助和法律援助、诉讼代理、文书的域外送达、域外调查取证、诉讼期间、诉讼保全和海事强制令、证据、诉讼时效等，都应当在我国国际私法典的编纂工作中予以明确。而且，如何将一国参加的国际民商事条约纳入或转化为国内法，以及赋予当事人同意遵守的国际民商事惯例在国内何种效力，也是我国国际私法典编纂工作中所要明确的问题。

---

① 在我国现行的国际私法国内立法中，关于外国人民事法律地位规范主要规定在《宪法》《民法通则》《对外贸易法》《公司法》中。有关涉外民商事关系的法律选择规范的国内立法主要有《民法通则》《合同法》《票据法》《海商法》等。另外，我国为规范涉外民商事活动，还颁布了一些专门实体法，如《中外合资经营企业法》《中外合作经营企业法》《外资企业法》等。有关国际民事诉讼及国际商事仲裁程序规范，《民事诉讼法》第四编对涉外民事诉讼中的外国人诉讼地位、管辖、司法豁免、送达与期间、财产保全、仲裁和司法协助等问题作出规定。《海事诉讼特别程序法》第8条和第10条分别规定了外国当事人协议选择中国法院管辖、承认和执行外国法院判决和海事仲裁管辖权等；《企业破产法》第5条规定了外国法院作出的破产案件的判决、裁定的承认和执行的条件；《仲裁法》第七章规定了涉外仲裁委员会的设立、证据保全、裁决的撤销、裁决的执行等问题。

从立法上而言，对于我国涉外民事程序法立法形式的选择，主要集中在《民事诉讼法》涉外编的处理。应该说，在思考涉外民事程序法与冲突规范之间的紧密关系之外，对待问题，既要检讨我国现行涉外民事程序法的规定，也有必要从国内民事管辖权与涉外民事管辖权在立法模式上的"一元论"和"二元论"的角度予以考察。

其一，我国现行涉外民事诉讼法在立法模式上总体而言仍倾向于"单轨制"或"一元论"，而忽视了涉外民事诉讼法的特殊性。

长期以来，在国内民事诉讼法立法和涉外民事诉讼法立法的关系问题上，存在所谓的"一元论"（"单轨制"）和"二元论"（"双轨制"）的不同主张。

"一元论"主张，国内民事诉讼法与国际民事诉讼法并无实质差异，国内民事诉讼法规则同样可以适用于涉外民商事案件。特别是，在一国涉外民事诉讼法没有规定的情况下。应该看到，主张类推适用国内民事诉讼管辖的"一元论"注重地域联系胜过人身联系。① 由此导致"一元论"立法模式的主要缺陷是，既无法应对涉外民事管辖权制度中的特殊问题，又易造成过度管辖。②

"二元论"力倡，国际民事诉讼法与国内民事诉讼法存在显著差异，涉外民事诉讼存在其特殊性，需要有专门的法律和规范予以调整。在涉及外国人的诉讼地位、涉外民事管辖权的确定、外国的财产及豁免、域外取证和送达、外交认证、判决的承认与执行等问题时，如依据国内民事诉讼法的规定进行调整往往不得要领。③ 正因如此，不少学者主张，国际民事诉讼法具有自己独特的属性和特征。④

应该说，与"一元论"相比，"二元论"具有以下特征：一是涉外民事管辖

---

① 田平安主编：《民事诉讼法·涉外与仲裁篇》，厦门大学出版社2007年版。
② 前者例如国籍作为一国行使管辖之连结因素，后者如出现不利于当事人获得公平公正审判程序及结果的情况下，无法以"不方便法院原则"等机制拒绝管辖。
③ 采用"二元论"的国家和地区的立法中，主要有以下几种立法方式：其一，在国内民事诉讼中涉外编（或章）中规定涉外民事诉讼管辖规则。例如，我国现行《民事诉讼法》于涉外程序特别规定一章中规定了涉外民事管辖权规则；其二，在国内民事诉讼管辖权条款后直接增加涉外案件管辖权特别规则。例如，在日本现行《民事诉讼法》对涉外案件的特殊规定与国内管辖权，均在第三条管辖权条款中作出规定；其三，在国际私法单行立法中规定涉外民事诉讼管辖规则。例如，瑞士1987年通过的《关于国际私法的联邦法》在第二节规定了涉外管辖权具体规则。
④ Stefan Huber, The German Approach to the Globalisation and Harmonisation of Civil Procedure: Balancing National Particularities and International Open-Mindedness, in X. E. Kramer & C. H. van Rhee (eds), Civil Litigation in a Globalising World, Springer, 2012, pp. 294-296.

权规定主要解决涉外民事案件的管辖权在国家与国家之间的分配问题,①而非解决管辖权在国内不同法院在地域和级别上的分配问题;二是国籍是一国法院行使涉外管辖权的重要连结因素之一,而无论"一元论"还是"二元论"中,国内民事诉讼案件中,当事人国籍和法院地国国籍往往是同一的,因此国籍不具有作为法院管辖权依据的作用②;三是涉外民事管辖权会对程序法与实体法适用产生影响,从而影响判决的域外承认和执行,而国内民事管辖权并无这一功能。③

我国现行《民事诉讼法》沿袭1991年《民事诉讼法》的立法模式,对涉外民事诉讼相关问题设立专章加以特别规定,其中第265条和第266条分别规定了涉外合同或其他财产权益纠纷的特殊地域管辖,以及我国对三种类型合同的专属管辖。④可以看出,目前我国在涉外民事管辖权等涉外民事诉讼问题上实行"二元论"立法模式。另外,2012年和2017年修正的《民事诉讼法》删除了涉外管辖规定中的协议管辖和默示管辖内容,将其纳入国内管辖规定中。⑤我国涉外民事管辖权的规定进一步精简,似乎说明立法者在涉外民事诉讼法立法上(特别是在管辖权问题)欲向"一元论"过渡的趋势。

总体而言,我国《民事诉讼法》的立法似乎倾向于对国内民事诉讼法和涉外民事诉讼法作同一对待。⑥

---

① 刘仁山主编:《国际民商事程序法通论》,中国法制出版社2000年版。
② 刘仁山主编:《国际民商事程序法通论》,中国法制出版社2000年版。
③ "二元论"注重涉外民事案件的特殊性。例如国际平行诉讼问题,因涉及到多个国家和地区司法主权冲突以及判决的承认和执行问题,而不能像国内平行诉讼一样单纯采取先系属优先原则的做法,更无法由一个更高级别法院指定管辖,因此需要建立单独规则解决这一问题。此外,涉外民事管辖中的国籍连结点也是国内民事管辖权依据中所没有的。李玉泉:《国际民事诉讼与国际商事仲裁》,武汉大学出版社1994年版。
④ 2017年修正《民事诉讼法》第265条规定:因合同纠纷或者其他财产权益纠纷,对在中华人民共和国领域内没有住所的被告提起的诉讼,如果合同在中华人民共和国领域内签订或者履行,或者诉讼标的物在中华人民共和国领域内,或者被告在中华人民共和国领域内有可供扣押的财产,或者被告在中华人民共和国领域内设有代表机构,可以由合同签订地、合同履行地、诉讼标的物所在地、可供扣押财产所在地、侵权行为地或者代表机构住所地人民法院管辖。第266条规定:因在中华人民共和国履行中外合资经营企业合同、中外合作经营企业合同、中外合作勘探开发自然资源合同发生纠纷提起的诉讼,由中华人民共和国人民法院管辖。
⑤ 2015年《最高人民法院关于适用〈中华人民共和国民事诉讼法〉的解释》第531条又规定了在此前被2012年《民事诉讼法》所删除的涉外协议管辖制度。该条规定:"涉外合同或者其他财产权益纠纷的当事人,可以书面协议选择被告住所地、合同履行地、合同签订地、原告住所地、标的物所在地、侵权行为地等与争议有实际联系地点的外国法院管辖。根据民事诉讼法第三十三条和第二百六十六条规定,属于中华人民共和国法院专属管辖的案件,当事人不得协议选择外国法院管辖,但协议选择仲裁的除外。"
⑥ 最为典型的例证是,2012年《民事诉讼法》将2007年《民事诉讼法》中的涉外协议管辖制度合并到国内协议管辖制度中。这种做法实际上忽视了国际民事诉讼的特殊性而需要予以谨慎对待。值得注意的是,这种做法也受到我国国际私法学者的批评。李旰:《国际民事裁判管辖权制度析——兼论2012年修改的〈民事诉讼法〉关于涉外民事案件管辖权的规定》,《国际法研究》2014年第1期。

应该说，我国采取"一元论"的做法背离国际社会由"一元论"向"二元论"转变的立法潮流。而且，"一元论"本身在应对涉外民事诉讼存在自身局限性。最为有力的例证是，日本等过去采"一元论"的国家现今已经转而采取"二元论"。① 日本当初在确立"一元论"后，理论上先后提出了民事诉讼法的"双重机能说""逆推说""管辖权分配说"及"修正的逆推说"等诸多学说。但是，上述主张均未能为单一的国内管辖权规范扩张性应用于国际民事管辖权问题提供合理、有力的学理支持与解释，反而招致了一些学者的批评。例如，有日本学者认为这种以国内民事管辖权规定类推适用为基础形成的国际民事管辖权体系，具有不可预见性等缺陷。②

客观而言，在作为一国国际私法立法的基本内容之一的国际民事管辖权问题上，相关立法应抱着维护当事人之间的公正、实现诉讼的便利与效率，以及提升国家间国际礼让的初衷，方能向国际私法先贤们所期望的减少国际民事管辖权冲突，实现管辖权在不同国家之间的妥当分配之目标更近一步。这些因素和目标显然是国内民事诉讼法立法所无需考量的。

其二，我国现有涉外民事诉讼法在具体规定上仍存在诸多缺陷，尚待进一步进行系统性完善。

我国涉外民事诉讼方面的法源既包括接受或加入的相关国际条约③，也包括民事诉讼法及相关司法解释。这也意味着我国涉外民事诉讼法的完善需要从国内法源和国际法源两个层面进行。

在国内法源方面，应该在"二元论"立法范式的思路指导下，整合散布于现行立法中的管辖章节、司法解释条文中有关涉外民事管辖的规定，充实、完善涉外民事诉讼程序编中涉外管辖章节的内容。如涉外民事管辖依据的设定，

---

① 2011年5月2日公布并于2012年4月1日生效的日本涉外民事诉讼管辖权新法，对日本法院行使涉外民事管辖权的各种依据进行了详尽的规定，该法既对日本有关涉外民事管辖权的判例法进行归纳总结予以法典化，同时还因应时代发展有较大创新。甘勇：《日本涉外民事管辖权立法的新发展及其启示——兼评中国2012年〈民事诉讼法〉的相关规定》，《时代法学》2017年第4期。除日本外，我国的另一近邻韩国对其《国际私法》也在进行全面修订。韩国法务部对《国际私法的全面修正案》进行了立法预告，并于2018年2月27日针对修正案召开了听证会。
② Akihiro Hironaka, "Jurisdictional Theory 'Made in Japan': Convergence of U.S. and Continental European Approaches", Vanderbilt Journal of Transnational Law (37, 2004), pp. 1343-1349.
③ 在涉及国际民商事诉讼管辖权领域，我国于1953年加入了《国际铁路货物联运协定》，1958年加入了《统一国际航空运输某些规则的公约》，1980年加入《国际油污损害民事责任公约》这几个专门性的国际公约。除国际公约以外，我国与一些国家签订了涉及民商事诉讼管辖权的双边司法协定。此外，我国还于2005年9月14日签署了《联合国国家及其财产管辖豁免公约》。

包括一般管辖权、特别管辖、协议管辖、专属管辖、应诉管辖、关联诉讼、临时措施国际平行诉讼等。同时，对于涉外民事诉讼中涉及的域外送达、域外取证及相关判决的承认与执行问题需要进行系统性的规定。此外，对于诸如诉讼保全、诉讼代理、诉讼期间与时效等涉外民事诉讼中的其他问题也应予以明确。而且，在未来对《仲裁法》的修订过程中，对该法第七章"涉外仲裁的特别规定"也应予以剔除，并将之整合进入未来国际私法典的涉外民事程序法部分。换言之，应将涉外商事仲裁规范作为我国涉外民事程序法的重要部分，并与整合后的《民事诉讼法》第四编"涉外民事诉讼程序的特别规定"共同构成我国国际私法典中的涉外民事程序法。

在国际法源层面，面对国际平行诉讼问题，以及包括判决承认与执行问题在内的国际民事司法协助仍有赖于我国积极参加全球性、区域性及双边条约的谈判和协商，借助相关国际条约实现不同国家之间管辖权的协调，简化和便利跨国民事程序推动判决在全球的自由流动。可以说，积极参与全球治理进程，推动国际民事程序法的国际协调与合作，是发展和完善我国涉外民事诉讼法的重要内容之一。

总之，我国国际私法的法律体系已经基本构建。但目前这种分散立法或规定的现状，其所存在的逻辑性、系统性等问题已经广为国际私法理论及实务界所批判，并亟待在后续的立法实践中予以完善。

四、中国国际私法法典的编纂

我国民法典分编草案明确排除国际私法立法，为我国制定一部脱离民法典的独立的国际私法典保留了想象的空间。如果立法者充分认识国际私法作为调整涉外民事关系，搭建本国法与外国法、国内法和国际法沟通桥梁的功能，充分理解国际私法在全面深化依法治国、保障对外开放、促进我国参与全球治理和提升我国国际形象的重要作用，则我们追求的一部科学、完备的中国国际私法典不会仅是一种理论上的想象。

客观而言，一步到位式地编纂一部中国国际私法典难度较高，在实践中也难以为立法者所接受。毕竟以这种一劳永逸的方式实现我国国际私法立法的法典化，涉及诸多层级的不同法律法规、部门规章和司法解释中的国际私法规范的清理与整合。如果我们采取各个击破的分步走方式，也许在最终完成国际私法典的系统编纂工作上更为顺畅。例如，前文所述及的分别就涉外民事关系法律适用领域和涉外民事程序领域的法律规范进行系统整合，并实现相关规则和制度的现代化。在此基础上，再考虑我国国际私法典的编纂问题。

在我国国际私法典的编纂中，需要妥善处理若干相互对立与冲突的关系。作为一国以对外开放为基本国策，且提出"一带一路"倡议和倡导构建人类命运共同体的国家，在国际私法典的编纂上应坚持开放和包容的立场。

在涉外民事关系法律适用领域，应以双边冲突规范为基本规范，坚持多边主义和普遍主义国际私法的理想，在本国利益与国际协调目标之间达成适当平衡。在国际私法立法技术的运用上，在以法律关系的空间分配作为规则构建的基本方法的基础上，所制定的相关冲突规范应当充分反映实体法的发展趋势，并回应相关实体法的价值追求，在冲突正义和实质正义之间达成适当平衡。同时，在冲突规范连结点的选取、冲突规范类型的选择以及例外条款的运用上，应在法律的确定性和灵活性之间取得动态平衡。

在涉外民事程序领域，应当坚持"二元论"或"双轨制"的基本立场，构建以服务和便利当事人之间涉外民事争议的解决为中心，以当事人程序性权利的保障为重点，以协调和解决与其他国家和地区之间的司法管辖权冲突为目的的外向型涉外民事程序法。在涉外民事管辖权制度上，应基于"联系说"和"公平正义论"合理设定本国法院的管辖依据，避免过度管辖，限制过于宽泛的专属管辖，并构建我国的必要管辖制度，合理回应我国构建亚太地区乃至全球国际民商事纠纷解决中心的目标。同时，充分尊重当事人之间的协议管辖，适当运用不方便法院原则解决国际平行诉讼问题。在国际民事司法协助问题上，应突出保护当事人的程序利益，建立合理高效的规则和制度体系。在便利当事人的送达、取证和实现判决的自由流动方面提供更为明确的规则和制度保障。

客观而言，国际民事诉讼不仅涉及外国人（政府、组织、企业、个人），也牵涉国内法、外国法和国际法，构成我国参与全球治理和国际法治的重要途径。一国国内法院在参与全球治理和促进本国法在世界上的影响具有重要作用，甚至相关国内实践会逐步成为国际法的法律渊源。因此，对我国涉外民事程序领域的法律规范进行系统整合和现代化，既关乎我国对外民事交往的顺利开展，也是我国参与全球治理及提升我国法律在世界法治实践中的地位的重要举措。

我国国际私法典的编纂还需要构建科学、合理的体系结构。以学理体结构构建我国国际私法典的同时，注重总则、分则和附则之间的协调关系。在总则部分应着重对国际私法的基本原则和主要制度作出规定；在分则部分应按涉外民事争议解决的逻辑体系展开，并尽可能实现所调整的涉外民事关系的周延性；在附则部分应对国际私法典实施中的补充规则予以明确。特别是，对于中国国际私法典与调整涉外民事关系的其他法律中的相关规定而言，应运用链接条款的技术实现不同法律之间的协调。

在世界多极化、经济全球化、社会信息化、文化多样性深入发展的时代，我国国际私法立法应该对新情势、新现象和新问题作出适当回应，制定出一部反映时代背景的国际私法典。

一是应该对互联网引发的国际私法问题予以充分回应。互联网深刻影响和改变了人类的生活方式，也对传统国际私法带来不小的挑战。无论是对于互联网合同与网络财产，还是基于互联网引发的诸多形式的侵权或个人信息的保护，以及涉及互联网的国际民事争议的解决，均需要我国在现有国际私法理论和实践的基础上探寻更具针对性的规则和制度。

二是应该对包括人工生殖技术在内的现代科技的发展予以充分关注。现代科技的发展在给人类带来巨大福祉的同时，也给人类的伦理和隐私带来了巨大风险。在国际私法上，如何应对跨国代孕及相关亲子关系的认定、如何处理人工器官制造技术、干细胞移植技术、克隆技术带来的跨国人格权和隐私权的保护，都需要我国国际私法立法作出回应。

三是应该充分回应信息社会和大数据时代的国际私法问题。面对信息和数据的搜集和处理变得更为便捷、信息和数据的跨国流动日趋频繁的客观现实，对于由此产生的信息财产权和隐私权的保护需求也日盛，同样需要我国国际私法立法确立相应的调整规范和规制的制度。

四是应该充分回应当今社会作为一个"风险社会"的现实。知识和科学技术的积累和进步，在便利和丰富人类生活的同时，也带来了大量的风险。尤其是，交通事故、环境污染、互联网诽谤、公共卫生、食品和药品缺陷等导致的所谓"大规模侵权"（mass torts）问题，同样需要我国国际私法立法提出不同于解决一般侵权问题的方法和规则。

应该指出的是，尽管我国与其他国家和地区有着相似的生活经验与社会现实，但是有着五千年文明的中国也形成了自己不同的生活模式和文化传统。这也意味着中国国际私法典的编纂，不仅应当反映时代背景并回应人类现实生活的需求,也要吸收和汲取中华文化的特色和精髓。

现代国际私法比历史上任何时期都要关注对正义的要求,但是不同国家对于正义的理解是不一样的。尽管这种差异有赖于全球性共同的法律价值弥合,但是国际私法本身不仅涉及不同当事人之间的私人利益,也关系不同国家和地区的公共利益,故调和不同国家和地区对国际私法上正义目标理解并达成一致性非常困难。然而,差异之中亦有共性,即国际私法对于实体法上共同核心价值和政策的追求应当是一致的,而且,这些实体法上的共同核心政策或价值要求反映在国内法的基本原则和制度中,体现在各国缔结或达成的多边国际条约中。

总之,中国国际私法典是国际私法学界孜孜追求的目标和理想,也是中国法治文明和国际形象的重要标志,更是中国全面深化依法治国、参与全球治理、推进"一带一路"倡议的落实及构建人类命运共同体的重大举措。只要采取合理的步骤和方法,中国国际私法法典化的目标终究会实现。

参考文献

一、中文著作

[1] 陈隆修（等）：《国际私法——程序正义与实体正义》，台湾五南图书出版公司 2011 年版。

[2] 陈甦主编：《民法总则评注》，法律出版社 2017 年版。

[3] 陈卫佐：《瑞士国际私法法典研究》，法律出版社 1998 年版。

[4] 杜涛：《德国国际私法：理论、方法和立法的变迁》，法律出版社 2006 年版。

[5] 杜涛：《国际私法的现代化进程：中外国际私法改革比较研究》，上海人民出版社 2007 年版。

[6] 封丽霞：《法典编纂论——一个比较法的视角》，清华大学出版社 2002 年版。

[7] 韩德培主编：《国际私法问题专论》，武汉大学出版社 2004 年版。

[8] 黄进主编：《中华人民共和国涉外民事关系法律适用法建议稿及说明》，中国人民大学出版社 2011 年版。

[9] 黄志慧：《人权保护对欧盟国际私法的影响》，法律出版社 2018 年版。

[10] 李浩培：《李浩培文选》，法律出版社 2000 年版。

[11] 梁慧星：《中国民法典草案建议稿》（第二版），法律出版社 2011 年版。

[12] 梁慧星：《中国民法典草案建议稿附理由——总则编》，法律出版社 2013 年版。

[13] 刘仁山主编：《国际民商事程序法通论》，中国法制出版社 2000 年出版。

[14] 刘仁山主编：《国际私法》，中国法制出版社 2019 年版。

[15] 卢峻：《国际私法之理论与实际》，中国政法大学出版社 2004 年版。

[16] 马汉宝：《国际私法：总论各论》，台北财团法人喜玛拉雅研究发展基金会 2006 年版。

[17] 田平安主编：《民事诉讼法·涉外与仲裁篇》，厦门大学出版社 2007

年版。

[18] 万鄂湘主编:《〈中华人民共和国涉外民事关系法律适用法〉条文理解与适用》, 中国法制出版社 2011 年版。

[19] 王利明:《民法典体系研究》, 中国人民大学出版社 2012 年版。

[20] 王泽鉴:《民法总则》, 中国政法大学出版社 2001 年版。

[21] 徐冬根、薛凡:《中国国际私法完善研究》, 上海社会科学院出版社 1998 年版。

[22] 许庆坤:《美国冲突法理论嬗变的法例——从法律形式主义到法律现实主义》, 商务印书馆 2009 年版。

[23] 张仲伯:《国际私法学》, 中国政法大学出版社 2012 年版。

[24] 邹国勇:《外国国际私法立法精选》, 中国政法大学出版社 2011 年版。

[25] 邹国勇:《外国国际私法立法选译》, 武汉大学出版社 2017 年版。

[26] [德] 弗里德里希·K. 荣格:《法律选择与涉外司法》, 霍政欣、徐妮娜译, 北京大学出版社 2007 年版。

[27] [德] 弗里德里希·卡尔·冯·萨维尼:《法律冲突与法律规则的地域和时间范围》, 李双元等译, 法律出版社 1999 年版。

[28] [德] 马丁·沃尔夫:《国际私法》, 李浩培、汤宗舜译, 北京大学出版社 2009 年版。

[29] [法] 亨利·巴蒂福、保罗·拉加德:《国际私法总论》, 陈洪武等译, 中国对外翻译出版公司 1989 年版。

[30] [日] 美浓布达吉:《公法与私法》, 黄冯明译、周旋勘校, 中国政法大学出版社 2002 年版。

[31] [日] 山田三良:《国际私法》, 李倬译、陈柳裕点校, 中国政法大学出版社 2003 年版。

二、中文论文

[1] 蔡从燕:《中国崛起、对外关系法与法院的功能再造》,《武汉大学学报(哲学社会科学版)》2018 年第 5 期。

[2] 蔡晓荣:《中国近代民法法典化的理论论争——兼论对中国当下编纂民

法典之启示》,《政法论坛》2017 年第 3 期。

[3] 曹诗权、陈小君、高飞：《传统文化的反思与中国民法法典化》,《法学研究》1998 年第 1 期。

[4] 曾祥生：《再论民法典总则编之存废》,《法商研究》2015 年第 3 期。

[5] 陈卫佐：《比较法对国际私法的意义——以国际私法的适用、研究和法典编纂为视角》,《环球法律评论》2008 年第 5 期。

[6] 陈卫佐：《涉外民事法律适用法的立法思考》,《清华法学》2010 年第 3 期。

[7] 丁伟：《〈民法典〉编纂催生 2.0 版〈涉外民事关系法律适用法〉》,《东方法学》2019 年第 1 期。

[8] 丁伟：《论民法典编纂对我国国际私法立法的影响》,《暨南学报（哲学社会科学版）》2015 年第 9 期。

[9] 丁伟：《论中国国际私法立法体系的和谐发展——制定〈涉外民事关系法律适用法〉引发的几点思考》,《东方法学》2009 年第 4 期。

[10] 丁伟：《民法典的编纂与中国国际私法的法典化发展》,《政法论坛》2018 年第 1 期。

[11] 丁伟：《涉外民事关系法律适用法与"其他法律"相互关系辨析》,《政法论坛》2011 年第 3 期。

[12] 丁伟：《世纪之交中国国际私法立法回顾与展》,《政法论坛》2001 年第 3 期。

[13] 丁伟：《中国国际私法法典化的再思考——纪念《中华人民共和国国际私法示范法》制定十周年》,《武汉大学学报（哲学社会科学版）》2009 年第 6 期。

[14] 董茂云：《大陆法系法典法与普通法系判例法的社会适应力比较》,《法学家》1998 年第 4 期。

[15] 杜焕芳：《中国国际私法学术之转型：立场、方法与视野》,《华东政法大学学报》2013 年第 1 期。

[16] 王葆莳：《论我国国际私法立法中的人权考虑》,《法学杂志》2009 年第 7 期。

[17] 杜涛、肖永平：《全球化时代的中国民法典：属地主义之超越》,《法制与社会发展》2017 年第 3 期。

[18] 杜涛：《美国路易斯安那州国际私法改革介评》,《法制与社会发展》

2002 年第 5 期。

［19］杜新丽：《国际私法中法律选择方法的价值探究》，《政法论坛》2005 年第 6 期。

［20］范健：《走向〈民法典〉时代的民商分立体制探索》，《法学》2016 年 12 期。

［21］方新军：《融贯民法典外在体系和内在体系的编纂技术》，《法制与社会发展》2019 年第 2 期。

［22］高鸿钧：《美国法全球化：典型例证与法理反思》，《中国法学》2011 年第 1 期。

［23］耿勇：《意大利新国际私法管辖权规则初探》，《政法论坛》2003 年第 3 期。

［24］郭玉军：《把握 21 世纪国际私法的发展趋势》，《法学研究》1999 年第 3 期。

［25］郭玉军：《涉外民事关系法律适用法中的婚姻家庭法律选择规则》，《政法论坛》2011 年第 3 期。

［26］郭玉军：《中国国际私法的立法反思及其完善——以〈涉外民事关系法律适用法〉为中心》，《清华法学》2011 年第 5 期。

［27］韩宝：《民事诉讼法与民法关系省思——兼及民法典的编纂》，《北方法学》2017 年第 5 期。

［28］何其生：《大国司法理念与中国国际民事诉讼制度的发展》，《中国社会科学》2017 年第 5 期。

［29］何其生：《构建具有国际竞争力的国际民事诉讼制度》，《法制与社会发展》2015 年第 5 期。

［30］何其生：《中国国际私法学的危机与变革》，《政法论坛》2018 年第 5 期。

［31］何其生：《中国国际私法学三十年（1978—2008 年）》，《武大国际法评论》2009 年第 3 期。

［32］黄进、宋连斌：《国际民商事争议解决机制的几个重要问题》，《政法论坛》2009 年第 4 期。

［33］黄进：《建立中国现代仲裁制度的三点构想》，《中国法律评论》2017 年第 3 期。

［34］黄进：《弥补涉外民事关系法律适用法的五大缺陷》，《中国社会科学报》2009 年 7 月 1 日 B8 法学版。

[35] 黄进：《中国涉外民事关系法律适用法的制定与完善》，《政法论坛》2011年第3期。

[36] 李建忠：《革新与融合：巴托鲁斯的冲突法理论述评》，《法学评论》2011年第6期。

[37] 李双元：《再论起草我国涉外民事关系法律适用法的几个问题》，《时代法学》2010年第4期。

[38] 李旺：《国际民事裁判管辖权制度析——兼论2012年修改的〈民事诉讼法〉关于涉外民事案件管辖权的规定》，《国际法研究》2014年第1期。

[39] 李永军：《民法典编纂中的体系与制度构建》，《华东政法大学学报》2019年第2期。

[40] 梁慧星：《民法典编纂中的重大争论——兼评全国人大常委会法工委两个民法典人格权编草案》，《甘肃政法学院学报》2018年第3期。

[41] 梁慧星：《民法总则的时代意义》，《人民日报》2017年4月13日第07版。

[42] 梁慧星：《制定民法典的设想》，《现代法学》2001年第4期。

[43] 林来梵：《民法典编纂的宪法学透析》，《法学研究》2016年第4期。

[44] 刘敬东：《大国司法：中国国际民事诉讼制度之重构》，《法学》2016年第7期。

[45] 刘仁山：《"直接适用的法"在我国的适用——兼评〈涉外民事关系法律适用法〉解释（一）第10条》，《法商研究》2013年第3期。

[46] 刘仁山：《国际民商事判决承认与执行中的司法礼让原则——对英国与加拿大相关理论及实践的考察》，《中国法学》2010年第5期。

[47] 刘仁山：《韩国与朝鲜国际私法的借鉴与启示》，《暨南学报》2008年第4期。

[48] 刘仁山：《论作为"依法治国"之"法"的中国对外关系法》，《法商研究》2016年第3期。

[49] 刘仁山：《涉外民事关系法律适用法有待走入寻常百姓家》，《法制日报》（周末版）2010年5月27日。

[50] 刘仁山：《我国批准〈选择法院协议公约〉的问题与对策》，《法学研究》2018年第4期。

[51] 刘仁山：《现时利益重心地是惯常居所地法原则的价值导向》，《法学研究》2013年第3期。

[52] 刘仁山：《以"干道"观世界——读〈中国思想下的全球化管辖规则〉有感》，《国际法研究》2014年第2期。

[53] 刘仁山：《中国对外关系法是中国法律体系的重要组成部分》，《法制与社会发展》2009年第6期。

[54] 刘仁山：《中国国际私法立法应独立于民法典的编纂》，《法制日报》2015年5月6日第010版。

[55] 刘仁山：《中国国际私法养成意识之培育》，《法学研究》2011年第6期。

[56] 刘想树：《论最密切联系的司法原则化》，《现代法学》2012年第3期。

[57] 刘想树：《中国国际私法立法问题论略》，《河北法学》2009年第4期。

[58] 刘想树：《中国国际私法学重构的几个问题》，《云南大学学报（法学版）》2001年第1期。

[59] 刘晓红：《中国国际私法立法四十年：制度、理念与方向》，《法学》2018年10期。

[60] 柳经纬：《民法典编纂"两步走"思路之检讨》，《当代法学》2019年第2期。

[61] 柳经纬：《民法典编纂的碎片化问题》，《北方法学》2019年第2期。

[62] 陆青：《论中国民法中的"解法典化"现象》，《中外法学》2014年第6期。

[63] 马志强、马思捷：《民法典编纂背景下国际私法立法体例论纲》，《河南社会科学》2018年第9期。

[64] 马志强：《最密切联系原则在中国的立法完善——前瞻〈民法典〉编纂中的涉外篇》，《当代法学》2016年第6期。

[65] 茅少伟：《民法典的规则供给与规范配置——基于〈民法总则〉的观察与批评》，《中外法学》2018年第1期。

[66] 屈广清：《论保护弱者的国际私法方法及其立法完善——以冲突规范的保护方法为中心》，《法商研究》2006年第5期。

[67] 沈涓：《法院地法的纵与限——兼论中国国际私法的态度》，《清华法学》2013年第4期。

[68] 沈涓：《中国国际私法立法问题》，《法学研究》2004年第2期。

[69] 宋晓：《改革开放40年中国国际私法学之发展》，《法学评论》2018年第5期。

[70] 宋晓：《国际私法与民法典的分与合》，《法学研究》2007年第1期。

[71] 宋晓：《识别的对象与识别理论的展开》，《法学研究》2009 年第 6 期。

[72] 苏永钦：《大陆法系国家民法典编纂若干问题探讨》，《比较法研究》2009 年第 4 期。

[73] 孙尚鸿：《国际私法的逻辑体系与立法定位》，《法学评论》2019 年第 2 期。

[74] 田洪鋆：《大数据视野下〈涉外民事关系法律适用法〉实施中存在的问题及解决措施》，《社会科学辑刊》2018 年第 3 期。

[75] 田洪鋆：《俄罗斯国际私法立法之"变"与"不变"——兼论对我国国际私法立法思路的启示》，《当代法学》2018 年第 1 期。

[76] 涂广建：《构建外向型的国际民事诉讼程序体系》，《武汉大学学报（哲学社会科学版）》2016 年 5 期。

[77] 王崇敏、陈敖翔：《论民法典的民族品格》，《当代法学》2007 年第 1 期。

[78] 王利明：《关于制定民法总则的几点思考》，《法学家》2016 年第 5 期。

[79] 王利明：《民法典编纂与中国民法学体系的发展》，《法学家》2019 年第 3 期。

[80] 王利明：《民法典的时代特征和编纂步骤》，《清华法学》2014 年第 6 期。

[81] 王利明：《民商合一体例下我国民法典总则的制定》，《法商研究》2015 年第 4 期。

[82] 王利明：《全面深化改革中的民法典编纂》，《中国法学》2015 年第 4 期。

[83] 王利明：《试论我国民法典体系》，《政法论坛》2003 年第 1 期。

[84] 王明锁：《民商合一模式的演进及民法典编纂中的创新性选择》，《北方法学》2018 年第 2 期。

[85] 王胜明：《涉外民事关系法律适用法若干争议问题》，《法学研究》2012 年第 2 期。

[86] 魏磊杰：《民法典编纂的技术问题》，《华东政法大学学报》2011 年第 2 期。

[87] 魏磊杰：《中国民法典的本土化何以可能：一条现实主义的路径》，《法律科学》2019 年第 4 期。

[88] 肖永平、毕小婧：《中国国际私法学四十年回顾与展望》，《武大国际法评论》2018 年第 6 期。

[89] 肖永平：《从立法目的和方法看我国国际私法的立法体系》，《人民法

院报》2008年4月17日第5版。

[90] 肖永平：《论迈向人类命运共同体的国际法律共同体建设》，《武汉大学学报（哲学社会科学版）》2019年第1期。

[91] 肖永平：《全面依法治国的新阶段：统筹推进国内法治与国际法治建设》，《武大国际法评论》2018年第1期。

[92] 肖永平：《中国国际私法立法的里程碑》，《法学论坛》2011年第2期。

[93] 肖永平：《中国国际私法学60年回顾与展望》，《武汉大学学报（哲学社会科学版）》2009年第6期。

[94] 谢新胜：《民法典中冲突法与实体法关系三题》，《法律科学》2006年第6期。

[95] 邢钢：《国际私法的法典化进程》，《政法论坛》2005年第5期。

[96] 徐崇利：《冲突法之悖论：价值取向与技术系统的张力》，《政法论坛》2006年第2期。

[97] 徐崇利：《规则与方法——欧美国际私法立法政策的比较及其对我国的启示》，《法商研究》2001年第2期。

[98] 徐国栋：《〈魁北克民法典〉的世界》，《中外法学》2005年第3期。

[99] 徐国栋：《〈法国民法典〉模式的传播与变形小史》，《法学家》2004年第2期。

[100] 徐宏：《人类命运共同体与国际法》，《国际法研究》2018年第5期。

[101] 徐伟功、杨冠灿：《论国际私法总则体系的构建》，《武汉大学学报（哲学社会科学版）》2005年第2期。

[102] 徐伟功：《法律选择中的意思自治原则在我国的运用》，《法学》2013年第9期。

[103] 徐伟功：《论自由裁量主义在冲突法中的渗透》，《环球法律评论》2009年第6期。

[104] 徐伟功：《我国承认与执行外国法院判决制度的构建路径——兼论我国认定互惠关系态度的转变》，《法商研究》2018年第2期。

[105] 徐伟功：《中国国际私法的立法形式的选择》，《法学》2009年第11期。

[106] 徐伟功：《中国国际私法典体系结构初探》，《法商研究》2005年第2期。

[107] 许军珂：《国际私法功能的演变》，《外交评论（外交学院学报）》2003年第3期。

[108] 许庆坤：《我国民法地域效力立法之检讨——以〈中华人民共和国民法通则〉第8条第1款为中心》，载《法商研究》2015年5期。

[109] 许小亮：《世界主义视野下的法典编纂》，《法学》2017年第8期。

[110] 许中缘：《论普通法系国家法典的编纂》，《比较法研究》2006年第5期。

[111] 薛军：《中国民法典编纂：观念、愿景与思路》，《中国法学》2015年第4期。

[112] 杨立新：《〈民法总则〉规定的民法特别法链接条款》，《法学家》2017年第5期。

[113] 杨立新：《从民法通则到民法总则：中国当代民法的历史性跨越》，《中国社会科学》2018年第2期。

[114] 尹田：《民法典总则与民法典立法体系模式》，《法学研究》2006年第6期。

[115] 袁发强：《论商事冲突法的价值选择与规范表现》，《法学评论》2016年第5期。

[116] 张春良：《冲突法的范式进化论》，《法律科学》2010年第4期

[117] 张春良：《系属的体系化与体系化的系属——从〈涉外民事关系法律适用法〉第21条展开》，《法律科学》2018年第5期。

[118] 张鸣起：《〈中华人民共和国民法总则〉的制定》，《中国法学》2017年第2期。

[119] 张文彬：《中国国际私法的过去、现在以及未来国际私法典的制定》，《中国人民大学学报》1996年第1期。

[120] 朱广新：《超越经验主义立法：编纂民法典》，《中外法学》2014年第6期。

[121] 朱广新：《民法典编纂：民事部门法典的统一再法典化》，《比较法研究》2018年第6期。

[122] 郭志京：《中国民法典的历史使命与总则编体系建构》，《法学论坛》2018年第1期。

[123] 朱庆育：《法典理性与民法总则——以中国大陆民法典编纂为思考对象》，《中外法学》2010年第4期。

三、英文著作

[1] A. Briggs, The Conflict of Laws, 3rd ed., Oxford: Oxford University Press, 2013.

[2] A. Mills, The Confluence of Public and Private International Law: Justice, Pluralism in the International Constitutional Ordering of Private Law, Cambridge: Cambridge University Press, 2009.

[3] A. N. Yiannopoulos, Civil Law System: Louisiana and Comparative Law, A Casebook, Texts, Cases and Materials, 2nd ed., Claitor's Publishing Division, Baton Rouge, Louisiana, 1999.

[4] A. V. M. Struycken, Co-ordination and Co-operation in Respectful Disagreement: General Course on Private International Law, Leiden: Martinus Nijhoff Publishers, 2004.

[5] Adrian Briggs, Private International Law in English Courts, Oxford: Oxford University Press, 2014.

[6] Andrew Dickinson, Mary Keyes & Thomas John, Australian Private International Law for the 21st Century: Facing Outwards, Hart Publishing, 2014.

[7] Arthur Taylor von Mehren, Adjudicatory Authority in Private International Law: A Comparative Study, Martinus Nijihoff Pulisher, 2007.

[8] H. C. Gutteridge, The Codification of Private International Law, London: Jackson & Son Company, 1951.

[9] Harold Cooke Gutteridge, The Codification of Private International Law: Being the Seventeenth Lecture on the David Murray Foundation in the University of Glasgow delivered on 11th May, Ireland: Jackson Press, 1951.

[10] J. J. Kuipers, EU Law and Private International Law: The Interrelationship in Contractual Obligations, Leiden: Martinus Nijhoff Publishers, 2012.

[11] Jürgen Basedow, The Law of Open Societies: Private

Ordering and Public Regulation in the Conflict of Laws, Leiden: Martinus Nijhoff Publishers, 2015.

[12] K. Boele-Woelki, Unifying and Harmonising Substantive Law and the Role of Conflict of Laws, The Pocket Books of the Hague Academy of International Law, Brill, 2010.

[13] L. R. Kiestra, The Impact of the ECHR on Private International Law: An Analysis of Strasbourg and Selected National Case Law, The Hague: Springer, 2014.

[14] Pedro A. De Miguel Asensio, International Conventions and European Instruments of Private International Law: Interrelation and Codification, Frankfurt am Main: Peter Lang, 2011.

[15] Symeon C. Symeonides, Codifying Choice of Law around the World: An International Comparative Analysis, Oxford: Oxford University Press, 2014.

[16] Symeon C. Symeonides, Recent Codifications of Private International Law, Leiden: Martinus Nijhoff Publishers, 2011.

四、英文论文

[1] A. Dogvert, "Codification of Private International Law in Ukraine", Yearbook of Private International Law (7, 2005), p. 131.

[2] A. Gugu Bushati, "The Albanian Private International Law of 2011", Yearbook of Private International Law (15, 2013-2014), p. 509.

[3] Alejandro M. Garro, "Codification of Conflicts Law in the New Peruvian Civil Code of 1984", International Legal Materials (24, 1985), pp. 997-114.

[4] Alejandro M. Garro, "Unification and Harmonization of Private Law in Latin America", Am. J. Comp. L. (40, 1992), p. 587.

[5] Alfred E. von Overbeck, "The Hague Conference and Swiss Private International Law", Netherlands International Law Review (40,

1993), pp. 93-106.

[6] Andrea Bonomi, "Influence of Swiss Private International Law on the Italian Codification", Int'l J. Legal Info. (30, 2002), p. 246.

[7] Aude Fiorini, "The Codification of Private International law in Europe - Could the Community Learn from the Experience of Mixed Jurisdictions", Tulane European and Civil Law Forum (23, 2008), pp. 89-110.

[8] Aude Roselyne Fiorini, "The Codification of Private International Law : The Belgian Experience", International and Comparative Law Quarterly (54, 2005), pp. 499-519.

[9] Bernard Audit, "A Continental Lawyer Looks at Contemporary American Choice-of-Law Principle", Am. J. Comp. L. (27, 1979), p. 599.

[10] C. Jessel-Holst, The Bulgarian Private Internatinal Law Code of 2005, 9 Yearbook of Private International Law 375 (2007).

[11] D. Opertti Badan & C. Fresnedo de Aguirre, "The Latest Trends in Latin American Private International Law : The Uruguayan 2009 General Law on Private International Law", Yearbook of Private International Law (11, 2009), p. 305.

[12] D. Wiedemann, "Convergence and Divergence in the EU's Judicial Cooperation in Civil Matters : Pleading for a Consolidation through a Uniform European Conflict's Codification", Max Planck Private Law Research Paper No 15/14, Hamburg, 2015.

[13] Fallon M. Kruger, "The Spatial Scope of the EU's Rules on Jurisdiction and Enforcement of Judgments : From Bilateral Modus to Unilateral Universality ? ", Yearbook of Private International Law (14, 2012-2013), pp. 1-35.

[14] Francois Rigaux, "Codification of Private International Law : Pros and Cons", La. L. Rev. (60, 2000), p. 1321.

[15] Fritz von Schwind, "Problems of Codification of Private International Law", International and Comparative Law Quarterly (17,

1968), pp. 428-442.

[16] G. Tekinalp, "The 2007 Turkish Code Concerning Private International Law and International Civil Procedure", Yearbook of Private International Law (9, 2007), pp. 313-341.

[17] Gonzalo Parra-Aranguren, "Recent Developments in Private International Law in the Americas", Netherlands International Law Review (39, 1992), pp. 229-241.

[18] J. Talpis & G. Goldstein, "The Influence of Swiss Law on Quebec's 1994 Codification of Private International Law", Yearbook of Private International Law (11, 2009), pp. 339-374.

[19] James E. Ritch, "Codification of the Private International Law of the American Countries", Inter-Am. L. Rev. (7, 1965), p. 395.

[20] Jeffey A. Talpis, "The Civil Law Heritage in the Transformation of Québec Private International Law", Law. Libr. J. (84, 1992), p. 184.

[21] K. Boele-Woelki & D. van Iterson, "The Dutch Private International Law Codification : Principles, Objectives and Opportunities", Electronic Journal of Comparative Law (14, 2010), pp. 1-31.

[22] K. Puharič, "Private International Law in Slovenia", Yearbook of Private International Law (5, 2003), p. 155.

[23] Kurt Siehr, "Family Unions in Private International Law", Netherlands International Law Review (50, 2003), pp. 419-435.

[24] Marcin Czepelak, "Would We Like to Have a European Code of Private International Law ? ", European Review of Private Law (18, 2010), pp. 705-728.

[25] María Mercedes Albornoz & Nuria González Martín, "Towards the Uniform Application of Party Autonomy for Choice of Law in International Commercial Contracts", Journal of Private International Law (12, 2016), pp. 437-465.

[26] Marija Krvavac & Jelena Belović, "Communitarisation of Private International Law Rules on Party Autonomy in European Union", International Journal of Business, Humanities and Technology

(4, 2014), pp. 54-68.

[27] N. Rakhmonkulova, "Issues of Improving the Legal Documents' Codification of the Private International Law", The Advanced Science Journal (4, 2015), pp. 96-98.

[28] Patrick J. Borchers, "Louisiana's Conflicts Codification: Some Empirical Observations Regarding Decisional Predictability", La. L. Rev. (60, 2000), pp. 1062-1068.

[29] Reinhard Zimmermann, "Codification: History and Present Significance of an Idea", European Review of Private Law (3, 1995), p. 103.

[30] Richard Fentiman, "Choice of Law in Europe: Uniformity and Integration", Tul. L. Rev. (82, 2007-2008), p. 2041.

[31] Rolf Wagner, "Do We Need A Rome 0 Regulation?", Netherlands International Law Review (61, 2014), pp. 225-242.

[32] Simona Grossi, "Rethinking the Harmonization of Jurisdictional Rules", 86 Tul. L. Rev. 623-714 (2011-2012).

[33] Sompong Sucharitkul, "Unification of Private Law and Codification of International Law", Uniform Law Rev. (3, 1998), pp. 693-701.

[34] Symeon C. Symeonides, "The American Revolution and European Evolution in Choice of Law: Reciprocal Lessons", 82 Tul. L. Rev. 1741 (2008).

[35] Symeon C. Symeonides, "The Conflicts Book of the Louisiana Civil Code: Civilian, American, or Original?", Tul. L. Rev. (83, 2009), p. 1041.

[36] Symeon C. Symeonides, "The New Swiss Conflicts Codification: An Introduction", Am. J. Comp. L. (37, 1988), pp. 187-246.

[37] T. Deskoski, "The New Macedonian Private International Law Act of 2007", Yearbook of Private International Law (10, 2008), pp. 441-458.

[38] Thalia Kruger, "The Disorderly Infiltration of EU Law in Civil Procedure", Netherland International Law Review (63, 2016), pp. 1-22.

[39] Thomas Kadner Graziano, "Codifying European Private International Law : The Swiss Private International Law Act – A Model for a Comprehensive European Private International Law Regulation ? ", Journal of Private International Law (11, 2015), pp. 585-606.

[40] V. Kysil, "Modern Trends in the Codification of Private International Law", Law of Ukraine (2, 2014), pp. 89-104.

[41] Victor Bonnin Reynes, "Forum Non Conveniens : A Hidden Ground to Refuse Enforcement of Arbitral Awards in the United States", J. Int'l Arb. (30, 2013), pp. 165-175.

后 记

国际私法立法问题在过去相当长的时期内一直是国际私法研究的热点议题。伴随我国国际私法立法层面规范体系的基本建立,"解释论"逐渐替代"立法论"成为国际私法研究的主流范式。然而,我国民法典的编纂工作重燃学术界对国际私法立法问题的热忱,如何看待和处理民法典的编纂与国际私法立法的关系,始终是我国国际私法理论与实践工作者无法回避的重大课题。而始于20世纪50年代的全球范围内国际私法立法的现代化浪潮,也引发了中国国际私法学者的高度关注和深入思考。正是以上现实背景和发展动态,促使我思考民法典编纂中的国际私法立法问题,也最终促成了本书的写作。

首先要衷心感谢中南财经政法大学刘仁山教授多年来对我的付出、宽容和关爱!长期以来,老师笔耕不辍,成果丰硕,常令吾辈汗颜。我国国际私法的立法问题,特别是我国国际私法立法的法典化是老师长期关注和深入研究的议题。本书中诸多论证材料和学术观点,均直接或间接源于老师的研究成果。自参加工作以来,老师以身示范,一直勉励我在教学之余,潜心向学,用功科研。惭愧的是,自己在学术研究上迄今尚未有具有分量的研究成果产出。然老师的谆谆教诲常在耳畔,宛如明灯指引和激励我前行,也促我不敢有负老师的殷殷期许。人生难免遭遇和经历坎坷和低谷,我必须要特别感谢老师在此期间不厌其烦的宽慰和毫无保留的支持,助我走出困境。与老师相识相交十余年来,感佩于老师以学术为志业、润化桃李无数和处世待人休休有容。老师的生活经验和人生智慧,值得吾辈学习和体悟。师母刘红卫教授对我的学术成长和家庭生活多有关心、鼓励和帮助,每每念及,心中总是满溢温暖和感激。谨对师母致以由衷谢意!

血缘和亲情是冥冥之中上天最好的安排,难以用理论和逻辑解释,也无法用语言和辞藻形容。我必须要感谢家人对我的理解、包容和支持!天然的血缘亲情,让我们可以收获无数感动和幸福。共同的经历成长,让我们能够面对和超越任何困难和逆境。感谢父母和岳父母的辛劳！感谢妻子王婷女士的宽容和辛劳，谨以本书献给她，铭记她对家庭和孩子的付出与奉献！感谢两子黄一默和王一鸣的童真、童趣和童心！

我们身处的物质繁荣和知识爆炸的世界，也是浮躁纷扰与邀名射利的世界，占有欲、控制欲和焦虑感时时困扰我们，也常常警醒我们。"为者常成，行者常至"。作为一名高校青年教师，应认识到静心读书、教书和写书始终是安身立命之本。面对万事万物，砥砺德行、尊人律己，既是社会提倡的道德观念，更应是个人的行为准则。"不驰于空想，不骛于虚声"。脚踏实地做事，坦然面对结果，人生无憾矣。

人生际遇各有不同，起落高低亦属常态。唯师恩、友谊、亲情的人伦价值长存。这也提醒自己在人生道路上，时时应铭记师恩、厚植友谊、感恩亲情。

岁月流转，人生万千，愿自己在旅途中是一个简单的人、快乐的人。

是为记。

黄志慧
2019年9月30日夜定稿于武汉